O Carro do Povo

A biografia do carro mais popular do planeta

Bernhard Rieger

O Carro do Povo

A biografia do carro mais popular do planeta

Tradução de ALEXANDRE BOIDE

Texto de acordo com a nova ortografia
Título original: *The People's Car – A Global History of the Volkswagen Beetle*

Tradução: Alexandre Boide
Capa: Volkswagen modelo 1965 © Transtock/Corbis/Latinstock
Preparação: Jó Saldanha
Revisão: Marianne Scholze

CIP-Brasil. Catalogação na publicação
Sindicato Nacional dos Editores de Livros, RJ

R425c

Rieger, Bernhard
    O carro do povo: a biografia do carro mais popular do planeta / Bernhard Rieger; tradução Alexandre Boide. – 1. ed. – Porto Alegre, RS: L&PM, 2015.
    400 p. : il. ; 21 cm.

    Tradução de: *The People's Car – A Global History of the Volkswagen Beetle*
    ISBN 978-85-254-3201-8

    1. Fusca (Automóvel) - História. I. Título.

14-18336   CDD: 629.22209
                                   CDU: 629.331

© 2013 by the President and Fellows of Harvard College
Published by arrangement with Harvard University Press.

Todos os direitos desta edição reservados a L&PM Editores
Rua Comendador Coruja, 314, loja 9 – Floresta – 90220-180
Porto Alegre – RS – Brasil / Fone: 51.3225.5777 - Fax: 51.3221.5380

PEDIDOS & DEPTO. COMERCIAL: vendas@lpm.com.br
FALE CONOSCO: info@lpm.com.br
www.lpm.com.br

Impresso no Brasil
Verão de 2015

Dedicado à minha mãe e à memória do meu pai

Sumário

Prólogo: "Algumas formas são difíceis de aprimorar" 9

1 Antes do "carro do povo" 18

2 Um símbolo da comunidade nacional-socialista? 47

3 "Não devemos exigir nada" 94

4 Um ícone dos primórdios da República Federal
da Alemanha 124

5 Um sucesso de exportação 187

6 "O Fusca está morto – vida longa ao Fusca" 231

7 "Tenho um *Vochito* no meu coração" 253

8 Novos e velhos Fuscas 287

Epílogo: O Fusca como ícone global 318

Notas 328

Agradecimentos 381

Índice remissivo 383

Prólogo

"Algumas formas são difíceis de aprimorar"

"Este carro possibilitará a milhões de consumidores de menor renda o acesso ao automóvel", previu Adolf Hitler em fevereiro de 1938 ao apresentar com grande alarde no Salão do Automóvel de Berlim o protótipo de um veículo familiar pequeno e barato. Encomendado pelo *Führer* e projetado por Ferdinand Porsche, o carro em forma de besouro criado às vésperas da Segunda Guerra Mundial estava de fato destinado a se tornar "o carro do povo" – ou *Volkswagen* –, a realização do sonho de milhões de pessoas de possuir um automóvel próprio. No entanto, Hitler jamais imaginou as circunstâncias em que isso se daria. Como o Terceiro Reich nunca pôs o veículo em produção, foi apenas depois da derrocada do nazismo que o projeto de Porsche se tornou o fenômeno global que conhecemos hoje. No período do pós-guerra, o Fusca não apenas desempenhou um papel fundamental no processo de motorização em massa ocorrido na Europa Ocidental como também triunfou nos Estados Unidos, onde se tornou o mais popular dos carros compactos. No final da década de 1960, dirigiam Volkswagens tanto os habitantes dos subúrbios americanos quanto os membros da contracultura que consideravam o estilo de vida da classe média suburbana um epítome do conformismo. Entre 1938 e 1968, o Fusca – e apenas o

Fusca – exerceu um tremendo apelo sobre consumidores de todo o espectro político, da extrema direita até a extrema esquerda. Na América Latina, o Volkswagen dominou as ruas do Brasil, e depois do México, até o final da década de 1990. Quando a cortina enfim se fechou na fábrica mexicana, em 2003, mais de 21 milhões de Fuscas haviam sido montados em linhas de produção espalhadas por todo o mundo. O charme do Fusca, porém, não chegou ao fim com o encerramento de sua fabricação. Centenas de milhares de pessoas se reúnem todos os anos na Europa e nos Estados Unidos para exibir, admirar e dirigir seus belos e bem-conservados Volkswagens. Desde 1998, a adoração pelo VW original vem impulsionando as vendas do New Beetle, o primeiro de muitos lançamentos da indústria incentivados pela nostalgia automotiva. Como milhões de pessoas no mundo compraram e usaram o velho Fusca, ele se tornou muito mais que uma máquina de locomoção individual. Tal como a Coca--Cola, trata-se de um ícone global.[1]

Com uma jornada mundo afora cheia de percalços e viradas, o Fusca alcançou um sucesso comercial que lhe garantiu um lugar de destaque entre os automóveis mais emblemáticos do século XX. A pequenina criação de Ferdinand Porsche se tornou o primeiro automóvel a superar as vendas do lendário Modelo T, que a Ford produziu entre 1908 e 1927. Existem diversas similaridades e conexões entre esses dois famosos automóveis.[2] Em termos mecânicos, o Modelo T e o Volkswagen eram carros robustos, que a maioria dos proprietários considerava confiável e de fácil manutenção. Em seus respectivos auges, o Modelo T e o Fusca se tornaram objetos de profunda afeição, expressa em um número incontável de apelidos carinhosos. Parte dessa atração se deveu ao preço comparativamente baixo, permitindo que a aquisição de um carro particular fosse possível para setores mais amplos da sociedade. Os métodos padronizados de produção em massa possibilitaram à Ford e à Volkswagen reduzir custos, fazendo com que os carros deixassem de ser itens de luxo e virassem mercadorias amplamente disseminadas. Por serem os primeiros veículos de qualidade acessíveis a americanos e alemães, respectivamente, ambos desenvolveram um tremendo apelo popular, que os estabeleceu de forma definitiva no panteão dos ícones nacionais em seus países.

O sucesso de Henry Ford nos Estados Unidos entre as décadas de 1900 e 1920 foi observado com interesse e inveja lá do outro lado do Atlântico. Quando britânicos, franceses e alemães começaram a discutir a produção de um "carro do povo", no período entreguerras, a ideia era reproduzir os feitos de Ford em solo europeu. A tradução para o alemão de *Minha vida e minha obra*, um livro que delineia os princípios por trás da fábrica de Henry Ford em Highland Park, no estado de Michigan, foi um best-seller na República de Weimar. Entre seus ávidos leitores estava ninguém menos que Adolf Hitler. Admirador de longa data de Henry Ford, Hitler deu início à busca por um "carro do povo" na Alemanha nazista. Sem o firme apoio e a aprovação do ditador, o projeto que Ferdinand Porsche desenvolveu entre 1934 e 1938 não existiria. E, quando Ferdinand Porsche planejou uma fábrica adequada à produção em massa de seu protótipo, ele viajou a Detroit, onde, entre outras, visitou as instalações da Ford em River Rouge.[3]

Por outro lado, uma comparação entre a Volkswagen e a Ford também revela diferenças significativas. A mais importante delas é que o sucesso do Modelo T da Ford foi um fenômeno intrinsecamente americano. É inegável que a Ford se expandiu para o plano global durante o auge do Modelo T, entre as décadas de 1900 e 1920, mas, diante do mercado automobilístico de massa dos Estados Unidos, as exportações eram uma receita acanhada, em virtude do abismo econômico que se estabeleceu entre o país e o restante do mundo depois da Primeira Guerra Mundial. O Fusca, por sua vez, se tornou um sucesso internacional assim que entrou em produção, a partir de 1945, transcendendo suas origens ligadas aos Terceiro Reich e conquistando consumidores muito além da Alemanha Ocidental. O Volkswagen teve um período de fabricação excepcionalmente longo, passando por gerações de motoristas desde o fim da Segunda Guerra Mundial até a virada do milênio. O Fusca foi o primeiro automóvel clássico a inspirar um carro retrô. Se o Modelo T ficou marcado como um produto nacional que deu origem a um mito de escala global, o Volkswagen se tornou uma mercadoria global cujo apelo internacional surgiu em virtude de inúmeras influências culturais ao longo de seu extenso período de vida.

As origens que remontam ao Terceiro Reich, a ascensão como ícone da Alemanha capitalista, o apelo exercido em diferentes partes do globo e a presença duradoura no mercado proporcionaram ao Fusca uma história incrivelmente complexa. As virtudes técnicas do Volkswagen contêm pistas importantes para seu sucesso. O projeto que Ferdinand Porsche criou nos anos 1930 estabeleceu as fundações materiais para um veículo que atraiu milhões de consumidores em busca de um carro durável, econômico e de boa dirigibilidade. Quando a produção em larga escala começou, depois da Segunda Guerra Mundial, os engenheiros da sede da Volkswagen em Wolfsburg desenvolveram as características mais marcantes do veículo, mas nunca deixaram de modificá-lo a fim de resolver problemas e adaptá-lo às diferentes condições mercadológicas. O Fusca, portanto, é um exemplo notável de que, mesmo muito depois de sua invenção, um produto pode manter sua atratividade valendo-se de ajustes técnicos nem um pouco radicais. Ao mesmo tempo, a administração da Volkswagen mostrou sempre ter ciência de que uma boa configuração técnica só alcança sucesso comercial com uma fabricação de alto nível. As características únicas do veículo, seu desenvolvimento constante e os métodos adotados pela fábrica colaboraram na mesma medida para atrair milhões de consumidores em busca de uma boa compra.[4]

A aura do Fusca, no entanto, transcende a mera funcionalidade. Em um mundo saturado de ferramentas voltadas para a praticidade do dia a dia, pouquíssimas mercadorias são capazes de inspirar a afeição despertada pelo Volkswagen. O apelido de Besouro (Beetle), pelo qual é conhecido em muitas partes do mundo, é uma pista importante para explicar o amor que o veículo suscitou durante décadas. Uma das características mais marcantes do VW é seu formato, com uma frente redonda, um para-brisa quase vertical e um teto levemente angulado que termina em uma curva aguda na traseira. Desde o nascimento, os observadores comentavam a similaridade do carro com um besouro, sua silhueta arredondada que, em um mundo de automóveis de ângulos retos, lhe conferia uma aparência única, imediatamente reconhecível. Assim como a garrafa de Coca, a carroceria do Volkswagen figura entre os clássicos do design industrial do século XX. "Algumas formas são difíceis de aprimorar", declarava o slogan de um anúncio de 1963 do VW com a fotografia de um ovo com um desenho de um Fusca, comparando os contornos do carro com o símbolo intemporal de fecundidade. Milhões de consumidores foram atraídos para o carrinho alemão não apenas pelo preço, mas também pela simpatia despertada por seu ar acessível e amigável.

Críticos sociais e culturais sempre se mostraram intrigados pelas características intangíveis dos automóveis. Escrevendo sobre o luxuoso e imponente Citröen DS, lançado em meados dos anos 1950, Roland Barthes chegou ao ponto de elevar os carros a "quase o equivalente exato das grandes catedrais góticas" da Idade Média. Ele concluiu que a sociedade contemporânea admirava o automóvel como "a criação suprema" de sua época, tratando-o como "um objeto puramente mágico". Apesar de ninguém nunca ter comparado o Fusca a uma peça de arquitetura eclesiástica, a visão de Barthes dos veículos como artefatos mágicos se encaixa em uma tradição analítica da cultura da mercadoria que remonta ao século XIX.[5]

Em uma passagem clássica de *O capital*, Karl Marx escreveu que uma mercadoria – uma outra forma de se referir a um "bem comercializável" – à primeira vista "parece [...] trivial", mas em uma análise mais detida emerge como "uma coisa complexa". Marx ficou intrigado em particular com o fato de que o preço de muitas mercadorias "não tem absolutamente nada a ver com sua natureza física". Por não terem valor intrínseco, elas ganham valor em processos sociais complexos que, por sua vez, estabelecem uma grande variedade de relações sociais. Ao direcionar seu foco para além das características materiais de uma mercadoria, Marx deu início a uma linha analítica voltada a desmembrar os processos sociais que determinam por que alguns produtos são tidos em alta conta enquanto outros são denigridos. Apesar de sua aparente trivialidade, ele descobriu que as mercadorias são cheias de "sutilezas metafísicas e argúcias teológicas". Perplexo com tamanha complexidade, Marx se valeu de uma metáfora e as definiu como "fetiches". Assim como os objetos aos quais muitas sociedades e indivíduos atribuem poderes sobrenaturais, as mercadorias "parecem seres independentes dotados de vida própria" em suas "relações entre si e com os homens", escreveu ele. Em outras palavras, em vez de serem vistas como objetos inanimados, as mercadorias precisam ser encaradas como forças vivas.[6]

Marx apontou o dedo para um fenômeno crucial. Associando as mercadorias a fetiches, ele chamou atenção para as energias surpreendentes movimentadas pelos bens de varejo. Quando começam a circular entre indivíduos e sociedades, as mercadorias ganham vida social e adquirem dinâmicas próprias. As sociedades criam universos materiais nos quais as mercadorias podem se tornar "atores ativos" em virtude de suas "capacidades comunicativas, performativas, emotivas e expressivas", como escreveu um estudioso. Os objetos materiais muitas vezes adquirem significados profundos no nível pessoal e coletivo porque conseguem tornar o "abstrato [...] concreto, mais próximo da experiência vivida". Assim como os relógios mecânicos personificaram conceitos específicos de "tempo", os automóveis podem ser vistos como manifestações físicas de noções como "velocidade", "liberdade", "anticonvencionalidade" e "riqueza". Apesar de se tratar de uma das mercadorias de massa mais padronizadas já criada pelo homem, muitos Volkswagens são reverenciados como tesouros personalíssimos, cujos donos fazem questão de lavar, encerar, polir e pintar com amor e devoção. Mais do que a posse em si, o ato de dirigir proporciona diversas experiências de ligação emocional entre os donos e seus carros, levando-os a venerar seus veículos como objetos que fazem muito mais do que levá-los do ponto A ao ponto B – e não só porque adolescentes e outros indivíduos mais românticos se divertem um bocado em seus automóveis ao estacioná-los em algum ponto entre A e B.[7]

O triunfo comercial impressionante do Volkswagen só chegou depois de um período de gestação prévia incomumente longo. Embora o clamor dos alemães por um carro acessível remontasse à República de Weimar, o veículo projetado pelo Terceiro Reich para promover a motorização em massa começou a ser produzido apenas depois da Segunda Guerra Mundial. O longo tempo de incubação do carro serve apenas para realçar a longevidade do sonho por trás de um veículo a preços populares. Em virtude de suas origens no pré-guerra e de seu sucesso no pós-guerra, o Volkswagen evoca ecos históricos profundos nos alemães. Apesar do rico arsenal de argumentos disponíveis a eventuais críticos e concorrentes capazes de estigmatizá-lo em razão de suas raízes históricas, o Fusca transcendeu suas origens com uma facilidade admirável na Alemanha e fora dela. Durante sua jornada global, o Fusca foi envolvido por uma teia de memória coletiva formada tanto por relatos de eventos públicos, envolvendo executivos e políticos, como de feitos pessoais diversos como a obtenção da carteira de motorista, as primeiras férias em família, as aventuras da juventude. Essas narrativas benignas sobre o passado público e privado do Fusca, porém, muitas vezes são privilegiadas em detrimento de certos aspectos de sua história. No mundo inteiro, a trajetória do Fusca é marcada por uma alternância entre a memória e a amnésia seletiva.

A popularidade internacional do Volkswagen chama atenção para alguns aspectos importantes da globalização. Apesar das polêmicas e dos protestos contra a "coca-colonização" e "mcdonaldização" do mundo, a difusão de grandes marcas e produtos internacionais não levou a uma homogeneização cultural em escala mundial. Os profetas que bradam contra os efeitos destrutivos da globalização muitas vezes ignoram o fato de que esse processo não pode ser equiparado a uma simples e implacável americanização. Um grande número de produtos da Europa, da Ásia e da África começou a circular pelo planeta quando a mundialização ganhou força. Apesar do inegável protagonismo dos Estados Unidos, o mundo pós-1945 se caracterizou por uma crescente internacionalização. Poucas mercadorias são capazes de ilustrar melhor essa tendência do que um automóvel alemão que ganhou fama internacional, inclusive nos Estados Unidos. Ao mesmo tempo, a história desse carro também serve para ressaltar as desigualdades sociais que caracterizam a globalização desde seu início. Quando se tornou uma montadora de veículos que fabricava Fuscas em diversas regiões em desenvolvimento, inclusive na América Latina, em meio a um processo de reformulação da divisão internacional do trabalho, a Volkswagen adotou abordagens bastante distintas em termos de relações trabalhistas e remuneração de sua mão de obra nas diferentes localidades em que atuava. Em resumo, o Fusca é um exemplo de como os mecanismos da globalização são capazes de promover ao mesmo tempo uma vibrante cultura mercadológica e um aprofundamento das desigualdades sociais.[8]

A disseminação do sucesso do Fusca de um país a outro também se deve em grande parte a suas características camaleônicas. Assim como os animais cuja pele se adapta aos diferentes ambientes, as mercadorias globais também precisam se ajustar às condições locais para obter sucesso comercial. Os consumidores muitas vezes viram as costas para produtos que insistem em parecer estrangeiros em vez de se moldar aos contextos nacionais. O futuro de uma empresa pode correr riscos no processo de adaptação cultural que determina se uma mercadoria com fama internacional vai conseguir fincar raízes em outros países. Essa adaptação pode se dar de várias formas. No caso do ramo da alimentação, por exemplo, determinados pratos podem passar por alterações importantes em termos de ingredientes e métodos de preparo para atrair clientes em solo estrangeiro.

O Fusca, por sua vez, atravessou fronteiras e alcançou diferentes culturas sem qualquer alteração material significativa. No entanto, apesar da similaridade em termos estéticos e tecnológicos, o carro foi ganhando significados diferentes nos países a que chegava como uma mercadoria importada. Em vez de se submeter a alterações físicas, o Volkswagen passou por adaptações de caráter mais intangível para se encaixar no contexto de diferentes culturas automobilísticas. Muitos produtos de presença global devem sua popularidade a essa flexibilidade e capacidade de reinvenção ao longo de seu ciclo de existência. A adaptabilidade do Fusca chegou às raias do absurdo, despertando associações diametralmente opostas nos diferentes lugares onde se estabeleceu. Com sua capacidade quase infinita de adequação, o Fusca foi submetido a metamorfoses culturais impressionantes, que inclusive obliteraram sua condição de mercadoria importada. Em alguns países, como os Estados Unidos e o México, o Volkswagen é reverenciado como um ícone nacional, e não como um automóvel alemão. O Fusca chegou ao final do século XX com uma ampla variedade de identidades locais

– uma transformação notável, levando em consideração suas raízes no Terceiro Reich.[9]

Com sua proliferação mundial na segunda metade do século passado, o pequenino Fusca ganhou status de gigante entre os diferentes artefatos que atingiram o estrelato global. Obviamente, Marx exagerou nas tintas ao afirmar que o valor de uma mercadoria não tinha a ver "absolutamente nada" com suas características físicas. É impossível entender o sucesso do Volkswagen sem levar em conta suas virtudes técnicas. A mera referência aos atributos de engenharia, por outro lado, também não explica o motivo da profunda afeição despertada pelo Fusca nos mais diversos ambientes. Apesar de ser um componente fundamental na história de sucesso do carro, sua qualidade técnica não basta para explicar as paixões suscitadas em motoristas e passageiros de boa parte do mundo. A relação entre as propriedades materiais do veículo (inclusive seu formato único) e seus significados varia de lugar para lugar e de época para época. Examinando as relações tênues e mutáveis entre o corpo material do carro e seus significados sociais mais maleáveis e abstratos, é possível extrair a essência da evolução do Fusca de um sonho intangível para um ícone global.

1

Antes do "carro do povo"

"Reivindicamos medidas fundamentais para facilitar a aquisição e a manutenção de carros compactos, para que todo alemão tenha condições de possuir um automóvel", anunciou o Clube do Carro Compacto da Alemanha em outubro de 1927. Fundada seis semanas antes no subúrbio berlinense de Oberschöneweide, era uma associação ambiciosa, com ideais altruístas. Em vez de considerar que advogava a causa de uma minoria, ela afirmava que a campanha por automóveis acessíveis tinha como motivação "o interesse no progresso da civilização", com o objetivo de "elevar o nível social do povo alemão". No entanto, a maioria dos alemães, em nome dos quais o grupo propagava a "ideia do carro compacto", aparentemente nunca prestou muita atenção a essa retórica idealista e grandiloquente. Apenas o primeiro número de sua revista *Mein Kleinauto* ("Meu carro compacto") sobrevive nas prateleiras da biblioteca pública de Berlim. Criado com grandes expectativas, o Clube do Carro Compacto da Alemanha logo saiu de cena, sem deixar quase nenhum rastro.[1]

O fato de a associação ter uma trajetória efêmera é sintomático em relação ao estado de coisas do setor automobilístico na Alemanha na segunda metade da década de 1920. No ano em que o clube foi inaugurado em Oberschöneweide, os carros ainda eram uma raridade nas ruas do país. Em termos mais exatos, os registros indicavam a existência de um único veículo para cada 196 alemães. Excluídos os ônibus e caminhões, o número caía ainda mais, com um meio de transporte motorizado para cada 242 habitantes. Nesse sentido, a República de Weimar era superada em larga margem pelas outras nações industrializadas. Na França e na Grã-Bretanha, por exemplo, a contagem (incluindo ônibus e caminhões) ficava em uma proporção de 1:44, mais de quatro vezes superior ao nível de motorização na Alemanha. A comparação com os Estados Unidos revela um contraste ainda mais agudo. Em 1927, os estatísticos americanos chegaram ao número de um automóvel para cada 5,3 habitantes, o que fazia do país o mais motorizado do mundo. Sendo assim, era compreensível que a opinião pública alemã não desse muita atenção aos apelos para fazer com que os veículos automotores se tornassem acessíveis ao cidadão médio. Reivindicações como essa pareciam revestidas de um caráter utópico que seus contemporâneos provavelmente recebiam com ceticismo ou sorrisos irônicos.[2]

Para um país cujos engenheiros desempenharam um papel fundamental na invenção do automóvel, devia ser motivo de irritação que a motorização em massa parecesse uma possibilidade tão pouco realista. Era um assunto que mexia com o orgulho nacional. Afinal de contas, a primeira carruagem sem cavalos do mundo foi produzida por Wilhelm Maybach, Gottlieb Daimler e Carl Benz nos anos 1880, impulsionada pelo motor a explosão desenvolvido por Nikolaus August Otto e Eugen Langen na década de 1870.[3] Quando Carl Benz morreu em 1929, aos 85 anos, um periódico automotivo alemão o celebrou como um "gênio" que ofereceu ao "mundo civilizado [...] uma forma de domar o tempo e o espaço [...]. Por meio [desse feito], ele se tornou um dos cofundadores de uma indústria global [...] que hoje está entre os mais elevados e prestigiados" ramos da manufatura. Apesar de listar em detalhes a contribuição de Benz para o desenvolvimento do automóvel nos anos anteriores à Primeira Guerra Mundial, o obituário não tinha muito a dizer a respeito de sua atuação nesse sentido a partir de 1918. Depois da Primeira Guerra Mundial, a indústria automobilística alemã não conseguiu manter seu caráter promissor e pioneiro.[4]

Nos anos 1920, até mesmo o crítico mais benevolente hesitaria em definir a Alemanha como uma nação motorizada. Apesar de a opinião pública ter ciência de que o país estava muito defasado em termos de disseminação do uso do carro, essa questão nunca chegou ao centro do debate nacional. A discussão sobre os automóveis foi empurrada para segundo plano pelos conflitos e pelas crises sociais, políticas e econômicas que marcaram a República de Weimar. O baixo número de carros no país não era uma questão que suscitasse grandes polêmicas. Entre os analistas, havia um amplo consenso a respeito dos inúmeros obstáculos materiais que tornavam a motorização em massa uma perspectiva distante para a Alemanha na época. Sendo assim, os apelos para resolver essa situação, por exemplo, com a criação de um carro acessível à população, vinham à tona apenas de forma muito pontual. A ideia de um "carro do povo" permaneceu sendo uma noção difusa, que nunca ganhou força na República de Weimar.

Os estudiosos alemães encaravam com ceticismo o potencial do país para a motorização em massa não apenas porque tinham uma clara noção das profundas diferenças entre sua terra natal e os Estados Unidos, onde o automóvel se tornara um meio de transporte acessível a um público mais amplo ainda na década de 1910. A supremacia americana na indústria automobilística era absolutamente incontestável nos anos entreguerras. Em 1927, os americanos tinham nada menos que 80% dos carros do mundo, e os padrões mundiais de manufatura, design e comercialização de automóveis eram ditados pelos fabricantes de Detroit. Representantes alemães que visitaram o país nos anos 1920 assinalaram que, nesse quesito, havia uma distância larga e profunda como o próprio oceano Atlântico entre os Estados Unidos e a República de Weimar. Não foi só o número de carros que deixou os alemães perplexos. Os novos métodos industriais também chamaram a atenção dos observadores, assim como as consequências sociais da motorização em massa. Muito antes de se tomarem medidas concretas para fabricar um "carro do povo" na Alemanha, a ideia, por mais difusa que fosse, já tinha um caráter transnacional. Por esse motivo, nossa história começa nos Estados Unidos antes de se voltar para a Alemanha, à época um candidato mais do que improvável para ser o berço do "carro do povo".⁵

A liderança dos Estados Unidos no setor automobilístico destacava ainda mais a mudança do centro econômico mundial da Europa Ocidental para a América do Norte na primeira metade do século XX. Desde o fim do século XIX, a economia americana vinha crescendo muito mais que a dos países europeus. Os números de produção de alguns insumos industriais fundamentais eram indicativos do quanto os Estados Unidos haviam superado a Europa. Entre 1900 e 1928, a produção anual das minas de carvão americanas mais do que dobrou, de 193.208 para 455.678 toneladas, enquanto a produção de aço bruto saltou de 10.217 para 51.527 toneladas. Para a Grã-Bretanha e a Alemanha, as duas maiores e mais dinâmicas economias da Europa Ocidental, era impossível acompanhar essa expansão. Em 1928, a produção de carvão chegou a 241.283 e 150.876 toneladas respectivamente no Reino Unido e na República de Weimar, e as siderúrgicas britânicas e alemãs, que produziram 8.673 e 14.517 toneladas de aço nesse ano, estavam sendo engolidas por suas equivalentes americanas.⁶

A ascensão industrial dos Estados Unidos se deveu acima de tudo a fatores domésticos. Além da abundância de matérias-primas como combustíveis fósseis e minério de ferro, o acréscimo de milhões de imigrantes à força de trabalho antes do fim da Primeira Guerra Mundial também serviu para impulsionar a expansão econômica americana. Apesar das reivindicações dos progressistas por leis antitruste mais severas, o corpo legal do país favorecia a formação de grandes empresas que atingiram uma economia de escala e dispunham de recursos financeiros para sustentar altos níveis de investimento. O crescimento industrial também se beneficiou do aumento acelerado da demanda doméstica quando os Estados Unidos se tornaram o maior mercado consumidor do mundo, com um número inédito de mercadorias acessíveis a grandes parcelas de sua sociedade.⁷ Apesar de uma curta recessão entre 1920 e 1921 ter promovido um ajuste na economia americana em tempos de paz depois da Primeira Guerra Mundial, essa contração temporária logo deu lugar ao boom dos Loucos Anos 20. O abismo econômico que se abriu entre os Estados Unidos e a Europa Ocidental na década que se seguiu à Primeira Guerra Mundial não serviu apenas para criar um grande contraste entre o número de carros existentes dos dois lados do Atlântico: também ajudou a transformar a indústria de veículos a motor em um dos setores mais dinâmicos da economia americana. Citando estatísticas oficiais, um sindicalista alemão em visita aos Estados Unidos relatou que em 1924, "como resultado do desenvolvimento da última década", um em cada dez empregos no país estava ligado de maneira direta ou indireta ao setor automotivo.[8]

A Ford Motor Company foi a primeira gigante automobilística a surgir no panorama econômico americano, quando o Modelo T se tornou um sucesso de venda sem precedentes. Lançado em outubro de 1908, o Modelo T realizou a ambição de Henry Ford de fabricar um "carro universal" que, de acordo com sua biografia autorizada, *Minha vida e minha obra*, "viria ao encontro do desejo das multidões".[9] Acima de tudo, o Modelo T se distinguiu pela funcionalidade, circulando em um ambiente de transporte que ainda não era totalmente adequado às exigências dos automóveis. Seu nome logo se tornou sinônimo de robustez, prontidão e confiabilidade, ganhando a reputação de um carro que, segundo escreveu Tom McCarthy, estava sempre "pronto para ser exigido ao máximo e ainda pedir mais", o que se devia em grande parte à simplicidade de seu projeto. Impulsionado por um motor relativamente forte e resistente de quatro cilindros, o Modelo T era alto o suficiente para rodar em terrenos acidentados, inclusive estradas de terra que se transformavam em verdadeiros atoleiros nas temporadas de chuva. O carro também se beneficiava do uso extensivo do aço tratado com vanádio em seu chassi, material que permitiu a construção de um automóvel com distância entre eixos de dois metros e meio, leve e resistente o bastante para transportar quatro pessoas e mais um peso em carga. Os motoristas apreciaram a ideia da Ford de posicionar o volante do lado esquerdo, o que melhorava a visibilidade, mas a principal virtude do veículo era seu baixo custo de manutenção, que se devia a uma combinação de um motor econômico, que rodava dez quilômetros por litro de combustível, uma mecânica resistente e, em caso de quebra, peças de reposição baratas.[10]

"Simplicidade de verdade", decretava *Minha vida e minha obra*, "significa oferecer o melhor serviço e a maior conveniência em termos de uso." Como a tecnologia automotiva ainda dava os primeiros passos, a simplicidade era uma necessidade, já que soluções que envolviam componentes complexos significavam uma probabilidade maior de quebras. Como o Modelo T se caracterizava por uma tecnologia bastante simples, muitos de seus proprietários faziam eles mesmos os reparos necessários. Reforçando seu *ethos* de funcionalidade acima de tudo, o Modelo T era sem dúvida um carro bastante prático, mas por outro lado não era dos mais confortáveis. Apesar de a empresa ter acrescentado faróis elétricos ao projeto em 1915, nunca houve a preocupação de tornar o sistema de aquecimento um item de série do veículo. Embora um fabricante de autopeças tenha desenvolvido um sistema de partida acionado por botão ainda em 1912, por razões de custo a Ford só decidiu incorporar o mecanismo ao carro em 1926. Antes disso, ou os motoristas instalavam o sistema de partida elétrica por sua própria conta em uma oficina particular ou ligavam seus carros girando uma manivela, um trabalho que, além de tedioso, oferecia uma boa dose de perigo físico. Às vezes, o motor estourava quando era acionado, provocando um solavanco na manivela que poderia causar facilmente a fratura de pulsos e polegares. Para impedir esse tipo de ferimento, aconselhava-se aos motoristas que não segurassem a manivela, e sim que a empurrassem com a mão aberta.[11]

Mas os americanos claramente consideravam esses problemas questões menores. Entre 1908 e 1927, a Ford fabricou mais de 15 milhões de unidades do Modelo T, um recorde de vendas que só seria quebrado pelo Fusca em 1972. O Modelo T foi produzido e vendido em escala inédita desde o início. A produção anual chegou a quase 35 mil veículos em 1911, e saltou para 533.706 em 1919. Quando a breve recessão do pós-guerra interrompeu o primeiro boom automobilístico da história americana, em 1921, dois terços dos carros em circulação nos Estados Unidos eram Modelos T. Embora patrocinasse eventos promocionais, como corridas de longa distância, para propagandear a confiabilidade do carro, a Ford lucrava ainda mais com o boca a boca gerado por motoristas satisfeitos que recomendavam seu produto a amigos e conhecidos interessados em adquirir um automóvel. Em uma época em que a maioria dos carros se notabilizava pelo desempenho insatisfatório e os consumidores encaravam com desconfiança as promessas dos fabricantes, os endossos informais e isentos de cidadãos comuns foram bastante eficientes para o estabelecimento do Modelo T como um produto digno de confiança. Em 1911, uma pesquisa realizada com 2 mil motoristas revelou que 85% deles haviam comprado seu Ford com base na recomendação pessoal de um outro proprietário.[12]

Além das virtudes técnicas do carro, o fato de a renda per capita nos Estados Unidos ter crescido 85% entre 1890 e 1925 também proporcionou uma condição fundamental para o sucesso do Modelo T. No começo do século XX, à medida que mais e mais americanos se tornavam capazes de adquirir e manter um veículo a motor de baixo custo, a Ford foi a primeira empresa a mirar um público mais amplo, de poder aquisitivo menor. Enquanto outros fabricantes perseguiam compradores abastados com veículos que custavam mais de mil dólares, a Ford direcionou seu produto a uma outra fatia de mercado. Lançado por um preço que variava entre 825 e 850 dólares em 1908, o carro passou a custar menos de 450 dólares em 1920, uma queda drástica que abriu todo um novo território de vendas. Para consolidar a clientela da empresa, a Ford também ampliou sua rede nacional de concessionárias, que revendiam peças sobressalentes e ofereciam mão de obra qualificada para executar os reparos.[13]

Os salários mais altos e os preços mais baixos sem dúvida ajudam a explicar por que um número inédito de americanos pôde adquirir um carro como o Modelo T na década de 1910. No entanto, a demanda reprimida que impulsionou o primeiro boom automotivo também é sintomática de um lado menos glamoroso da vida nos Estados Unidos na época. Totalizando 60% dos habitantes do país no início do século XX, a população rural constituía a base da clientela da Ford. A vida na fazenda podia ser bastante difícil, e exigia longas horas diárias de trabalho duro. Os lares do campo continuavam sendo instalações rústicas, muitas casas ainda não tinham aquecimento central nem água encanada, itens de conforto que eram cada vez mais disseminados na cidade. Os moradores das zonas rurais adotaram o Modelo T como um veículo de múltiplas funções, transformando a criação da Ford em uma ferramenta versátil capaz de realizar funções que iam muito além de transportar pessoas e cargas. Amarrando uma correia ao eixo traseiro ou ao virabrequim do motor, os agricultores usavam seus carros para movimentar rebolos, bombas, serras, pilões e outros mecanismos. Como era capaz de se locomover sobre terrenos tortuosos, o veículo também serviu como um precursor do trator. "Nas lavouras", lembrou um historiador cuja família usava um Ford em sua fazenda, "o Modelo T impulsionava arados, moinhos, rastelos e carregadeiras."[14]

Acima de tudo, porém, o carro se impunha como uma fonte de mobilidade individual que aliviava o isolamento da população rural. Além de facilitar o comércio nas cidades interioranas, o automóvel abriu novas oportunidades de socialização. Com um Modelo T, o povo do campo podia visitar parentes e amigos e ir à cidade para dançar e ver um filme no cinema com muito mais rapidez e frequência do que usando uma charrete. E os homens não foram de maneira alguma os únicos beneficiados por essa nova modalidade de transporte. As mulheres receberam essa expansão de seus horizontes sociais com uma mistura de alívio e entusiasmo. "Seu carro nos tirou da lama. Ele trouxe alegria à nossa vida", escreveu a esposa de um agricultor em uma carta a Henry Ford em 1918. Em 1920, 53% das propriedades rurais do Meio-Oeste dispunham de um automóvel, número que chegava a 42% no Oeste distante. Ford sempre se orgulhou da popularidade de seu carro entre os habitantes das zonas rurais – e não apenas porque isso gerava grandes lucros para sua empresa. Como fora criado em uma fazenda no estado de Michigan, ele havia sentido na pele as dificuldades da vida no campo.[15]

A classe média urbana e suburbana também aderiu ao Modelo T, ainda que com prerrogativas ligeiramente diferentes. Como tinham acesso ao transporte público com muito mais facilidade que os moradores das zonas rurais, os proprietários urbanos reservavam seus automóveis para uso recreativo nos fins de semana e períodos de férias. Sendo assim, os moradores da cidade se tornaram a maior clientela para acessórios opcionais que iam de barracas a camas desmontáveis que transformavam o Modelo T em um verdadeiro "Hotel Ford". Apesar do apelo do carro como um item de lazer, a demanda na cidade não se comparava à do campo durante a primeira década de fabricação do Modelo T. Alguns profissionais, como médicos e advogados, compravam carros por razões de trabalho, mas a maioria dos moradores dos centros urbanos não tinha tanto uso para o Modelo T no dia a dia quanto os agricultores. Em comparação com o pessoal do campo, eles também tinham menos espaço disponível para guardar seus carros e sofriam mais com os custos de manutenção, por serem menos propensos a executar reparos com as próprias mãos.[16]

No entanto, fosse qual fosse seu local de residência, os motoristas estabeleciam em pouco tempo uma ligação emocional profunda com seus carros. "Em seu estado original", comentou um jornalista em 1915, "um Ford" não era apropriado para "expressar sua individualidade [...] pois os Fords são todos iguais." Essa uniformidade, obviamente, era consequência de uma política resumida na famosa frase de Ford afirmando que "qualquer cliente pode ter seu carro da cor que quiser, desde que seja preta". Apesar disso, o mercado logo foi invadido por uma infinidade de itens e acessórios extras que incluíam pisca-pisca, revestimento para assentos, para-lamas, tampas ornamentais para radiadores e muito mais. Os donos modificavam seus carros de acordo com suas preferências estéticas e necessidades práticas. Os inúmeros nomes e apelidos que os americanos davam a seus carros mostram o quanto essas alterações e o uso diário eram capazes de transformar um objeto de fabricação padronizada em uma propriedade pessoal merecedora de grande afeição. Não demorou muito para que apelidos carinhosos como "Tin Lizzie" e "flivver" fossem incorporados ao léxico dos americanos como sinônimos de automóvel simples e barato, uma prova da ascensão do Modelo T a ícone nacional – uma trajetória seguida por vários outros carros populares nos anos seguintes.[17]

Foi em virtude da demanda aparentemente inesgotável pelo Modelo T que a Ford deu início à política de baixar os custos da produção em massa de seu produto altamente complexo, composto de inúmeros componentes técnicos. A solução criada em Dearborn teria influências profundas no desenvolvimento da indústria ao longo do século XX. Além de ampliar sua força de trabalho de 450 funcionários em 1908 para 32.679 em 1921, a empresa empreendeu mudanças organizacionais sem precedentes nas práticas de fabricação, levando a divisão do trabalho a níveis inéditos. As vantagens de distribuir os processos de manufatura em sequências de tarefas especializadas e individualizadas já constituíam um truísmo econômico havia mais de um século quando Ford criou a linha de montagem do Modelo T. O famoso capítulo de abertura de *Uma investigação sobre a natureza e as causas da riqueza das nações*, de Adam Smith, exaltava em 1776 a maneira como uma pequena manufatura de alfinetes conseguiu aumentar sua produção em mais de mil vezes compartimentando os procedimentos de fabricação em "dezoito operações distintas".[18]

Ford e seus executivos, no entanto, se inspiraram em uma forma de divisão de trabalho muito mais avançada, que gerou muita repercussão quando surgiu, no final do século XIX. Fabricantes de mecanismos mais sofisticados, como serras mecânicas e bicicletas, montavam seus produtos com base em sequências minuciosamente coordenadas de trabalho com peças intercambiáveis. E, o mais importante de tudo, usavam ferramentas como furadeiras e soldas elétricas de fácil operação, que podiam ser entregues a trabalhadores sem muita qualificação, o que diminuía a dependência de profissionais especializados. Criado nos Estados Unidos, esse modo de produção ficou conhecido como "sistema americano" de manufatura e chamou atenção por vários aspectos. Na prática, o uso de ferramentas mecanizadas transferiu a capacidade de manufatura do homem para a máquina, "rebaixando" o trabalho humano exigido no chão da fábrica. Essa nova forma de mecanização era particularmente vantajosa nos Estados Unidos, em virtude da crônica falta de mão de obra existente no país, apesar dos altos índices de imigração. A mecanização avançada permitiu às empresas aumentar a produção e reduzir os custos. O "sistema americano" fabricava lotes imensos de mercadorias sempre idênticas, pois seus procedimentos se valiam de peças intercambiáveis e rotinas de trabalho uniformizadas. Em resumo, o desenvolvimento do "sistema americano" abriu as portas para a produção em massa de mercadorias complexas e altamente padronizadas sem a necessidade de empregar mão de obra especializada.[19]

Embora a embrionária indústria automobilística americana da época tivesse ciência desses novos métodos de manufatura, eles não chegaram a ser levados em conta, já que os fabricantes de carro atuavam em um pequeno nicho de mercado de luxo. As formas de produção artesanais – em que equipes de trabalhadores qualificados montavam as partes mais importantes do veículo, como o chassi, do início ao fim – eram a regra. A Ford, entretanto, projetou o Modelo T tendo em vista um horizonte de vendas muito mais amplo. À medida que o volume de produção foi crescendo, a direção da Ford começou a se voltar cada vez mais para os métodos de produção mecanizada do "sistema americano". Os engenheiros da empresa, por exemplo, desenvolveram e puseram em uso uma infinidade de máquinas específicas para a fabricação de peças intercambiáveis para o Modelo T. A velocidade, a precisão e a consistência dessas máquinas eram infinitamente superiores ao trabalho de qualquer operário especializado. Em 1915, um engenheiro em visita à fábrica ficou maravilhado com a mecanização da Ford ao descrever uma máquina "especial semiautomática" que fazia "furos em um cilindro a partir de quatro direções ao mesmo tempo, quarenta e nove buracos em uma única operação". Essa eficiência, porém, tinha um preço. Se a produção artesanal de automóveis era capaz de acomodar facilmente os pedidos especiais dos clientes, o carro mais famoso da Ford surgiu desde o início como uma mercadoria padronizada. Oferecer variações técnicas para o Modelo T (além do tipo de carroceria) implicaria promover modificações dispendiosas nos procedimentos e nos equipamentos de fabricação, o que elevaria o preço final. Com as lições que aprendeu com o "sistema americano", Henry Ford promoveu o nascimento de uma variedade inflexível de produção em massa.[20]

Manter um fluxo de produção constante que envolvia milhares de trabalhadores e milhões de peças não era uma tarefa fácil para a direção da empresa. Comparada a serras mecânicas e bicicletas, a fabricação de automóveis em larga escala impunha desafios logísticos muito mais complexos, que resultavam em inúmeros gargalos. Os executivos da Ford encontraram a solução para seus problemas de fluxo de trabalho nos matadouros de Chicago, onde centenas de milhares de carcaças suspensas em ganchos eram transportadas de seção em seção para serem desmembradas com grande rapidez por um pequeno número de funcionários.[21]

Depois de diversas visitas a Illinois, a direção da Ford implantou o princípio dessas sinistras "linhas de desmontagem" na fábrica de Highland Park em 1913. Mover mecanicamente uma peça por uma série de pontos de produção e montagem altamente especializados oferecia uma série de vantagens do ponto de vista da chefia. O sistema que em breve ganharia o nome de "linha de montagem" reduziu drasticamente o tempo de produção, assentando as bases para a redução sistemática de preços que era uma condição fundamental para o sucesso comercial do Modelo T. "A produção quase dobrou a cada ano por uma década depois de 1913, enquanto o preço de um Modelo T foi reduzido em dois terços", resumiu um estudioso.[22] A linha de montagem também aumentou o controle da chefia sobre o chão da fábrica, onde os trabalhadores criavam inúmeras táticas para amenizar as rotinas de fabricação. Como a velocidade da esteira definia o ritmo de trabalho, os operários não tinham escolha a não ser se adaptar ao padrão imposto pela chefia. A linha de montagem permitiu aos executivos da Ford substituir profissionais especializados por mão de obra sem qualificação, que podia ser treinada "em algumas horas ou alguns dias", conforme alardeado em *Minha vida e minha obra*. Em 1913, a empresa começou a contratar levas numerosas de imigrantes, vindos principalmente do sul e do leste da Europa. Em menos de um ano, os recém-chegados já somavam 70% dos funcionários da fábrica. O primeiro automóvel a se tornar um ícone dos Estados Unidos foi produzido em grande parte por gente que mal sabia falar inglês.[23]

Para os empregados, o advento da linha de montagem significou uma tremenda deterioração nas condições de trabalho. A monotonia e a exigência física da linha de montagem eram absurdamente desgastantes. Logo depois da introdução do novo esquema, em 1913, a rotatividade anual dos funcionários chegou a 370%, com milhares de operários pedindo demissão todos os meses. Muitos consideravam o emprego na Ford simplesmente insuportável. Um trabalhador lembrou que, depois do primeiro dia em Highland Park no início dos anos 1920, um amigo seu voltou para casa em um estado de exaustão absoluta: "Ele se sentou em uma cadeira e não se preocupou nem em comer. [...] Estava tão cansado, e seu corpo doía tanto, que não conseguia nem se mexer". Dois dias depois, o funcionário recém-recrutado se demitiu. Como a Ford foi a primeira de uma longa linhagem de fabricantes de automóveis que se notabilizaram por rotinas de trabalho que submetiam os operários ao ritmo da máquina, não foi por acaso que um carro popular como o Modelo T deveu sua existência a processos de fabricação monótonos e massacrantes. Apenas a mecanização avançada era capaz de baixar os custos de produção o suficiente para que o automóvel se tornasse acessível à maior parte da população.[24]

Se a linha de montagem logo se tornou símbolo de alienação no local de trabalho, a resposta de Ford para a sangria inicial de operários estabeleceu um exemplo que os outros fabricantes copiaram quase com a mesma frequência com que adotavam seus métodos de manufatura. Em janeiro de 1914, a Ford Motor Company anunciou que dobraria o salário dos trabalhadores, pagando cinco dólares diários por um turno de oito horas. Assim que a nova remuneração entrou em vigor, o departamento de recrutamento da empresa foi invadido por uma multidão de candidatos, gerando grande tumulto. Nem mesmo as mangueiras do corpo de bombeiros lançando seus jatos de água em meio às temperaturas abaixo de zero do inverno de Michigan foram capazes de dispersar os interessados em obter um emprego com um salário tão bom.[25] Com o estabelecimento dos cinco dólares diários, a Ford enfim conseguiu suprir sua demanda de mão de obra. E, além da política salarial, a empresa fez outros esforços para consolidar seu quadro de funcionários, construindo hospitais, uma cooperativa de poupança e crédito, clubes esportivos e escolas noturnas que ofereciam treinamento profissional e aulas de inglês. O *ethos* gerencial da Ford era marcado por um profundo paternalismo. Além de serem obrigados a se abster de toda e qualquer participação em sindicatos, os trabalhadores eram submetidos a rígidos controles tanto na fábrica quanto em casa. Investigadores do "departamento sociológico" da empresa mantinham milhares de arquivos com dados sobre a vida pessoal dos funcionários e entrevistavam familiares e vizinhos em busca de informação sobre jogatinas, bebedeiras ou promiscuidade sexual. Para serem considerados aptos às oportunidades profissionais e educacionais oferecidas pela empresa (inclusive os cinco dólares diários), os empregados da Ford precisavam levar uma vida frugal, e os que se desviavam desse caminho corriam o risco de cortes salariais ou coisa pior. A força de trabalho imigrante pagava um preço alto pela modesta prosperidade obtida com a fabricação do Tin Lizzie.[26]

Enquanto isso, a reputação de Henry Ford só ajudava seus negócios a crescer. Com um talento aprimorado desde os primórdios do automóvel para promover seus veículos, ele usou suas habilidades como marqueteiro para se estabelecer como um "herói popular milionário". Em seus escritos e suas entrevistas, Ford reforçava a persona pública de um homem simples e direto, que usava exemplos de fácil compreensão para ilustrar como medidas aparentemente triviais eram capazes de produzir resultados espetaculares. "Fazendo com que 12 mil empregados deem dez passos a menos por dia, você economiza oitenta quilômetros de movimentos desnecessários e energia dissipada." Eliminar o desperdício – ou buscar a "eficiência", mudando um pouco a perspectiva da coisa – era o principal motor dos princípios empresariais de Ford. Em consonância com seu *ethos* de produtividade, Ford afirmava que os cinco dólares diários não eram uma espécie de benesse, e sim uma recompensa justa pelos lucros que seus funcionários dedicados ajudavam a gerar. Sob a direção de líderes competentes, ele argumentava, o capitalismo trazia benefícios não apenas na forma de mercadorias, mas também de bons salários. Centenas de milhares de visitantes passavam por suas imensas fábricas em Highland Park, e a partir de 1919 em River Rouge, para conhecer o império em expansão da Ford, cuja orientação sempre verticalizada levou a empresa a adquirir minas de carvão e minério de ferro, florestas e uma linha ferroviária antes de embarcar na aventura desastrosa de plantar seu próprio seringal no Brasil.[27]

A fama, porém, não significava que Henry Ford fosse imune a ataques da opinião pública. Além do rígido esquema de trabalho em Highland Park e de sua postura intransigente em relação aos sindicatos, seu antissemitismo, que veio à tona em mais de uma publicação, atraiu muitas críticas dentro dos Estados Unidos. No entanto, nem mesmo suas práticas gerenciais controversas e suas visões contrárias aos judeus foram suficientes para minar o status de astro nacional de Ford. Sua posição elevada sobreviveu inclusive aos problemas financeiros que se abateram sobre a empresa em meados da década de 1920, por não conseguir se dar conta das novas preferências surgidas entre os consumidores depois da primeira onda de motorização. Enquanto a Ford continuava se valendo de uma política de padronização baseada no Modelo T, os motoristas americanos desejavam mais poder de escolha e veículos mais confortáveis. A Ford perdeu a liderança do mercado para a General Motors, que oferecia um leque maior de produtos e incentivava os consumidores a "elevarem o nível". Os Chevrolets, lançados pela GM, se mostraram especialmente populares entre os americanos na segunda metade dos anos 1920. Apesar desses problemas, o status de Ford como celebridade cultuada permaneceu quase intacto. Com o Tin Lizzie, ele criou o primeiro automóvel de verdade a chegar à população em geral. No imaginário dos americanos, isso era muito mais relevante do que seu antissemitismo, seus eventuais deslizes empresariais ou as reclamações persistentes sobre condições de trabalho inumanas.[28]

O triunfo comercial elevou o nome de Henry Ford para muito além do panteão americano. Além de seus negócios sempre em expansão, o best-seller publicado com o nome de Ford colaborou para estabelecer sua inigualável reputação mundial. A tradução para o alemão de *Minha vida e minha obra* alcançou o número de 200 mil cópias vendidas pouco mais de um ano depois de sua publicação, em 1923. Na Alemanha, o livro foi recebido com interesse porque a história de sucesso de Ford simbolizava o dinamismo que permitiu aos Estados Unidos superar a economia da Europa Ocidental por larga margem. Diante dos muitos problemas econômicos enfrentados pela República de Weimar, muitos alemães se voltavam para *Minha vida e minha obra* na esperança de encontrar uma solução para seu país.[29]

No início dos anos 1920, era possível afirmar sem contestações que a situação da economia alemã era catastrófica. Menos de uma década depois do início da Primeira Guerra Mundial, a Alemanha havia perdido sua posição de potência industrial de maior crescimento da Europa para mergulhar numa condição que muita gente na época definia como o caos. A derrota militar, uma revolução tumultuada que resultou na precariamente democrática constituição da República de Weimar e no Tratado de Versalhes, com suas exigências de reparações financeiras, dificultaram toda e qualquer tentativa de estabelecer a ordem política e o crescimento econômico a partir de 1918. Apesar de no médio prazo a questão das reparações ter se provado muito menos danosa do que os governantes temiam a princípio, o país estava lidando com problemas econômicos gravíssimos. Como resultado da reorganização territorial do continente europeu pós-1918, a Alemanha perdeu um terço de suas reservas de carvão e três quartos de suas minas de ferro para a França e a Polônia. A instabilidade política e econômica dominava o noticiário nos primeiros anos do pós-guerra e chegou ao ponto culminante com um surto de hiperinflação em 1923, financeiramente custoso e psicologicamente perturbador para boa parte do povo alemão. Somente com uma reforma monetária radical e uma renegociação das reparações, além de empréstimos financiados com dinheiro americano, foi possível estabelecer um mínimo de equilíbrio político e econômico na Alemanha, dando início ao frágil período de estabilidade da República de Weimar, entre 1924 e 1929.[30]

Nesse contexto, Ford se tornou uma referência incontornável em um debate acalorado e profundamente polêmico a respeito dos Estados Unidos, que a opinião pública da República de Weimar considerava cada vez mais um "símbolo inconteste de modernidade". Fosse discutindo a respeito de Hollywood, das condições de vida em Nova York ou Chicago ou dos modos comparativamente mais liberais das mulheres americanas, os analistas viam nas questões americanas os aspectos positivos e negativos da sociedade do futuro, centrada na indústria e no comércio.[31] Assim como os Estados Unidos em geral, Henry Ford exercia um apelo bem amplo, ainda que controverso, entre os alemães que exaltavam ou condenavam o empreendedorismo americano de acordo com suas posições ideológicas. Os defensores do fordismo no mundo dos negócios, por exemplo, enfatizavam o fato de que os ganhos de produtividade gerados pelos métodos de fabricação em massa seriam um instrumento indispensável para aprimorar a eficiência da economia local. Os sindicalistas alemães, apesar da profunda aversão de Ford às organizações dos trabalhadores, elogiavam a política de altos salários dos industriais americanos, assinalando que, em termos reais, os salários nos Estados Unidos eram o dobro daqueles pagos na Alemanha. Além deles, porém, havia o coro de céticos que retratavam Ford como o "falso messias" de um evangelho pernicioso. Os reformistas concentravam sua crítica na alienação no local de trabalho, enquanto muitos empresários alertavam que o sistema fordista destruiria a reputação da indústria alemã como fornecedora de produtos de alta qualidade. Os catastrofistas culturais criaram as mais elaboradas distopias, vociferando contra uma cultura de consumo dominada por mercadorias padronizadas que simbolizariam nada menos que uma "mecanização do trabalho, do pensamento e da própria vida".[32]

À medida que os analistas pró e antiamericanos transformavam Henry Ford em uma figura polêmica na Alemanha, uma ausência marcante ia se tornando cada vez mais clara no debate local a respeito do fordismo: quase ninguém parecia questionar se o "carro universal" – o produto sobre o qual se apoiava o império de Ford – seria capaz de se tornar uma perspectiva real para os consumidores alemães no curto prazo. Na República de Weimar, o foco na discussão a respeito da Ford estava na escala de sua produção, um símbolo do abismo entre as condições econômicas dos dois lados do Atlântico, e não nos automóveis que fabricava. Os visitantes alemães da época encaravam a cultura automobilística dos Estados Unidos com perplexidade. Ao chegar a Detroit, o engenheiro Franz

Westermann, que se gabava de ter mantido a compostura diante da imponência de Manhattan, se viu embasbacado diante da procissão de veículos que desfilava pela cidade. "Eu dei risada", ele lembrou, "ao me dar conta de que em Detroit havia o dobro do número de carros que circulavam por toda a Alemanha [...], que centenas de concessionárias [tinham] saguões do tamanho de nossas fábricas de carros, que havia quase tantos carros nas ruas quanto pedestres". No fim do dia, ele olhou pela janela de seu quarto de hotel e não conseguiu tirar os olhos das "centenas de carros, um atrás do outro, até onde as vistas podiam alcançar".[33]

A perplexidade de Westermann é um bom exemplo para ilustrar o quanto um "carro universal" era uma perspectiva distante para a maioria dos alemães. No final dos anos 1920, os veículos motorizados eram uma raridade na maior parte do país. Ainda que, depois da restauração da estabilidade política e econômica em meados da década, o número de carros de passeio nas ruas alemãs tenha mais que quadruplicado, de 80.937 em 1922 para 422.612 em 1928, tratava-se de uma expansão limitada – e não apenas quando comparada aos 15,4 milhões de carros que rodavam pelos Estados Unidos em 1925. A França, um país com apenas dois terços da população alemã, testemunhou um aumento de 242.358 para 757.668 veículos registrados no mesmo período. Até mesmo em Berlim, que concentrava a imensa maioria dos automóveis do país, o tráfego motorizado tinha proporções modestas. Depois da Grande Guerra, a capital da Alemanha ganhou fama mundial como centro da cultura experimental, com sua vida noturna agitada, sua cena artística provocativa e sua atividade editorial efervescente, mas os semáforos só começaram a ser instalados na moderna metrópole a partir de 1925.[34]

Havia diversos fatores responsáveis pela baixa disseminação do automóvel na República de Weimar. Para os fabricantes alemães, o fordismo era um objetivo impossível, já que o setor era dominado por empresas relativamente pequenas, incapazes de realizar os investimentos necessários para iniciar uma produção em massa. Em 1927, havia 27 fábricas de carros na Alemanha. A Daimler e a Benz, que fabricavam limusines para clientes ricos, tinham 2 mil funcionários cada uma, mas produziam em média apenas 4,4 e 5,3 veículos por dia respectivamente. A alta concentração de mão de obra e os custos elevados das matérias-primas acabaram deixando ambas as empresas endividadas. Nem mesmo depois da fusão que levou à criação da Daimler-Benz AG, em 1926, a companhia seria capaz de arcar com os custos das linhas de montagens e das ferramentas necessárias para os métodos de produção em massa. Em comparação com empresas do mesmo porte nos Estados Unidos, os custos de fabricação da Daimler-Benz eram muito mais altos, e a produtividade muito menor.[35]

Apenas a Opel, de longe a maior fabricante da Alemanha, com 12 mil funcionários no fim da década de 1920, se arriscou a introduzir os métodos fordistas para cortar custos e ampliar a produtividade em 1924. "Prédios de oito andares, torres altas e chaminés imponentes" conferiam à fábrica de Rüsselsheim a aparência de uma "cidade fantástica", anunciava um perfil detalhado da companhia. Fabricando dois modelos diferentes em suas linhas de montagem, um de catorze e o outro de quarenta cavalos de potência, a Opel se estabeleceu como líder de mercado na Alemanha, produzindo cerca de metade dos veículos do país em 1928. O "trabalho milagroso das 6 mil máquinas" da montadora causava impressões profundas em seus visitantes, mas a racionalização da produção tinha seus limites em Rüsselsheim. Ao contrário do que acontecia nos Estados Unidos, a Opel não usava peças intercambiáveis em seus carros. Além disso, os operários especializados compunham dois terços dos funcionários da empresa, uma proporção que relegava os trabalhadores sem qualificação, que dominavam a produção nas fábricas americanas, a uma minoria em Rüsselsheim. Nem mesmo na fábrica de carros mais avançada da Alemanha o nível de mecanização chegava perto do que existia nos Estados Unidos.

Diante da capacidade limitada da indústria local, os fabricantes estrangeiros viam a Alemanha como um mercado promissor. Para driblar os impostos de importação, as empresas americanas passaram a montar veículos na Alemanha com peças trazidas do outro lado do Atlântico, uma manobra que lhes permitiu abocanhar um quarto do mercado alemão em 1928. A Ford e a General Motors, que se tornaram os atores estrangeiros mais influentes na República de Weimar, tomaram a decisão de se precaver contra eventuais medidas protecionistas estabelecendo linhas de montagens completas no país. A Ford construiu uma fábrica em Colônia, inaugurada em 1931, enquanto a General Motors comprou uma montadora local, nada menos do que a Opel, em 1929. A imprensa alemã reagiu com apreensão à aquisição da maior fabricante nacional de automóveis, considerando uma possível invasão de carros feitos por empresas estrangeiras como um indicador alarmante de debilidade econômica. Nessa época, poucos analistas seriam capazes de prever o papel de protagonismo que as montadoras alemãs desempenhariam na segunda metade do século XX.[37]

Mais do que um problema de incompetência administrativa, a situação precária do setor automobilístico na Alemanha nos anos 1920 era reflexo de problemas maiores, que iam muito além dos limites de atuação da indústria. Em suma, os fabricantes alemães sofriam com uma escassez crônica de demanda doméstica. Em certa medida, a geografia social emperrava a disseminação do automóvel na República de Weimar. Em um país densamente povoado e com um sistema de transporte público bem estabelecido como a Alemanha, a necessidade de veículos motorizados individuais era muito menor que nos Estados Unidos, com suas vastas áreas de população esparsa.[38]

O impedimento mais relevante, no entanto, era a situação econômica. Depois de uma década de guerra, agitação política e hiperinflação, a renda da maioria da população da Alemanha permanecia severamente contraída. Por volta de 1925, uma pesquisa concluiu que apenas metade dos trabalhadores da indústria do país tinha salários anuais na casa dos mil reichsmarks (ou 250 dólares), considerados o mínimo necessário para garantir alimentação e abrigo para uma família de quatro pessoas. Em termos nominais, esse pagamento constituía apenas um quarto do que recebiam os operários da Ford depois da introdução dos cinco dólares diários. Não é de se admirar, portanto, que os sindicalistas alemães chamassem atenção para as políticas de remuneração da Ford. A maioria dos agricultores locais também enfrentava as mesmas dificuldades. Cerca de três quartos dos produtores rurais da República de Weimar cultivavam terras de até cinco hectares, operando no nível da subsistência. Em 1928, o rendimento médio no meio rural era de 1.105 reichsmarks (ou 263 dólares) por ano.[39] Em um contraste agudo com os Estados Unidos, onde a população do campo havia sido fundamental para o sucesso do Modelo T, era raro ver um agricultor alemão atrás do volante de um carro. Quando adquiriam um veículo motorizado, tanto operários quanto agricultores preferiam as motocicletas. Apesar de não oferecer proteção contra as intempéries e expor os condutores a um perigo físico muito maior que os automóveis, as motos compensavam essas desvantagens com preços e custos de manutenção muito mais baixos. De 1923 a 1929, as motos venderam 30% a mais que os carros, e sua frota cresceu de 59.389 para 608.342 veículos registrados.[40]

Como o carro era uma aspiração distante para agricultores e operários, que constituíam mais de 75% da população, a maioria dos proprietários alemães de automóveis pertencia à sempre instável classe média da República de Weimar. Se por um lado os membros da elite endinheirada como industriais, banqueiros e executivos tiveram como preservar seus bens durante as épocas de guerra e hiperinflação, grande parte da classe média – comerciantes, autônomos, assalariados e funcionários públicos, entre outros – sofreu uma série de baques financeiros, que incluíam a perda de investimentos em empréstimos de guerra e a evaporação de suas poupanças nos recorrentes surtos inflacionários ocorridos entre 1914 e 1923. Em comparação com seus pares na Grã-Bretanha e na França, a classe média alemã tinha um padrão de vida muito inferior, tirando menos férias, consumindo menos produtos como rádios e câmeras portáteis e, previsivelmente, comprando menos automóveis. Em 1928, uma pesquisa de mercado calculou que o país não tinha condições de absorver mais do que 220 mil veículos no curto prazo, aproximadamente o número de profissionais como médicos, advogados e funcionários públicos e administrativos de cargos mais elevados que ainda não possuíam um carro. Ainda que seus números não sejam totalmente confiáveis, esse estudo demonstra que, mesmo nos "anos dourados" da República de Weimar, até uma expansão modesta da frota de automóveis para além dos limites da classe média estabelecida era inviável.[41]

Diante das restrições impostas pelo estado da economia nacional, os carros pequenos e médios, com motores de menos de quarenta cavalos de potência, totalizavam mais de 75% dos automóveis em circulação na Alemanha em 1926. Com uma produção na casa das 120 mil unidades entre 1924 e 1931, o "pequeno Opel" se firmou com larga margem como o modelo mais popular. Apelidado de "Pererera" em virtude de sua pintura em um tom de verde, o veículo de catorze cavalos era fabricado com dois ou quatro lugares, e desenvolvia uma velocidade máxima de modestos sessenta quilômetros por hora. Embora a Opel tenha copiado o design do 5 CV da Citroën, o que gerou uma economia nos custos de desenvolvimento do veículo, o carro custava entre 2,3 e 3,2 mil reichsmarks (550 e 760 dólares) no início de 1929 – muito mais do que o Modelo T quase uma década antes. O preço salgado, no entanto, não impediu um analista de exaltar o "Pererera" como "o carro mais popular da Alemanha, que se destacava dos demais aos olhos do leigo, do especialista e do entusiasta" em 1930.[42]

Quem considerasse o Opel caro demais poderia recorrer ao Dixi, um sedã com um motor de quatro tempos de quinze cavalos capaz de alcançar 65 quilômetros por hora. Baseado no britânico Austin 7, o Dixi era outro veículo de linhagem estrangeira. Produzido pela fabricante de motocicletas e motores aeronáuticos BMW, custava por volta de 2,5 mil reichsmarks (595 dólares) em 1929, e entre 5 e 6 mil unidades eram vendidas anualmente. A derrota comercial do primeiro automóvel da BMW para a Opel não se devia a motivos técnicos.[43] Na verdade, o maior problema do carro era o tamanho. Um anúncio de 1929 garantia aos potenciais compradores que o Dixi "transportava três pessoas e suas bagagens" ou "dois adultos e duas crianças" com facilidade, mas a BMW foi obrigada a relançar o veículo com uma carroceria maior três anos depois. Apesar de a imprensa automotiva ter respirado aliviada pelo fato de o carro não ser mais um "míni", o novo preço de 2.825 reichsmarks (672 dólares) foi motivo de insatisfação entre os jornalistas.[44]

Um motorista posando ao lado de seu microcarro Hanomag, um veículo de dois lugares carinhosamente conhecido pelos alemães como "pãozinho com rodas" por causa de sua frente e traseira arredondadas.

O único projeto realmente alemão a ganhar notabilidade foi o carrinho de dois lugares e dez cavalos de potência produzido pela Hanomag de 1925 a 1928. Logo apelidado de "pãozinho com rodas" em virtude de suas formas arredondadas na frente e na traseira, o veículo atraiu quase 16 mil compradores e custava cerca de 2 mil reichsmarks (475 dólares) perto do fim de seu ciclo de fabricação. Apesar de os consumidores insistirem em afirmar que o Hanomag "oferecia um excelente conforto", o carro se tornou alvo de inúmeras piadinhas em virtude de sua tecnologia elementar. "Um pedaço de lata e um pouco de tinta é tudo de que se precisa para fabricar um Hanomag", dizia uma cantiga popular. Seu sistema de transmissão era como o de uma motocicleta, usando uma correia em vez de um eixo cardã para impulsionar o veículo de tração traseira. Apesar de manter os custos de produção sob controle, essa solução se mostrou não muito prática em um veículo de mais de 300 quilos, muito mais pesado que uma moto. O mais curioso, porém, era que motorista e passageiro precisavam entrar no Hanomag pelo mesmo lado, pois a existência de uma segunda porta prejudicaria a estabilidade do carro. Quando a fábrica entrou no vermelho, em 1928, a produção foi interrompida – para tristeza de muitos entusiastas, que guardavam lembranças carinhosas do "prático, indestrutível e sempre pronto [...] carrinho de um cilindro".[45]

Além do preço mais alto e das limitações técnicas, os custos de manutenção também serviam para impedir que a Alemanha se transformasse em um país de motoristas. Apesar dos valores cada vez mais baixos de pneus, gasolina e óleo ao longo dos anos 1920, manter um BMW em funcionamento consumia cerca de 1.200 reichsmarks anuais, de acordo com a estimativa de um proprietário. Os alemães gastavam cerca de três vezes mais em manutenção e até sete vezes mais em impostos de circulação do que os americanos, fato que motivava polêmicas na imprensa, com os motoristas sendo retratados como "vacas leiteiras" sugadas por um governo que supostamente priorizava o investimento nas ferrovias estatais. A maior despesa enfrentada pelos proprietários de automóveis, no entanto, não tinha nada a ver com o governo. Como os carros em geral precisam ser protegidos das intempéries, os residentes nas grandes cidades, que em sua maioria viviam em apartamentos, eram obrigados a pagar uma garagem, o que representava um custo anual de 400 a 700 reichsmarks – quase o equivalente ao aluguel de um apartamento de dois quartos.[46]

A necessidade de abrigo para os veículos, por sua vez, refletia um outro obstáculo para a disseminação do automóvel na Alemanha. Em comparação com os modelos americanos, os carros alemães eram produtos pouco confiáveis, que exigiam muitos cuidados. Um manual automotivo de 1925 continha uma lista quase interminável de recomendações, a começar pela de "nunca deixar" um carro novo "parado sob o sol", pois a pintura recém-aplicada formava bolhas com facilidade. "A poeira da rua", continuava o texto, precisava ser removida a cada viagem para "prolongar a vida útil do carro". Além das questões cosméticas, havia também lembretes da importância de fazer revisões regulares dos componentes mecânicos: "A cada seis meses, as molas precisam ser besuntadas com óleo e grafite. Para isso, as molas são removidas, e a mistura acima descrita é passada em sua superfície. Os rolamentos das rodas precisam ser lubrificados com graxa de boa qualidade a cada 1,5 mil quilômetros. É aconselhável que se faça a limpeza dos rolamentos a cada três meses". Para quem não tinha tempo nem habilidade para executar pessoalmente esses procedimentos, visitas frequentes e dispendiosas a oficinas mecânicas se faziam necessárias para garantir o bom funcionamento do veículo. Nessas condições, o inverno era a época do ano mais complicada para os motoristas, pois manter o carro em ordem em condições adversas podia ser muito trabalhoso. Tudo isso também servia para expor o ridículo das campanhas publicitárias que usavam a noção bastante difundida da incapacidade técnica das mulheres para a mecânica a fim de recomendar determinados modelos às motoristas em virtude de sua fácil manutenção. Na prática, o trabalho envolvido na operação da maioria dos veículos durante a República de Weimar limitava o automóvel a um domínio exclusivamente masculino.[47]

Os altos preços e as deficiências técnicas, no entanto, não afetavam a estima que os proprietários tinham por seus carros. Se por um lado os muito ricos mantinham um ou mais veículos como itens de luxo, a maioria dos motoristas era de classe média e tinha um automóvel por razões profissionais. Para médicos, advogados e comerciantes, observou um contemporâneo, "o carro compacto é principalmente uma necessidade profissional, que torna seu dono independente do trem, do bonde e dos outros transportes públicos". Apenas como "uma ferramenta indispensável" que estendia os horizontes profissionais do proprietário, e consequentemente possibilitava um aumento de ganhos, o automóvel justificava os custos e o trabalho investido em sua manutenção. A maioria dos alemães que compraram um carro durante a República de Weimar tinha em mente a obtenção de benefícios materiais.[48]

Por outro lado, os donos insistiam em afirmar que consideravam seus carros muito mais que instrumentos de trabalho. Apesar dos benefícios em termos profissionais, eles argumentavam, o verdadeiro apelo do automóvel se revelava nos momentos de folga. Muitos motoristas, inclusive, exaltavam o carro como um antídoto eficaz contra as pressões da vida profissional e do tédio do dia a dia. "No fim de um dia de trabalho", relatou um proprietário, "provavelmente não existe nada melhor para um habitante estressado da cidade do que navegar no mar urbano de casas em um carrinho pequeno e ágil." Apesar de a maioria dos donos de automóveis fazerem parte de uma "modesta mas respeitável classe média", e portanto não serem submetidos à alienação mais severa associada ao, digamos, trabalho manual, eles faziam questão de afirmar que a verdadeira satisfação pessoal se dava fora do contexto profissional.[49]

Depois do trabalho ou nos fins de semana e feriados, o carro deixava de ser uma ferramenta profissional para se tornar um meio de escape que permitia às pessoas fugir literalmente de tudo. Como nenhuma outra forma de transporte, o automóvel acentuava o efeito libertador das atividades de lazer. Como reclamou certa vez um defensor do carro, as ferrovias "torturavam" os passageiros "espremendo" as pessoas em vagões "superlotados" que só se deslocavam em horários e trajetos predeterminados. Os veículos motorizados, por sua vez, proporcionavam muito mais liberdade, flexibilidade e conforto, oferecendo aos motoristas a opção de escolher seus próprios acompanhantes, seu próprio caminho e seu próprio ritmo, além da possibilidade de parar para descansar durante as viagens. À medida que conquistavam a "independência total", os proprietários exaltavam cada vez mais seus carros por transformá-los em "lordes" e "paxás". O automóvel gerava ganho de tempo, conferindo aos motoristas um senso de autonomia de que os homens de classe média sentiam falta na vida cotidiana. Mas o impacto do automóvel sobre a vida pessoal também tinha limitações. A maioria dos carros compactos acomodava duas ou três pessoas no máximo. Portanto, os motoristas não tinham muito a dizer sobre os benefícios de seus veículos para a vida em família durante a República de Weimar. Por mais que promovessem uma sensação de autonomia pessoal, os automóveis compactos ainda estavam longe de se classificar como veículos familiares propriamente ditos.[50]

Como autênticos peregrinos, os alemães que saíam para passear de carro aos domingos visitavam ruínas de igrejas e castelos, paravam à beira de lagos para nadar, cochilavam nas campinas e contemplavam lindas paisagens. Como não havia limitações ao consumo de álcool ao volante, também desfrutavam de bares, restaurantes e tavernas situados ao longo dos itinerários, começando a excursão muitas vezes com um café da manhã com "um caldo e uma cerveja", seguido por um lanche com bolo e café à tarde e um jantar acompanhado de "cerveja de trigo e petróleo", sendo o último um drinque de alto teor alcoólico. Algumas saídas se transformavam em sessões de bebedeira, mas a maioria dos relatos dá conta de que os motoristas, em vez de experiências culturais, na verdade buscavam prazeres profundamente convencionais e prosaicos. Dessa forma, o automóvel proporcionava uma fuga não apenas da rotina, mas também da turbulência política, social e econômica que caracterizava a República de Weimar. Acima de tudo, era um desejo de normalidade o que alimentava a demanda da classe média por automóveis na década de 1920.[51]

No entanto, o apelo do automóvel não se resumia de forma alguma apenas aos prazeres tranquilos dos turistas de classe média. Apesar de muitos críticos denunciarem os veículos motorizados como uma novidade perigosa na Alemanha (e em muitos outros lugares) antes de 1914, as novas leis de trânsito e um processo de acomodação natural entre os motoristas e o restante da população serviram para minar a oposição aos automóveis ao longo dos anos 1920.[52] Quando a animosidade cedeu, o carro estabeleceu seu status como objeto de veneração inclusive entre gente que nem sequer possuía um. O entusiasmo quase sem limites pelo automóvel na República de Weimar se manifestava principalmente no grande número de pessoas que compareciam às pistas de corrida do país. Apesar da crise política profunda e das dificuldades econômicas, em maio de 1932 o Grande Prêmio da Alemanha, realizado no circuito de AVUS, atraiu mais de 300 mil espectadores. "Berlim foi contagiada por uma inédita febre de corridas", escreveu um jornalista. "Todos os que conseguiram algum dinheiro extra compraram um ingresso para AVUS", inclusive "desempregados [que] passaram fome para poder adquirir uma entrada de arquibancada." Analistas de todas as inclinações políticas concordaram que foram muito bem recompensados com "uma disputa colossal", vendo Manfred von Brauchitsch e Rudolf Caraciola, os pilotos mais populares da

Alemanha, "perseguindo um ao outro" a "velocidades assustadoras" que superavam os 200 quilômetros por hora.[53]

O frenesi de mídia que acompanhava grandes eventos como a corrida de AVUS em 1932 fez muito mais do que exaltar a coragem e a ousadia dos pilotos. A emoção testemunhada na pista equiparava o automóvel a várias outras tecnologias cuja potência e velocidade vinham fascinando a opinião pública não só na Alemanha como em toda parte. Ferrovias, navios, aviões, dirigíveis, motocicletas – essas e outras "maravilhas tecnológicas" incendiavam a imaginação popular ao cobrir grandes distâncias em tempos cada vez menores, levando muitos analistas a exaltarem a "conquista da natureza". Desde os anos 1850, esses feitos tecnológicos eram acompanhados por um coro cada vez mais numeroso segundo o qual o controle do homem sobre o mundo natural era uma evidência do advento de uma nova era com características únicas em relação a qualquer outra: os "tempos modernos". Aos olhos de muita gente da época, o veículo motorizado era uma das tecnologias destinadas a elevar a humanidade a uma nova e promissora "idade moderna".[54]

O fato de uma tecnologia tão atraente permanecer inacessível à maioria das pessoas gerava muita frustração entre os cidadãos da República de Weimar. Independentemente da afiliação política, a imprensa em peso lamentava a inexistência de um veículo de baixo custo. Quando a Hanomag apresentou seu carrinho no Salão do Automóvel de Berlim, em 1924, o *Berliner Tageblatt*, de orientação liberal, o recebeu como "uma opção para todos os círculos sociais". Já o *Vorwäts*, principal diário social-democrata, seguiu outra linha em sua avaliação, sintomaticamente intitulada "O carro popular inexistente". Além de ser "muito caro", explicou o jornal de esquerda, o carro de dois lugares e motor de um cilindro deixava a desejar em vários aspectos técnicos. "Um automóvel para o povo precisa ser projetado para quatro lugares, ter um motor de quatro cilindros refrigerado a água e rodas removíveis. Os faróis elétricos e a partida automática devem ser itens de série. O preço de venda precisa ser o mais baixo possível", complementou o jornal, acrescentando ainda a necessidade de um veículo de fácil manutenção. Quando a General Motors comprou a Opel, cinco anos depois, a discussão se deu em termos similares. O

Berliner Tageblatt comentou que "um carro compacto barato e com baixo custo de manutenção" era um pré-requisito indispensável para a disseminação do automóvel na sociedade. Embora alguns apelos por um veículo familiar acessível tenham vindo à tona no final da República de Weimar, essa questão nunca chegou a ocupar um lugar de destaque na agenda de debates da opinião pública.[55]

Um carro para as massas permanecia sendo uma preocupação secundária não apenas porque a República de Weimar enfrentava problemas muito mais urgentes em virtude da instabilidade política e econômica permanente. Na verdade, a discussão estava diante de um impasse. Enquanto a renda da população permanecesse contraída e o preço dos veículos elevado o "carro do povo" continuaria a ser uma questão inviável, que vinha à tona de tempos em tempos sem nunca chegar ao centro das atenções da esfera pública, apesar do profundo interesse que o automóvel despertava em amplos setores da sociedade. Henry Ford já havia demonstrado como produzir em grande escala um carro básico, barato e confiável, mas seu triunfo também revelava o abismo econômico que separava os Estados Unidos e a República de Weimar. Os baixos salários reduziam a demanda, oferecendo poucos incentivos para as empresas investirem nos métodos de manufatura mecanizada que constituíam a chave para a queda dos preços. Dessa forma, com os custos mantidos em um patamar muito alto, apenas um pequeno número de consumidores de classe média, interessados no carro como uma fonte de benefício profissional e prazeres de caráter privado, poderia contemplar a ideia de adquirir um veículo. Embora expressasse um desejo considerável pelo automóvel, a população alemã não era capaz de criar uma demanda comercial significativa. A indústria automobilística alemã e seus potenciais clientes estavam, portanto, presos a um círculo vicioso aparentemente impossível de romper com o advento de um "carro do povo" em um futuro próximo. Quando a economia alemã entrou em colapso depois da quebra da Bolsa de Nova York, em 1929, a perspectiva de um automóvel acessível se tornou ainda mais distante que na década anterior, acentuando as limitações materiais da modernidade social da Alemanha da época.

2

Um símbolo da comunidade nacional-socialista?

Em 30 de julho de 1938, Henry Ford comemorou seu aniversário de 75 anos com pompa e circunstância em Detroit, começando pela manhã com um coro de 8 mil crianças cantando "Parabéns a você" e terminando à noite com um banquete para 1,5 mil convidados. Um dos poucos comensais a serem recebidos pessoalmente pelo célebre industrial naquele dia foi Karl Kapp, cônsul alemão em Cleveland. Kapp atribuiu o privilégio de um encontro tête-à-tête com Ford a um presente especial que levou em nome de Adolf Hitler. Citando seu "trabalho pioneiro na motorização e na fabricação de carros acessíveis às massas", o diplomata agraciou o empresário americano com a Grã-Cruz da Ordem da Águia Alemã, a maior honraria que o governo nazista poderia conceder a um estrangeiro.[1]

Essa condecoração, que provocou a ira imediata da comunidade judaica americana, era uma prova da admiração que Hitler vinha nutrindo por Ford fazia anos. Apesar de o líder do regime nazista enxergar os Estados Unidos de maneira profundamente ambígua em virtude de sua constituição democrática, do apelo global de sua cultura popular e de seu suposto materialismo, além do fato de ser uma potência geopolítica, ele não se furtava a demonstrar sua estima em relação ao magnata de Detroit. Já em 1922, um retrato de Ford decorava a parede do escritório de Hitler em Munique.[2] Como muitos outros europeus, Hitler ficou maravilhado com o sucesso comercial de Ford e o considerava um benemérito da sociedade por ter desenvolvido um carro acessível e dobrado o salário dos operários. Mas a admiração de Hitler pelo industrial ia muito além do campo de suas atividades empresariais. O líder nazista foi atraído em particular pelos infames tratados antissemitas intitulados *O judeu internacional*, publicados com o nome de Ford no início dos anos 1920. Hitler não apenas concordava com a denúncia de que "o judeu" estava "em busca do controle mundial"; no contexto de turbulência política e econômica da Alemanha após o término da Grande Guerra, ele era um dos muitos alemães a endossar a arbitrária acusação de que "a principal fonte da doença do corpo nacional alemão" era "a influência dos judeus". No início da década de 1920, Hitler, que na época vinha se estabelecendo como o cabeça do Partido Nazista, chegou a dar a *O judeu internacional* um lugar de destaque em uma lista de livros, em sua maioria antissemitas, "que todo nacional-socialista deve conhecer". Apesar de uma tentativa não muito convicta de se distanciar das diatribes contra os judeus publicadas em seu nome alguns anos depois, Ford não estava disposto a recusar uma honraria do regime radicalmente antissemita que buscara aconselhamento com sua empresa diversas vezes nos dois anos anteriores.[3]

No entanto, nem o alemão nem o americano admitiram que a medalha era também uma recompensa pelo auxílio recente que o governo nazista havia recebido da Ford. A partir de 1935, diversas delegações alemãs recorreram à empresa para desenvolver seu ambicioso plano de motorização em massa. Diante das condições econômicas que impediram a disseminação do automóvel após a Primeira Guerra Mundial, a Alemanha parecia um candidato bastante improvável para tal empreitada, principalmente depois que a depressão do final dos anos 1920 e início da década de 1930 aprofundou o estado de pobreza de grande parte da população. Os obstáculos aparentemente incontornáveis, no entanto, não eram capazes de deter os nazistas, pelo menos na retórica. Hitler afirmava em seu discurso público que ele e seus seguidores estavam tomando medidas que outros não ousavam nem especular. Em seu pronunciamento no Salão do Automóvel de Berlim em 1937, o *Führer* evocou sua trajetória pessoal como um exemplo da determinação implacável dos nacional-socialistas, oferecendo assim um vislumbre incidental da motivação por trás da radicalização cada vez maior do regime que incendiaria o mundo em 1939: "Garanto a vocês que um homem que saiu do posto de soldado anônimo [...] para chegar à liderança de um país é capaz de resolver os problemas que virão. Ninguém deve duvidar da minha determinação em implementar os planos que elaborei, custe o que custar".[4]

Os nazistas faziam questão de se colocar como uma força capaz de realizar missões audaciosas, mas o motivo para terem incluído a motorização em massa entre suas iniciativas mais importantes não era muito evidente à primeira vista. Afinal de contas, tornar o automóvel acessível à população em geral não tinha muita relação com o expansionismo agressivo que caracterizava a Alemanha na época. Por outro lado, apesar de seu radicalismo, racismo e militarismo, além do clima pesado de repressão política, o regime não era insensível ao estado de espírito do povo alemão. Embora não se saiba até que ponto as medidas radicais e racistas do governo encontravam apoio na sociedade, as políticas ligadas a aspirações individuais, como viagens de férias baratas, se mostravam extremamente populares. Considerando o apelo que o automóvel exerceu ao longo dos anos 1920 – principalmente sobre a classe média, que formava um sólido bloco de eleitores do Partido Nazista –, o populismo era uma motivação importante para o desenvolvimento de um carro para todos. A intenção por trás da popularização de uma mercadoria até então inacessível para a imensa maioria era consolidar a noção de que a Alemanha nazista era um país com muito a oferecer a seus habitantes. O "carro do povo" era mais um entre os muitos itens que o regime contemplava em sua visão de um futuro próspero. O plano de projetar e produzir um automóvel popular tinha ligações profundas com as preocupações ideológicas dos nacional-socialistas, era muito mais que uma mera iniciativa pragmática para disseminar o uso de um bem de consumo durável e altamente desejado. O desenvolvimento do "carro do povo" fazia parte de um esquema maior, cujo objetivo era remodelar a sociedade alemã. Os esforços para transformar a Alemanha em um país de motoristas estavam intimamente ligados a outras políticas destinadas a estabelecer uma nova cultura de modernidade nacional-socialista. Além do oportunismo, a ideologia também era um motor do projeto de "carro do povo" do regime nazista.[5]

Quando os nacional-socialistas chegaram ao governo, em 30 de janeiro de 1933, Hitler e seus seguidores agiram com uma rapidez inesperada para intimidar a maioria conservadora que o compunha e consolidar seu poder graças a "uma combinação de medidas pseudolegais, terror, manipulação e colaboração voluntária de seus adversários", como resumiu Ian Kershaw.[6] Depois da depressão violenta iniciada em 1929, quando o desemprego atingiu 6 milhões de pessoas, e da turbulência política dos últimos anos da República de Weimar, quando os nazistas promoveram o terror nas ruas, apenas uma "revolução nacional" poderia salvar o país, declaravam os partidários de Hitler. Autoproclamados revolucionários de direita, os nacional-socialistas queriam rejuvenescer a nação. Para combater os efeitos supostamente perniciosos do marxismo, do liberalismo, da democracia e do pluralismo político, além de uma forma de capitalismo que colocava os interesses de classe acima do benefício da nação, os nazistas criaram sua visão de uma nova e poderosa Alemanha.

De acordo com o conjunto de ideias que formava a ideologia nazista, a "comunidade do povo" (*Volksgemeinschaft*) constituída pelos "arianos" – homogênea em termos raciais, mas socialmente hierarquizada – era considerada a pedra fundamental para o "renascimento da Alemanha". Como afirmava um best-seller escrito pelo secretário de imprensa do partido em 1934, o Terceiro Reich visava restaurar "os valores imutáveis da raça nórdica" enraizados "profundamente na alma alemã".[7] A ideologia nazista girava em torno de uma busca pela recuperação e revitalização do *Volk*, um termo que costuma ser traduzido simplesmente como "povo", sem levar em conta suas conotações raciais. Sem uma renovação do "povo", continuava o argumento, seria impossível para a nação "se manter e alcançar uma nova grandeza" em um ambiente internacional de orientação darwinista. A criação da "comunidade do povo" não apenas motivou a perseguição aos opositores políticos do regime como levou à progressiva exclusão dos judeus e outros assim chamados "estranhos à comunidade" (*Gemeinschaftsfremde*). Além disso, também impulsionou a expansão imperialista em busca de "espaço vital" (*Lebensraum*) por meio de invasões promovidas no Leste Europeu, para as quais os nazistas começaram a se preparar imediatamente após conquistar o poder, por meio de uma acelerada corrida armamentista.[8]

A retórica da regeneração racial conferia ao nacional-socialismo um caráter profundamente atávico. Se os soviéticos dos anos 1930 podem ser comparados a projetistas que forjaram um novo tipo de persona socialista como um primeiro passo na direção do comunismo, os nazistas são mais bem descritos como arqueólogos em busca de uma restauração racial. A ênfase do nazismo em traços raciais imutáveis deixava implícita a intenção de escavar e reavivar traços do povo alemão que jaziam latentes sob os escombros de mudanças históricas mal conduzidas.[9] No entanto, apesar do cerne atávico baseado em uma ideologia de "sangue e solo", o nacional-socialismo não era um movimento antimodernizante cujo objetivo era reverter a marcha da história. Os nazistas não só recrutaram dezenas de cientistas – como médicos, eugenistas, biólogos e psiquiatras – em seu projeto de poder como afirmaram repetidas vezes que o país só poderia se afirmar econômica e militarmente com a ajuda de um setor industrial de alta produtividade. Além de promover a ideia da industrialização, os nazistas também exortavam a "comunidade do povo" a fazer como Hitler, que com frequência viajava de carro e avião, e adotar "um estilo de vida moderno, usando os mais novos dispositivos tecnológicos". Em resumo, os nazistas queriam criar um ambiente altamente tecnológico, permeado por um espírito de modernidade, no qual as características raciais inalteráveis do povo alemão pudessem florescer em sua plenitude.[10]

O fascínio dos nacional-socialistas pela tecnologia ajuda a explicar por que Hitler, apenas duas semanas depois de assumir o governo, fez questão de abrir a Exposição Internacional de Automóveis e Motocicletas em Berlim, no dia 11 de fevereiro de 1933. Os governantes da República de Weimar sempre recusaram esse tipo de convite, mas o ditador o aceitou prontamente, um gesto que garantiu uma doação de 100 mil reichsmarks por parte dos organizadores a seu fundo de campanha. Hitler, na verdade, era um admirador de longa data do automóvel que, apesar de nunca ter aprendido a dirigir, adorava ser conduzido nas limusines Mercedes com chofer que o partido colocara a seu serviço desde meados dos anos 1920. Falando diante dos principais fabricantes da Alemanha, ele declarou que o automóvel se destacava, "junto com o avião", como "o mais maravilhoso meio de transporte inventado pela humanidade". Seu governo, continuou o chanceler, iria romper com as políticas que "prejudicaram duramente a fabricação de carros na Alemanha" e "promover essa importantíssima indústria no futuro". Desde seus primeiros dias no cargo, Hitler lançou políticas pró-automóvel que estabeleceram o contexto para a busca pelo "carro do povo".[11]

O "incentivo a eventos esportivos" foi o primeiro benefício que Hitler ofereceu aos fabricantes alemães em fevereiro de 1933. Entre 1933 e 1939, o governo desembolsou 5 milhões de reichsmarks em subsídios para as equipes de corrida mantidas pela Daimler-Benz e pela Auto Union. Essa quantia cobria menos de um quarto das despesas, mas permitiu que as equipes obtivessem uma vantagem competitiva e contribuiu para sua supremacia sem precedentes nas pistas europeias. De 1934 a 1937, os carros alemães venceram nada menos que dezenove dos 23 Grandes Prêmios disputados no continente e estabeleceram diversos recordes de velocidade, ultrapassando a barreira dos 400 quilômetros por hora. Realizadas diante de centenas de milhares de espectadores, essas corridas tinham um significado que ia muito além de um espetáculo de velocidade para as massas. Como alardeou um periódico de automobilismo em 1936, as disputas entre os V-16 da Auto Union, com seus motores de 5,8 litros e 450 cavalos de potência, e as "flechas prateadas" da Mercedes-Benz, com motores de oito cilindros e 4,2 litros de 420 cavalos, eram uma demonstração de que o "carro de corrida moderno" feito na Alemanha "é absolutamente dominante nesta era do esporte a motor". Já o órgão de imprensa do partido interpretava os triunfos nas pistas de corrida como exemplo "da importância da tecnologia alemã e do desejo de imposição da Alemanha". A partir de 1933, a imprensa passou a retratar cada vez mais essas vitórias como evidências de um ressurgimento nacional. Quando os pilotos alemães dominaram o pódio do GP de Mônaco em 1936, um repórter celebrou o feito com uma frase que, diante dos acontecimentos posteriores, adquire o caráter de uma profecia sinistra: "A Alemanha venceu uma batalha importante com superioridade – agora que venham as outras".[12]

Se a promoção de competições automobilísticas já revelava o desejo agressivo do nacional-socialismo pela supremacia internacional, a segunda iniciativa anunciada por Hitler em fevereiro de 1933 em Berlim prometia uma reconstrução abrangente do setor em nível nacional. De acordo com o ditador, "a implementação de um generoso programa de construção de estradas" era uma grande prioridade do país. Com base em propostas apresentadas na época da República de Weimar, em junho de 1933 o governo revelou um ambicioso plano de concluir em cinco anos 6 mil quilômetros de autoestradas de quatro pistas – as chamadas *Autobahn* –, dando início a uma obra viária de proporções nunca vistas na época. Em consonância com a megalomania do projeto, a construção das *Autobahn* mobilizou um esquema de propaganda fora do normal até mesmo para os padrões extravagantes do Terceiro Reich. Depois de uma enxurrada de artigos, panfletos, fotografias e reportagens exibidas em cinejornais celebrando a execução do projeto, Hitler inaugurou o primeiro trecho, entre Darmstadt e Frankfurt, em maio de 1935, em uma cerimônia que incluía evoluções coreografadas executadas por 6 mil pessoas. Fritz Todt, o engenheiro que coordenava as obras, aproveitou a ocasião para saudar as "estradas de Adolf Hitler" como o "símbolo da nova Alemanha".[13]

As novas autoestradas, reforçava a imprensa oficial, eram relevantes em múltiplos níveis. Em termos culturais, os nazistas consideravam as rodovias uma prova da vitalidade criativa da Alemanha. Logo apelidadas de "pirâmides do Reich", as *Autobahn*, segundo uma publicação do partido, iriam garantir o lugar do

Terceiro Reich "nas páginas da história mundial". Na esperança de transformar suas estradas em um patrimônio cultural da humanidade, os nazistas vincularam desde o início seu projeto de infraestrutura à "comunidade do povo". Além das vantagens comerciais que proporcionariam, as novas e confortáveis estradas iriam "ligar as pessoas" por toda a Alemanha, fortalecendo o sentimento de coesão da população, previu um dirigente do partido em 1935.[14] Os propagandistas das *Autobahn* também as anunciavam como um remédio para os efeitos da industrialização. "Nós vivemos em uma era tecnológica", explicava um folheto, "e, quanto mais avançamos nesse sentido, mais desejamos uma volta à natureza. Como é capaz de cobrir grandes distâncias com rapidez, o carro também atua como uma ponte para a natureza. Para isso, a *Autobahn* é a estrada tecnologicamente mais avançada, a mediação ideal entre o homem e a paisagem." A partir desse argumento, é possível inferir que, possibilitando a ligação entre as áreas urbanas e as zonas rurais, que de acordo com o evangelho de "sangue e solo" eram uma fonte de regeneração, as rodovias ajudariam a reforçar as bases raciais de uma Alemanha industrializada. Por último, e não menos importante, as *Autobahn* também colaborariam para a restauração da "comunidade do povo" por meio de um gigantesco programa de obras públicas. Prometendo recrutar mais de 300 mil trabalhadores desempregados e injetar mais de 5 bilhões de reichsmarks na economia nacional, Hitler alardeou em 1933 que as *Autobahn* seriam "um marco para a construção da *Volksgemeinschaft*".[15]

Apesar de todo o alarde em torno da ideia de que a construção de estradas ajudaria na recuperação do país e serviria para reduzir o desemprego, o projeto não chegou nem perto de realizar as promessas do regime.[16] Sem nunca empregar mais de 124 mil trabalhadores, as *Autobahn* deram o mesmo resultado que os demais programas públicos relacionados ao mercado de trabalho na Alemanha nazista, contribuindo "muito pouco ou nada para a redução do desemprego". A taxa de desocupação vinha caindo na Alemanha em virtude de uma intervenção econômica mais ampla, iniciada em meados de 1932 – seis meses antes de os nazistas tomarem o poder. Quando o regime se estabeleceu, os estímulos econômicos que gerou vieram na forma de uma corrida armamentista baseada em altas taxas de endividamento, que desequilibrou as finanças públicas e provocou uma escassez aguda de mão de obra e material de construção, o que só fez atrasar o programa de estradas. Apesar de nenhum outro país ter uma rede de rodovias como as da Alemanha nazista, que totalizava 3,9 mil quilômetros de autoestradas de quatro pistas em 1942, o projeto das *Autobahn* permanecia incompleto e atrasado. Ainda assim, a ênfase da propaganda oficial na capacidade das *Autobahn* de promover o trabalho, a coesão nacional e a regeneração racial foi capaz de estabelecer um vínculo sólido entre a política de motorização e o fortalecimento da "comunidade do povo".[17]

As outras iniciativas também apontavam para o mesmo alvo ideológico. Se as políticas de motorização tinham como objetivo contribuir para a reformulação social da imagem da "comunidade do povo" nacional-socialista, como afirmava o governo, era preciso ir muito além do aprimoramento da infraestrutura. Além das obras viárias, havia uma intenção por parte do regime de transformar as estradas em expansão da Alemanha em arenas públicas nas quais se exibiria o *ethos* comportamental da *Volksgemeinschaft*. Para alinhar a conduta dos motoristas com sua noção de "comunidade de povo", o governo lançou mão de um programa abrangente para reformular os hábitos e a cultura de trânsito no país, aprovando um novo Código de Tráfego do Reich em maio de 1934. A nova lei substituiu o antigo e nem um pouco padronizado sistema regional de regulamentação, segundo o qual os limites de velocidade variavam significativamente de local para local. Além de representar um exemplo da "coordenação" (*Gleichschaltung*) por meio da qual o novo regime se consolidou no poder, essa iniciativa visava infundir novos padrões de comportamento na cultura automotiva do país. O parágrafo 25 do código afirmava que "todos os que participam do trânsito devem se comportar de maneira que não ofereçam perigo, não obstruam nem prejudiquem ninguém, a não ser quando absolutamente inevitável". Essa estipulação proporcionou aos motoristas uma boa margem de manobra para determinar sua própria conduta, já que poderiam fazer quase qualquer coisa desde que não atrapalhassem os demais. "Se a via estiver livre", comentou um jornalista em 1934, "a pessoa pode dirigir da forma como achar conveniente", acrescentando explicitamente que, na ausência do tráfego contrário em uma rua de duas mãos, os motoristas *não* precisavam se manter à direita. Os limites de velocidade também foram abolidos pelo código. Até então os carros e outros veículos motorizados eram proibidos de ultrapassar os 40 quilômetros por hora em áreas habitadas, mas o governo nazista decidiu deixar que quem estivesse ao volante determinasse qual era a velocidade apropriada. Em uma medida que parece incongruente com o caráter ditatorial do regime, o novo código de trânsito reduzia o controle estatal e depositava uma dose considerável de confiança nos motoristas, proporcionando-lhes uma liberdade sem precedentes.[18]

Em certo sentido, o código era uma resposta à pressão do lobby automotivo, que vinha se opondo aos limites de velocidade fazia anos. Além disso, a nova regulamentação refletia as demandas de um movimento disseminado por várias regiões da Europa contra uma suposta hiper-regulamentação do trânsito, que levou, por exemplo, os legisladores britânicos a banirem todos os limites de velocidade em 1930. No Reino Unido, isso foi possível por causa da crença de que os motoristas de classe média, que constituíam a maioria dos proprietários de automóveis, tinham a disciplina de se guiar por um "código informal de comportamento e cortesia", o que minimizava o risco de imprudência.[19] Apesar de também depositar uma boa dose de fé no poder das convenções informais na conduta no trânsito, a cortesia britânica certamente não era a inspiração por trás das medidas adotadas pelo governo nazista. O código de tráfego do Reich era um reforço das "ideias nacional--socialistas", como fez questão de assinalar um livreto do partido intitulado *Povo às armas*, de 1934. Ao proporcionar aos motoristas mais autonomia e eliminar os limites de velocidade, o novo código de forma nenhuma promovia a anarquia. Muito pelo contrário, a lei colocava "o bem comum acima da vantagem pessoal", explicava a publicação, já que a conduta nas ruas seria determinada por um sentido de obrigação coletiva. Em uma irônica subversão de seu próprio título, *Povo às armas* conclamava os motoristas a observar o máximo "respeito de todos com relação a todos". E também não se tratou de um apelo isolado para a prudência no trânsito na Alemanha nazista. Como deixou bem claro o *Völkischer Beobachter*, o jornal do partido, conduzir um automóvel "com muitos cavalos de potência [...] não significa mais direitos, e sim uma maior obrigação de tratar os demais com respeito". Anos depois, em 1939, Hitler ainda reforçava esse princípio, descrevendo aqueles que "tratam os outros camaradas do povo [*Volksgenossen*] de maneira desrespeitosa [como] fundamentalmente antinacional-socialistas".[20]

Os dirigentes e a imprensa do partido afirmavam que o "cavalheirismo" e a "disciplina" eram as principais virtudes a levar em conta para evitar o caos e manter a "ordem" na ausência dos limites de velocidade.[21] Segundo o discurso oficial, o *ethos* do respeito mútuo era o que possibilitaria uma nova "comunidade do trânsito" (*Verkehrsgemeinschaft*), que abrangia pedestres, ciclistas, motociclistas e motoristas. Citada com frequência por membros do partido, especialistas em tráfego e juristas, a "comunidade do trânsito" deveria ser "um espelho da comunidade do povo", de acordo com o livreto acima citado. Um manual automotivo de 1938 reforçava essa noção: "Motorista, seja um exemplo de camaradagem e cavalheirismo atrás do volante. A comunidade do trânsito é parte da comunidade do povo".[22] Embora a "comunidade do trânsito" a princípio fosse aberta a ambos os sexos, a frequência e a ênfase com que a palavra "cavalheirismo" era mencionada revela que, em consonância com os rígidos padrões de hierarquia de gênero do nacional-socialismo, o regime esperava que a maioria dos motoristas fosse composta de homens.

A fórmula da "comunidade do trânsito" refletia vários aspectos importantes da ideologia nazista. A extensão a todos os que circulavam pelas ruas, de pedestres e ciclistas a motociclistas e motoristas, tinha a intenção de "amenizar os antagonismos de classe", segundo o texto de *Povo às armas*. Por outro lado, o regime não desejava de forma alguma eliminar a hierarquia entre os participantes do trânsito, e sim promover um código que reconhecia e mediava a convivência entre uma minoria de condutores de veículos potentes e uma maioria que se deslocava em máquinas bem menos velozes ou então a pé. A responsabilidade pela boa convivência na "comunidade do trânsito" recaía majoritariamente sobre seus membros, em especial sobre os motoristas, dada sua posição na hierarquia do transporte. As autoridades desempenhavam um papel secundário nessa nova forma de comunidade. Em vez de um rígido controle de circulação, os órgãos estatais, inclusive a polícia, eram instruídos a se concentrar na questão da educação no trânsito. Os infratores que causavam acidentes eram punidos, mas, conforme assinalou um jurista, um espírito "excepcionalmente generoso" caracterizava a nova ordem no trânsito, confiando aos alemães a tarefa de encontrar um modus vivendi que tivesse como base a consideração mútua.[23]

O conceito de "comunidade do trânsito", portanto, era caracterizado na mesma medida por elementos de caráter individual e coletivo. Afinal de contas, a participação no trânsito só se daria em termos de comunidade se motoristas e demais usuários das ruas tomassem a iniciativa individual de cumprir com suas respectivas obrigações. Em vez de uma motorização em massa, os nazistas pretendiam literalmente ver a mobilização de indivíduos em larga escala. Além de reforçar a construção de uma "comunidade do trânsito", esse reconhecimento da importância do papel do indivíduo era também uma forma de ressaltar o sentido emancipatório que os nazistas atribuíam ao automóvel. Em seu discurso no Salão do Automóvel de Berlim em fevereiro de 1933, Hitler assinalou os efeitos libertadores do carro em contraste com o trem, cujos horários e trajetos fixos supostamente "acabaram com a liberdade individual nos transportes". O advento dos veículos motorizados, por outro lado, deu à humanidade "um meio de transporte que obedecia às suas próprias demandas [...]. Não o cronograma, mas a vontade do homem" determinava o deslocamento do carro. Portanto, era coerente com o espírito do regime, apontou um jurista, reforçar as propriedades libertadoras do automóvel com uma legislação que garantisse "o máximo de liberdade no trânsito". Apesar de sua imposição do coletivismo em inúmeras ocasiões, o regime se colocou como defensor das individualidades em sua política de motorização.[24]

Obviamente, porém, a "comunidade do trânsito" nacional-socialista era fundada em uma visão bastante restrita e discriminatória de garantias individuais. Com sua proximidade ideológica da "comunidade do povo" racialmente homogênea, não havia lugar dentro dela para a população judaica da Alemanha. Mesmo que os judeus já tivessem sido banidos do principal clube automobilístico do país, o ADAC, ainda em 1933, o Estado só baniu suas licenças de motorista no contexto das medidas antissemitas que se seguiram à violência perpetrada durante a chamada Kristallnacht (Noite dos Cristais), em 9 de novembro de 1938, que resultou na morte de 91 judeus e na vandalização de 267 sinagogas e cerca de 7,5 mil estabelecimentos comerciais. Durante o mês seguinte, o governo impediu o acesso dos judeus a instituições culturais, cancelou o pagamento de seus benefícios sociais e deu início a uma onda de expropriações. Em 3 de dezembro de 1938, Heinrich Himmler, chefe da polícia e da SS, decretou uma proibição de conduzir e possuir automóveis que se estendia a todos os judeus alemães. Victor Klemperer, um professor de 57 anos e ascendência judaica que havia se tornado um entusiasta da direção desde que tirara sua carteira, três anos antes, reproduziu com precisão as palavras do discurso de Himmler: "Os judeus são 'inconfiáveis', portanto não podem se sentar atrás de um volante. Além disso, o fato de serem motoristas é um insulto à comunidade do trânsito da Alemanha, principalmente quando ousam usar as *Autobahn* construídas pelas mãos dos trabalhadores alemães. Essa proibição foi um baque muito grande para nós".[25] Sendo assim, os elementos de caráter individual da "comunidade do tráfico" estavam intimamente relacionados com a orientação racista do regime. No Terceiro Reich, a promoção da disseminação do automóvel caminhava lado a lado com o antissemitismo.

A "comunidade do trânsito" no fim não atendeu às expectativas dos nazistas. Com a abolição dos limites de velocidade e uma fiscalização relativamente permissiva, as autoridades ficaram sem ferramentas para combater a altíssima taxa de acidentes fatais. De 1933 a 1939, entre 6,5 a 8 mil pessoas perderam a vida anualmente no trânsito, o que tornava as ruas e estradas do Reich as mais perigosas da Europa. Em 1939, Hitler vociferou contra essa tendência recorrente. "Esses homens", bradou ele, "que custam à nação 7 mil mortos e de 30 a 40 mil feridos são uma praga em meio ao povo [*Volk*]. Suas atitudes são irresponsáveis, e sua punição é uma necessidade." Identificando como principais causas dos acidentes a imprudência e o "excesso de velocidade", o ditador admitiu indiretamente que a regulamentação imposta pelo regime havia fracassado. Como consequência, o governo modificou o código de trânsito em novembro de 1937, permitindo à polícia que autuasse não só os motoristas responsáveis por causar acidentes, mas também aqueles cuja conduta oferecesse risco a si mesmos e aos demais. Como o número de mortes permaneceu alto, o regime deu um passo atrás em 1939 e fixou limites de velocidade de 65 quilômetros por hora nas cidades e 90 quilômetros por hora nas estradas. Como o próprio governo admitia, muitos motoristas se recusavam a adotar um comportamento contido ao volante. A figura do nazista cauteloso e respeitoso no trânsito, na qual se baseavam as políticas de regulamentação, permanecia sendo apenas uma peça de ficção ideológica.[26]

Mais do que a conduta imprudente ao volante, porém, o principal impedimento ao desenvolvimento de uma "comunidade do trânsito" relevante de fato era a baixa disseminação do automóvel na sociedade alemã. Levando-se em conta que o regime considerava o carro "o mais moderno meio de transporte", como proclamou o *Führer* em 1934, um trânsito dominado por pedestres e ciclistas não era exatamente a visão projetada pelo nacional-socialismo de uma Alemanha na vanguarda da evolução tecnológica. As vendas de automóveis cresceram depois da ascensão dos nazistas ao poder, isso é inegável. Em 1932, no auge do desemprego, o mercado automobilístico ficou praticamente estagnado. Nesse ano, quase um terço dos proprietários se desfizeram de seus carros para economizar dinheiro, e as vendas nas concessionárias totalizaram apenas 48 mil unidades. No ano seguinte, o número de veículos novos vendidos subiu para 94 mil. Em parte, essa tendência de crescimento refletia as isenções de impostos concedidas pelo regime em 1933 para reduzir as despesas de manutenção em até 15%, além de uma redução no custo da carteira de habilitação no fim de dezembro desse mesmo ano. A expansão do mercado automobilístico continuou até a eclosão da Segunda Guerra Mundial. Em 1937, o número de veículos registrados ultrapassou a marca de 1 milhão pela primeira vez e chegou a 1,3 milhão em 1939. Além dos benefícios fiscais, uma recuperação econômica mais ampla impulsionou as vendas, assim como a queda nos custos de fabricação. A Opel, por exemplo, reduziu o preço do modelo P4, de quatro lugares e 23 cavalos de potência, de 1.990 reichsmarks em 1934 para 1.450 reichsmarks em 1936, uma medida que ajudou a subsidiária da General Motors a consolidar sua posição dominante como detentora de mais de 40% do mercado alemão. Apesar de o número de proprietários de automóveis ter subido de 1 a cada 135 pessoas em 1932 para 1 a cada 61 em 1937, isso pouco ajudou para diminuir o abismo que separava a Alemanha do restante da Europa Ocidental. Afinal de contas, a Grã-Bretanha e a França já haviam atingido índices similares uma década antes.

Foi cerca de um ano depois de tomar o poder que o regime incorporou apelos ambiciosos pela motorização em massa a sua visão de uma "comunidade do povo" tecnologicamente moderna e avançada. Quando voltou ao Salão do Automóvel de Berlim em março de 1934, com pouco mais de doze meses de governo, Hitler pintou um cenário sombrio do setor automobilístico no país. Para chegar aos níveis alcançados na Grã-Bretanha e nos Estados Unidos, a frota alemã precisava crescer de 500 mil para 3 milhões ou 12 milhões de veículos respectivamente. "A afirmação de que [o atual estado de coisas] reflete o padrão de vida de nosso povo ou sua capacidade econômica e técnica é um tremendo absurdo", garantiu Hitler aos executivos da indústria nacional, ignorando as frequentes dificuldades comerciais enfrentadas pelo setor. Além de prejudicar o prestígio do país no cenário internacional, a relativa escassez de automóveis nas ruas da Alemanha era um problema social aos olhos de Hitler. Os "milhões de cidadãos honestos, esforçados e trabalhadores" que não podiam comprar um carro eram uma fonte de "amargura" para o *Führer*. Estava mais que na hora, continuou ele, de desvincular o automóvel de seu "caráter classista e consequentemente desagregador", possibilitando "às grandes massas a oportunidade" de adquirir um veículo. Trazer o carro ao alcance de setores mais amplos da sociedade, argumentou Hitler, significaria ampliar o acesso a uma mercadoria "útil" e oferecer uma rica "fonte de lazer e felicidade nos domingos e feriados", algo que permanecia restrito às elites. Em suma, o governo queria alterar o status do automóvel na sociedade alemã de uma ferramenta de exclusão para um instrumento de inclusão social.

A responsabilidade por essa transformação cabia aos fabricantes, já que Hitler considerava "a tarefa mais importante da indústria automobilística levar a cabo o desenvolvimento do carro que necessariamente criará um novo grupo de compradores que chegue à casa dos milhões". Em termos específicos, esse veículo precisaria "adaptar seu preço ao poder aquisitivo de milhões de consumidores em potencial". Quando convocou a indústria a projetar um carro barato para promover uma ampla motorização na Alemanha, Hitler deu uma pista de como esperava que sua extravagante demanda fosse atendida. O setor automobilístico, segundo ele, deveria adotar uma abordagem similar a dos fabricantes de rádios, que, entre maio e agosto de 1933, formaram um consórcio sob a batuta do Ministério de Propaganda de Joseph Goebbels para desenvolver e produzir um aparelho para o mercado de baixa renda.[28] Oficialmente batizado como "rádio do povo" (*Volksempfänger*), o aparelho custava 76 reichsmarks – quase 25% menos que os rádios convencionais. O Volksempfänger vendeu como pão quente, meio milhão de unidades em quatro meses, em parte também em virtude de um plano de financiamento que permitia a compra parcelada. Apesar de ser um aparelho inviável no mercado internacional, dominado por produtos americanos muito mais sofisticados e com preços similares, o "rádio do povo" se tornou líder com larga margem no mercado alemão. Ampliando a capacidade do regime de disseminar suas mensagens de propaganda política, o Volksempfänger permitiu o acesso ao rádio a cidadãos que antes o consideravam um luxo inacessível.[29]

Ao se referir ao "rádio do povo" em uma conclamação por um carro popular, Hitler fez muito mais do que recomendar à indústria automobilística uma abordagem colaborativa bem-sucedida em outro contexto. Ele também associou o automóvel acessível a diversos outros produtos por meio dos quais o regime pretendia demonstrar de que forma a emergente "comunidade do povo" iria elevar os padrões de vida na Alemanha. Ao longo dos anos, reportagens a respeito de toda uma gama de "produtos do povo" apareceram na imprensa, todos eles, o partido nunca se cansava de repetir, uma prova do comprometimento do nacional-socialismo em fazer com que a época da escassez ficasse definitivamente para trás. O "refrigerador do povo", o "televisor do povo", o "apartamento do povo" e o "trator do povo", entre outras coisas, segundo o governo, viriam depois do "rádio do povo" e conduziriam a *Volksgemeinschaft* a uma nova era de riqueza e modernidade tecnológica. O "carro do povo", portanto, era parte de uma visão mais ampla de uma sociedade de consumo nacional-socialista. Diante da recente recessão econômica, com o desemprego em alta e a renda dos trabalhadores contraída, a perspectiva de uma linha de "produtos do povo" conferia ao regime uma aura de ousadia cujo caráter utópico estava em consonância com a imagem autoimposta dos nazistas como revolucionários. Apesar de a maioria das pessoas se limitar a ver os automóveis passarem nas ruas e admirá-los apenas nas pistas de corrida, nas exposições e nas páginas das revistas, o governo prometia transformar o cidadão alemão de espectador em participante da modernidade ampliando o horizonte de proprietários de automóveis.[30]

Em seu discurso no Salão do Automóvel de Berlim de 1934, Hitler evitou o uso do termo *Volkswagen*, ou "carro do povo", mas muitos perceberam que era a isso que ele se referia. "Quem fabricará o carro do povo?", perguntou a revista automotiva *Motor und Sport* ao final da feira.[31] Essa pergunta, para a indústria, se converteu imediatamente em uma dor de cabeça, que se tornou ainda maior quando vieram a público as especificações criadas pelo ministério dos transportes do Reich. Para meados do ano seguinte, as autoridades exigiam a construção de um protótipo que transportasse quatro ou cinco pessoas, custasse menos de mil reichsmarks, alcançasse 80 quilômetros por hora, rodasse de vinte a 25 quilômetros por litro de combustível e pudesse ser facilmente convertido em veículo militar com a incorporação de uma metralhadora. O governo deixou claro que, em termos técnicos, o "carro do povo" precisava ser muito diferente dos veículos populares pequenos e apertados da época da

República de Weimar, que além de circularem a velocidades muito mais baixas dificilmente conseguiam transportar quatro pessoas. E, para completar, o regime ainda queria que o carro familiar tivesse um preço excepcionalmente baixo.

Os fabricantes alemães podem ter ficado satisfeitos com a postura pró-carro do governo, e também com a redução de impostos concedida em 1933, mas o desenvolvimento de um veículo acessível foi recebido pela comunidade empresarial como um pedido irrealizável. Ainda que a adaptabilidade para uso militar pudesse ser obtida com uma carroceria alternativa, muitas das outras especificações representavam uma saia justa para a indústria. Ninguém no setor considerava viável o prazo imposto pelo regime. Além disso, os novos carros compactos da época chegavam às revendedoras com preços por volta de 2 mil reichsmarks. Obviamente, os executivos alemães compreendiam que baixos custos de aquisição e manutenção eram condições indispensáveis ao estabelecimento de um mercado de massa, mas uma fórmula para vender um carro pela metade do preço e ainda obter lucro era algo que estava muito além de seu alcance. A fabricação de um veículo em uma escala inédita no país e o financiamento para um investimento desse porte eram questões que a indústria não havia nem começado a contemplar em 1934. Em resumo, as montadoras alemãs consideravam o pedido de Hitler totalmente fora da realidade.[32]

No entanto, em vez de verbalizar suas restrições e se arriscar a sofrer a ira de Hitler, os principais fabricantes do país decidiram ganhar tempo. Eles instruíram sua entidade de lobby, a Confederação do Reich da Indústria Automobilística Alemã (RDA), a constituir uma sociedade de pesquisa com capital de 500 mil reichsmarks e repassar a tarefa de desenvolver o protótipo a um consultor terceirizado. Havia uma esperança bem clara por trás dessa medida. Diante do pedido ambicioso de Hitler, um especialista independente certamente confirmaria a inviabilidade das especificações, levando assim o regime a modificar ou abandonar o projeto do "carro do povo". A RDA previa que o fracasso era inevitável, e não apenas por causa do baixo valor estipulado para o veículo. Nesse sentido, a indústria automobilística subestimou o dinamismo que o projeto ganharia nos anos seguintes. Na verdade, os fabricantes involuntariamente tiveram um papel decisivo na criação da base material do projeto ao contratar um engenheiro que não tinha a menor intenção de entrar para os livros de história como o responsável por enterrar a ideia do "carro do povo".[33]

Nascido na Áustria em 1875 e, assim como Hitler, alguém que escolheu a Alemanha para realizar suas nada modestas ambições, Ferdinand Porsche era um homem de meia-idade com muita coisa a provar quando a RDA entrou em contato com sua empresa de consultoria em Stuttgart em 1934. Até 1918, ele havia trabalhado projetando carros de luxo e um veículo de tração para peças de artilharia do exército austríaco. Depois do colapso do Império Austro-Húngaro, fora trabalhar na fábrica da Daimler em Stuttgart, onde supervisionou o desenvolvimento do potentíssimo SSK da Mercedes, que fez sucesso nas pistas de corrida da Europa no final da década de 1920 e início dos anos 1930. Em virtude de estouros no orçamento e dificuldades técnicas no desenvolvimento de um carro compacto, ele perdeu seu cargo de diretor de engenharia da Daimler-Benz em 1929. Porsche sem sombra de dúvida era um engenheiro de talento, mas também se destacava pelo temperamento explosivo e pela falta de disciplina financeira. Se por um lado sua personalidade lhe rendeu, aos 34 anos, uma reputação de perfeccionista incontrolável nos círculos industriais, por outro sua dedicação à construção de carros tecnicamente sofisticados era uma grande inspiração para a criativa equipe de engenharia que ele reuniu em sua empresa de consultoria em Stuttgart a partir de 1931.[34]

Embora a estratégia da RDA a princípio tenha parecido se revelar acertada, a ideia do "carro do povo" sobreviveu às adversidades iniciais. Porsche e sua equipe se valeram de estudos anteriores sobre automóveis econômicos realizados para os fabricantes de motocicletas Zündapp e NSU, mas em junho de 1935, quando apresentaram sua proposta de um carro com motor de dois tempos e um litro de cilindrada, a estimativa foi de que o veículo custaria entre 1.400 e 1.450 reichsmarks no varejo. O comitê técnico reunido pela indústria alemã observou que Porsche não havia cumprido o requisito do preço, que deveria ficar na casa dos mil reichsmarks. No entanto, isso não foi suficiente para que o projeto ou a participação de Porsche fossem descartados, porque em meados de 1935 o engenheiro estava em vias de se tornar o homem de confiança de Hitler em assuntos técnicos. Porsche tinha caído nas graças de Hitler quando, em maio de 1933, participara como engenheiro da delegação da Auto Union que pleiteou junto ao novo chanceler um subsídio para sua divisão de corridas. O carro que a equipe da Auto Union desenvolveu com os fundos obtidos e com a colaboração de Porsche começou a ganhar competições em questão de meses, estabelecendo as bases para os comentários elogiosos na imprensa sobre a suposta revitalização da Alemanha que viria junto com seus êxitos nas pistas europeias.[35]

A partir de sua confirmação como projetista-chefe do "carro do povo", Porsche fez de tudo para manter relações cordiais com o *Führer*. Ele reportava seu progresso com entusiasmo, tomando o cuidado de evitar a menção aos inúmeros problemas técnicos que, por exemplo, impediam o avanço de sua equipe no desenvolvimento de um motor leve, robusto e econômico. Enquanto os representantes dos principais fabricantes se mantinham céticos e a portas fechadas ridicularizavam o "carro do povo" como "um capricho pessoal do *Führer*", Porsche devia ser visto por Hitler como o epítome do "homem de ação", louvado pela imprensa nacional-socialista por sua persistência no enfrentamento dos dificílimos obstáculos que se impunham. Além de sua abordagem seletiva da verdade, Porsche tinha um instinto aguçado para impressionar seu líder. Em 11 de julho de 1936, o engenheiro deu um golpe de mestre nesse sentido ao levar secretamente dois protótipos em estágio avançado ao retiro de Hitler nas montanhas em Obersalzberg, na Baviera, para uma demonstração destinada a um círculo seleto de figurões do partido que incluíam Hermann Göring e o chefe do projeto das *Autobahn*, Fritz Todt. Esse evento agradou tremendamente Hitler, que, quase seis anos depois, no meio da Segunda Guerra Mundial, ainda se lembrava "dos carros do povo subindo e descendo a Obersalzberg, passando zunindo como marimbondos em meio a Mercedes enormes".[36]

Enquanto isso, a RDA ficava cada vez mais hesitante em atender os incessantes pedidos adicionais de verba de Porsche para um veículo que, como a indústria automobilística alemã aos poucos foi se dando conta, tinha potencial para se tornar um concorrente tecnologicamente sofisticado no mercado de carros compactos. Quando enfim rescindiu seu contrato com Porsche, em 1938, a federação das montadoras da Alemanha já havia subsidiado o projeto com nada menos que 1,75 milhão de reichsmarks, uma soma considerável que proporcionou ao engenheiro favorito de Hitler uma base financeira sólida para sua até então claudicante empresa de consultoria. A RDA, que já havia tentado se livrar do projetista com uma série de memorandos criticando sua atuação, percebeu que não tinha escolha a não ser trabalhar com Porsche com fundos praticamente ilimitados se não quisesse se indispor ainda mais com Hitler. Em 1936, o *Führer* voltou ao Salão de Automóvel de Berlim para expressar sua frustração com a falta de entusiasmo demonstrada pelos executivos da indústria. "Eu dei a ordem para que os preparativos para a criação do carro do povo alemão fossem realizados com uma determinação implacável", declarou ele. "E esse projeto vai ser concluído, senhores, e vai ser um projeto bem-sucedido."[37]

No entanto, dois problemas relevantes e intimamente relacionados pareciam impor um obstáculo insuperável à realização do projeto. Nenhum dos carros experimentais de Porsche poderia ser produzido e vendido pelos mil reichsmarks pretendidos por Hitler para que pudesse se tornar um produto de massa. Essa questão fundamental levava à segunda, que dizia respeito a quem seria o fabricante do automóvel. Afinal de contas, era um projeto fadado a dar prejuízo. A solução para ambos os problemas foi sintomática da maneira como Hitler enfrentava as restrições econômicas em geral. Na euforia que se seguiu à demonstração dos dois protótipos em Obersalzberg em 11 de julho de 1936, o ditador estabeleceu por decreto um preço de varejo de 990 reichsmarks – uma quantia carregada de simbolismo, que demonstrava se tratar de um veículo acessível, mas totalmente inviável em termos financeiros. Nessa mesma data, o círculo de poder do regime decidiu excluir as montadoras do país da produção do "carro do povo". Em vez disso, seria construída uma nova fábrica com capacidade para produzir 300 mil automóveis por ano, que entraria em operação no começo de 1938.

Em vez de alertar Hitler a respeito da inviabilidade financeira de seu plano, Porsche o entendeu como uma oportunidade de realizar uma ambição pessoal que ia muito além de sua função de projetista de protótipos. "Não consigo deixar de ter a impressão de que Porsche está alimentando o sonho de se tornar o diretor técnico de uma grande fábrica dedicada à produção do carro do povo", observou Robert Almers, executivo-chefe da Daimler-Benz, alguns meses antes. Por ser o colaborador mais leal do projeto, Porsche obviamente tinha boas chances de ser posto na chefia da nova fábrica. No segundo semestre de 1936, ele viajou a Michigan para conhecer as montadoras mais avançadas do mundo. As instalações da Ford em River Rouge foram as que mais chamaram sua atenção.[38]

A decisão de construir uma fábrica de proporções gigantescas para o "carro do povo" foi uma mostra de como, em termos de ambição e desrespeito aos fundamentos básicos da economia, Hitler e Porsche se complementavam. Os protótipos de Porsche revelavam que a visão de Hitler de uma "comunidade do povo" motorizada estava ao alcance do regime. Por sua vez, ao oferecer a Porsche o papel de projetista do "carro do povo" e também de executivo responsável por sua produção, o governo presenteou o engenheiro com uma perspectiva profissional formidável: ele poderia se tornar o Henry Ford da Alemanha. Se por um lado Hitler era movido por suas obsessões políticas, eram as aspirações técnicas que motivavam Porsche. Tomando sempre o cuidado de se diferenciar dos dirigentes nazistas, usando ternos de três peças em eventos públicos em vez do uniforme do partido, Porsche cultivava a imagem do consultor técnico sem envolvimento com a política. Apesar das aparências, porém, ele não era de forma alguma um engenheiro apolítico manipulado por um regime racista. Muito pelo contrário: com o tempo, Porsche se tornou uma figura importante dentro do governo, que buscava ativamente o apoio de Hitler ao projeto do "carro do povo" pois sabia que a ditadura era capaz de lhe oferecer oportunidades muito maiores que o setor privado.[39]

Um retrato comemorativo de Ferdinand Porsche (1875-1951), que supervisionou a criação do "Carro da Força pela Alegria" no Terceiro Reich. Porsche se tornou um dos engenheiros mais famosos da Alemanha nazista.

Com a colaboração de Hitler, Porsche soube circular habilmente entre os diversos centros de poder do Terceiro Reich e conseguiu fazer com que sua empresa de consultoria desenvolvesse o veículo que se tornaria o futuro Volkswagen. Embora o carro viesse a ser associado apenas ao nome de Ferdinand Porsche, ele deve sua existência a diversos engenheiros da firma, especialistas em eixos, transmissões, suspensões, motores e outras áreas. Erwin Komenda, por exemplo, se concentrou na carroceria arredondada que se tornou marca registrada do carro. E os engenheiros de Stuttgart também não trabalhavam a partir do vácuo. Eles se inspiraram em larga medida em Béla Barényi, um engenheiro desempregado de 27 anos de origem húngara cujo desenho de um carrinho arredondado com um motor traseiro refrigerado a ar apareceu na imprensa automotiva francesa em 1934. Características como o motor refrigerado a ar e o design aerodinâmico do Fusca se devem em grande parte ao Tatra T97, que entrou em produção na Tchecoslováquia em 1937. Hitler, por sua vez, teve pouquíssima influência direta sobre o projeto. Suas objeções iniciais ao motor traseiro não foram levadas em conta no produto final, e a silhueta do protótipo não guardava qualquer semelhança com o esboço a lápis que se acredita que o ditador tenha desenhado durante uma reunião com Porsche em março de 1934.[40]

O veículo projetado nos escritórios de Stuttgart era um carro econômico e tecnicamente sofisticado. Sua principal característica era o motor boxer traseiro de quatro cilindros e um litro, facilmente acessível e desmontável, bastando soltar dois parafusos. Com 23 cavalos de potência, era um propulsor potente, nos padrões da época, para um carro de pouco mais de quatro metros de comprimento. Sua posição permitia que o torque fosse transmitido diretamente para o eixo traseiro e proporcionava pressão suficiente nas rodas de trás para garantir sua estabilidade. O design boxer do motor compacto com cilindros opostos permitia que os pistões se movimentassem em velocidades relativamente baixas. Além de economizar espaço, essa disposição reduzia o desgaste das peças, garantindo a durabilidade e reduzindo custos de manutenção. Os engenheiros optaram pela refrigeração a ar para limitar o peso do carro a uma tonelada e melhorar assim a economia de combustível, chegando a uma marca de aproximadamente catorze quilômetros por litro. A refrigeração a ar também eliminava o risco de congelamento ou superaquecimento de fluidos de radiador, assegurando o funcionamento do motor em condições meteorológicas extremas e reduzindo a necessidade de abrigar o veículo quando a temperatura caía abaixo de zero. Um carro com esse tipo de motor, que tinha tudo para ser confiável e de fácil manutenção, sem dúvida se habilitava a uma conversão para uso militar. Acima de tudo, porém, as especificações técnicas do veículo buscavam atacar dois dos fatores que impediram a motorização em massa da Alemanha nos anos 1920: as complicadas exigências de manutenção e as restrições econômicas que afetavam a maioria da população. Além de minimizar os custos operacionais, um veículo refrigerado a ar poderia ser deixado na rua durante o inverno, uma característica importante em um país em que as garagens eram artigos de luxo. Desde os estágios iniciais de desenvolvimento, o "carro do povo" levou em conta a escassez material que caracterizava a Alemanha do período entreguerras.[41]

Apesar de o projeto da equipe de Porsche ter se orientado pela necessidade de cortar custos, não se tratava de forma alguma de um produto de baixa qualidade. A boa distância do chão e o chassi robusto permitiam ao carro atravessar terrenos acidentados, e as rodas com suspensão individual, que incluía barras de torção na dianteira, eram garantia de um bom desempenho no asfalto. Equipada com câmbio de quatro velocidades, a criação da empresa de Porsche prometia uma dirigibilidade muito melhor que a dos veículos econômicos de duas ou três marchas. Em virtude de sua capacidade de desenvolver uma velocidade acima dos noventa quilômetros por hora por longas distâncias, o "carro do povo" estava pronto para encarar as *Autobahn*. A equipe de engenheiros também incluiu um sistema de aquecimento, que costumava ser um opcional caríssimo em quase todos os automóveis europeus dos anos 1930, como item de série. Em termos de aparência, a carroceria inteiriça em aço – que estava longe de ser a norma no mercado internacional da época, inclusive nos Estados Unidos – era o que mais chamava atenção. Projetada para acomodar até cinco pessoas, a lataria arredondada conferia ao carrinho contornos fluidos e aerodinâmicos, que incorporavam elementos estéticos do estilo art déco.[42]

Em meados de 1937, Porsche organizou o mais amplo e dispendioso programa de testes levado a cabo pela indústria automobilística até então. Realizado com trinta protótipos fabricados pela Daimler-Benz em Stuttgart, o programa totalizou 2,5 milhões de quilômetros rodados e um gasto de meio milhão de reichsmarks, servindo como a confirmação de que a equipe de Porsche havia criado um produto com grandes ambições técnicas e estéticas. Em comparação com os veículos quadrações que dominavam o segmento dos compactos durante o Terceiro Reich, o "carro do povo" tinha um visual muito mais moderno, desenvolvia velocidades mais altas e era excepcionalmente mais robusto. No mercado europeu de automóveis econômicos no final da década de 1930, o protótipo alemão também se destacava sensivelmente. Ele prometia muito mais conforto e espaço que o Fiat 500, com seus dois lugares e um motor dianteiro de meio litro refrigerado a água, que os italianos apelidaram de *Topolino*, ou "ratinho", logo depois de seu lançamento, em 1936.

Já o 2CV, que a Citröen vinha desenvolvendo especialmente para o uso nas zonas rurais da França desde 1937, contava com um motor dianteiro de dois cilindros e um câmbio de três marchas para impulsionar um veículo de menos de 400 quilos a uma velocidade máxima de cinquenta quilômetros por hora – um projeto que priorizava a leveza e não a robustez almejada pelos engenheiros de Stuttgart. Enquanto a Fiat e a Citröen optaram por carros populares de baixa tecnologia, a engenharia do protótipo de Porsche não pareceu ter levado em conta esse tipo de restrição. Como tinha por objetivo reduzir os custos de manutenção, a equipe técnica responsável pelo projeto adotou soluções muito mais sofisticadas que as dos seus colegas italianos e alemães. Obviamente, essa opção era um dos motivos por que o carro jamais poderia ser produzido a um preço final de mil reichsmarks.[43]

Como Hitler adiou diversas vezes a decisão sobre a construção de sua fábrica ao longo de 1936, a produção do automóvel só começou a ser planejada a partir de fevereiro de 1937, quando Robert Ley, o chefe da Frente Alemã do Trabalho (Deutsche Arbeitsfront, ou simplesmente DAF), envolveu sua organização no assunto. Fundada como um substituto do regime autoritário para os sindicatos, banidos em maio de 1933, a DAF se concentrava em administrar questões trabalhistas e acabou se tornando a principal agência do partido, à qual praticamente a totalidade dos "arianos" era obrigada a se filiar para conseguir emprego. Contando com uma numerosa base de membros pagantes, além das propriedades confiscadas dos sindicatos, a Frente Alemã do Trabalho era uma das poucas instituições capazes de se envolver em um projeto da magnitude do "carro do povo". Ao longo de 1937, Ley se responsabilizou por uma série de decisões importantes. A fábrica, estipulou ele, seria construída na zona rural, setenta quilômetros a leste de Hanover, perto de Fallersberg, no Lüneburger Heide, em um lugar com boa estrutura de transporte em razão de sua proximidade do Mittellandkanal (o principal canal navegável da Alemanha) e de uma ferrovia que ligava a região do Ruhr a Berlim. Ele também enviou Porsche, ao lado de dirigentes da DAF, para uma segunda visita aos Estados Unidos, onde o grupo conheceu as instalações de montadoras, encontrou-se com Henry Ford e contratou vários engenheiros de origem alemã que trabalhavam na Ford. Ley teve um papel fundamental na aprovação do orçamento de 170 milhões de reichsmarks necessário para construir a gigantesca fábrica, cujo projeto previa uma estrutura própria de geração de energia, uma fundição e instalações para a fabricação de todos os componentes mecânicos e de lataria, além de um prédio administrativo. A previsão inicial de produção era de 150 mil veículos para 1939, subindo para 450 mil em cinco anos e visando um número final de nada menos que 1,5 milhão de carros por ano. A DAF pretendia criar uma fábrica de estrutura verticalizada e proporções verdadeiramente fordistas, cuja capacidade produtiva a tornaria não apenas a maior montadora da Europa por larga margem como superaria o parque industrial de River Rouge, que lhe serviu de inspiração. Como o novo centro de manufatura estaria localizado em uma região rural e quase despovoada, o regime também contratou uma firma de arquitetura em março de 1938 para projetar uma cidade-modelo para uma população de 30 a 60 mil habitantes.[44]

O *"Carro da Força pela Alegria"* em exposição em Berlim em 1939. Desenvolvido por Ferdinand Porsche com apoio do regime nazista, o protótipo incorporava a maior parte das características que tornariam o Volkswagen um sucesso comercial após o fim da Segunda Guerra Mundial.

Além de elevar o status da organização de Ley perante a opinião pública, o projeto da fábrica estava em consonância com o objetivo declarado da DAF de transformar as relações trabalhistas no país. Erguer um parque industrial de enormes proporções a partir do zero representava uma raríssima oportunidade de mostrar como as "comunidades fabris" (*Betriebsgemeinschaften*) se comportariam quando um novo modelo de relações trabalhistas estabelecesse um espírito de colaboração entre a chefia e os operários. A nova fábrica, especulava a DAF, seria uma prova de que os "trabalhadores que usavam as mãos e os trabalhadores que usavam a cabeça" eram capazes de constituir uma "comunidade do povo" coesa e harmônica, ainda que hierarquizada, no local de trabalho. A Frente Alemã do Trabalho assumiu o projeto do *Volkswagen* também porque a entrada no setor automobilístico era coerente com o envolvimento da organização com questões ligadas ao consumo. Por meio de uma divisão pragmaticamente denominada "Força pela Alegria" (*Kraft durch Freude*, ou KdF), a DAF patrocinava inúmeras atividades de lazer destinadas à população de menor poder aquisitivo. Passeios e viagens de férias baratas constituíam as ações mais bem-sucedidas da KdF, e foram criados com o objetivo latente de reenergizar os trabalhadores e elevar sua produtividade. Pouco antes da guerra, a KdF se tornou a maior agência de turismo da Alemanha, organizando as viagens de um total de 54 milhões de alemães, inclusive cruzeiros amplamente alardeados para o Mediterrâneo, a Noruega e a Ilha da Madeira. Ao assumir um papel de protagonismo no programa de motorização nacional, cuja maior promessa era proporcionar bons momentos de lazer a milhões de cidadãos, a KdF estava cumprindo com seu compromisso autodeclarado com a "justiça social" ou o "socialismo de verdade". Na segunda metade de 1937, os dirigentes da KdF começaram a se referir ao "carro do povo" dentro da Frente Alemã do Trabalho como um "projeto social".[45]

Em 26 de maio de 1938, pouco mais de dois meses depois de as tropas alemãs marcharem sobre a Áustria, a liderança do Terceiro Reich se reuniu em uma clareira no meio de uma floresta perto de Fallersleben para lançar a pedra fundamental da fábrica. Cinquenta mil pessoas, a maioria transportada em trens especialmente reservados para a ocasião, compuseram o cenário para a cerimônia de uma hora de duração, transmitida ao vivo pelo rádio em cadeia nacional. Quando Hitler chegou em meio ao som de "trombetas e gritos de *heil* [...] a SS teve muita dificuldade" para controlar a multidão, já que todos "se dirigiram para frente aos empurrões" para vê-lo mais de perto, escreveu uma estudante local. Na área reservada a Hitler e sua comitiva, três modelos do "carro do povo" – um sedã padrão, um com teto removível de lona e um conversível – reluziam sob o sol, estrategicamente colocados diante do palco de madeira decorado com folhagens retiradas da floresta em que os figurões do partido fizeram seus discursos. Robert Ley, o primeiro a falar, terminou sua participação com um tema que se tornou onipresente nas mensagens de propaganda subsequentes, descrevendo a fábrica do carro do povo como "uma das obras favoritas [de Hitler]". Em seguida, um dirigente da KdF apresentou as especificações técnicas do veículo, e o *Führer* subiu ao palco para enfatizar sua dedicação pessoal ao projeto, afirmando que a princípio sua ideia era frequentemente considerada "impossível". Inflado por seus recentes sucessos na política externa, quando se preparava para assentar a primeira pedra da construção, ele declarou, triunfante: "Eu odeio a palavra impossível". Em reconhecimento ao apoio da Força pela Alegria, o ditador se referiu ao veículo que seria produzido na fábrica como "KdF-Wagen" (Carro da KdF), e comunicou sua expectativa de que o projeto como um todo fosse visto como "um símbolo da comunidade do povo nacional-socialista". No encerramento dos procedimentos, Hitler foi conduzido sob os aplausos da multidão até a estação de trem no assento do passageiro do conversível, com o filho de Ferdinand Porsche ao volante e o engenheiro-chefe no banco de trás.[46]

Ao longo do ano seguinte, a Força pela Alegria deu início a uma vultosa campanha de relações públicas para promover o carro. Além de lançar um selo comemorativo e convidar jornalistas para testar o veículo, a KdF levou protótipos a prédios de escritórios, fábricas, exposições, eventos festivos e competições automobilísticas. A organização do partido também seduziu a imprensa internacional, conseguindo por exemplo uma cobertura favorável no *The New York Times*, que se mostrou impressionado com a perspectiva

Hitler fazendo seu discurso de propaganda em 26 de maio de 1938, quando lançou a pedra fundamental da fábrica projetada para produzir o "carro do povo". Ferdinand Porsche está à sua direita. Galhos de árvore recém-cortados decoravam o palco, no qual foi posicionada uma banda marcial diante de uma gigantesca suástica.

O correio alemão lançou um selo comemorativo como parte da campanha de propaganda destinada a popularizar o Carro da KdF. A imagem enfatiza o espaço interno, a agilidade e o conforto do veículo, que é retratado viajando por uma Autobahn.

das *Autobahn* ocupadas por "milhares e milhares de besourinhos reluzentes", antecipando involuntariamente o apelido carinhoso pelo qual o carro ficaria conhecido em muitas partes do mundo depois da Segunda Guerra Mundial. Acima de tudo, porém, para aquecer a demanda, uma avalanche de textos foi despejada sobre a população alemã para garantir que se tratava de um produto de altíssima qualidade. Impresso com uma tiragem inicial de meio milhão de cópias e vendido a meros vinte pfennigs, o livreto intitulado *Seu carro da KdF* ressaltava muitas das características técnicas do veículo, inclusive a localização do motor na traseira e o sistema de suspensão com barras de torção, que eram "réplicas quase exatas" das que Porsche usara nos carros de corrida da Auto Union. No

Livro de pagamentos, acervo de Achim Bade, Munique.

Die Deutsche Arbeitsfront

KdF-WAGEN-SPARKARTE

NR. **1**/606.   Voraussichtliches Lieferjahr

Wagenführ Karl

Vor- und Zuname (bei Frauen auch Geburtsname)

Wohnort: *Mchn.*   Poststation: *Mchn.*

Straße: *Adalbertstr.*   Nr. *82/2.*

Geboren am: *11.1.10* in: *Mchn.*

Genaue Berufsangabe: *Vermessungsassessor*

Besitzt Führerschein: *ja*   Klasse: *3 b.*

Diese Karte ist ausgestellt am: 31. März 1939

von der Kreis-Dienststelle: _____

Gau: *Gebietsdienststelle München-Nord Augustenstraße 16?*

(Unterschrift des Ausstellers)   (Dienststempel)

Volkswagen-Werk

Os alemães que quisessem adquirir o Carro da KdF precisavam pagar adiantado. O crédito de cada participante do sistema era documentado em um livrinho no qual os candidatos a proprietários colavam selinhos vermelhos, como o que pode ser visto no canto direito da página. Cada selo custava cinco reichsmarks.

ambiente de mídia rigidamente controlado do Terceiro Reich, publicação após publicação exaltava o excelente desempenho do Carro da KdF nas ruas e estradas, reforçando a impressão de que se tratava de um "milagre tecnológico".[47]

A qualidade técnica do automóvel, enfatizavam os articulistas, confirmava a afirmação do regime de que um carro só seria realmente acessível se fosse confiável e tivesse baixos custos de manutenção. Em virtude de sua extensa fase de testes, o veículo não teria qualquer das "doenças de infância" que com tanta frequência frustravam os motoristas na década de 1920, segundo o discurso oficial. O comprometimento do governo com a motorização popular ficava claro também no preço de varejo de 990 reichsmarks, assim como no plano de financiamento previsto para sua aquisição. Para comprar o "carro do povo", os alemães se inscreviam em um sistema de crédito, pagando cinco reichsmarks por semana até cobrir o custo total do automóvel. Embora fosse um esquema extremamente vantajoso para a Força pela Alegria, pois permitia que o capital fosse levantado antes mesmo de iniciar a produção, Ley comunicou as motivações de sua organização de uma forma bem diferente: "Na Alemanha, não deve existir nada de que um trabalhador alemão não possa tomar parte".[48]

Para a máquina de propaganda do regime, era o veículo perfeito para promover o perfil da Força pela Alegria como uma organização voltada ao lazer. Conforme explicou a *Arbeitertum*, a revista oficial da Frente Alemã do Trabalho, o "Carro da KdF [estava] destinado a oferecer a todos os membros da comunidade do povo alemão descanso e lazer em seu tempo livre". Uma outra publicação elogiou o automóvel porque ele daria "força, felicidade e prazer a milhões de pessoas até então obrigadas a viver sem isso". Inúmeras ilustrações reforçavam essa ideia. Desenhos coloridos punham o automóvel em cenários montanhosos, em uma alusão a um eventual passeio na região dos Alpes. Seguindo esse mesmo espírito, as fotografias oficiais da campanha retratavam cenas em que famílias e amigos relaxavam em clareiras em florestas ou em barracas montadas à beira de lagos, desfrutando da proximidade com a natureza graças ao Carro da KdF.[49]

Anúncios desse tipo não apenas evocavam imagens profundamente convencionais para promover destinos de férias, carros e motocicletas – eles também retratavam o lazer relacionado ao automóvel como algo apolítico e desvinculado da esfera de influência do regime. Embora o "carro do povo" devesse sua existência a motivações ideológicas ligadas à regeneração racial, o material promocional enfatizava insistentemente seus benefícios sem fazer menções a questões políticas. A motorização era a chave para uma ampla gama de prazeres pessoais, afirmava a propaganda do regime. Às vezes, porém, temas políticos ou militares se insinuavam em anúncios que a princípio pareciam inofensivos. Uma ilustração em um folheto da KdF, por exemplo, estampava um "carro do povo" em frente a uma casa localizada em um terreno espaçoso, cujo proprietário cuida de seu jardim enquanto um menino admira o carro do lado de fora. Apesar de sua aparência banal, esse cenário de um paraíso de classe média revela um indício de beligerância.

O partido exaltava insistentemente o "Carro da Força pela Alegria" como uma fonte de diversão e recreação. Esta foto promocional colocava o carro na beira de um lago, com um casal descansando em colchões de ar na frente de uma barraca.

À primeira vista, o menino, provavelmente o filho do proprietário, parece ser a imagem da inocência, mas o fato de puxar um canhão de brinquedo acaba traindo a existência da cultura altamente militarizada da Alemanha nazista.[50]

Apesar de ser especialmente difícil especular a respeito do verdadeiro estado de espírito da opinião pública na Alemanha nazista, em virtude do rígido controle do governo sobre qualquer tipo de manifestação, existem provas abundantes de que a população alemã reagiu com grande interesse ao lançamento do veículo. O filho de um trabalhador se lembrou de sua empolgação diante do anúncio do carro da seguinte maneira: "Fiquei totalmente fascinado. Todo mundo, todas as famílias poderiam ter um carro com o tempo, era um ótimo plano". Em um relatório secreto, um observador social-democrata chegou a atribuir à sociedade alemã uma "obsessão pelo Carro da KdF. Por muito tempo, o Carro da KdF foi o principal tema de conversa em quase todos os extratos da população". Logo depois

O Terceiro Reich lançou uma grande campanha publicitária para promover o "carro do povo". Esta ilustração de um anúncio em um folheto celebra a "limusine" como parte integrante do paraíso doméstico da classe média.

de Hitler lançar a pedra fundamental da construção da fábrica, a *Motor und Sport*, uma importante revista automotiva, teve de pedir para os leitores pararem de mandar perguntas sobre o Carro da KdF porque a redação não estava dando conta de responder à avalanche de cartas recebidas. Entre agosto de 1938 e o final de 1939, cerca de 270 mil pessoas entraram no sistema de crédito administrado pela KdF – um número nada desprezível em um país com apenas 1,1 milhão de automóveis registrados em 1938.[51]

Ainda que muitos pretendessem adquirir um carro por razões profissionais, na esperança de melhorar seus rendimentos, sem qualquer dúvida havia quem se deixasse atrair pela ideia de um veículo como instrumento de lazer e divertimento. Afinal de contas, o automóvel não havia perdido nem um pouco do apelo conquistado no final da República de Weimar. Um estudante de Munique, levado de surpresa para um passeio no campo por um amigo endinheirado em 1935, não conseguiu conter seu entusiasmo em uma carta para os pais: "Voltamos a Munique às oito da noite. Ficamos absolutamente encantados com o passeio. As coisas que nós vimos! Eu jamais poderia ter visitado todos esses lugares de trem. Em uma tarde, desfrutamos de toda a beleza do [...] norte da Baviera em uma viagem tranquila e nem um pouco cansativa". Para os alemães sem muito poder aquisitivo, mas com boas perspectivas de futuro, como esse jovem, um automóvel de mil reichsmarks era um tremendo atrativo.[52]

Embora o Carro da KdF tenha gerado centenas de milhares de encomendas em menos de dois anos, a iniciativa como um todo no fim se revelou um fracasso econômico. Como os governantes nazistas ignoravam os princípios básicos da contabilidade, quando os cálculos enfim foram feitos, em 1939, a conclusão foi de que a produção dos veículos com base nas encomendas recebidas até então geraria um desastroso prejuízo de 1.080 reichsmarks por unidade – mais do que o preço de varejo do carro! A população alemã nem de longe foi capaz de gerar a demanda necessária para um volume de produção que baixaria os custos a um patamar que pudesse se aproximar ainda que remotamente do preço oficial.[56]

Apesar do grande interesse despertado, o número de encomendas permaneceu baixo em parte porque muitos alemães com condições de adquirir um carro não confiavam no regime. Inúmeros consumidores em potencial hesitavam em pagar adiantado por um carro cuja fábrica ainda não havia nem entrado em operação, e muitos viam a política externa cada vez mais agressiva do Terceiro Reich como um motivo de crescente preocupação. Quando a guerra começou, a demanda pelo Carro da KdF praticamente acabou. Entre 1940 e 1945, apenas 75 mil novos compradores se inscreveram no sistema de crédito.[54] Acima de tudo, no entanto, estava o fato de que a ampla maioria do povo alemão era pobre demais para ter um carro. A recuperação econômica promovida pelo rearmamento resultou em uma situação de pleno emprego, mas a renda dos trabalhadores não tinha crescido muito em relação à época da República de Weimar. Em meados dos anos 1930, 83% da população operária viviam com menos de 200 reichsmarks por mês, e apenas algumas famílias com mais de um membro no mercado de trabalho tinham rendimentos superiores a 225 reichsmarks mensais. Se nas cidades a situação era difícil, a zona rural vinha se recuperando dos efeitos mais imediatos da depressão com a ajuda do aumento dos preços dos produtos agrícolas e dos programas governamentais de auxílio no pagamento de dívidas. Essas melhorias, porém, não foram suficientes para elevar a renda dos agricultores a ponto de a população rural alemã desempenhar o papel fundamental que os americanos do campo tiveram na motorização em massa dos Estados Unidos. Em vez de pagar a prestação de um carro, as pessoas de menor renda em geral preferiam adquirir motocicletas, cujas vendas cresceram de 894 mil em 1934 para 1.582.872 em 1939. Às vésperas do início da Segunda Guerra Mundial, a maior parte dessas máquinas tinha motores de menos de 200 cilindradas, custava até 500 reichsmarks e atraía uma clientela formada em sua imensa maioria por trabalhadores. Sendo assim, muito mais do que o automóvel, era a motocicleta que se qualificava como "veículo do povo". Em 1939, havia cerca de 20 milhões delas em circulação.[55]

Até mesmo a classe média com renda mensal entre 300 e 360 reichsmarks, que constituía a maior parte da clientela do sistema de crédito da KdF, só conseguia pagar as prestações cortando despesas em outras áreas. Como consequência, o projeto destinado a oferecer o "carro do povo" se tornou um programa viável somente para uma minoria de classe média alta, que desfrutava de um relativo conforto material. Um sinal indicativo desse fato era que um terço dos que encomendaram um Carro da KdF já possuía um automóvel. O fracasso do plano em ampliar o acesso ao automóvel ficou claro praticamente de imediato. Em 1938, um relatório secreto sobre o estado de espírito da sociedade alemã elaborado pelo Serviço de Segurança da SS afirmava isso de maneira inequívoca: "As encomendas do Carro da KdF não atingiram as expectativas. Como resultado, a produção do primeiro ano ainda não foi vendida. A participação dos operários está na casa dos 3% ou 4%".[56]

Os alemães que pagavam em dia suas prestações seriam deixados na mão. Antes da queda do Terceiro Reich, a empresa fundada com o nome de Volkswagenwerk em setembro de 1938 produziu apenas 630 Carros da KdF em suas imensas instalações, a maioria entregue a lideranças do regime. Mas, se as expectativas dos consumidores foram frustradas, não foi em virtude de falta de dedicação por parte de Ferdinand Porsche, que teve um papel fundamental durante a fase de implantação da fábrica, entre 1938 e 1939, garantindo por meio de seus altos contatos que a obra fosse concluída. O regime não economizava recursos materiais e humanos para assuntos de importância militar, entre os quais a Volkswagenwerk dificilmente se incluía. Em um momento de restrições orçamentárias severas, não era fácil conseguir a importação dos equipamentos necessários para uma linha de montagem altamente racionalizada. Os materiais de construção, inclusive cimento, aço e vidro, também estavam em falta. Quando as forças armadas deslocaram a maioria dos operários que trabalhavam na obra para erguer fortificações de fronteira no oeste do país, a construção do parque industrial nos arredores de Fallersleben só continuou porque a Frente Alemã do Trabalho fechou um acordo com o regime de Mussolini para contratar 6 mil trabalhadores italianos. No início do segundo semestre de 1939, visitantes ficaram impressionados com a imponência da fachada de tijolos de 1,3 quilômetro de extensão, mas do lado de dentro ainda faltavam muitos dos equipamentos necessários para que a fábrica entrasse em operação. O caráter rudimentar do assentamento adjacente, provisoriamente batizado como "Cidade do Carro da KdF", revelava de forma ainda mais dramática as dificuldades econômicas enfrentadas pela Alemanha às vésperas da guerra. Entre 1939 e 1940, cerca de 80% dos habitantes locais viviam em barracões de madeira, já que apenas 10% do programa habitacional previsto foram concluídos antes que as obras fossem abandonadas, em 1941.[57]

Quando a Alemanha nazista invadiu a Polônia, em setembro de 1939, a direção da Volkswagenwerk teve que deixar de lado os planos de fabricação do Carro da KdF para preservar sua administração independente durante os esforços de guerra. Na esperança de retomar os propósitos civis da empresa depois que o conflito se encerrasse, Ferdinand Porsche se valeu principalmente de membros de sua própria família para garantir que a fábrica continuasse em operação. Embora seu filho Ferry fosse uma presença importante, foi seu genro Anton Piëch quem tomou a frente e assumiu o comando operacional das instalações em maio de 1941. Durante a guerra, a fábrica conseguiu uma série de contratos para a produção de equipamentos militares, que, além de veículos motorizados, iam de fogões, minas e armas antitanque às asas do bombardeiro de médio alcance Ju 88. Além de usar a fábrica como oficina de reparos, a Luftwaffe também elegeu a Volkswagenwerk como local de produção da bomba voadora V-1, que os alemães lançaram aos milhares como "armas de vingança" sobre a Grã-Bretanha nos últimos meses da guerra.[58]

Para garantir os níveis de produtividade, Porsche e Piëch, como quase todos os industriais alemães envolvidos no esforço de guerra, recorreram ao governo para obter mão de obra forçada. Com o número de trabalhadores subindo de 6.582 em dezembro de 1940 para 17.365 em abril de 1944, a proporção de estrangeiros chegou à casa dos 60%, o dobro da média do restante da indústria armamentista. As condições de trabalho a que eram submetidos refletiam o lugar desses trabalhadores na hierarquia racial nazista. Ainda que houvesse operários alemães e dinamarqueses legalmente contratados, a maioria nas linhas de montagem era composta por prisioneiros de guerra, presos políticos e trabalhadores compulsórios trazidos do Leste Europeu, que, junto com os dissidentes políticos, eram as vítimas mais frequentes das jornadas abusivas, das atividades perigosas, da desnutrição, da falta de vestimentas adequadas, da superlotação nos barracões frios e rústicos, da falta de cuidados médicos e do encarceramento em campos de concentração. Além das explosões de raiva dos guardas, eles também eram submetidos a eventuais demonstrações de sadismo, como a do cozinheiro que misturou cacos de vidro aos restos de comida para que os cativos se ferissem quando se alimentassem. O polonês Julian Banaś, que chegou à Volkswagenwerk contra sua vontade em 1942, não precisou de muito tempo para entender qual era sua posição: "Eu compreendi que era um escravo. [...] Os primeiros dias na Cidade da KdF me fizeram entender que eu era um objeto. Um objeto que podia trabalhar". Décadas depois da experiência, "a sensação de estar em uma situação de impotência absoluta" ainda o atormentava.[59]

Obviamente, o objetivo das operações na fábrica era a produção industrial, e não a perseguição racial e política, mas a negligência crônica, aliada a maus-tratos arbitrários, teve consequências fatais em suas instalações. Com sua falta de prestígio na hierarquia racial nacional-socialista, os prisioneiros do Leste Europeu estavam entre os submetidos aos piores tratamentos. A força de trabalho no local incluía mil jovens polonesas e bielorrussas, que chegaram desnutridas e em muitos casos sem sapatos ou roupas de inverno. A maioria tinha caído nas mãos dos alemães por meio de detenções aleatórias realizadas pela SS em seus países de origens. Algumas mulheres chegaram à Cidade da KdF grávidas, ou então engravidaram nos barracões, já que a convivência entre homens e mulheres era liberada. A partir de meados de 1944, as mulheres do Leste Europeu passaram a ser obrigadas a abandonar seus filhos logo depois do nascimento em uma creche no vilarejo de Rühen. As condições do local onde ficavam os recém-nascidos em Rühen eram inacreditáveis, como descreveu um promotor público britânico em 1946: "À noite os insetos entravam pelas paredes e literalmente cobriam os rostos e os corpos das crianças. Uma delas foi descrita por uma testemunha como um formigueiro humano. [...] Algumas crianças tinham até quarenta furúnculos e carbúnculos espalhados pelo corpo". Sofrendo de má nutrição e contaminação por vermes, todos os aproximadamente 350 recém-nascidos que chegaram a Rühen entre julho de 1944 e abril de 1945 morreram em poucos dias em virtude de infecções. Perto de Rühen, o campo de concentração de Laagberg se destacava por sua administração de caráter sádico, liderada por um comandante que promovia execuções sistemáticas de seus 600 a 800 prisioneiros, a maioria dissidentes políticos. Se a Volkswagenwerk conseguiu se manter em atividade durante a guerra, isso só foi possível em razão de um número altíssimo de estrangeiros submetidos a trabalhos forçados em meio a incontáveis violações de seus direitos humanos.[60]

Os veículos militares estavam entre os principais produtos fabricados pela mão de obra escrava durante a guerra. Antes do início do conflito, o processo de conversão para uso militar do Carro da KdF havia sido interrompido em virtude de tensões internas existentes no exército e também de certas limitações técnicas. No segundo semestre de 1939, porém, a equipe de Porsche voltou ao trabalho para uma série de testes realizados pela Wehrmacht em janeiro de 1940. Em comparação com o Carro da KdF, o veículo militar era mais alto, tinha uma transmissão mais robusta e as rodas eram mais largas, para suportar pneus maiores e mais resistentes. Sua característica mais marcante era a carroceria leve e angulada com teto removível de lona. Quando ficou claro que a Wehrmacht precisava de mais veículos leves, o comando militar encomendou 60 mil unidades do automóvel modificado, além de uma versão anfíbia equipada com um motor capaz de atravessar rios. Batizado popularmente como *Kübelwagen* (carro balde) em virtude do formato de seus assentos, esse automóvel se tornou presença constante em diversas frentes de batalha.[61]

A produção do Kübelwagen teve um papel fundamental para a sobrevivência da Volkswagenwerk durante a guerra. A demanda criada pela Wehrmacht proporcionou à direção a possibilidade de investir na fábrica, complementando o maquinário existente com uma oficina de pintura e novos equipamentos, como esteiras e tornos, furadeiras e prensas automatizadas. Em 1942, a empresa conseguiu adotar parcialmente procedimentos de manufatura racionalizados para a produção do automóvel baseado no Carro da KdF. Com milhares de trabalhadores compulsórios montando dezenas de milhares de Kübelwagens, a fábrica demonstrou um grande potencial em sua primeira experiência fordista de produção em massa durante a guerra, tanto que só foi desativada com a chegada dos americanos à "Cidade do Carro da Força pela Alegria", em 11 de abril de 1945. Embora os ataques aéreos dos aliados tenham matado dezenas de operários em 1944, a destruição do equipamento de produção foi de apenas 7%. A direção deslocou a fabricação de material bélico para outros lugares, mas a linha de montagem do carro permaneceu por lá, concentrada nos andares mais baixos como uma forma de proteção contra o efeito das bombas. Mesmo nos primeiros meses de 1945, quando a ordem pública entrou em colapso em todo o país, a fábrica continuou em funcionamento e conseguiu entregar mais de 4 mil Kübelwagens.[62]

Nas muitas frentes de batalha em que a Wehrmacht atuava, o veículo militar demonstrou a mesma dirigibilidade, confiabilidade e robustez do projeto para uso civil em que se baseou. Como todos sabiam que o Kübelwagen era montado sobre o chassi levemente modificado do Carro da KdF, sua presença durante a guerra serviu como um lembrete constante da promessa do regime de motorizar a Alemanha. Na primeira fase da guerra, a propaganda usou isso para criar fantasias a respeito do novo estágio que o setor automotivo alcançaria na Alemanha com seu triunfo militar. "Depois da guerra, um desses diabinhos [ou seja, um Kübelwagen] vai ser meu. Vai ser mais bonito que este: com uma pintura reluzente, uma carroceria bonita, teto removível, um interior caprichado, mas de uma coisa eu sei: sua estrutura continuará sendo a mesma", escreveu um jornalista automotivo que servia como soldado em 1941. Um ano depois, Goebbels publicou um artigo de jornal lembrando a população alemã do motivo por que o país estava lutando. Como era de se esperar, sua visão do futuro do nacional-socialismo previa a perspectiva de "um povo feliz em um país cheio de belezas, atravessado por estradas largas, sempre abertas aos carros modestos destinados aos homens simples".[63]

No entanto, quando a sorte da Wehrmacht mudou, a propaganda que projetava uma riqueza material para o pós-guerra

Um Kübelwagen no Norte da África em 1942. Os três soldados da Wehrmacht sentados no veículo inspecionam o campo de batalha no cenário desértico; uma coluna de fumaça se ergue ao fundo. Os militares apreciavam o Kübel por seu desempenho sólido mesmo nos ambientes mais extremos.

foi sendo deixada de lado. Quando as forças armadas de Hitler foram empurradas para a defensiva, o Kübelwagen provavelmente despertou associações mais parecidas com a de um panfleto que os aliados despejaram sobre as linhas alemãs em 1942. Sob o título "Kraft durch Freude!", o folheto exibia o contraste entre uma foto do entusiasmado Hitler examinando uma maquete do Carro da KdF em 1938 com a imagem de dois soldados alemães mortos junto a um Kübelwagen em um deserto na Líbia.[64] Além de relembrar visualmente as promessas de prosperidade dos nazistas, a montagem retratava o "carro do povo" como símbolo da terrível traição imposta à população alemã pelo nacional-socialismo. Perto do fim da guerra, o "carro do povo" ganhou um novo significado além da suposta motorização em uma Alemanha próspera e nacional--socialista, evidenciando o fracasso no cumprimento dessa promessa e a adoção de políticas que culminaram em uma derrota sangrenta e na promoção de um genocídio.

A fabricação de um "carro do povo" era parte da estratégia política do nacional-socialismo, que punha em lugar de destaque a visão da Alemanha como uma "comunidade do povo" produtiva, racialmente homogênea, altamente militarizada e moderna em termos tecnológicos, capaz de garantir acesso a produtos até então fora do alcance dos cidadãos "comuns". Se por um lado o sucesso nas pistas de corrida era um sinal da competitividade internacional do país, a construção das *Autobahn*, segundo a máquina de propaganda nazista, era uma demonstração do comprometimento do regime com a "comunidade do povo" por meio de um programa que garantiria a regeneração racial e a coesão nacional a longo prazo. Um novo código de trânsito proporcionou aos motoristas uma desregulamentação até então inédita, reforçando a imagem do automóvel como um instrumento do exercício da liberdade individual. O "carro do povo", portanto, se encaixava com perfeição na visão do regime de uma "comunidade do trânsito" cuja modernidade se calcava na ideia da motorização em massa.

Embora as políticas de disseminação do automóvel tenham conseguido atenção e recursos consideráveis mesmo com o foco do regime voltado para o rearmamento acelerado, não foram poucas as medidas nesse sentido que resultaram em fracasso – e não só porque a Alemanha nazista perdeu a guerra. O novo código de trânsito precisou sofrer várias alterações, inclusive a reintrodução dos limites de velocidade em 1939, para reduzir o número altíssimo de acidentes fatais. O programa de construção de estradas não chegou nem perto de criar empregos na escala prometida, e deu origem a uma malha viária incompleta e com pouca interligação. E, para completar, a ideia do "carro do povo" se baseou em expectativas completamente irreais, pois a população alemã não tinha nem de longe o poder aquisitivo necessário para sustentar a demanda de uma motorização em massa.

No entanto, descrever a política de motorização do Terceiro Reich como um fiasco implica o risco de não levar em conta legados importantes deixados para o período do pós-guerra. O código de trânsito modificado de 1937 permaneceu em vigor de forma quase inalterada até 1971. Depois de 1945, a rede das *Autobahn* da

Cartão-postal, acervo de Achim Bade, Munique.

Kraft durch Freude!
„Ich habe jede Möglichkeit von vorn herein einkalkuliert." Hitler, 30.1.41

Hitler besichtigt das Modell, Berlin 1938

Der fertige Wagen in Libyen 1942

Folheto britânico de propaganda de guerra despejado sobre as linhas alemãs na África como uma forma de alertar os soldados da Wehrmacht sobre as promessas não cumpridas do Terceiro Reich. Na imagem de cima, Porsche (à esquerda) e Hitler examinam uma maquete do "carro do povo" em 1938. A foto de baixo, tirada quatro anos depois, mostra dois soldados mortos no deserto junto ao Kübelwagen, o veículo militar desenvolvido a partir do projeto de Porsche.

Alemanha Ocidental foi expandida a partir das bases estabelecidas na época de Hitler. Em relação ao "carro do povo", o nacional-socialismo deixou como herança um protótipo tecnicamente sofisticado e extensivamente testado, além de uma imensa fábrica pronta para uso que continuou em operação durante a guerra, ainda que tenha sido convertida para uso militar. A propaganda do regime serviu para estabelecer uma visão de futuro no qual a motorização em massa tinha lugar de destaque, enfatizando o automóvel como uma ferramenta de lazer de caráter apolítico, destinado a atividades como viagens de férias e passeios de fim de semana. A recepção entusiasmada da ideia do carro para uso privativo em diversos setores da sociedade alemã foi a confirmação de que o nacional-socialismo havia conseguido estabelecer o automóvel como uma aspiração social ampla e disseminada na população. Apesar de nunca tê-lo posto em produção, os nazistas lançaram o "carro do povo" como um objeto de desejo estimulante e acessível.

Por outro lado, o "carro do povo" sobreviveu ao Terceiro Reich com um legado de caráter profundamente ambíguo, já que devia sua existência a um regime sanguinário que prometeu um futuro brilhante à população alemã, mas deixou à sociedade do pós-guerra um país arruinado e o fardo moral de um genocídio e de inúmeros crimes de guerra. Retratado pela propaganda nazista como um "símbolo da comunidade do povo", apesar de não ter entrado em produção antes de 1945, o veículo poderia ser facilmente encarado como o epítome da derrota e da falência moral da Alemanha. Os fatos ocorridos na fábrica durante a guerra só serviriam para reforçar a natureza criminosa que cercou o desenvolvimento do carro. O funcionamento do parque industrial erguido nos arredores de Fallersleben se valeu do trabalho forçado de prisioneiros trazidos de outras partes do continente, cujo sofrimento incluía desde desnutrição e condições precárias de moradia até a morte de dezenas de crianças recém-nascidas. O "carro do povo" em si não foi fabricado por mão de obra escrava, é verdade, mas foi graças a seus esforços que a produção militar se manteve em andamento até o fim da guerra, ajudando a preservar as instalações originalmente construídas para o "Carro da KdF". A origem ideológica como projeto pessoal de Hitler e as práticas desumanas perpetradas na fábrica durante a guerra conferiam ao veículo uma imagem profundamente comprometida em 1945.

Mesmo assim, o "carro do povo" não desapareceu junto com o nacional-socialismo. Depois do catastrófico colapso da Alemanha, o veículo deveu sua existência a uma combinação de atores internacionais que, em poucos anos, promoveu uma rápida reconstrução econômica das partes do território alemão que ficaram sob o controle das potências ocidentais. Mesmo antes de 1945, a inspiração internacional já exercia uma influência importante sobre o projeto do carro em termos conceituais e também sociais. O sonho alemão de um *Volkswagen*, assim como o modelo da fábrica destinada a sua produção, deviam muito aos feitos de Henry Ford do outro lado do Atlântico. Além disso, o parque industrial estabelecido nos arredores de Fallersleben – cuja construção só se completou em virtude de um reforço considerável de operários italianos – funcionou com base em uma mão de obra estrangeira durante a guerra. O "carro do povo" só se tornou possível com a contribuição de americanos e europeus, e esse caráter internacional se acentuou ainda mais com o fim da guerra. Como parte da rendição incondicional da Alemanha em 1945, o governo local perdeu o controle operacional sobre a fábrica. Foram as autoridades de ocupação britânicas, em cuja zona administrativa se localizava a fábrica, que deram início à produção para uso civil do projeto de Ferdinand Porsche em 1945, em meio às inúmeras dificuldades materiais de um país devastado pela guerra.

3

"Não devemos exigir nada"

Quando a notícia de que os americanos estavam se dirigindo à "Cidade do Carro da Força pela Alegria" chegou a Anton Piëch na fábrica da Volkswagen, em 10 de abril de 1945, o executivo-chefe suspendeu a produção dos Kübelwagens e fugiu para o sul, juntando-se ao sogro Ferdinand Porsche na propriedade da família em Zell am See, na Áustria. Todas as forças militares alemãs abandonaram a cidade de uma só vez. Um dia depois da retirada apressada de Piëch, o exército americano tomou a Cidade da KdF sem disparar um único tiro. Como a localidade literalmente não estava no mapa, os recém-chegados não lhe deram atenção. Em vez de explorar a fábrica, a estação e a sede do destacamento militar, o exército dos Estados Unidos seguiu em perseguição aos alemães, que retrocediam para o leste em meio ao caos.[1]

Ao contrário da orgia de violência e destruição ocorrida em boa parte da Alemanha, o Terceiro Reich implodiu quase silenciosamente na Cidade da KdF. Mesmo assim, na ausência das autoridades estabelecidas, a ordem pública logo entrou em colapso quando os malnutridos e maltrapilhos trabalhadores forçados se libertaram e voltaram todo seu ressentimento acumulado contra a população alemã. Como um morador local relatou: "Eles gritaram palavras de ordem, e então começou. Quando anoiteceu, eles saíram [...]

arrombaram as portas e houve várias mortes. Um açougueiro e mais alguns. Eles saquearam os apartamentos e destruíram tudo". No entanto, não foi uma explosão de violência totalmente aleatória. "Eles estavam atrás de certas pessoas", elegendo como alvo os que cometeram abuso contra os trabalhadores estrangeiros, admitiu a testemunha. Para não sofrerem retaliações, alguns alemães foram se esconder nas florestas que cercavam a Cidade da KdF. Apenas quando as tropas americanas ocuparam formalmente o local, em 15 de abril, um mínimo de tranquilidade e estabilidade pôde se estabelecer.[2]

Depois que os Aliados consolidaram a divisão da Alemanha em quatro zonas de ocupação, em junho de 1945, a Cidade da KdF acabou localizada no limite leste do setor britânico, a apenas oito quilômetros da zona soviética. Uma enorme quantidade de desafios de ordem prática aguardava as autoridades britânicas na cidade de aproximadamente 17 mil habitantes, cuja metade era composta de estrangeiros. Além de garantir a segurança pública, os britânicos precisavam fornecer provisões, ajudar no retorno de milhares de trabalhadores de outras nacionalidades a seus países de origem e supervisionar a alocação das escassas habitações entre os refugiados que se dirigiam em grande número ao local. Como as forças de ocupação não tinham homens suficientes para essas e outras tarefas, acabaram delegando inúmeras responsabilidades aos próprios alemães. Para isso, estabeleceram uma nova administração local, cujas práticas e procedimentos significaram um claro rompimento com a época do nazismo. Um sinal visível desse novo começo foi a aprovação por parte dos britânicos de um novo nome para a localidade, tirado de um castelo medieval nas redondezas, que o prefeito alemão escolheu ainda em junho de 1945. A partir desse momento, a Cidade da KdF passaria a se chamar "Wolfsburg".[3]

Obviamente, a motorização em massa – um sonho nazista e a razão de ser de Wolfsburg – não era uma questão nem remotamente considerada em 1945. Nessa época, as consequências desastrosas da tentativa do nacional-socialismo de implementar sua visão de modernidade por meio da violência impediam que um cotidiano de normalidade se estabelecesse em um país arruinado. Nas cidades em grande parte destruídas, faltava moradia, comida, roupas e combustível. Além disso, uma moeda desvalorizada, um transporte público em frangalhos e o rígido controle sobre o comércio criaram uma realidade econômica que transformou o dia a dia de muitos alemães em uma luta pela sobrevivência. As primeiras providências dos Aliados, como as previstas no Plano Morgenthau de 1944, no qual o secretário do tesouro americano visualizava uma Alemanha desmilitarizada, desindustrializada e essencialmente agrária, davam poucos indícios de estabelecer condições sociais e econômicas para que os automóveis particulares se disseminassem. Nessas circunstâncias, o futuro da fábrica, assim como o de Wolfsburg – sob o pesado estigma de suas origens no Terceiro Reich –, não estava nem um pouco garantido. Se em 1945 os habitantes da maioria das cidades alemãs encaravam com grande preocupação os anos que estavam por vir, esse clima de insegurança era ainda mais pronunciado em Wolfsburg. A queda do regime nazista e a devastação que se espalhou pela Alemanha destruíram as bases que sustentavam a existência da cidade. No entanto, quando a ocupação britânica terminou, em 1949, tanto Wolfsburg quanto sua montadora de automóveis tinham seu futuro assegurado, já que em maio daquele ano a fábrica comemorou a marca de 50 mil carros produzidos desde o fim da guerra. Em dezembro, esse número já estava em 85 mil unidades.[4] E o veículo que saía pelos portões do parque industrial com cada vez mais frequência era nada menos que uma versão levemente modificada do modelo que Ferdinand Porsche projetara para o regime nacional-socialista.

Portanto, foi durante o período de ocupação que Wolfsburg se estabeleceu como uma cidade industrial destinada a produzir automóveis para uso civil. O motivo por que os britânicos decidiram fabricar um carro tão identificado com o nazismo e como essa decisão garantiu a sobrevivência das instalações da Volkswagen não são as únicas perguntas importantes a fazer a respeito da história do carro no período imediatamente posterior ao fim da guerra. Apesar do cenário de imprensa extremamente fragmentado da época, o desenvolvimento da região logo atraiu a curiosidade de jornais, revistas e produtoras de cinejornais ao longo dos setores ocidentais. Além da expansão econômica que ocorria em Wolfsburg, os repórteres também se ocupavam de questões políticas, como a vitória massacrante de extremistas de direita nas eleições locais em 1948, que levou alguns articulistas a questionarem se, a oito quilômetros da fronteira com a zona soviética, não estaria surgindo um criadouro do "neofascismo". O que aconteceu durante os anos de ocupação só ressaltou as diversas dificuldades econômicas, sociais e políticas que impediram a produção automotiva em Wolfsburg às vésperas da guerra, além de explicar por que, no caso do carrinho de contornos arredondados, a desvinculação do legado do Terceiro Reich exigiu um longo e complicado processo que ainda não estava concluído quando da retirada dos britânicos.[5]

As autoridades militares britânicas que assumiram a responsabilidade por grande parte do noroeste da Alemanha em junho de 1945 encaravam como sua principal tarefa a manutenção da ordem pública no setor enquanto eram conduzidas as negociações internacionais que definiriam o destino do país. Para consolidar seu controle, as forças de ocupação estabeleceram um objetivo simples e relativamente modesto. Ao contrário dos americanos, que chegaram ao sudoeste do país com planos ambiciosos de erradicar o nacional-socialismo da cultura local por meio de uma reeducação em massa, os britânicos visavam acima de tudo se resguardar contra a hostilidade dos alemães. De acordo com o modo de pensar dos britânicos, a melhor maneira de fazer isso era remover os nazistas de cargos importantes e substituí-los por alemães que preferiram manter distância do antigo regime. Sendo assim, as autoridades de ocupação britânicas a princípio não demonstraram muito interesse em transformar a visão política da população em geral. Afinal de contas, o fato de a Alemanha ter sido protagonista na eclosão de duas sangrentas guerras mundiais em menos de três décadas era um sinal indicativo, para muitos analistas britânicos influentes, da existência de uma tendência extremamente agressiva no "caráter nacional" alemão, algo que, segundo essa linha de argumentação, levaria décadas para ser erradicado. Além disso, a prática rotineira de administração indireta adotada em seu extenso império colonial, em que um pequeno número de funcionários britânicos exercia o poder sobre enormes territórios com a ajuda de membros cooptados da elite local, foi o que moldou o pensamento do regime de ocupação da Grã-Bretanha na Alemanha do pós-guerra. Em vez de tentar dar início a uma grande transformação cultural, a administração britânica tinha como meta afirmar sua autoridade com a ajuda de governantes locais que lhe parecessem confiáveis.[6]

Além de manter a ordem pública em seu setor, os britânicos tinham diante de si o desafio de alimentar e abrigar uma população formada por alemães e milhões de outros europeus que vagavam por um território devastado. Como os Aliados não tinham qualquer plano abrangente para a Alemanha do pós-guerra antes do final do conflito, ninguém sabia como a ocupação deveria ser conduzida. No que dizia respeito à economia, os Aliados concordavam que a indústria alemã deveria ser desprovida de seu potencial militar, mas, além dessa premissa básica, o futuro produtivo do país ainda era uma questão a ser debatida. Embora o plano elaborado pelos Aliados em maio de 1946 previsse um "Nível de Indústria" que reduzisse a capacidade da indústria pesada (carvão, ferro e aço) à metade da produção obtida em 1938, os britânicos ainda não estavam convencidos da pertinência desse tipo de abordagem punitiva. Obviamente, o governo britânico entendia que a Alemanha deveria pagar pelo prejuízo e sofrimento que causara ao mundo, por exemplo desativando e transferindo unidades produtivas, mas também alertava para os efeitos adversos de um estrangulamento econômico do país. Se a economia alemã entrasse em recessão, continuava o argumento, a necessidade de importar comida e outras mercadorias de primeira necessidade cresceria, aumentando os custos da ocupação. Com a Grã-Bretanha profundamente endividada após o fim da Segunda Guerra Mundial, uma ocupação dispendiosa poderia esgotar rapidamente os escassos recursos à disposição. Os analistas britânicos também alertavam contra as eventuais consequências políticas de uma economia estagnada. Uma Alemanha desindustrializada não representaria apenas um vácuo indesejável de poder na Europa Central; uma situação permanente de pobreza e descontentamento social poderia levar ao ressurgimento da direita radical alemã em um cenário muito parecido com o da República de Weimar, cuja instabilidade em parte se devia às sanções econômicas pesadas impostas pelo Tratado de Versalhes. Diante de tantos riscos políticos e econômicos, a orientação britânica a partir de julho de 1945 se caracterizou por um "pragmatismo construtivo".[7]

Em 1945, ainda era cedo demais para pensar na fábrica da Volkswagen, cuja capacidade de produção de automóveis para uso civil ainda não tinha sido de fato testada, como um pilar de sustentação da estabilidade da Alemanha em meio à devastação do pós-guerra. Mesmo assim, suas amplas instalações industriais atraíram grande interesse como uma eventual forma de pagamento de reparações. Para garantir o controle sobre o local, as autoridades britânicas enviaram Ivan Hirst, um major de 29 anos do Corpo Real de Engenheiros Elétricos e Mecânicos formado no Instituto de Tecnologia de Manchester. Quando chegou a Wolfsburg, no início de agosto de 1945, Hirst constatou que, apesar dos estragos provocados pelos ataques aéreos dos Aliados, 70% da estrutura física da fábrica e mais de 90% de seu maquinário estavam intactos. Isso tornava a Volkswagen a única montadora alemã que, a princípio, poderia retomar sua produção imediatamente após a guerra. Hirst também encontrou um bom estoque de matérias-primas diversas que a direção da fábrica conseguiu manter por lá na fase final do conflito. A pedido de um oficial de alta patente que se lembrava de ter visto o Carro da KdF na Exposição Automotiva de Berlim em 1939, Hirst mandou um dos poucos modelos para uso civil produzidos durante a guerra para o quartel-general britânico, onde sua funcionalidade pôde ser comprovada.[8]

Ainda em agosto de 1945, os militares britânicos deram início a um lobby junto aos governos dos Aliados para obter a permissão para fabricar o Carro da KdF e assim amenizar a carência de veículos nos territórios ocupados. Segundo um relatório de julho de 1946, o setor britânico, no qual viviam mais de 26 milhões de pessoas, contava com apenas 61 mil carros, e 65% deles estavam "em péssimo estado".[9] Os carros fabricados em Wolfsburg, segundo as autoridades britânicas, não apenas facilitariam as operações cotidianas em seu setor como seriam uma alternativa viável a uma

Ivan Hirst, o oficial britânico que comandou a fábrica de Wolfsburg durante o período de ocupação e deu início à produção do Fusca depois da guerra.

dispendiosa importação de veículos da Grã-Bretanha, que ameaçaria a saúde financeira da administração local. Para tornar seu pedido atraente para as demais potências que participavam da ocupação, os britânicos acenaram com a possibilidade de disponibilizar os carros fabricados sob sua supervisão a americanos, franceses e soviéticos. Em 22 de agosto de 1945, a administração militar britânica encomendou a Hirst 20 mil carros a serem entregues até julho de 1946. Embora se tratasse de uma meta otimista demais, foi o que garantiu a existência da Volkswagen. A fábrica ainda não tinha sido removida de forma definitiva da lista de ativos que poderiam ser entregues como reparação, mas dessa forma se conseguiu pelo menos uma exclusão temporária.[10]

Estabelecer e manter uma linha de produção era um trabalho complicadíssimo, que exigia um administrador com capacidades excepcionais, e os britânicos encontraram em Ivan Hirst o homem perfeito para isso. Apaixonado por automóveis e dono de um extraordinário talento para a improvisação, além de uma conduta modesta e cativante no trato com a população alemã, ele fazia questão de afirmar que "nós [...] nos consideramos tutores temporários da fábrica". Ao se referir ao conceito de "tutela", o comandante britânico do parque industrial da Volkswagen deixava claro que seu papel ia além da administração e manutenção temporária de suas instalações. Uma ideia que ganhou força no contexto do imperialismo britânico na África no período entreguerras, o termo tutela denotava uma abordagem motivada por um desejo moral de promover benfeitorias às populações sob domínio britânico. Embora o caráter filantrópico da tutela britânica na África tenha sido amplamente contestado na nova ordem pós-colonial, para a Volkswagen esse método se provou altamente vantajoso. Como tutor de Wolfsburg, Hirst executou um papel fundamental na implantação de um modelo de negócios muito bem-sucedido.[11]

Nos primeiros meses, a remoção do entulho das instalações, os reparos essenciais no sistema de descarte de resíduos, a obtenção de matérias-primas fundamentais, o estabelecimento dos contatos com os fornecedores e o planejamento da produção absorveram todas as energias de Hirst. Atrasos e complicações propiciaram inúmeros contratempos ao longo do segundo semestre de 1945. No final do ano, apenas 58 veículos tinham sido fabricados, pois as operações só puderam ser iniciadas em novembro. Para cumprir a meta de produção, as autoridades britânicas precisavam de uma produção mensal de 4 mil unidades em janeiro de 1946 em Wolfsburg – um objetivo absolutamente irreal.[12]

Em parte, Hirst não conseguiu atender às expectativas de seus superiores porque encontrou dificuldades seríssimas para consolidar a mão de obra estável, confiável e competente de que necessitava para estabelecer uma produção industrial de larga escala. Embora muitos alemães que ocupavam postos importantes na fábrica durante o Terceiro Reich houvessem permanecido em Wolfsburg, sua presença também tinha um lado negativo. Hirst sabia que só seria possível pôr a montadora em funcionamento com a ajuda de empregados alemães qualificados, mas seu desejo de contar com eles esbarrava nos esforços para prevenir o ressurgimento do nazismo e na política de expurgar os simpatizantes do regime de cargos-chave na sociedade do pós-guerra. Em meados de 1945, uma onda de prisões levou à autuação de figuras importantes no contexto da fábrica que haviam cometido crimes graves. Em junho de 1946, uma corte militar britânica ordenou a execução do médico sob cuja responsabilidade os filhos dos trabalhadores forçados da Volkswagenwerk morreram em Rühen. No segundo semestre daquele ano, os Aliados no setor ocidental voltaram suas atenções para a população em geral. Mas, se por um lado os americanos obrigaram todos os alemães adultos de sua região a responder um questionário com 131 perguntas sobre suas filiações partidárias, seu papel no serviço militar e várias outras coisas, os britânicos adotaram uma abordagem muito mais econômica. Com a intenção de evitar as montanhas de papéis geradas por um programa de tal magnitude, foi requisitado apenas aos 10% dos alemães que haviam ocupado cargos relevantes em termos sociais, administrativos e econômicos no Terceiro Reich que preenchessem um formulário muito mais curto.[13]

Embora não tivesse qualquer simpatia por ex-nazistas, Hirst considerou tal procedimento uma "dor de cabeça", e a princípio tentou reduzir o impacto da desnazificação na fábrica, já que a demissão de pessoal qualificado significava uma ameaça à produtividade. No entanto, quando surgiu a notícia de que pouquíssimos empregados haviam sido dispensados até janeiro de 1946, tanto os alemães que sabiam o que tinha acontecido por lá antes de 1945 quanto os administradores britânicos instalados em outras partes do setor protestaram, exigindo que mais gente fosse expurgada. Como consequência, o comitê de desnazificação local ordenou a demissão de 228 indivíduos em junho de 1946, um grupo que incluía o chefe de operações, o diretor técnico, quatro chefes de departamento e diversos capatazes. A produtividade da fábrica caiu imediatamente em 60%.[14]

As autoridades britânicas declararam a desnazificação como encerrada em julho de 1946, mas o assunto continuou envenenando a atmosfera de Wolfsburg por muitos meses, pois os que perderam o emprego decidiram tentar uma apelação. Em fevereiro de 1947, 138 deles tiveram seu veredito revertido. Apesar do alívio, essas pessoas se sentiam extremamente ressentidas por terem sido submetidas a um processo que consideravam injusto. Por outro lado, os alemães que foram críticos do regime do Terceiro Reich foram ficando cada vez mais descontentes com as numerosas reversões das decisões iniciais. Apesar dos pesares, a desnazificação expôs os ex-simpatizantes do regime a um choque perturbador, "ampliando sua disposição em adotar uma nova visão política" na maior parte da Alemanha Ocidental. Em Wolfsburg, porém, o descontentamento latente com a desnazificação gerou uma situação política explosiva, que culminaria com um ruidoso ressurgimento da extrema direita no final de 1948.[15]

Apesar das complicações impostas pela desnazificação, Hirst conseguiu recrutar uma força de trabalho considerável, que cresceu de aproximadamente 6 mil empregados em janeiro de 1946 para 8.383 em dezembro de 1947. A rotatividade anual, porém, estava na faixa dos 50%. Como consequência, a direção da fábrica era obrigada a integrar mão de obra sem experiência e qualificação a intervalos regulares, um processo que afetava significativamente a produtividade. Muitos operários saíam da Volkswagen em busca de empregos mais estáveis, pois a montadora de Wolfsburg era vista como um trabalho temporário por não ter sido removida em definitivo da lista de ativos que seriam entregues como forma de reparação aos Aliados. Além disso, a precária situação habitacional era mais um motivo a afastar os residentes do local. Como o regime nacional-socialista jamais construiu a cidade-modelo projetada para o parque industrial, as estruturas que acomodavam os trabalhadores forçados até abril de 1945 eram a única habitação disponível para a maior parte dos funcionários da fábrica. A vida nesses barracões se caracterizava pelas instalações primitivas, sem saneamento básico nem sistema de aquecimento, e pela absoluta falta de privacidade. Diversas famílias dividiam um único ambiente, separando suas respectivas áreas com cobertores pendurados no teto.[16]

A maioria dos trabalhadores forçados foi embora em 1945, mas esse tipo de habitação rústica continuava sendo utilizada porque, com sua estrutura gigantesca montada pelo Terceiro Reich, Wolfsburg logo se tornou um polo de atração para os milhões de refugiados que vagavam pela Alemanha logo após o fim da guerra. Militares dispensados e prisioneiros de guerra libertados se dirigiram a Wolfsburg em número considerável na esperança de conseguir um emprego. Os recém-chegados muitas vezes traziam consigo o espírito violento dos tempos de guerra, conforme lembrou um morador. Diante da negativa de um funcionário local, um ex-soldado recorreu à ameaça física para conseguir uma permissão de residência para ele e seus companheiros. "Ele pegou o homem [o funcionário] pelo colarinho e falou: 'Escute aqui. Na minha vida inteira, eu não aprendi outra coisa a não ser matar. Matar mais um ou outro não vai fazer diferença. Então, seus porcos, é melhor conseguirem uma moradia para mim agora mesmo, caso contrário você vai cair para nunca mais se levantar.'" Esse tipo de conduta, como era de se esperar, levou muita gente a sair de Wolfsburg em busca de lugares com modos mais civilizados.[17]

A superlotação também se deveu a um fluxo de milhares de alemães que fugiam do setor soviético, além dos enviados a Wolfsburg pelas próprias autoridades britânicas e germânicas para afastar os migrantes das áreas urbanas destruídas pelos bombardeios. Entre esses últimos estavam os alemães e seus descendentes expulsos aos milhões da Polônia, Tchecoslováquia, Hungria e outras partes em 1945. Milhares desses "expatriados" terminaram em Wolfsburg, muitas vezes chegando apenas com a roupa do corpo. Wolfsburg também se tornou o lar de centenas de "desalojados" – um termo não muito exato para se referir aos civis de várias partes da Europa que não conseguiram ou não quiseram voltar a seus países de origem depois da guerra. Portanto, a alta rotatividade na fábrica da Volkswagen estava diretamente ligada à natureza transitória da mão de obra local. Muitos refugiados trabalhavam por alguns dias, recuperavam o fôlego e continuavam sua busca por um futuro em outro lugar.[18]

Além de tudo isso, nem sempre era possível contar com boa parte dos operários contratados para trabalhar em tempo integral. O número de ausências mensais chegava à casa dos 40% em meados de 1948, prejudicando seriamente os esforços para melhorar a produtividade na fábrica. Muitos trabalhadores precisavam se ausentar em dias de expediente porque a falta de comida os obrigava a ir atrás de mantimentos em outros lugares. Em uma sociedade operando no nível da subsistência, ou até abaixo disso, as ausências frequentes eram parte integrante da estratégia de sobrevivência dos trabalhadores. Em 1945, as autoridades de ocupação britânicas estabeleceram provisões diárias de apenas mil calorias, um número que subiu para 1,1 mil em março de 1946. Em um dia típico, a ração diária consistia em dois pedaços de pão, um pouco de margarina, uma concha de sopa rala e duas batatas pequenas.[19] Como consequência, "todo mundo precisava ir atrás de comida. Se falava muito de comida", lembrou um refugiado. Diante dessa situação, os operários da fábrica da Volkswagen precisavam complementar as provisões diárias de outras maneiras. Além de cultivarem pequenos lotes de terra, eles se deslocavam para as zonas rurais a fim de adquirir alimentos diretamente dos produtores. A falta desesperadora de praticamente tudo levou à instituição de um próspero mercado negro, no qual os cigarros substituíam os quase sem valor reichsmarks como principal moeda corrente. Em Wolfsburg, as condições

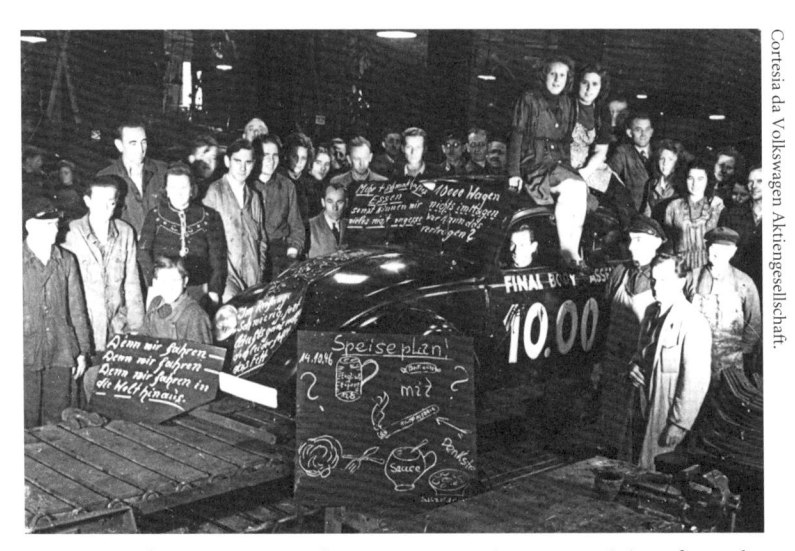

Operários alemães protestando contra as restrições materiais enfrentadas durante o período de ocupação enquanto posam ao lado do veículo 10 mil produzido em Wolfsburg. O desenho em primeiro plano retrata uma caneca de cerveja, uma salsicha, um charuto e outros bens de consumo quase impossíveis de obter logo após o fim da guerra.

eram ainda mais difíceis, já que os refugiados que compunham a maior parte da população haviam perdido quase tudo, não tinham nada que pudesse ser trocado. Como a obtenção de comida e outros suprimentos básicos durante os chamados "anos de fome" demandava um tempo considerável, não era de surpreender que muitos operários não pudessem comparecer ao trabalho todos os dias. Nada é capaz de ilustrar melhor o estado de espírito do operariado alemão do que uma fotografia tirada em outubro de 1946, quando a fábrica alcançou a marca de 10 mil veículos produzidos: "10 mil carros, com a barriga vazia, quem aguenta?", dizia um dos cartazes dos operários; em um outro, colocado na frente do automóvel, se viam desenhos de uma caneca de cerveja, uma salsicha e um charuto aceso – que àquela altura representavam artigos de luxo inacessíveis aos habitantes de Wolfsburg.[20]

A escassez material permanente também tinha efeitos nocivos sobre a produtividade. Embora a administração britânica oferecesse à fábrica acesso prioritário a insumos industriais, garantir as cotas mensais necessárias de aço e carvão se mostrou uma tarefa complicadíssima em virtude da infraestrutura caótica da Alemanha e da dificuldade em obter matérias-primas adequadas. A baixa qualidade do aço que chegava à fábrica era motivo constante de preocupação para seus administradores. A divisão da Alemanha em setores ocupados representava mais um obstáculo, pois impedia o acesso da montadora a fabricantes de outras partes do país que produziam peças como carburadores, faróis e outros componentes elétricos. Foi preciso projetar máquinas específicas para trabalhar com materiais de qualidade inferior. Todos esses gargalos tornavam praticamente impossível estabelecer uma rotina de fabricação estável.[21] No inverno europeu especialmente rigoroso de 1946, não houve improviso capaz de manter a produção em andamento. Com os portos congelados e as ferrovias intransitáveis, a distribuição de matérias-primas e comida praticamente parou em todo o país. Dentro da fábrica, a temperatura chegou a sete graus negativos no início de dezembro de 1946. Preocupada com a saúde dos trabalhadores e enfrentando uma situação crítica de desabastecimento, além de vários problemas de maquinário, a chefia suspendeu a produção até o dia 10 de março de 1947. Assim como a maioria dos alemães espalhados pelo país, os habitantes de Wolfsburg passaram o final de 1946 e o início de 1947 sofrendo terrivelmente com o frio e a falta de comida.[22]

Como seria de se esperar, os automóveis produzidos em meio a tantas adversidades apresentavam inúmeras falhas. Quando a produção foi suspensa, em dezembro de 1946, Hirst enviou um memorando aos alemães que ocupavam cargos de chefia na fábrica no qual expressou sua esperança de que "até a retomada das atividades, 60% ou mais dos carros fabricados não precisem mais de reparos ou troca de motor". Esse alto índice de problemas era reflexo dos defeitos de fabricação gerados pelo uso de materiais inadequados e um maquinário nada confiável. Falha após falha acometiam os carros feitos em Wolfsburg, lamentavam os relatórios internos. Capôs e portas não fechavam direito, os faróis trincavam, os cilindros tinham "vida útil curta demais" e o volante "era muito duro em muitos casos". Vários carros finalizados precisavam ser repintados antes da entrega porque eram estocados em galpões afetados pela guerra, e o vento e a chuva corroíam a tinta verde-oliva. Em termos de confiabilidade, os automóveis que saíram de Wolfsburg nos anos imediatamente posteriores à Segunda Guerra Mundial ainda estavam muito distantes dos Volkswagens que se tornariam sinônimo de qualidade e durabilidade na década de 1950.[23]

Enquanto Hirst lutava para manter a produtividade, a questão de a fábrica poder ser usada para pagar reparações de guerra continuava pairando no ar. Durante discussões em altos escalões do governo a respeito de uma possível transferência da linha de produção para a Grã-Bretanha, foi pedido às montadoras britânicas que avaliassem o veículo e as instalações em que era produzido. Diversas visitas a Wolfsburg e testes conduzidos por engenheiros automobilísticos britânicos entre 1945 e 1946 levaram a um veredicto não muito animador. A dimensão e o maquinário da fábrica impressionaram os visitantes britânicos, assim como o potencial do veículo para produção em massa nos moldes fordistas, já que seu projeto eliminava o "trabalho manual em uma escala incomum".[24] Os especialistas britânicos elogiaram o carro por sua "excelente estabilidade na estrada", proporcionada pela suspensão com barras de torção. Por outro lado, os testes também revelaram diversos problemas. Fumaça malcheirosa no interior do veículo, freios de desempenho insatisfatório, um motor com "pouca potência" e um nível de ruído ensurdecedor foram as principais reclamações.[25] Apesar das várias virtudes técnicas, continuava o relatório, o automóvel precisaria de "modificações consideráveis [...] para se enquadrar ao padrão" que os consumidores britânicos exigiam de seus automóveis. Tudo levado em conta, a indústria automobilística britânica não via muita vantagem em transferir a fábrica da Volkswagen para o Reino Unido, principalmente levando em conta o impacto que instalações das proporções das que existiam em Wolfsburg provocariam no cenário local. Abrir mão do Carro da KdF não foi uma decisão fácil, mas o tamanho da fábrica e as deficiências reveladas no primeiro ano de produção do veículo explicam a escolha das montadoras da Grã-Bretanha. Com a economia internacional em ruínas, ninguém poderia prever que um carrinho barulhento, fumacento e desconfortável em breve começaria a vender como pão quente.[26]

O fator decisivo para assegurar a sobrevivência de Wolfsburg foi a nova política econômica formulada pelos Aliados em resposta aos problemas concretos enfrentados pela Alemanha e também a um contexto internacional em rápida transformação. O "inverno da fome" de 1946-47 foi uma demonstração de que a sociedade alemã não conseguiria se sustentar sob o regime draconiano até então em vigor. Além da ameaça de revoltas populares, as potências ocidentais começaram a temer que no longo prazo as privações materiais deixariam a população de seus setores suscetível aos avanços políticos dos soviéticos, cujas tentativas de expandir sua esfera de influência na Europa eram encaradas com desconfiança por americanos e britânicos. Os americanos, que em breve emergiriam como a força dominante no hemisfério ocidental, perceberam que a Alemanha era uma zona de disputa crucial em meio às tensões palpáveis que surgiam entre Oriente e Ocidente. Como as conferências internacionais não foram capazes de estabelecer um consenso a respeito do futuro da Alemanha, os soviéticos e as nações ocidentais trataram de consolidar política e economicamente suas zonas de ocupação, suscitando uma boa dose de suspeição mútua. Em outubro de

1946, o governo dos Estados Unidos abandonou seu plano de impor restrições à indústria alemã, o primeiro passo de uma série de medidas visando a reconstrução de seu antigo inimigo. Em 1948, essa mudança de estratégia culminou com a inclusão da Alemanha Ocidental no Plano Marshall, o famoso programa de beneses por meio do qual os Estados Unidos ajudaram a revitalizar as economias europeias.[27]

A Volkswagen foi uma das primeiras beneficiárias dessas novas políticas econômicas. Já no primeiro semestre de 1947, autoridades americanas e britânicas encomendaram às montadoras da Alemanha Ocidental 160 mil veículos, "impedindo que a indústria automobilística alemã se desintegrasse". Diante desse novo contexto, os britânicos saíram em busca de um executivo alemão com as características necessárias para comandar a complexa operação de Wolfsburg. Em termos ideais, o novo "diretor-geral" deveria ter experiência comprovada em cargos de chefia e qualificação técnica no setor automotivo para colocar a fábrica em um rumo de expansão econômica. Além disso, um distanciamento do regime nazista e um passado político não comprometido eram requisitos fundamentais para dirigir um projeto que devia sua existência ao nacional-socialismo, e por isso estaria submetido a um escrutínio constante. Em virtude do atraso da indústria automobilística alemã do entreguerras e do papel central que o setor ocupou no uso de milhões de trabalhadores forçados durante o conflito, tratava-se de uma busca por alguém com características raríssimas. Ferdinand Porsche, que ficou preso por dezoito meses na França depois da guerra por confiscar maquinário das montadoras locais, de forma alguma se qualificava para o posto. Embora sua empresa de design tenha conseguido sobreviver em Stuttgart na época do pós-guerra e depois prosperado sob a direção de seu filho, o criador do "carro do povo" só visitaria a fábrica da Volkswagen uma única vez antes de morrer em 1951.[28]

No segundo semestre de 1947, quando ficaram sabendo que Heinrich Nordhoff (1899-1968) estava morando em Hamburgo e procurando emprego, as autoridades britânicas não hesitaram em convidá-lo a trabalhar em Wolfsburg. Formado em engenharia mecânica pela Universidade Técnica de Berlim, Nordhoff começou a trabalhar na Opel em 1929, logo depois da aquisição da empresa pela General Motors. Ele assumiu um cargo importante no departamento de suprimentos, que lhe possibilitou diversas visitas aos Estados Unidos. Como um reconhecimento de sua capacidade de negociação, a diretoria da Opel o transferiu para Berlim no final da década de 1930 para tratar dos contratos com o governo nazista. Como executivo do maior produtor de veículos de passeio da Alemanha durante o Terceiro Reich, ele também fez parte do esforço malsucedido de minar os planos do governo de produzir um "carro do povo". No final da guerra, Nordhoff foi dirigir a fábrica de caminhões da Opel em Brandemburgo, a maior da Europa na época. Longe de ter sido uma ascensão meteórica, a trajetória de Nordhoff ainda assim lhe garantiu um lugar de destaque entre os executivos alemães com experiência direta em lidar com o ambiente de negócios e a produção em larga escala da indústria automobilística americana.[29]

Embora desejasse permanecer na subsidiária da General Motors, Nordhoff teve seu pedido de permissão de trabalho negado pelas autoridades de ocupação americanas e perdeu seu posto na GM em virtude do processo de desnazificação – ainda que contasse com o apoio de seus empregadores em Detroit. Apesar de o comitê de desnazificação composto por alemães ter recomendado sua liberação, os militares americanos, que tinham poder de veto, o declararam impedido de atuar no setor automobilístico. Essa decisão se deveu ao fato de o regime nazista ter condecorado Nordhoff como um "líder da economia de guerra", uma honraria concedida a um grupo de quatrocentos executivos composto em boa parte, mas não exclusivamente, por apoiadores ferrenhos do nacional-socialismo. Nordhoff, que nunca pertencera ao Partido Nazista, devia a homenagem a contribuições de ordem prática aos esforços de guerra, e não por sua colaboração em termos políticos. Porém, se por um lado os americanos consideraram o grupo inteiro ideologicamente suspeito e portanto inapto a assumir cargos importantes, os britânicos adotaram uma postura bem menos intransigente. Rejeitado pelos americanos e cortejado pelos britânicos, Nordhoff se considerava um exemplo marcante do caráter "questionável como um todo" do processo de desnazificação.[30]

Por mais que tenha faltado critério no caso de seu banimento da indústria, Nordhoff não passou pelo Terceiro Reich como um cidadão isento de qualquer culpa. Durante a guerra, a fábrica de caminhões sob seu comando em Brandemburgo empregou entre 1,6 e 2,1 mil estrangeiros. Nordhoff, um católico praticante, ao que parece fez de tudo para garantir o fornecimento de comida, roupas e abrigo para os trabalhadores forçados, mas não podia impedir os maus-tratos perpetrados pelos guardas da SA, cuja violência era a base de sustentação do esquema de trabalho compulsório. "Para manter a fábrica durante a guerra", escreveu o biógrafo de Nordhoff, o diretor teve que "se adaptar ao sistema de trabalhos forçados". De maneira alguma ele foi um dos muitos executivos alemães que trataram a mão de obra forçada com indiferença ou brutalidade. No entanto, apesar de suas crenças católicas, de seu distanciamento do Partido Nazista e de suas tentativas de atenuar o sofrimento dos trabalhadores, Nordhoff se tornou cúmplice do regime de terror nacional-socialista ao colaborar ativamente com os esforços de guerra.[31]

Embora as atitudes de Nordhoff para preservar sua integridade moral durante a guerra o tenham diferenciado de muitos de seus pares, sua promoção a "diretor-geral" da Volkswagen depois de um período de desemprego compulsório se encaixa em um padrão bem mais recorrente entre os membros da elite econômica da Alemanha Ocidental. Quando as iniciativas de reconstrução econômica começaram a ganhar força, no contexto de uma incipiente Guerra Fria, as potências ocidentais não tiveram escolha a não ser reabilitar ocupantes de cargos de chefia politicamente comprometidos com o regime deposto. Como consequência, um grupo de profissionais de meia-idade com funções importantes, ainda que de segundo escalão, para a economia de guerra assumiu a liderança da economia alemã no pós-guerra. Como muitos executivos reassumiram seus postos, o mundo dos negócios na Alemanha Ocidental guardava grandes semelhanças em termos de pessoal com o ambiente pré-1945.[32]

Quando Nordhoff assumiu seu novo posto, em 1º de janeiro de 1948, a sobrevivência da fábrica da Volkswagen era o principal foco de suas atividades. Depois de algumas visitas a Wolfsburg no segundo semestre do ano anterior, ele tinha uma expectativa bastante realista das dificuldades que encontraria. Até então, a fábrica vinha produzindo veículos para as autoridades da ocupação militar, mas a concorrência em um mercado consumidor era um panorama completamente diferente. O novo diretor-geral se lançou ao trabalho de forma frenética para pôr a fábrica nos eixos, com jornadas diárias que muitas vezes duravam dezessete horas.[33] Nos primeiros meses de 1948, Nordhoff estabeleceu uma estrutura administrativa hierarquizada que amplificava seu controle sobre o funcionamento das instalações, com o apoio das autoridades britânicas. Valendo-se de sua experiência no departamento de suprimentos da Opel, ele expandiu a rede de revendedores que os britânicos haviam começado a implementar em outubro de 1946, negociando exportações para Suíça, Suécia e Bélgica, que trouxeram os tão necessários dólares americanos para o caixa da empresa. Acima de tudo, porém, Nordhoff concentrou seus esforços em desenvolver a fábrica e seu produto. Sua avaliação inicial era de que o processo de produção em vigor era ineficiente e dispendioso demais, e exigiu que a produtividade individual dos operários fosse incrementada em 30%. Melhorar a qualidade do carro se tornou o objetivo principal, e o novo executivo-chefe intensificou os esforços para erradicar as deficiências técnicas que ameaçavam a competitividade do veículo no mercado.[34]

O fato de não ter sido possível elevar a produtividade mensal muito acima da barreira dos mil veículos na primeira metade de 1948, porém, não pode ser considerado um fracasso pessoal de Nordhoff, e sim um reflexo da economia disfuncional da Alemanha na época. Em 1947, as potências ocidentais começaram a se dar conta de que o ambiente de negócios do país só sairia da hibernação em que estava mergulhado com uma série de reformas profundas. Especialistas das nações aliadas, trabalhando em conjunto com economistas liberais alemães, identificaram dois problemas intimamente relacionados. Primeiro, o sistema de racionamento em vigor implicava uma falta de suprimentos constante, alimentando dessa forma um mercado negro que jamais poderia impulsionar o crescimento econômico, já que se tratava de um empreendimento de natureza ilegal. Além disso, desde a época da guerra, a inflação vinha corroendo o valor do reichsmark, e o mercado negro operava com base em complicados arranjos que muitas vezes obrigavam os negociantes a estabelecer intricadas cadeias de trocas para garantir uma mercadoria em particular. Em suma, a falta de planejamento dos Aliados, combinada com uma moeda quase sem valor, deu origem a uma economia paralela não apenas ilegal como ineficiente, que se impunha como um seríssimo inibidor do crescimento.[35]

Enquanto Nordhoff tentava estabilizar as operações em Wolfsburg, corriam boatos fortíssimos de que o controle estatal e o racionamento seriam severamente reduzidos em meados de 1948. Isso significava que as forças mercadológicas da oferta e da procura em breve determinariam o fluxo e os preços das mercadorias em uma escala muito maior do que vinha acontecendo desde a década de 1930, quando os nazistas intensificaram sua corrida armamentista de caráter estatizante. A introdução de novos mecanismos de mercado exigia uma reforma monetária para equiparar o volume de dinheiro ao nível de atividade econômica do país. Em 20 de junho de 1948, os governantes lançaram uma nova moeda nos setores ocidentais – o marco alemão (DM).[26]

Ao longo dos anos, essa data foi se consolidando na memória coletiva dos alemães como o momento em que as vitrines das lojas se abasteceram da noite para o dia com produtos até então indisponíveis, servindo como o ponto de virada para a prosperidade que viria. Na época, porém, muita gente reagiu com espanto às medidas draconianas que Ludwig Erhard, o diretor econômico da zona compartilhada britânico-americana e futuro ministro da economia da Alemanha Ocidental, implementou para reduzir a quantidade de DMs em circulação. Cada cidadão recebeu 60 marcos alemães em duas prestações, mas suas poupanças pessoais foram reduzidas em 93,5%. Salários, honorários, aluguéis e pensões administradas pelo setor público mantiveram seu valor nominal, mas os demais pagamentos regulares, inclusive as pensões administradas pelo setor privado, foram reduzidos em 90%. O mundo dos negócios também não passou ileso, já que as empresas tiveram que abrir mão de 90% de suas reservas financeiras.[37]

Além da reforma monetária, Erhard promoveu a desregulamentação dos preços da maioria dos produtos, praticamente abolindo o sistema de racionamento e provocando o colapso do mercado negro. Apesar de reconhecer as perdas financeiras que suas políticas provocaram, Erhard esperava que essa medida impulsionasse o crescimento econômico em diversas frentes. "Se antes de junho o dinheiro era abundante mas na prática não valia muito a pena ganhá-lo", observou um estudioso, "depois disso os produtos estavam aparecendo em quantidade muito maior, mas o dinheiro era escasso. Isso deu ao povo alemão um tremendo incentivo para trabalhar."[38] Erhard e seus apoiadores apostavam que o novo ambiente econômico empurraria a população para o trabalho e reduziria as altas taxas de absenteísmo que afetavam as empresas do país. Os reformistas também calculavam que, com reservas financeiras reduzidas, os empresários precisariam da nova e escassa moeda para se manter na ativa e seriam literalmente forçados a produzir e vender mais, tornando o mercado mais competitivo. Os meses seguintes revelariam que a reforma monetária e a introdução de medidas de livre mercado foram estímulos fundamentais para a reconstrução econômica dos setores ocidentais da Alemanha, mas o caminho para o crescimento ainda teria muitos obstáculos.

Depois da reforma monetária, a Volkswagen não demorou a apresentar sinais de melhora. A rotatividade e o absenteísmo da força de trabalho despencaram a partir do final de junho de 1948, já que os funcionários passaram a valorizar seu emprego como uma fonte de renda regular e significativa. A mão de obra estabilizada facilitou o planejamento da produção, assim como o fluxo mais constante de insumos que se fixou logo a seguir. Como consequência, a produtividade individual aumentou, elevando o número de unidades fabricadas. Em julho de 1948, 1,8 mil veículos deixaram a fábrica de Wolfsburg; em julho de 1949, esse número já havia ultrapassado a casa dos 3,8 mil. A curva de crescimento da produção refletiu o crescimento da demanda gerada por uma clientela que passou por uma grande mudança em 1948. Se em 1947 as autoridades das forças de ocupação ficaram com três quartos da produção da fábrica, um ano depois 60% dos automóveis produzidos em Wolfsburg foram destinados a consumidores alemães, a maior parte para uso comercial. As vendas preferenciais para o "setor produtivo", explicava um boletim informativo, tinham como objetivo amplificar os efeitos da recuperação econômica. O crescimento das vendas e da produtividade permitiu à direção da fábrica anunciar um aumento salarial de 15% para seus empregados em outubro de 1948, o que elevou a remuneração média da hora trabalhada para 1,34 marcos alemães, um valor significativamente mais alto que o recebido pela maioria dos operários alemães, com exceção daqueles que trabalhavam na extração de carvão. A incipiente imprensa da Alemanha Ocidental percebeu essas animadoras tendências e começou a se referir a Wolfsburg como um exemplo da inflexão econômica do território coberto pelo marco alemão.[39]

Mesmo com as vendas domésticas em expansão, Nordhoff jamais deixou de mirar o mercado externo e redobrou os esforços para desenvolver um modelo adequado à exportação. Para garantir a atratividade do veículo aos olhos dos consumidores estrangeiros, ele convidou revendedores de vários países para avaliar cinco versões do carro da Volkswagen com diferentes opções de design interno e externo. "Sabemos que nosso carro tem deficiências. Estamos fazendo de tudo para saná-las", explicou o diretor-geral antes de reforçar a importância da opinião dos lojistas. "Nós queremos, e precisamos, manter o mesmo projeto básico. Fizemos alterações na parte externa do veículo, e isso não é pouca coisa. Por favor, sejam críticos. Sejam exigentes. Suas opiniões terão um papel importantíssimo", ele assegurou aos vendedores. As configurações técnicas do carro eram boas, afirmou Nordhoff, mas o veículo ainda precisava de modificações estéticas significativas.[40]

Não existem registros disponíveis sobre a reação dos revendedores aos novos protótipos, mas uma nova "versão para exportação" do veículo foi lançada em junho de 1949. Embora tivesse sido projetado para proporcionar mais conforto que o projeto original de Porsche, o modelo ainda era equipado com transmissão não sincronizada e freios de acionamento mecânico. Por outro lado, a versão aprimorada do veículo contava com um isolamento acústico mais eficiente. Acima de tudo, os engenheiros da fábrica dedicaram sua atenção ao interior espartano do carro, embelezando o painel com um friso cromado, incorporando um quebra-sol e projetando assentos ajustáveis com revestimento de boa qualidade que seguiam as cores da lataria. Além disso, o veículo passou a contar com uma pintura mais resistente de resina sintética, uma tremenda evolução em termos de durabilidade da carroceria e de apelo visual. Os jornalistas presentes no lançamento podem ter considerado o novo e reluzente exterior do automóvel apenas uma alteração cosmética para fins comerciais, mas para Nordhoff era um aspecto crucial da constituição do veículo. Oferecido em "verde-claro", "marrom médio" e "bordô", o "sedã de exportação" recebeu uma "pintura absolutamente característica de tempos de paz", explicou o diretor-geral. Como se tratava de um veículo originalmente ligado ao nazismo, essa tentativa de vincular a pintura reluzente à época de paz foi algo muito menos inusitado do que poderia parecer à primeira vista. O automóvel de 1949, Nordhoff deixou implícito, era diferente do "carro do povo" encomendado pela ditadura nazista e também dos veículos verde-oliva produzidos para as autoridades de ocupação. Ao ressaltar as novas características estéticas do novo modelo para exportação, Nordhoff fez um esforço consciente para romper com o passado recente do carro e reposicioná-lo como mercadoria no contexto do pós-guerra.[41]

No entanto, a dissociação do automóvel feito em Wolfsburg de suas raízes nazistas exigiria muito mais do que uma nova pintura. Afinal de contas, muitas das características fundamentais – como os contornos da carroceria, o motor traseiro refrigerado a ar e a suspensão com barras de torção – sobreviveram à queda do Terceiro Reich e remontavam diretamente ao projeto que os nacional-socialistas propagandeavam como símbolo da *Volksgemeinschaft* apenas alguns anos antes. Além da ainda presente memória da ditadura, a própria situação política de Wolfsburg contribuía para prejudicar a imagem do automóvel perante a opinião pública. Em 1948 e 1949, a cidade apareceu no noticiário nacional não apenas por sua produção industrial, mas também em virtude dos nacionalistas de inclinação antidemocrática que compunham a principal força do conselho legislativo local. Em janeiro de 1949, um repórter de Berlim chegou ao ponto de alertar para a existência de um "neofascismo em Wolfsburg".[42]

Dois meses antes, um grupo dissidente atuando sob o nome de Partido da Justiça Alemão (Deutsche Rechtspartei, ou DRP) obteve 64% dos votos nas eleições locais, tomando dos social-democratas a maioria no conselho municipal. Composto majoritariamente de ex-membros do Partido Nazista, o DRP disputou as eleições de novembro de 1948 com uma plataforma profundamente revanchista que incluía a exigência da suspensão imediata da desnazificação e a restituição da soberania nacional com uma Alemanha reunificada e militarizada dentro dos limites das fronteiras estabelecidas antes da Segunda Guerra Mundial. Esse surto nacionalista no fim de 1948 poderia ter sido considerado um fato isolado, mas nas votações de maio e agosto de 1949 a extrema direita conseguiu 48% e 40% dos votos em Wolfsburg, respectivamente. Nessas ocasiões, houve eleitores que escreveram "Queremos Adolf Hitler" em suas cédulas. Apenas uma coalizão inédita entre democratas cristãos, social-democratas e até comunistas foi capaz de impedir que os nacionalistas ganhassem a prefeitura da cidade. Esse mesmo tipo de inclinação se manifestou nas eleições dos representantes dos operários da VW, nas quais um major da Luftwaffe e membro fundador de diversas organizações da direita radical recebeu a maior parte dos votos no início de 1950. Pichações com o símbolo da suástica apareciam de tempos em tempos nos muros da fábrica. Nenhuma outra cidade dos setores ocidentais apresentava níveis de apoio sequer similares às políticas de revanchismo que prosperavam em Wolfsburg.[43]

Em certo sentido, o DRP se valia de uma bem enraizada nostalgia da época do nazismo, além de uma frustração cada vez maior com o processo de desnazificação. Como revelaram pesquisas de opinião realizadas no setor britânico em maio de 1948, menos de 30% da opinião publica considerava o nacional-socialismo uma má ideia. A grande maioria via o nazismo como "uma boa ideia, mas malconduzida". Os que consideravam a desnazificação um sucesso também somavam menos de 30%. Esses números refletiam em parte a incoerência com que os comitês de desnazificação faziam seus julgamentos, mas também eram um sinal indicativo de que uma grande parcela da população alemã se recusava a lidar com a "questão da culpa" (*Schuldfrage*), conforme o termo cunhado pelo filósofo Karl Jaspers em 1946.[44]

A leniência cada vez maior dos aliados em relação aos criminosos de guerra só reforçava essa tendência. Em 1946, as autoridades britânicas não hesitaram em aplicar a pena capital ao médico responsável pela morte dos recém-nascidos em Rühen, mas apenas dois anos depois inocentaram Ernst Lütge, um líder proeminente do Partido Nazista que alegou ter agido em legítima defesa quando matou a tiros um trabalhador ucraniano durante um interrogatório na fábrica da Volkswagen em novembro de 1943. Lütge assentou sua defesa em diversos testemunhos pessoais, inclusive um longo depoimento de Ferdinand Porsche, que elogiou o dirigente partidário por sua conduta supostamente humanitária. Lütge, segundo Porsche, garantia alimentação adequada aos trabalhadores forçados e "sempre tratava os estrangeiros com correção e decência. [...] Eu me lembro dele como um indivíduo de conduta imaculada e humana".[45] O fato de o ucraniano ter se tornado alvo da atenção de Lütge por ter cozinhado uma batata sem permissão revela que a afirmação de Porsche de que havia comida suficiente para todos não passava de uma tentativa cínica e descarada de se eximir da própria culpa. Além disso, o dirigente nazista, revelou a acusação, já tinha sido condenado por um tribunal alemão em 1944 por espancar até a morte um trabalhador forçado que foi pego roubando uma fruta.[46]

Em um ambiente no qual a hipocrisia falava mais alto e assassinos condenados como Lütge eram absolvidos, Wolfsburg se revelou um terreno especialmente fértil para os extremistas de direita. Até certo ponto, a direita prosperou na cidade porque o DRP concentrava seus esforços quase exclusivamente em Wolfsburg. Além disso, observou um historiador, a cidade não tinha muitos "políticos de carreira que pudessem ter adquirido experiência na época da República de Weimar" para se opor de forma eficiente à direita radical. Wolfsburg abrigava uma enorme quantidade de gente que não parecia disposta a deixar para trás o passado recente do país. Como observou um jornalista, esse grupo, que engrossava as fileiras das campanhas eleitorais da extrema direita, era composto de "antigos funcionários públicos, oficiais e praças", além de gente que "teve de abandonar sua profissão por motivos políticos" depois de 1945. Entre esses últimos estavam os integrantes da SS e os dignatários nazistas, entre eles o prefeito e o tesoureiro de Wolfsburg na época da guerra, que perderam seus cargos, mas conseguiram manter seus empregos na fábrica. Na verdade, concluiu o jornalista, Wolfsburg servia como "um local de acolhida para pessoas ressentidas" que preservavam uma "mentalidade militarista" e opressora.[47]

Ao mesmo tempo, a plataforma do Partido da Justiça Alemão de restabelecer a unidade nacional e as fronteiras do pré-guerra exercia um tremendo apelo sobre os milhões de refugiados e expatriados de origem alemã que compunham cerca de metade da população de Wolfsburg – mais do que o dobro da média da região. Apesar de terem emprego na Volkswagen, sua vida não estava muito melhor no final de 1948. Os problemas de moradia persistiam, e a introdução do marco alemão um ano antes havia provocado uma disparada nos preços de uma série de artigos de primeira necessidade, fazendo com que a população saísse às ruas para protestar em diversas cidades. Por toda a Alemanha Ocidental, os refugiados e expatriados foram os que mais sofreram com a situação, pois não contavam com qualquer reserva financeira. Em Wolfsburg, com sua quantidade desproporcional de recém-chegados, o descontentamento com as condições de vida sempre precárias exerceu um papel fundamental no sucesso excepcional obtido pela direita.[48]

A notícia de que Wolfsburg havia se transformado em quartel-general da direita radical representava um grande perigo comercial para a fábrica da VW, pois ameaçava uma recontaminação do carro com suas origens ideológicas. Depois do triunfo do DPR, no fim de novembro de 1948, Nordhoff, que a princípio tinha preferido não conversar com seus trabalhadores a respeito do passado nazista do produto que fabricavam para não suscitar polêmicas entre os funcionários, abandonou sua postura reticente e proferiu um discurso acalorado diante de toda a empresa: "Se os preços estão altos, as mercadorias estão em falta e na maioria das vezes são de má qualidade", apontou o diretor-geral, "não é por culpa do governo [britânico-americano], e isso não pode ser mudado simplesmente filiando-se a uma organização ou [...] batendo tambor na rua, por mais tentador que isso possa parecer". Em vez de querer o mesmo "padrão de vida de 1938", ele continuou, os cidadãos de Wolfsburg deveriam entender as causas e a extensão do desastre que viviam:

> O passado e o presente estão separados por uma guerra que nós iniciamos e perdemos, pela morte de milhões de homens na flor da idade, pela perda de dezenas de milhares de fábricas e máquinas de grande valor, além de uma reserva inimaginável de matérias-primas; estão separados pela destruição de nossa moeda e de nossa poupança, pela devastação de nossas plantações e pela terrível divisão de nosso país em pedaços que ninguém sabe ainda como juntar.[49]

Além de defender a recente reforma monetária, Nordhoff recomendou explicitamente que seus compatriotas aceitassem o fardo da derrota e a parcela de culpa da Alemanha por sua própria situação. Nordhoff rejeitava a ideia de que o nacional-socialismo havia sido "uma boa ideia, mas mal-executada". Ele marcou sua posição contrária à crescente cultura de vitimização que retratava os alemães como vítimas passivas dos bombardeios dos Aliados e da expulsão do território que ocupavam, e não como cidadãos que apoiaram ativamente o regime nazista. Nordhoff não negava a situação de penúria dos alemães, mas em sua opinião era preciso que cada um assumisse a responsabilidade que lhe cabia pelas dificuldades enfrentadas. Apesar da dureza de suas palavras, Nordhoff se absteve de cruzar certos limites. Por exemplo, ele não fez menção ao genocídio dos judeus ou aos outros crimes cometidos em nome da Alemanha, preferindo manter distância da "questão da culpa". Mas, em um clima cada vez mais marcado pela vitimização, seus apelos para que os alemães aceitassem as consequências materiais da guerra era algo excepcional, ao contrário de seu silêncio a respeito do sofrimento de judeus e estrangeiros, que por sua vez era generalizado.[50]

Acima de tudo, o diretor-geral da Volkswagen exortou seus empregados a agir de acordo com a seguinte máxima: "Não devemos exigir nada, e sim fazer em silêncio a única coisa capaz de nos tirar da miséria, que é trabalhar". Ele voltaria a esse assunto várias vezes ao longo de 1948, cobrando de seus funcionários que "realizassem" (*leisten*). Depois de afirmar em junho daquele ano que a reforma monetária iria "revelar quem é capaz de realizar algo", ele retomou a ideia alguns meses depois para lembrar que "um único pensamento nos move: trabalho e realização". Ao reiterar a necessidade de "realizar" apesar das situações adversas, Nordhoff evocou um recurso retórico profundamente familiar para a maior parte dos trabalhadores, pois inúmeros oradores nazistas tinham se valido dessa mesma ideia durante a guerra. Em maio de 1942, por exemplo, Hitler declarou que a guerra era "uma batalha pela realização das empreitadas da Alemanha" e que culminaria com a "vitória final". Nem mesmo palestrantes bem-intencionados como Nordhoff eram capazes de deixar para trás o passado recente e seu linguajar politicamente contaminado.[51]

Em virtude da lembrança ainda viva do Terceiro Reich na Alemanha durante a segunda metade dos anos 1940, o carro da Volkswagen ainda não seria capaz de se desvincular de seu passado nazista e estabelecer uma nova imagem perante a opinião pública. Quando Nordhoff apresentou a primeira versão "para exportação" do veículo, em junho de 1949, fez questão de relacionar o carro à era de paz do pós-guerra, mas seus esforços foram em vão. Em primeiro lugar, porque o caráter fragmentado da mídia na Alemanha Ocidental da época dificultava a circulação mais ampla de reportagens atribuindo novas interpretações a respeito do automóvel produzido em Wolfsburg. Acima de tudo, porém, era a situação política e social da Alemanha que impedia a formação de uma imagem alternativa para o veículo da Volkswagen. Qualquer tentativa de associar o carro aos tempos de paz seria inútil enquanto Wolfsburg continuasse a frequentar as manchetes por causa do ressurgimento da extrema direita, que se beneficiava da atuação dos radicais locais e da existência de um grande contingente de refugiados de guerra.

Como resultado, o antigo Carro da KdF começou sua trajetória no pós-guerra em um limbo cultural entre o malfadado Terceiro Reich e a incipiente República Federal da Alemanha.

A longa discussão sobre quem seria o proprietário da gigantesca fábrica depois da queda do Terceiro Reich era um bom exemplo do clima de incerteza que cercava o destino do carro. Quando as autoridades britânicas suspenderam uma série de sanções econômicas em 1949, após a fundação da Alemanha Ocidental, ninguém sabia quem seria o responsável legal pela empresa. Depois de meses de conversas, as autoridades de ocupação britânicas e o governo federal sediado em Bonn assinaram um acordo nem um pouco bem amarrado que punha as instalações sob a supervisão conjunta da República Federal e do estado da Baixa Saxônia. Os próprios signatários do documento reconheciam que essa constituição legal, que submetia uma companhia que atuava em um ambiente de economia de mercado a uma dupla intervenção estatal, era uma situação indesejável, e concordaram a respeito da necessidade de uma lei federal para resolver a questão. Foi portanto com um registro de propriedade provisório que a empresa – que cada vez mais gente vinha chamando de "Volkswagen" – expandiu sua produção quando do surgimento da Alemanha Ocidental.

Apesar da insegurança que rondava o futuro do carro e sua montadora em 1949, o período de ocupação estabeleceu fundamentos importantes para o sucesso subsequente da empreitada. A decisão pragmática dos britânicos de aliviar a escassez de veículos em seu setor colocando em produção o protótipo de Ferdinand Porsche se revelou uma medida crucial para o futuro da Volkswagen, pois removeu a fábrica da lista de ativos que seriam usados para o pagamento de reparações de guerra. Entre o segundo semestre de 1945 e o final de 1947, em meio a condições dificílimas, Ivan Hirst deu início à fabricação em série do veículo civil, iniciou a consolidação de uma rede nacional de revendedores, recrutou uma mão de obra considerável e promoveu melhorias no projeto rudimentar do automóvel. Foi Hirst que preparou o terreno para as iniciativas de Heinrich Nordhoff visando a entrada da Volkswagen no mercado consumidor a partir de 1948. Além de implementar medidas que elevaram a produtividade, o ex-diretor da Opel colocou o desenvolvimento de um veículo adequado para o mercado internacional como uma de suas prioridades. Dirigindo a fábrica em um período complicado de reformas econômicas, o novo executivo-chefe comandou a expansão de uma produção que já se mostrava promissora.

O período de ocupação assinalou também uma mudança na hierarquia das montadoras alemãs. Enquanto as operações em Wolfsburg foram retomadas já no final de 1945, a Opel, a Ford e a Mercedes-Benz só voltariam à ativa no segundo semestre de 1947. Essas empresas tiveram suas instalações muito mais afetadas pela guerra que a Volkswagen, que por isso obteve um tratamento privilegiado por parte dos Aliados. Essa retomada precoce das atividades se converteu em uma vantagem comercial para a montadora de Wolfsburg. No início de 1949, a Volkswagen consolidou sua liderança com larga margem sobre as concorrentes, fabricando 19.127 veículos no ano anterior, enquanto a Opel, a empresa líder do mercado antes da guerra, produziu apenas 5.762 carros.[52] Ainda era cedo demais para dizer se esses números significariam uma transformação permanente no panorama da indústria automobilística da Alemanha Ocidental, mas era inegável que havia uma nova força atuando no mercado. Com suas instalações amplas e já quitadas, construídas segundo os parâmetros de produção fordistas, e o automóvel testado e aprovado projetado por Porsche, a Volkswagen largou muito à frente das demais ao iniciar suas operações comerciais no fim dos anos 1940. Ao longo da década seguinte, o carro sairia da sombra do Terceiro Reich e se estabeleceria como símbolo nacional indiscutível da recém-fundada República Federal da Alemanha. No entanto, a força econômica da Volkswagen e a relevância cultural de seu carro se devem em boa parte ao que aconteceu em Wolfsburg imediatamente após a guerra, quando os britânicos deram início ao processo que transformou um projeto de inspiração nazista – que chegou a ser convertido para uso militar durante o conflito – na maior fábrica de automóveis da Europa.

4

Um ícone dos primórdios da República Federal da Alemanha

"No sábado passado, os repórteres dos cinejornais e os jornalistas televisivos capturaram com suas lentes uma superprodução em comemoração ao milagre econômico." Assim começava o detalhado artigo da revista semanal *Der Spiegel* sobre as extravagantes festividades que a Volkswagen organizou em agosto de 1955 para celebrar a fabricação de seu milionésimo carro em Wolfsburg. Depois de uma cerimônia religiosa pela manhã, 100 mil pessoas se reuniram em uma arena temporária construída para a ocasião para assistir a um show de "atrações internacionais" que deixou o repórter incrédulo: "Senhoritas em trajes sumários do mundialmente famoso Moulin Rouge exibiram suas pernas, coros de negros sul-africanos entoaram canções folclóricas, 32 dançarinas escocesas se apresentaram acompanhadas por gaitas de fole, porta-bandeiras suíços se apresentaram com seus estandartes". Depois de três horas de muita música e dança, o diretor-geral Heinrich Nordhoff, que havia acabado de receber uma prestigiosa condecoração do governo nacional, subiu ao palco ao som de doze bandas marciais tocando Johann Strauss e agradeceu aos funcionários pela dedicação em um rápido discurso finalizado por um de seus tradicionais apelos

O milionésimo Volkswagen, cuja lataria recebeu uma pintura dourada, cercado por uma multidão de trabalhadores. A empresa organizou um fim de semana inteiro de suntuosas celebrações em homenagem ao símbolo do "milagre econômico".

motivacionais: "Rumo ao segundo milhão!". Depois de sua fala, Nordhoff assumiu o papel de mestre de cerimônias, realizando um sorteio que distribuiu 51 Volkswagens para os trabalhadores da empresa. A diversão continuou em um parque de diversões com carrosséis, uma montanha-russa e pistas de bate-bate, e também nos jogos de futebol realizados durante todo o fim de semana. "Foi um verdadeiro festival e durou três dias seguidos", concluiu o jornalista.[1]

Todos os presentes, inclusive os duzentos membros da imprensa que aceitaram o convite da VW para comparecer à celebração, sabiam que a capacidade da empresa de organizar um evento tão grandioso apenas dez anos depois do colapso alemão na guerra se devia unicamente à demanda incessante por seu principal produto. Em Wolfsburg, o carro era a estrela, e a VW ressaltou esse fato pintando sua milionésima unidade em um tom de dourado e cravejando o para-choque dianteiro de brilhantes. Além de reacender o orgulho nacional, o veículo se transformou em uma verdadeira galinha dos ovos de ouro para a Alemanha Ocidental ao longo da década de 1950. Em vez de um objeto neutro e funcional, o Volkswagen se transformou em um símbolo inquestionável da rápida recuperação alemã, que logo seria batizada como o "milagre econômico". No fim dos anos 1950, *Der Spiegel* rotulou o carro como "o filho dileto do milagre alemão". A VW tinha como política oficial incentivar as menções elogiosas a seu produto. Em todos os eventos de que a empresa participava – fosse uma coletiva de imprensa, o lançamento de uma versão modificada de seu campeão de vendas ou a inauguração de um estande em uma exposição automotiva –, Nordhoff fazia questão de proporcionar instalações luxuosas, uma estrutura de recepção impecável e o pagamento de generosos reembolsos de despesas para centenas, e às vezes até milhares, de jornalistas e convidados. Além de adular a imprensa, a companhia produzia inúmeros folhetos e panfletos sobre seu carro e, em 1954, chegou a financiar um documentário em cores distribuído por todo o país intitulado *Com nossas próprias forças*, que saudava a ascensão meteórica da Volkswagen. Para os motoristas, o departamento de relações públicas da VW ainda oferecia a *Gute Fahrt* (Boa viagem), uma revista mensal com uma tiragem que alcançava a marca das centenas de milhares de exemplares em meados dos anos 1950.[2]

Mas a consagração do Volkswagen como ícone na Alemanha Ocidental não se explica apenas pelas iniciativas promocionais de seu fabricante. Até mesmo a estratégia de relações públicas mais dispendiosa seria um fracasso caso não conseguisse estabelecer um diálogo efetivo com seu público alvo. Aos olhos de muitos cidadãos dos primórdios da República Federal da Alemanha, o Volkswagen era uma representação de valores fundamentais para a afirmação do país que estavam construindo. Apesar de suas origens que remontavam ao Terceiro Reich, o legado de caráter ambíguo do veículo dificultou muito menos sua ascensão ao status de ícone do que seria de se esperar. O apelo do carro derivava em parte da oportunidade que oferecia para recontar a altamente comprometida história recente da Alemanha em termos mais favoráveis, que incluíam interpretações extremamente seletivas dos anos anteriores, privilegiando alguns temas e deixando de lado aqueles que colocassem os alemães do pós-guerra em uma posição moralmente questionável. Em vez de uma "supressão" pura e simples, foi um modo bastante peculiar de abordar o passado que ajudou o Volkswagen a passar por uma "recauchutagem histórica" a partir de 1945.[3]

Muito do poder simbólico do veículo como uma representação da coletividade alemã se devia a sua presença altamente disseminada. Com vendas anuais que chegavam à casa das centenas de milhares em meados dos anos 1950, o papel central do Volkswagen na motorização em massa da República Federal fez com que o carrinho se tornasse quase onipresente no território da Alemanha Ocidental. A proliferação do veículo conferiu um significado mais profundo à palavra "Volkswagen". A princípio um termo um tanto vago para se referir a um automóvel acessível à população em geral – uma ideia que os nazistas propagandearam vigorosamente –, "Volkswagen" logo se tornou uma marca conhecidíssima, que servia tanto para a montadora líder do mercado alemão quanto para seu principal produto.

Com sua intensa participação na esfera pública e sua presença bem enraizada na esfera privada, o Volkswagen era um dos poucos símbolos incontestes da Alemanha Ocidental. Com um passado recente de barbárie e a divisão de seu território em virtude da Guerra Fria, tornava-se quase impossível instaurar fundações sólidas para o estabelecimento de uma identidade nacional. Em termos políticos, a afirmação coletiva era dificultada pelo fato de o nacionalismo ainda ser profundamente associado à ditadura nazista. Além disso, por causa da divisão da Alemanha em dois países distintos, pouquíssima gente na época considerava a República Federal uma "nação de verdade". Consequentemente, as novas instituições democráticas nacionais não despertavam muito entusiasmo. Bonn, a capital da Alemanha Ocidental, era ironicamente chamada de "vila federal", já que se tratava de uma cidade pequena, de aproximadamente 100 mil habitantes. Até mesmo a escolha do novo hino nacional, em 1952, foi motivo de disputas ferrenhas entre os membros da elite política do país.[4]

No entanto, a carência de símbolos nacionais e os debates acalorados em seu entorno não significavam que a população não tivesse o desejo de reafirmar seus ícones coletivos. Quando a seleção da Alemanha Ocidental surpreendeu o país ao voltar da Copa do Mundo da Suíça em 1954 como campeã, os jogadores foram recebidos com grande festa, pois sua vitória significou uma "experiência coletiva de sucesso que ganhou um poder simbólico de proporções quase míticas". Embora a comemoração do título, durante a qual os integrantes do time desfilaram por Munique em Volkswagens conversíveis, tenha revelado um intenso desejo por referências coletivas por parte da população da Alemanha Ocidental, o chamado "milagre de Berna" não deixava de ser um episódio isolado e de caráter absolutamente excepcional. Nesse sentido, o triunfo nos campos de futebol diferia significativamente do sucesso do Volkswagen, que só ganhou status de ícone alemão em virtude de sua presença constante e destacada na vida cotidiana.[5]

À medida que o Volkswagen se consolidava como um sucesso comercial sem precedentes, a atenção da opinião pública ia se voltando também para a linha de produção à qual o veículo devia sua existência. Ao longo dos anos 1950 e 1960, a fábrica da VW e a cidade que se construiu ao seu redor atraíram dezenas de jornalistas e observadores em geral, já que o progresso de Wolfsburg era um exemplo significativo do processo de reconstrução que vinha transformando a República Federal da Alemanha, um país outrora em ruínas, em uma rica sociedade industrial em situação de pleno emprego. Apesar de ser uma cidade apenas de porte médio, e geograficamente afastada, a poucos quilômetros dos limites da Cortina de Ferro, Wolfsburg assumiu um lugar de destaque no imaginário alemão e ajudou a moldar noções fundamentais a respeito da natureza da recuperação da Alemanha Ocidental no pós-guerra. Fundada com pompa e circunstância no Terceiro Reich, a cidade não cumpriu as promessas iniciais do regime, mas sua trajetória econômica depois da guerra era uma demonstração de que a Alemanha Ocidental havia conseguido superar seu passado recente, direcionando o olhar da opinião pública para um setor que historicamente nunca ocupou um lugar muito importante na economia alemã. À medida que a Volkswagen ia se consolidando como líder absoluta do mercado, artigos e livros sobre a importância da fábrica para os habitantes de

Wolfsburg adicionavam ainda mais elementos ao status de ícone do carro na Alemanha Ocidental, vinculando-o profundamente à história de sucesso da recuperação industrial do país.

A transformação da Volkswagen de uma iniciativa economicamente inviável em uma grande empresa de sucesso se explica em grande parte pelo boom econômico que garantiu a consolidação política e social da República Federal da Alemanha na década de 1950. Depois da eclosão da Guerra da Coreia, em 1950, a economia da Alemanha Ocidental cresceu a taxas de 8% anuais pelos dez anos seguintes e conseguiu manter uma média de 6,5% de expansão ao longo de toda a década de 1960. Muito mais que as siderúrgicas e as minas de carvão, foi a rápida expansão da indústria de insumos químicos e equipamentos elétricos, as fábricas de máquinas e as montadoras de automóveis que impulsionaram o renascimento econômico do país, uma tendência que sinalizava um afastamento gradual e constante da base industrial da Alemanha dos setores dominantes na região do Ruhr. Nessa mesma época, a República Federal começou a ampliar sua presença na economia global. Entre 1950 e 1960, a participação do país no total de exportações mundiais subiu de 3% para 10%. Responsável por quase um quinto do PIB da Alemanha Ocidental em 1960, o sucesso no mercado internacional – combinado com a reconstrução da economia local – estabeleceu condições fundamentais para uma melhoria considerável nos padrões de vida da população. A construção de 5 milhões de novas moradias em todo o país, mais de metade delas compostas de casas populares, ajudou a aliviar o déficit habitacional do pós-guerra; e a queda do desemprego de 13,5% em 1950 para apenas 1% no fim da década foi acompanhada de aumentos salariais significativos em tempos de inflação baixa. Como consequência, a renda média dos trabalhadores dobrou nos anos 1950. A maior parte dessas tendências se manteve até a crise do petróleo do início da década de 1970, o que fez dos anos do pós-guerra até a crise do petróleo o maior e mais forte período de expansão econômica da história da Alemanha.[6]

Estudiosos da história econômica ofereceram diversas explicações para esse caso único de recuperação acelerada. Uma escola de pensamento em particular enfatiza que a economia da Alemanha

Ocidental dos anos 1950 se valeu de um potencial produtivo represado pela turbulência política dos anos entreguerras e mais tarde pela orientação beligerante do regime nazista. Nos anos imediatamente posteriores à guerra, houve uma fase de reconstrução de uma economia que já estava entre as mais desenvolvidas do mundo antes do início do boom. Já uma outra linha de interpretação chama atenção para os efeitos positivos da implantação da ideia de Ludwig Erhard de uma "economia social de mercado" durante seu mandato como ministro da Economia. De acordo com Erhard, o papel do Estado era estabelecer uma ordem econômica marcada pelo dinamismo, que garantisse a concorrência efetiva e a livre iniciativa, incentivasse o empreendedorismo com responsabilidade social, ampliasse o patrimônio privado da população em geral e oferecesse uma rede de proteção social aos mais necessitados. Embora tenha sido posta em prática apenas em parte, a "economia social de mercado" conseguiu limitar o intervencionismo estatal e romper com a inclinação de longa data das grandes empresas de evitar a concorrência por meio do estabelecimento de trustes e cartéis. Erhard visualizava uma política econômica que trouxesse "prosperidade por meio da concorrência", como pregava o best-seller de sua autoria. Por outro lado, o boom econômico da Alemanha Ocidental seria inconcebível sem a reconstrução em larga escala da economia mundial comandada pelos americanos depois da Segunda Guerra Mundial. O sistema de câmbio fixo definido na conferência de Breton Woods e a liberalização do comércio internacional liderada pelos Estados Unidos por meio do Acordo Geral de Tarifas e Comércio proporcionaram um contexto fundamental para que as empresas alemãs voltassem a atuar em escala global. O apoio americano às iniciativas europeias para a cooperação econômica e política supranacional teve efeitos semelhantes, pois levou à fundação da Comunidade Econômica Europeia em 1957, que serviu para abrir ainda mais os mercados do continente às companhias alemãs. Portanto, foi uma combinação do potencial de crescimento da República Federal, de um novo contexto internacional e das políticas econômicas adotadas pelo país que possibilitou a expansão econômica da Alemanha Ocidental nas décadas de 1950 e 1960.[7]

Em poucos lugares o boom se manifestou com tanta força como em Wolfsburg. Durante os anos 1950, a Volkswagen consolidou a liderança conquistada no período de ocupação e se estabeleceu com ampla folga como a principal montadora da Alemanha Ocidental. Impulsionada pela demanda local e internacional, a fábrica expandiu sua produção de 46.154 unidades em 1949 para quase 960 mil em 1961, e sua força de trabalho aumentou de 10.227 para 69.446 empregados nesse mesmo período. No mercado doméstico de veículos de passeio, a participação da Volkswagen subiu de 34% para 40% entre 1951 e 1961, deixando para trás a Opel, a segunda maior montadora da República Federal da Alemanha, por uma margem de no mínimo 15%. A cidade de Wolfsburg também cresceu de forma significativa: seu número de habitantes mais que dobrou, passando de aproximadamente 30 mil para 63 mil entre 1952 e 1960. A partir do final do período de ocupação, quando a paisagem local ainda era dominada pelos barracões de madeira, Wolfsburg deu início a um grande programa de construção que aliviou o déficit habitacional e aprimorou a infraestrutura urbana local. Se em 1950 a média de ocupantes por imóvel era de 6,9 pessoas, dez anos depois esse número já estava em 3,6. Assim como os americanos costumavam se referir a Detroit como a "Cidade dos Motores", os alemães ocidentais passaram a chamar Wolfsburg de "Cidade da Volkswagen".[8]

Se no final dos anos 1940 Wolfsburg era destaque na imprensa em virtude do apelo que a direita radical exercia sobre o eleitorado local, nas duas décadas seguintes tanto a cidade quanto a fábrica passaram a ser retratadas pelos jornalistas como vitrines do dinamismo econômico do país. Um visitante que voltou ao município depois de uma ausência de menos de dez anos mal conseguia se localizar no início de 1958. "Se você conheceu Wolfsburg ontem, não irá reconhecê-la hoje, e caso se proponha [...] a observá-la no presente, esteja preparado para começar tudo de novo se voltar amanhã: você irá se deparar com um lugar ainda mais diferente." A rápida transformação da cidade era um reflexo do crescimento da VW, uma empresa que, conforme escreveu um repórter de Hanover, havia se transformado em "um motor excepcionalmente robusto e potente da [...] economia da Alemanha Ocidental". Quando um jornalista liberal afirmou em 1953 que o "milagre alemão" era acima de tudo "um milagre industrial, ou, para ser mais preciso, um milagre produtivo", ele usou como principal exemplo a VW, uma companhia que não apenas tinha adquirido "estatura europeia" como em poucos anos alcançou uma relevância significativa "mesmo quando medida em escala global". Esse tipo de reportagem era um reconhecimento da importância que o setor automobilístico havia ganhado no contexto da economia alemã. Se antes de 1945 as montadoras eram vistas como atores econômicos de menor importância, as matérias sobre a Wolfsburg do pós-guerra atribuíam à Volkswagen um papel de protagonista no contexto da economia do país. Com a VW assumindo cada vez mais a função de motor da sociedade industrial da Alemanha Ocidental, a República Federal passou a ver a si mesma como um país de fabricantes de automóveis, um processo reforçado pela franca expansão da Opel em Rüsselsheim, da Ford em Colônia e da Mercedes-Benz em Stuttgart.[9]

O motivo para a curiosidade gerada em torno da VW era seu desempenho excepcional mesmo para um país que vivia um boom econômico. Os analistas que buscavam explicações para o poderio da empresa em sua maioria começavam examinando a figura de Heinrich Nordhoff, que, apesar de ter assumido um negócio já devidamente saneado no final da década de 1940, foi o responsável por elaborar estratégias fundamentais para o crescimento da Volkswagen. Quando chegou a Wolfsburg, Nordhoff estabeleceu uma estrutura corporativa altamente centralizada, que lhe conferia "poderes bastante abrangentes". O diretor-geral consolidou seu domínio promovendo uma série de trabalhadores com capacidade comprovada de organização e coordenação – tanto na linha de produção quanto no setor administrativo – a funções gerenciais nas quais exerciam o papel de leais escudeiros do executivo-chefe. Em virtude do crescimento acelerado da VW ao longo das décadas de 1950 e 1960, Nordhoff ganhou uma reputação de milagreiro econômico superada apenas pela do próprio Ludwig Erhard, cujas políticas governamentais o executivo referendava publicamente com entusiasmo. Além da capacidade administrativa, o talento considerável para ações (auto) promocionais contribuiu em grande parte para a fama adquirida por

Nordhoff. Quando se posicionava sob os holofotes, Nordhoff exibia uma personalidade carismática, conquistando a atenção e a simpatia das multidões com facilidade enquanto "celebrava" os números de vendas e de produção da VW. Alguns analistas alemães consideravam a persona pública de Nordhoff uma característica estranha ao caráter nacional, descrevendo-o, apesar de seus protestos, mais como um "executivo americano" do que como um típico empresário germânico. Havia também quem considerasse seu comportamento pretensioso e "arrogante". Apesar de tudo, a maioria dos alemães via o "rei Nordhoff", como a imprensa o chamava, como o senhor de um império de produção invejável, regido por normas diferenciadas e com uma peculiaríssima "alma corporativa".[10]

Entre os valores empresariais da VW, a produtividade ocupava o lugar de maior destaque. Em vez de simplesmente elevar a produção contratando mais gente, Nordhoff explicou em um discurso para os funcionários em 1956 que o objetivo da companhia era a "criação de um ambiente em que as máquinas mais modernas e eficientes" pudessem ser instaladas. Embora tenha subestimado repetidas vezes a demanda futura da fábrica, Nordhoff promoveu medidas que permitiram à empresa triplicar a produtividade individual ao longo da década de 1950. A princípio, a empresa conseguiu fabricar mais carros aproveitando melhor a capacidade produtiva existente, mas a partir de 1955 a expansão passou a exigir novos métodos. Como parte da preparação para uma nova rodada de investimentos, Nordhoff enviou um grupo de executivos para uma visita a uma exposição do setor de maquinário industrial realizada em Chicago em 1954 e os instruiu a voltar com uma "ideia de como a nossa fábrica deve ser daqui a dez anos".[11] A nova tecnologia que mais chamou a atenção dos alemães em Illinois foi a das máquinas automatizadas, que não exigiam o carregamento e a retirada manual das peças fabricadas. Quando combinadas com os equipamentos que transportavam mecanicamente os componentes entre as diferentes estações de trabalho, essas máquinas ofereciam uma possibilidade significativa de redução de mão de obra ou de incremento de produtividade sem a necessidade de contratar mais trabalhadores. Valendo-se de sistemas eletrônicos de controle, a automação representava uma versão aprimorada da produção em massa nos moldes fordistas, preservando a divisão de trabalho altamente especializada e padronizada e as rotinas de produção uniformes, executando serviços mais precisos e reduzindo a necessidade de operários no chão da fábrica. A General Motors e a Ford foram as montadoras americanas que se valeram de forma mais abrangente da automação na década de 1950, em um processo que levou diversas fábricas menores a saírem do mercado por não poderem custear um investimento tão vultoso. Nordhoff reconheceu imediatamente o potencial da automação e autorizou sua adoção de forma gradual. No final da década de 1950, a fábrica de Wolfsburg já tinha implementado a automação total ou parcial nos setores de pintura, tratamento térmico e fabricação de carrocerias. Menos de dez anos depois de Nordhoff ter dado início a esse processo, em meados dos anos 1960, os níveis de produtividade alcançaram resultados similares aos obtidos em Detroit. Em termos de métodos de manufatura, a empresa seguia de perto os padrões americanos.[12]

O diretor-geral Heinrich Nordhoff posa como executivo autoconfiante diante dos milhares de funcionários reunidos diante da fábrica em Wolfsburg. Seu apreço por ações (auto)promocionais lhe valeu o apelido de "rei de Wolfsburg" nos anos 1950.

O aumento na produtividade, afirmava o diretor, não significava necessariamente condições de trabalho mais difíceis. "As pessoas gostam de trabalhar nas nossas fábricas modernas e bem-iluminadas", declarou Nordhoff em mais de uma ocasião. Muitos trabalhadores, porém, iriam contestar esse relato adocicado de seu dia a dia, principalmente os que não moravam na cidade, que constituíam cerca de metade da força de trabalho da Volkswagen na década de 1950. Um expatriado que entrou na linha de produção da fábrica em 1953 relembrou sua rotina diária sem um pingo de saudade. Depois de pedalar noite adentro até a estação para pegar o trem para Wolfsburg às dez para as quatro da manhã, ele precisava cumprir um expediente de oito horas para se garantir no emprego apesar de ser alérgico a fumaça e óleo de motor. Dois colegas que começaram na mesma época logo pediram demissão, mas ele insistiu "porque era casado e precisava do dinheiro". No início dos anos 1950 em particular, a direção com frequência precisava lidar com trabalhadores que "eram fisicamente incapazes [...] de executar a carga de trabalho" em virtude de problemas crônicos de saúde "por causa da guerra", explicou um outro funcionário em uma entrevista. Os setores mais exigentes em termos de força física eram os de estamparia e o de fabricação de carrocerias, onde os operários que precisavam levantar peças grandes e pesadas "resmungavam" frequentemente e faziam "ameaças de suspender o trabalho, [que] se tornaram realidade". As áreas nas quais as rotinas desgastantes provocavam os maiores problemas de indisciplina foram as primeiras em que a automação foi implementada. Porém, mesmo com a adoção de uma nova tecnologia que reduzia o esforço físico despendido, o baixo nível de satisfação dos empregados persistia. Um repórter que visitou a fábrica em 1956 conversou com operários que descreveram suas ocupações "monótonas" com um "cansaço resignado". Depois de oito horas lixando para-lamas, a pessoa fica "de saco cheio", decretou um operário semiqualificado. "A mesma coisa todos os dias! Aquilo me irritava! Isso não é emprego que se preze", disse uma funcionária aposentada ao relembrar seus tempos de VW. Assim como acontecia na fábrica da Ford em Highland Park décadas antes, o cansaço e o tédio eram os sentimentos predominantes na linha de montagem de Wolfsburg nos anos 1950.[13]

Em virtude das exigências físicas de muitos dos postos de trabalho oferecidos pela VW e da localização de Wolfsburg em uma região afastada, a poucos quilômetros da fronteira com a Alemanha Oriental, atrair e manter um fluxo constante de mão de obra se tornou uma grande preocupação para a direção da fábrica. A partir de meados dos anos 1950, o mercado de trabalho na Alemanha Ocidental começou a enfrentar uma escassez cada vez mais aguda de mão de obra, em especial de profissionais especializados, o que deixava a montadora em uma posição vulnerável. Com o programa de racionalização implementado por Nordhoff em meados da década, a proporção de operários qualificados subiu de 32% em 1953 para 37% em 1961, e o número de operários semiqualificados também aumentou. A preocupação com a manutenção da qualidade e o receio de deixar equipamentos caríssimos nas mãos de pessoal sem treinamento levaram ao estabelecimento de uma força de trabalho cada vez mais capacitada, uma tendência bem diferente da política adotada por Henry Ford em Highland Park. Ao contrário da Ford, que usou a mecanização para diminuir a parcela de trabalhadores especializados de 60% para abaixo dos 30% na década de 1910, as práticas administrativas adotadas por Nordhoff ao longo dos anos 1950 atraíram uma mão de obra com perfil qualificado e mantiveram a rotatividade em níveis reduzidos – uma condição fundamental para a eficiência nas operações cotidianas.[14]

O fato de o "flagelo da linha de montagem", como um jornalista descreveu o trabalho na fábrica em 1953, não ter suscitado grandes debates na opinião pública nem deserções em massa em Wolfsburg, apesar das constantes queixas dos operários, se devia à cultura de liderança existente na Volkswagen – ou pelo menos era o que Nordhoff afirmava. O diretor-geral implementou uma nova abordagem nas relações trabalhistas, descrita em detalhes em um discurso na Câmara Sueca de Comércio em 1953. Sem qualquer constrangimento, Nordhoff afirmou a necessidade de uma liderança com pulso firme no mundo dos negócios, já que os empresários competentes estavam entre "as personalidades elevadas que promovem o progresso e alteram o estado das coisas". Diante da destruição provocada pela guerra, a livre-iniciativa concedida aos líderes gerenciais, ele acrescentou, era ainda mais importante em "um país como a Alemanha, que ainda sente os desdobramentos dessa terrível catástrofe" e portanto tinha uma economia a que ainda faltava o devido "vigor". Em termos de estratégia empresarial, Nordhoff não admitia qualquer interferência. Na VW, ele encontrou o ambiente ideal para pôr em prática sua visão patriarcal de liderança corporativa, já que o movimento sindical local não oferecia muita resistência. Como a fábrica da Wolfsburg datava da época do nazismo, os sindicalistas de Wolfsburg não tinham acesso às redes organizacionais existentes no período da República de Weimar, um elemento do qual os representantes dos operários de outras partes da Alemanha Ocidental se valeram em grande medida para fortalecer sua posição. Além disso, a própria composição da força de trabalho da VW – com sua quantidade desproporcional de expatriados, muitos dos quais nem ao menos trabalhavam na indústria antes de 1945 – significava um obstáculo à sindicalização dos trabalhadores.[15]

Segundo Nordhoff, uma chefia que sabia exercer sua autoridade não significava necessariamente mais tensão nas relações trabalhistas. "Sei por experiência própria", Nordhoff relatou ao público sueco, "que o operário não é resistente à liderança, mas quer instruções claras e que façam sentido. [...] Ele também quer ser comandado por executivos cuja superioridade [...] seja indiscutível." Para conquistar a confiança dos trabalhadores que estavam na base da pirâmide hierárquica corporativa, o diretor-geral recomendava uma política de comunicação bastante ativa, ressaltando sua prática de organizar reuniões bimestrais com toda a fábrica, nas quais informava aos empregados sobre o andamento dos assuntos da empresa. Além de reforçar a necessidade da transparência na comunicação, Nordhoff revelou sua convicção de que "os sindicatos podem ser parceiros positivos e desejáveis no diálogo social", principalmente se os representantes dos trabalhadores deixassem de lado as "políticas partidárias" nas negociações contratuais. O executivo afirmou que seu objetivo era trabalhar pela "paz e a reconciliação social de uma forma diametralmente oposta à ideia infrutífera e completamente ultrapassada de antagonismo de classe".[16]

Havia uma série de motivos por trás dos apelos de Nordhoff por relações trabalhistas de caráter colaborativo. Como trabalhara na Opel, uma subsidiária da General Motors, ele estava particularmente bem informado a respeito dos acordos costurados entre Alfred Sloan, executivo-chefe da GM, e Walter P. Reuther, líder do sindicato United Auto Workers, que reduziram as tensões ideológicas entre patrões e empregados e garantiram melhorias significativas aos operários em termos de salários e benefícios nos anos imediatamente posteriores ao fim da guerra. E Nordhoff não era o único industrial da Alemanha Ocidental que via com bons olhos os exemplos de reconciliação social vindos do outro lado do oceano. Otto A. Friedrich, que comandava a fabricante de pneus Continental, com sede em Hanover, e mantinha relações cordiais com o diretor da VW, também usou o modelo americano para reorganizar as relações trabalhistas dentro de sua empresa. Se os círculos empresariais da época da República de Weimar veneravam os modelos de produção em massa e a repulsa ao sindicalismo de Henry Ford, os conceitos americanos que reforçavam a necessidade de relações trabalhistas colaborativas se mostraram muito mais atraentes aos novos dirigentes da Alemanha Ocidental.[17]

O passado recente da Alemanha, alertou o diretor-geral, também deixava clara a necessidade de construir pontes para superar as divisões no ambiente de trabalho. "Principalmente depois do terrível trauma da última guerra [...] não podemos mais tolerar uma escalada de tensões internas se quisermos sobreviver como povo e como homens livres", reforçou ele. As relações trabalhistas, seu discurso deixava implícito, eram de suma importância existencial e coletiva. Nordhoff também fez questão de destacar que suas ideias eram bem diferentes da noção de harmonia social propagada pelos nazistas com seu conceito de "comunidade do povo", e declarou que, em termos de relações trabalhistas, o nacional-socialismo não oferecia nada além de "falatório político". Portanto, Nordhoff tirou lições tanto do modelo americano quanto do passado recente do país para tentar estabelecer uma convivência pacífica entre a chefia e os trabalhadores.[18]

O comprometimento de Nordhoff com uma nova estratégia de relações trabalhistas ia muito além da retórica. O sindicalista Hugo

Bork – que liderou a seção local do IG Metall, o sindicato dos metalúrgicos, entre 1951 e 1971 – com o tempo se tornou o parceiro de negociação mais próximo e confiável do diretor-geral da VW. Essa receptividade da parte de Nordhoff veio bem a calhar em uma época em que os sindicatos da Alemanha Ocidental abandonavam a crítica radical ao capitalismo para adotar uma postura mais pragmática, visando garantir benefícios materiais concretos para o operariado. Em Wolfsburg, esse estilo colaborativo se mostrou interessante para ambas as partes. Se por um lado a chefia afastava a possibilidade de greves e paralisações, por outro o sindicato aproveitava a oportunidade para demonstrar sua eficiência na negociação de melhores contratos de trabalho. Em meados dos anos 1950, as negociações coletivas lideradas pelo IG Metall garantiram ao sindicato a maioria dos votos nas eleições para o conselho da fábrica, a entidade que tratava dos interesses dos trabalhadores junto à direção. Ao mesmo tempo, os candidatos com propostas de extrema direita que atraíram um grande número de votos no final da década de 1940 e início dos anos 1950 foram perdendo apoio, um claro indicador da diminuição da tensão e do descontentamento social. Mesmo assim, a sindicalização na Volkswagen permanecia em níveis relativamente baixos, chegando a apenas 50% dos trabalhadores em 1967. Além do grande número de expatriados e da pouca tradição organizacional, o boom econômico prolongado vivido pelo país prejudicava os esforços de recrutamento dos sindicalistas em Wolfsburg, assim como em outras partes da Alemanha Ocidental. Em meio ao clima de otimismo dos anos 1950 e 1960, muitos trabalhadores se contentavam em eleger os membros do sindicato para o conselho da fábrica, eximindo-se da responsabilidade de participar da organização em si.[19]

A estratégia colaborativa nas relações trabalhistas teve como principal reflexo os diversos ganhos materiais conquistados pelos funcionários da VW. Assim como os operários da fábrica da Ford em Highland Park nos Estados Unidos do início do século XX, os trabalhadores da Volkswagen se tornaram os mais bem pagos da Alemanha Ocidental a partir dos anos 1950. Na VW, a remuneração média por hora subiu de 1,92 marcos no final de 1952 para 4,78 em 1963, enquanto para os demais operários alemães esse valor passou de 1,58 marcos para 3,88 nesse mesmo período. E a política salarial não era o único atrativo oferecido pela Volkswagen. Ao longo da década de 1950, os empregados da empresa foram conquistando uma série de outros benefícios, como um fundo de pensão, seguro de vida, empréstimos para a construção da casa própria e um bônus de fim de ano.[20] Copiando uma prática implementada pouco tempo antes na GM, cada trabalhador também recebia uma gratificação anual de 4% como participação nos lucros. As demais indústrias da Alemanha Ocidental encaravam essas práticas com preocupação, pois temiam que a VW estabelecesse um precedente que elevasse as expectativas do operariado do país. Além de tudo isso, a empresa reduziu a jornada semanal de 44 para 42 horas semanais no início de 1956, em uma época em que a média na Alemanha Ocidental era de 48 horas trabalhadas por semana. Um ano depois, um jornal social-democrata escreveu que a VW havia "silenciosamente introduzido a jornada de 40 horas por semana" – uma das reivindicações mais importantes do movimento trabalhista europeu. Com medo de mais um precedente indesejável, os círculos empresariais e o governo federal, de orientação conservadora, tentaram extrair de Nordhoff uma garantia de que ele não pretendia implementar as 40 horas semanais na principal empresa estatal da Alemanha Ocidental. Apesar de ainda ter demorado mais quatro anos para que a jornada de oito horas diárias fosse estendida a toda a força de trabalho da VW, Nordhoff se recusou a descartar a ideia em 1957, indiretamente demonstrando a aprovação tácita da companhia a uma demanda de enorme importância simbólica para os sindicalistas.[21]

Apesar de o governo federal e outros empregadores encararem com desconfiança a generosidade corporativa da Volkswagen, a imprensa da Alemanha Ocidental publicava numerosos artigos elogiando a política de salários e benefícios da empresa. A maior evidência do bom padrão de vida desfrutado pelos funcionários da fábrica era o número de Volkswagens que tomava conta das ruas nos horários de pico. Um visitante que chegou a Wolfsburg no final de um dia de expediente se deparou com "carro atrás de carro", dirigidos por trabalhadores que saíam do trabalho. Um ano antes, um repórter do jornal conservador *Die Welt* contou nada menos que

4 mil veículos esperando pelos donos no "gigantesco estacionamento na frente da fábrica". A disseminação do automóvel na cidade era só mais um entre os muitos indicativos da relativa prosperidade dos trabalhadores da VW. Ao passear por Wolfsburg por volta de 1957, o jornalista Erich Kuby ficou impressionado ao notar que a população da cidade industrial parecia formada por "pessoas de classe média e nada mais que pessoas de classe média". Bem-vestidos e fazendo compras em abundância, os operários da Volkswagen não lembravam em nada a imagem de privação material que os alemães associavam ao trabalho manual.[22] Livres da mácula da pobreza, da ameaça de desemprego e das magras provisões de comida, os trabalhadores da VW demonstravam um poder aquisitivo considerável. A alta proporção de expatriados da época da guerra torna o desenvolvimento social alcançado por Wolfsburg ainda mais digno de nota. Se em várias regiões da Alemanha Ocidental essa população constituía a maior parte das pessoas em situação de pobreza, na cidade da Volkswagen os alemães expulsos de outros países durante a guerra formavam a base de uma mão de obra industrial excepcionalmente bem paga. Em virtude de sua relativa prosperidade e homogeneidade social, Wolfsburg parecia ter superado as divisões de classe e assumido na prática o caráter da "sociedade nivelada de classe média" que, segundo o influente sociólogo Helmut Schelsky observou no início dos anos 1950, começava a despontar como uma característica distintiva da Alemanha Ocidental.[23]

Assim como sua população, a arquitetura de Wolfsburg irradiava "sólida prosperidade", como escreveu um jornalista conservador no final dos anos 1950. Os impostos municipais pagos pela Volkswagen rapidamente transformaram o local de um assentamento de barracões em uma cidade com infraestrutura moderna, com prédios residenciais e comerciais instalados em ruas amplas e largas, novas escolas, um hospital muitíssimo bem equipado, piscinas públicas e áreas verdes em abundância. Com base nos modelos das chamadas "Cidades Novas" britânicas e nos padrões escandinavos de planejamento urbano, as autoridades locais adotaram um critério funcional para orientar o crescimento da cidade na década de 1950. Dividindo o território urbano em zonas industriais, comerciais e residenciais, a prefeitura construiu bairros inteiros para uma população de 4 mil a 6 mil habitantes cada um, permeados por parques e gramados e com fácil acesso para as zonas rurais dos arredores.[24]

Por ser uma cidade planejada, Wolfsburg era muito diferente dos centros urbanos mais tradicionais da Alemanha Ocidental, como Berlim, Hamburgo, Bremen, Nuremberg e Munique. Em todo o país, as autoridades locais vinham sendo obrigadas a lidar com a complicada tarefa de reconstruir cidades com um considerável patrimônio arquitetônico, tendo que decidir quais construções ou estruturas urbanas seriam preservadas e quais seriam substituídas. Como a Volkswagen só foi fundada em 1938, o espaço ao seu redor permanecia sendo em sua maior parte uma tábula rasa. Com pouquíssimas ruínas de guerra ou construções anteriores a 1945, a Wolfsburg que surgiu nos anos 1950 era vista por muitos observadores como o epítome do moderno e do novo. Os jornalistas da Alemanha Ocidental a todo tempo chamavam atenção para a "moderna sede da prefeitura", os "modernos apartamentos" e as "modernas residências". Ao longo da década essa admiração só cresceu, o que pode ser comprovado em matérias detalhadas explicando a proposta das autoridades locais de "criar uma nova cidade, na qual aproximadamente 80 mil pessoas podem viver com conforto e tranquilidade". A curiosidade ia muito além dos meios jornalísticos e ajudou Wolfsburg a se tornar um "ponto de peregrinação moderno". A prefeitura também fazia de tudo para ressaltar essa característica do município, com iniciativas de relações públicas como uma série de cartões-postais lançada no aniversário de 25 anos da cidade, em 1963, convidando toda a população da Alemanha Ocidental a visitar "Wolfsburg, a moderna cidade industrial e residencial".[25]

O fato de Wolfsburg ter celebrado seu 25º aniversário em 1963, uma referência explícita a suas origens vinculadas ao Terceiro Reich, mostra o quanto as raízes nazistas eram desconsideradas em meio ao tom elogioso com que a cidade era descrita no pós-guerra. A indiferença em relação à problemática fundação de Wolfsburg em parte era consequência do silêncio da opinião pública a respeito dos crimes cometidos na fábrica da Volkswagen durante a guerra. Como os estrangeiros submetidos a trabalhos forçados no local já haviam voltado a seus países de origem, sua voz não tinha mais como ser ouvida. A VW, por sua vez – comandada por um ex-executivo da Opel que empregou um contingente considerável de trabalhadores forçados em Brandemburgo, assim como a maior parte das indústrias da Alemanha Ocidental –, também se recusava a assumir a responsabilidade pelos maus-tratos cometidos em suas instalações. Essa atitude era reflexo de um amplo consenso que existia na época quanto à natureza criminosa do regime nacional--socialista. Embora as autoridades da Alemanha Ocidental tivessem condenado publicamente o Holocausto e a Segunda Guerra Mundial como grandes atrocidades, tanto os governantes quanto a população em geral raramente mencionavam crimes como as medidas de perseguição aos judeus implementadas antes de 1939 e o abuso de mão de obra forçada. A maioria das pessoas na Alemanha Ocidental argumentava que o assassinato em massa de judeus europeus havia sido cometido por um pequeno grupo de dirigentes nazistas sem a participação e o conhecimento dos demais cidadãos. Ao eximir a sociedade como um todo da maioria dos crimes cometidos durante o Terceiro Reich, essa interpretação histórica carregava nas tintas ao descrever a capacidade de persuasão dos nazistas, que teriam escondido do povo alemão com notável eficiência as atrocidades que cometiam.[26]

Além de ter ludibriado a população, os nazistas, segundo uma linha de argumentação bastante difundida, também haviam traído a nação com sua decisão unilateral de dar início a uma guerra que submeteria o povo alemão a ataques aéreos, aos estupros coletivos cometidos pelo Exército Vermelho e à expulsão de suas casas em outros países do Leste Europeu. De acordo com diversos relatos datados do pós-guerra, o povo alemão se considerava uma vítima do Terceiro Reich. O passado nazista da Alemanha foi ganhando a forma de uma memória coletiva extremamente seletiva, que colocava o sofrimento dos alemães em primeiro plano e silenciava a respeito de sua culpa. Com seu grande número de expatriados em condição de pobreza, Wolfsburg estava predestinada a ser vista como um exemplo das dificuldades enfrentadas pelos alemães nos anos imediatamente posteriores à Segunda Guerra Mundial. Esse assunto foi destaque em matérias jornalísticas e também tema do romance documental *Die Autostadt* (A cidade do carro), de Horst Mönnich, um best-seller instantâneo elogiado por Heinrich Nordhoff por revelar "verdades escondidas sob a superfície".[27]

Ao longo dos anos 1950, as narrativas sobre a vitimização alemã foram sendo complementadas por um outro tópico que já se fazia presente desde os primeiros relatos a respeito de Wolfsburg no pós-guerra. Em vez de um lugar de dor e sofrimento, a cidade da Volkswagen era vista pelos visitantes como um exemplo emblemático da reconstrução em marcha nos primórdios da República Federal da Alemanha. Escrito com apoio da empresa e publicado em 1949, *Kleiner Wagen in großer Fahrt* (Carro pequeno em grande jornada), de Heinz Todtmann, foi um dos primeiros livros a caracterizar Wolfsburg como uma cidade onde "sofridos" alemães "de todos os lugares e estratos sociais [...] conseguiram provar por meio de sua condição atual o quanto estão empenhados em aprender tudo de novo e reconstruir sua vida de forma decente". Ignorando o apelo da direita radical que havia vencido várias eleições na época, Todtmann detectou "uma nova forma de democracia, ainda em estado bruto", nascida da "dificuldade e da necessidade" naquela cidade industrial.[28]

Mais do que os valores políticos, porém, era o *ethos* igualitário de uma população de trabalhadores dedicados que saltava aos olhos dos observadores como a principal característica cultural de Wolfsburg. Todtmann, por exemplo, escreveu que os cidadãos de Wolfsburg "fizeram da necessidade uma virtude" e lutaram para criar "uma comunidade em que não existe nada mais bem-visto que a realização". A determinação para dar tudo de si era uma característica que parecia permear todas as classes sociais. Desde o dia em que assumiu as rédeas da fábrica de Wolfsburg, Nordhoff exortava seus funcionários a se dedicarem plenamente ao trabalho, e devia boa parte de seu prestígio ao fato de liderar por meio de exemplos. Quando o Volkswagen do diretor-geral quebrou a caminho do trabalho, ele aproveitou para dar uma demonstração de virtude "empurrando [o carro] até o portão da fábrica" por mais de um quilômetro e meio. "Pingando de suor, ele chegou lá arrastando seu carrinho cor de café." Os elogios a sua ética de trabalho eram abundantes nos relatos sobre a cidade. Se por um lado a imprensa com frequência exagerava ao narrar as avarias que a fábrica sofreu no fim da guerra e subestimava a contribuição dos britânicos para a sobrevivência da Volkswagen na segunda metade da década de 1940, por outro as reportagens não economizavam ao destacar os "orgulhosos" trabalhadores alemães que "viram sua grande chance" em Wolfsburg e "arregaçaram as mangas". Em 1961, Nordhoff resumiu a causa do sucesso da VW nos seguintes termos: "Nós fizemos tudo com nossas próprias forças". Wolfsburg era um exemplo de sucesso socioeconômico graças ao voluntarismo alemão. Construída com base em um forte senso de ética de trabalho e de uma relação colaborativa entre capital e trabalho, a cidade era vista como um modelo da cultura de realização que começava a tomar forma como uma característica identitária fundamental da Alemanha Ocidental nos anos 1950.[29]

Como a direita radical entrou em declínio com o boom econômico da década de 1950, as manchetes negativas no noticiário político, que ganharam destaque no final dos anos 1940, deixaram de fazer parte do cotidiano em Wolfsburg. Um importante debate a respeito da Volkswagen que mobilizou grandes forças políticas na segunda metade dos anos 1950 só reforçou a predominância dos temas econômicos nas discussões de caráter público em Wolfsburg. O estabelecimento da fábrica como propriedade conjunta da República Federal da Alemanha e do estado da Baixa Saxônia foi acertado desde o início como um arranjo provisório, o que significava que a questão continuava sem solução, tornando a VW uma próspera "fábrica que não pertence a ninguém", conforme assinalaram vários jornalistas. Apenas em 1961 o governo alemão tirou a Volkswagen do limbo ao oficializá-la como uma empresa de capital aberto na qual a República Federal e o estado da Baixa Saxônia tinham uma participação de 20% cada e cujo restante das ações seria cedido a investidores particulares na forma de "cotas do povo". Destinadas a estender "a participação societária ao homem comum", conforme Ludwig Erhard explicou ao anunciar a ideia em 1957, as "cotas do povo" garantiriam o interesse permanente tanto do governo quanto dos acionistas nas decisões concernentes ao futuro econômico da empresa.[30]

As "cotas do povo" foram o coroamento de um longo processo que transformou a Volkswagen em um "símbolo de como o povo alemão conseguiu se afirmar como uma nação industrial moderna depois de uma terrível catástrofe", como uma revista semanal conservadora resumiu em 1957. E, de fato, muita gente considerava a empresa nada menos que um "conto de fadas".[31] Com sua fábrica de tecnologia avançada e alta produtividade em rápida expansão, suas relações trabalhistas colaborativas sob a liderança de um patriarca generoso e sua mão de obra bem paga, a Volkswagen para muitos analistas representava o paradigma de como o país havia superado a cultura de vitimização por meio do trabalho duro e de uma cultura de realização. A infraestrutura moderna de Wolfsburg, combinada com seu panorama político tranquilo, só reforçava as impressões favoráveis a uma modernidade industrial pacífica de caráter apolítico. Como a Volkswagen representou um dos primeiros exemplos bem-sucedidos de empreendedorismo dos primórdios da República Federal da Alemanha, os bons resultados econômicos e sociais do rápido desenvolvimento da montadora chamaram atenção também para o novo papel que o setor automotivo começou a desempenhar no panorama industrial da Alemanha Ocidental nos anos 1950. Os inúmeros relatos do sucesso da empresa foram incorporados à iconografia do carro em si, uma prova de seu status como elemento central do boom econômico que beneficiou tanto sua fabricante quanto a própria conjuntura nacional.

Obviamente, os relatos brilhantes de recuperação econômica que levaram os analistas da época a considerar a Alemanha Ocidental uma potência da indústria automobilística não podiam deixar de fora a trajetória da Ford em Colônia, da Opel em Rüsselsheim e da Daimler-Benz em Stuttgart. O fascínio exercido pela Volkswagen nos primórdios da República Federal, no entanto, ia muito além dos aspectos produtivos. Afinal, era ela a fabricante do veículo que promoveu a motorização em massa na Alemanha Ocidental como nenhuma outra empresa, transformando seu carro no símbolo da recuperação da prosperidade econômica dos cidadãos do país.

Ao longo das décadas de 1950 e 1960, o Volkswagen se tornou onipresente nas ruas e estradas da Alemanha Ocidental, realizando o desejo havia muito represado de sua população de ter um automóvel próprio. O VW estabeleceu os parâmetros do setor automotivo nacional e se transformou em muito mais do que um indicador da recuperação econômica do país. A importância simbólica do carro na República Federal da Alemanha tinha como base a ideia de que seus atributos técnicos, que a empresa fazia sempre questão de aprimorar, representavam os valores sobre os quais a reconstrução do país se assentava. As origens do Volkswagen no Terceiro Reich não significavam muita ameaça à imagem icônica do veículo no pós-guerra, já que a sociedade alemã contava sua história de forma bastante seletiva, exaltando seu sucesso comercial como uma prova da superioridade da República Federal da Alemanha sobre o regime nacional-socialista. Afinal de contas, foi no contexto do pós-guerra que se cumpriu a promessa de disseminação em massa de um veículo que não passava de uma promessa vazia na época da ditadura. Tratado muitas vezes como a manifestação material das virtudes da nova ordem do pós-guerra, o Volkswagen era visto como o arauto da normalidade que pouco a pouco foi se estabelecendo no país a partir dos anos 1950.

Embora em termos de número de carros de passeio por habitantes a República Federal da Alemanha ainda estivesse muito atrás dos Estados Unidos – líder mundial nesse quesito com um automóvel para cada 2,8 pessoas em 1962 –, os alemães já estavam bem próximos de seus vizinhos europeus. Em 1962, a proporção de veículos motorizados por habitante na Alemanha era de 1:10, bem parecida com os números da França e da Grã-Bretanha, que eram de 1:7,8 e 1:8,5 respectivamente. Em termos absolutos, essa tendência significou um crescimento na quantidade de veículos registrados de aproximadamente 821 mil em 1952 para mais de 6,6 milhões em 1963, sendo a maioria absoluta formada por carros compactos, em um contraste agudo com os gigantescos automóveis vendidos nos Estados Unidos à época. Como os motoristas alemães ainda não podiam se dar ao luxo de adquirir modelos mais sofisticados, cerca de 950 mil dos 1,16 milhão de carros vendidos na República Federal da Alemanha em 1963 tinham motores de até 1,5 litros. Apesar de realçar as limitações da recuperação econômica da Alemanha

Ocidental, esse padrão também era a representação de uma mudança significativa em termos da configuração dos meios de transporte individuais no país, marcando o fim da era da motocicleta como principal alternativa ao automóvel.[32]

Com a elevação da renda média mensal de 304 marcos em 1950 para 905 marcos em 1965, estabeleceu-se a condição fundamental para a motorização em massa da Alemanha Ocidental, transformando um desejo que vinha desde a época da República de Weimar, atravessando o Terceiro Reich, em demanda econômica real. À medida que os salários aumentavam, a clientela da indústria automobilística ia passando por significativas transformações. A princípio, a demanda por carros de passeio era principalmente para uso comercial, já que profissionais liberais e empresários ganhavam muito mais dinheiro que o restante da população e contavam com incentivos fiscais que não se estendiam aos demais cidadãos. Em 1952, noticiou um jornal, apenas 10% dos carros vendidos no país se destinavam a uso particular. Quatro anos depois, essa cifra já estava em 40%, mas quase dois terços dos quase 2,3 milhões dos carros registrados na República Federal da Alemanha ainda pertenciam a empresas. Apenas em 1960 o número de automóveis particulares superou o de veículos comerciais na Alemanha Ocidental.[33]

Entre os assalariados, os que tinham mais condições de comprar um automóvel zero-quilômetro eram os funcionários públicos e os empregados que exerciam funções administrativas nas empresas, cujos vencimentos ficavam de 15% a 20% acima da média nacional. De 1957 a 1963, as vendas anuais para consumidores de classe média subiram de 85.481 para 372.996, mas, para a maior parte do operariado – que somava metade da população economicamente ativa e que, apesar dos aumentos salariais, tinha rendimentos que ficavam de 20% a 25% abaixo da média nacional –, comprar um carro novo ainda era uma possibilidade distante em meados dos anos 1960. Embora o número de trabalhadores manuais que adquiriram carros zero-quilômetro tenha saltado de 74.774 em 1957 para 302.462 em 1963, os operários em geral contribuíram mais nessa época para a expansão do mercado de usados. Em 1963, quase 730 mil trabalhadores se tornaram proprietários de automóveis por essa via mais econômica. Se na classe média o número de automóveis por família era de um para cada quatro em 1959, entre os operários essa proporção era de um para oito – e a maioria veículos de segunda mão com motores de até mil centímetros cúbicos. Em uma tendência bastante diferente da observada nos Estados Unidos, com seu alto contingente de automóveis nas zonas rurais, a República Federal da Alemanha dos anos 1950 estava longe de ser o modelo de "sociedade nivelada de classe média" citado por Helmut Schelsky, já que ainda apresentava grandes disparidades internas em termos de níveis de renda.[34]

Entre os automóveis que se tornaram mais populares na década de 1950 estavam microcarros com motores com menos de meio litro, muitas vezes desenvolvidos por empresas que se encontravam ameaçadas pelo colapso do mercado de motocicletas. A BMW entrou nesse filão comprando uma licença para produzir o Isetta, da fabricante de motocicletas italiana Ivo. Lançado no mercado alemão em 1955 a um preço de 2.580 marcos, o carrinho oval de três rodas e dois lugares – no qual motorista e passageiro entravam por uma única porta dianteira – alcançava uma velocidade de até 80 quilômetros por hora com seu motor de quatro tempos e doze cavalos de potência. Até o encerramento de sua produção, em 1962, a BMW vendeu mais de 160 mil unidades do Isetta. A Glas foi outra fabricante de motocicletas a entrar no mercado de microcarros, comercializando cerca de 280 mil de seus Goggomobils a um preço de 3 mil marcos entre 1955 e 1961. Equipado com um motor de dois tempos que desenvolvia até quinze cavalos de potência, o "Goggo" tinha quatro rodas, uma porta de cada lado e acomodava dois adultos e duas crianças em seu interior. Antes da BMW e da Glas, a Borgward tinha lançado o Lloyd 300 em 1951 por 3,3 mil marcos. Com quatro assentos e um motor de dois tempos com dez cavalos de potência, a carroceria do carro era montada com tábuas sobre um chassi de ripas de madeira. Com números de vendas que chegaram a 132 mil veículos, o Lloyd era maldosamente chamado de "bomba feita de plástico de curativo" (*Leukoplastbomber*), já que seu exterior era revestido de couro sintético, não de metal.[35]

Por serem os mais básicos entre os veículos de transporte a motor, esses carrinhos pouco potentes contavam com baixo prestígio social, eram desconfortáveis e ofereciam pouca proteção contra acidentes. "Quem não tem medo de morrer dirige um Lloyd", diziam os alemães da época. Entre os carros com motores entre quinhentos e mil centímetros cúbicos, esses problemas eram muito menores. A Auto Union obteve um relativo sucesso no pós-guerra com o DKW Meisterklasse, de 23 cavalos, e o DKW Sonderklasse, de 34 cavalos, vendendo cerca de 110 mil unidades entre 1950 e 1955. Chamado por seus proprietários de "o pequeno milagre" (*das kleine Wunder*, aproveitando as iniciais do nome do modelo) em virtude de seus contornos aerodinâmicos e seu sofisticado sistema de suspensão, os DKWs eram automóveis muito superiores aos microcarros e tinham preços a partir de 5,8 mil marcos. Nessa mesma faixa de mercado, a Ford oferecia o Taunus 12M, um sedã com motor de 1,2 litros e 38 cavalos que vendeu cerca de 250 mil unidades ao longo dos anos 1950.

A existência desses carros, porém, era completamente eclipsada por um único concorrente: o Volkswagen. As vendas anuais do automóvel produzido em Wolfsburg subiram de 61.522 veículos em 1951 para 151.733 em 1956, e alcançaram a marca de 369.746 em 1961. Com 2,1 milhões de unidades em circulação na Alemanha Ocidental em 1963, o Volkswagen respondia por quase um terço dos carros de passeio existentes no país. A liderança de mercado mais do que consolidada do VW era reflexo de uma demanda quase insaciável, que a fábrica muitas vezes não dava conta de satisfazer, apesar da "insistência abnegada de Nordhoff em sua política de produzir um único modelo". Como a empresa não conseguia fabricar seu campeão de vendas na velocidade necessária, os consumidores alemães eram obrigados a esperar até quatro meses por um Volkswagen em 1955, um período que chegou a se estender para até um ano perto do final da década. Em cidades pequenas como Weißenburg, na Francônia, a chegada de um lote de carros vindos de Wolfsburg virou destaque na imprensa na segunda metade dos anos 1950, já que, como explicou o revendedor, "todo mundo quer um Volkswagen novo em folha".[37]

A política da VW de fabricar um único modelo foi um elemento fundamental para sua história de sucesso. Apesar de oferecer um produto altamente padronizado para manter os custos operacionais sob controle, a empresa não era tão refratária a modificações como Henry Ford em relação ao Modelo T. Ao longo das décadas de 1950 e 1960, a VW continuou a oferecer seu produto em duas versões, uma "Padrão", mais básica, e outra tipo "Exportação", com configurações técnicas e estéticas mais elaboradas (inclusive detalhes cromados). Apesar de manter as características principais inalteradas, os técnicos e projetistas da empresa faziam modificações constantes no veículo para manter seu apelo comercial. Algumas alterações, como uma paleta de cores mais ampla, serviam apenas para tornar o VW visualmente mais interessante, mas houve também evoluções técnicas significativas. Ao longo dos anos 1950, os engenheiros aumentaram a potência do motor de trinta para quarenta cavalos, criaram uma caixa de câmbio totalmente sincronizada para melhorar a dirigibilidade, aprimoraram a visibilidade aumentando o tamanho da janela, mudaram o sistema de aquecimento, incorporaram assentos ajustáveis que ofereciam mais conforto e desenvolveram freios hidráulicos, que proporcionavam aos motoristas mais controle nas frenagens. Na maioria dos casos, a fábrica de Wolfsburg fazia as alterações técnicas na versão para exportação alguns anos antes de transferi-las ao sedã padrão, de preço mais acessível.

Essa estratégia tinha um duplo propósito. Enquanto as modificações técnicas mantinham o veículo em compasso com as atualizações tecnológicas, tornando-o mais potente, estável e confortável, a produção de um modelo econômico e outro mais refinado para exportação ampliava o segmento de mercado para além do universo de consumidores interessados em um carro básico. A Volkswagen mirava por tabela também o mercado de luxo, já que, por 2 mil marcos a mais que o preço da versão Exportação, os motoristas podiam comprar um VW conversível, que a fábrica de carrocerias Karmann, sediada em Osnabrück, produzia em parceria com a empresa de Wolfsburg. A Volkswagen, portanto, ocupava uma enorme fatia do mercado automobilístico da Alemanha Ocidental, caracterizado principalmente pela demanda por carros compactos. Outro motivo para a explosão das vendas entre 1950 e 1960 foi o fato de a VW ter baixado o preço da versão Exportação de 5.450

marcos para 4,6 mil marcos, uma medida possibilitada pelos ganhos de produtividade e pela expansão da produção. Nessa faixa de preço, o modelo Exportação era bem mais barato que os DKW e o Ford 12M, ainda que muito mais caro que um microcarro. Isso também valia para a versão Padrão, que custava cerca de 900 marcos a menos que o veículo para exportação.[38]

Como a empresa só deu início à prática de conduzir pesquisas de mercado de forma sistemática a partir do final dos anos 1960, não havia informações detalhadas a respeito de sua clientela. O preço do Volkswagen, porém, já o posicionava como um veículo destinado à classe média. Muitos proprietários dessa faixa de renda estavam dispostos a bancar a diferença de valor entre um VW e um microcarro, pois seu custo-benefício era incontestavelmente imbatível no segmento de carros compactos. Os testes avaliativos elogiavam com frequência sua "economia e potência, a modernidade das configurações técnicas e o acabamento primoroso". Como concluiu um jornalista automotivo em 1951, tratava-se simplesmente do "melhor carro disponível no mercado alemão". Ao longo dos anos, esse veredito foi endossado por inúmeros proprietários, que recomendavam o carro por sua robustez, sua boa dirigibilidade e pelo fôlego de seu motor boxer de quatro cilindros, que rodava cerca de 12,5 quilômetros por litro de combustível e se tornou um atrativo à parte, ganhando uma excelente reputação por ligar facilmente mesmo nas condições climáticas mais adversas, manter a performance a velocidades superiores a noventa quilômetros por hora nas *Autobahn* e proporcionar agilidade em meio ao trânsito urbano.[39]

O Volkswagen era resistente e robusto como o Modelo T havia sido. Como exigia poucos reparos, tinha um consumo de combustível relativamente baixo e era de fácil manutenção, apesar do preço um pouco mais alto o carro feito em Wolfsburg se revelava mais econômico no longo prazo – um aspecto importante em uma sociedade ainda caracterizada por limitações de ordem financeira. A confiabilidade era outro fator que fazia o Volkswagen se destacar tanto em relação aos automóveis alemães do passado quanto aos minicarros dos anos 1950. Por ser produzido de acordo com os exigentes padrões de "qualidade de fabricação" alemães, o VW era visto como um veículo popular sem que seu prestígio fosse abalado por isso, já que o preço comparativamente baixo não comprometia suas configurações técnicas.[40]

Oferecer "um meio de transporte simples e confiável" nunca deixou de ser a prioridade de Nordhoff, como ele explicou em uma entrevista de 1957. Mesmo depois de comandar a introdução de um rígido sistema de qualidade no final dos anos 1940, Nordhoff continuava a incentivar uma política empresarial voltada a sanar falhas e defeitos com um fervor quase religioso. Embora as vendas estivessem em alta e a imprensa cobrisse seu produto de elogios, o diretor-geral deixou bem claro a seus diretores em uma reunião em setembro de 1954 que baixar a guarda estava fora de questão. "Precisamos fazer tudo que estiver ao nosso alcance para manter a qualidade e eliminar os motivos de reclamação. Esta empresa parece ser especialista em reconhecer suas deficiências e demorar tempo demais para resolvê-las", ele afirmou. Para enfatizar o motivo da bronca, o diretor enumerou uma série de problemas que exigiam solução imediata: "No momento, existem reclamações a respeito de portas e calotas frouxas, maçanetas que não funcionam direito, engates barulhentos [na caixa de câmbio] e algumas outras mais. Tudo isso é muito irritante; não podemos continuar assim, ou vamos ter um grande revés algum dia".[41]

Além de fazer da qualidade uma questão central de sua estratégia empresarial, a Volkswagen também se comprometeu a manter intactas as principais virtudes técnicas de seu produto. Enquanto a concorrência enfatizava a inovação ao relançar seus modelos, a empresa de Wolfsburg seguia uma linha bem mais conservadora, buscando preservar os amplamente reconhecidos pontos fortes do VW. Essa estratégia, porém, se devia muito mais à convicção de que os consumidores virariam as costas para o carro no caso de modificações malsucedidas do que a eventuais antipatias às forças de mercado. Características testadas e aprovadas como o motor traseiro refrigerado a ar, a suspensão com barras de torção e o formato peculiar da carroceria se mantiveram inalteradas ao longo dos anos, proporcionando uma evidência sólida de continuidade técnica. Embora ambos os modelos disponíveis, Padrão e Exportação, tivessem passado por modificações significativas nas décadas de 1950 e 1960, a empresa deixava claro que só mudaria o que considerasse estritamente necessário. No final dos anos 1950, por exemplo, Nordhoff adiou por anos a introdução de um medidor eletrônico de combustível por não considerar o dispositivo suficientemente confiável, o que punha em risco a reputação do veículo. Os motoristas eram obrigados a monitorar sua quilometragem com muita atenção se não quisessem acabar sem gasolina no meio da rua, principalmente se não tivessem enchido o pequeno tanque de emergência que vinha junto com o carro para casos como esse. Embora os consumidores reclamassem da ausência do medidor de combustível, Nordhoff insistia que só o adotaria quando o equipamento se tornasse "barato, confiável e inquestionavelmente seguro".[42]

A preocupação de Nordhoff com a qualidade ia muito além da questão da fabricação. A expansão da rede de revendas e oficinas credenciadas da Volkswagen, uma questão já considerada importante pela empresa desde os primeiros anos do pós-guerra, continuou no mesmo ritmo ao longo dos anos 1950. Apenas uma montadora que garantisse aos motoristas que encontrariam ajuda imediata em caso de quebra conseguiria sustentar seu crescimento no longo prazo, afirmava com razão o diretor-geral. No final da década, já havia mais de mil oficinas mecânicas autorizadas a usar a logomarca da Volkswagen – com mão de obra treinada de acordo com os parâmetros determinados por Wolfsburg –, oferecendo serviços de manutenção e reparo a preços acessíveis por toda a Alemanha Ocidental. Um jornalista que em 1960 passou por uma dessas oficinas em Hamburgo ficou impressionado com a eficiência dos mecânicos, que em duas horas trocaram o para-lama amassado e consertaram o para-choque do carro de um motorista que chegou sem hora marcada depois de uma pequena batida. "O preço do serviço foi de 53,20 marcos. Tente fazer esse mesmo tipo de conserto por esse valor em uma oficina de outra marca", ele escreveu, admirado.[43]

Portanto, havia razões materiais de sobra para o sucesso comercial do Volkswagen nos anos 1950 e início dos 1960. Saindo da fábrica aos milhares, o veículo logo se tornou uma presença inescapável nas ruas e estradas da Alemanha Ocidental. "A cada dois carros [...] um parece ser um Volkswagen", resumiu um jornalista automotivo já em 1950, e essa impressão visual só aumentou ao longo dos anos. Em um país em que os automóveis sempre foram menos disseminados que nas outras potências industriais da Europa, o VW evidenciava para todos a grande transformação pela qual a Alemanha Ocidental estava passando. No início da década de 1960, um jornal regional apenas afirmou o óbvio quando publicou a seguinte manchete: "O VW – símbolo da ascensão econômica".[44]

Em um contraste agudo com o histórico de traição do Terceiro Reich, a República Federal da Alemanha havia cumprido a promessa de produzir milhões de Volkswagens. "Antes da guerra", escreveu um jornalista automotivo em 1949, o carro "existia apenas no papel, roubou o dinheiro das pessoas e foi manipulado para fins políticos". Ao transformar o desejo do automóvel particular em realidade, a República Federal comprovou sua superioridade em relação ao regime nazista e ganhou legitimidade. Nesse sentido, a disseminação dos Volkswagens marcou um claro ponto de rompimento entre o Terceiro Reich e a Alemanha Ocidental. Ao mesmo tempo, porém, esse processo era marcado por um caráter inegável de continuidade cultural. Como a República Federal havia realizado as aspirações automotivas da população usando um modelo projetado pelo Terceiro Reich, o sucesso do VW também era uma reafirmação do conceito de "carro do povo" surgido na época do nazismo. Ao tornar possível uma ambição material que vinha das décadas de 1920 e 1930 em um novo contexto político e econômico, o Volkswagen se tornou símbolo das rupturas e também das inegáveis semelhanças entre o Terceiro Reich e a República Federal da Alemanha.[45]

Essa capacidade do Volkswagen de conciliar elementos contraditórios se devia a um consenso amplamente disseminado no pós-guerra de que o carro tinha um passado político neutro. Os observadores alemães com frequência diminuíam a dimensão ideológica do projeto de motorização em massa do regime nazista, chegando ao ponto de reduzir a participação de Hitler no projeto a pouco mais que um mero "capricho". Segundo esse argumento, era Ferdinand Porsche, e não Hitler, quem merecia o crédito pela criação do Volkswagen. Em 1959, Nordhoff descreveu Porsche como "um homem fenomenal, um projetista e engenheiro não apenas por profissão, mas também de coração. [...] Ele era um apaixonado, e um engenheiro extremamente talentoso", cuja criação, o VW, sintetizava "as crenças de toda uma geração de construtores". A avaliação elogiosa de Nordhoff estava em consonância com a da mídia da Alemanha Ocidental, que retratava Porsche de forma quase unânime como um "gênio". Como no pós-guerra as narrativas sobre o passado do Volkswagen no Terceiro Reich se eximiam de uma postura crítica à proximidade de Porsche com Hitler, o carro passou a ser visto a partir de 1945 como um artefato puramente técnico, que devia sua existência a um engenheiro excepcional, e não a uma determinação do regime nazista. Em 1955, a revista semanal *Der Spiegel*, considerada por muitos como um raro exemplo de jornalismo crítico nos primórdios da República Federal, aderiu sem qualquer pudor à corrente dominante ao afirmar que o Volkswagen se valia de uma "constituição básica atemporal" – uma expressão que, assim como muitas avaliações da época, dissociava o carro de seu caráter político e o transformava em um clássico da engenharia, atribuindo-lhe uma linhagem acima de qualquer suspeita.[46]

Nem mesmo a versão militar do carro – o Kübelwagen, usado na Segunda Guerra Mundial – foi capaz de manchar a reputação do VW no pós-guerra. Muito pelo contrário, os serviços prestados no campo de batalha só reforçaram a reputação do veículo como um produto de qualidade. No início dos anos 1950, um jornalista da *Spiegel* escreveu que o Kübelwagen foi "o melhor dos automóveis de guerra", já que seu motor refrigerado a ar não superaquecia no "deserto de Rommel" nem congelava "durante as batalhas de inverno na Rússia". Os veteranos de guerra que compraram Volkswagens no início dos anos 1950 referendavam essa afirmação, atribuindo sua escolha a boas experiências com o veículo militar. Um proprietário endinheirado, orgulhoso de seu Volkswagen conversível, explicou a uma revista automotiva em 1951 que sua "predileção pelo VW vem da época da campanha africana. Foi lá, a começar por Trípoli, que ele se familiarizou com o Volkswagen, nas areias do deserto".[47]

Em grande parte, as avaliações positivas do uso militar do VW tinham como base um mito altamente difundido nos primórdios da

República Federal da Alemanha que negava as inúmeras atrocidades cometidas pela Wehrmacht em suas campanhas. Como esse mito de uma Wehrmacht de conduta "honrada" persistiu por décadas, evocar o uso do Kübelwagen na guerra não oferecia perigo de contaminar a imagem do Volkswagen nos anos 1950 e 1960. No entanto, se em termos morais as referências ao Kübelwagen eram inofensivas, essas recordações não deixavam de ser um lembrete constante dos perigos letais da guerra. *Die Autostadt*, o romance best-seller de Horst Mönnich, contém uma passagem dramática em que dois cabos alemães estão cercados em um Kübel pelas tropas britânicas, que bloqueiam todas as saídas de um uádi africano. Com morteiros explodindo ao seu redor, eles estão convencidos de que "estava tudo acabado". Desesperado, o motorista embica o Kübelwagen na direção de uma duna. Inesperadamente, "as rodas ganharam tração. [...] Tiros espocavam à direita e à esquerda, fazendo a areia se elevar como as águas de uma fonte. Mas eles conseguiram subir. Pouco a pouco". Apesar do fogo cerrado, eles chegam ao topo da elevação. Quando o Kübel se estabilizou lá no alto, "o deserto se revelou diante deles". "Liberdade!", foi o que pensaram os soldados ao escapar de seus oponentes. Esse episódio ficcional fazia muito mais do que ressaltar o desempenho versátil do carro em um terreno inóspito; ao creditar ao Kübelwagen uma fuga improvável, o livro apresentava o automóvel como um objeto que correu o mesmo tipo de perigo mortal a que foram submetidos inúmeros soldados. Nos primeiros anos do pós-guerra em particular, muitos ex-militares alemães podem ter visto o Volkswagen como um veículo com uma trajetória parecida com a sua: como eles, e contrariando todos os prognósticos, aquele carro era um sobrevivente.[48]

    Os relatos altamente despolitizados das origens do carro como um produto de qualidade gestado em uma época de promessas quebradas e insegurança existencial prepararam o terreno para a imensa ressonância cultural que o Volkswagen ganhou ao longo da década de 1950. Por ser um produto simples, econômico e confiável, o veículo não era visto apenas como um indicativo da recuperação da Alemanha Ocidental – suas configurações técnicas também refletiam um novo padrão normativo que, segundo os analistas, era um dos responsáveis pela estabilidade do país no pós-guerra. A própria Volkswagen recorreu a esse argumento em mais de uma ocasião. Assim como os fabricantes de produtos industrializados para o lar, a empresa fazia de tudo para apresentar seu produto como um exemplo de sobriedade e solidez, características que exerciam um apelo maior do que nunca em um período imediatamente posterior às promessas malfadas de grandeza do nacional-socialismo e ao caos gerado pela guerra.[49]

No início da década de 1950, um artigo escrito pelo gerente de relações públicas da Volkswagen afirmava que o sucesso do carro se explicava por um novo contexto de consumo. Forçado a transformar "a necessidade em uma virtude" depois da guerra, "o povo alemão se tornou realista. [...] Em vez de ceder ao primitivismo a que a guerra cada vez mais nos forçava, aprendemos a reverenciar o útil e maleável, os verdadeiros elementos de progresso. Não é a aparência externa que determina o valor, e sim o que é intrínseco. [...] Depois de passar por experiências duras em tempos difíceis, a pessoa aprende a reconhecer [...] os valores realmente importantes". Desvinculando o automóvel das desventuras do nazismo, a empresa associava a seu produto valores como a moderação e a utilidade, ambos conceitos dominantes na cultura do pós-guerra. Nordhoff descreveu seu objetivo em termos similares ao falar de sua ambição em oferecer "ao povo um valor genuíno [por meio de] um produto da mais alta qualidade". As virtudes do carro, segundo a propaganda da VW, estavam assentadas em uma renovada e estável forma de normalidade em que as pessoas podiam confiar.[50]

Os esforços da empresa para associar o Volkswagen aos novos tempos de paz reverberaram profundamente entre a população em geral. Com sua quase onipresença, o Volkswagen tornava visíveis e perenes os valores de honestidade e confiabilidade que começavam a se impor na Alemanha Ocidental. Em uma decisão que se mostrou crucial, a VW sempre se recusou a alterar a aparência externa do veículo, com seus contornos arredondados. Como assinalou um jornalista automotivo, os melhoramentos promovidos no carro permaneciam em grande parte "invisíveis", permitindo ao fabricante vender uma imagem de solidez. No final dos anos 1950, quando surgiram críticas na imprensa descrevendo o veículo como datado e incitando a empresa a criar um novo modelo, muitos motoristas defenderam o VW como um importante fator de estabilidade. Um entusiasta usou o mais consolidado dos exemplos de lealdade e obediência para se referir a seu carro: "Eu vejo [meu Volkswagen] como um cachorro de olhos fiéis parado na esquina". Como explicou um jornalista automotivo, todo esse carinho se devia à absoluta confiabilidade do veículo. "Quanta tranquilidade ele proporciona, quanta confiança ele inspira! Essa confiabilidade é uma garantia de que os nervos dos motoristas do VW serão poupados em grande medida – algo muito importante nestes tempos confusos." Declarações como essa são muito mais do que simples expressões de apego pessoal – elas ilustram a "necessidade de estabilidade" que perpassava diversas esferas da vida da população nos primórdios da República Federal da Alemanha. O Volkswagen podia ser visto como uma prova de que as realizações obtidas nos anos 1950 tinham bases tão sólidas como o carro em si. Em outras palavras, as qualidades técnicas e estéticas do automóvel vieram a se tornar um reflexo do desejo coletivo por uma normalidade duradoura. Em vez de promessas irrealizáveis, havia um produto modesto, confiável, honesto e imediatamente reconhecível cujo sucesso assinalava que os novos tempos de paz – marcados por uma prosperidade incipiente, mas atrativa – tinham chegado para ficar. Deixando para trás suas origens no Terceiro Reich, o Volkswagen se transformou em um símbolo não apenas da rápida recuperação do país no pós-guerra, mas também dos valores que se estabeleceriam como características centrais da cultura da Alemanha Ocidental.[51]

À medida que a motorização em massa se estabelece como um elemento central da normalidade do pós-guerra na Alemanha Ocidental, mais e mais pessoas incorporavam os Volkswagens a suas rotinas diárias. Desde a República de Weimar os motoristas já elogiavam seus carros compactos por tornarem mais interessantes seus momentos de lazer, um tema que foi reaproveitado pela propaganda nazista do "carro do povo". Por abrir as portas a toda uma variedade de novas diversões a milhões de pessoas nos anos 1950, o advento do Volkswagen levou inúmeros proprietários a desenvolverem um sentimento de intimidade em relação a seus automóveis. O tratamento que o VW recebia de seus donos como tesouros particulares muitas vezes era visto pelos analistas como algo bizarro ou engraçado. Por outro lado, a proeminência cada vez maior do carro no cotidiano também levou a debates acalorados a respeito do papel do VW na nova ordem que se estabelecia nas questões de gênero, já que um número cada vez maior de mulheres assumia seu lugar ao volante. Embora as tensões existentes sugerissem que o Volkswagen pode ter dado origem a conflitos sociais, sua apropriação individual por milhões de pessoas garantia o lugar de destaque do veículo no dia a dia da Alemanha Ocidental.

Muitos alemães ocidentais, ansiosos por ter um automóvel, se agarravam a qualquer oportunidade que aparecesse para adquirir um Volkswagen. Em 1951, quando ouviu dizer que um parente seu, dono de uma locadora de carros, estava oferecendo um VW batido com um bom desconto, Gerhard Kießling não precisou nem pensar duas vezes. Apesar de seu salário de professor recém-formado não permitir que ele usasse o carro nos deslocamentos cotidianos, ele gastava boa parte do pouco dinheiro extra de que dispunha em passeios de fim de semana e viagens de férias pela Europa, percorrendo um total de 96 mil quilômetros em cinco anos. Com uma barraca, sacos de dormir, cobertores e outros equipamentos no banco traseiro, ele e seus amigos visitaram a Floresta Negra, a Suíça, a França, a Itália, a Inglaterra e as Terras Altas da Escócia. Embora muitos veteranos da Wehrmacht voltassem aos antigos campos de batalha para reviver "a aventura e a dominância dos tempos de juventude", os alemães mais jovens que não participaram da guerra viam as viagens internacionais como uma forma de "peregrinação pública de afirmação de [seu] distanciamento do Terceiro Reich [...] [e] de construção de uma ponte com a nova Europa". O caso de Kießling não parecia ser motivado por qualquer dessas razões. Depois de sobreviver à guerra como soldado da Wehrmacht, completar seus estudos e conseguir um emprego estável, ele simplesmente queria "sair para ver o mundo". A transformação promovida pelo VW em sua vida pessoal foi a de permitir a satisfação de uma curiosidade de caráter apolítico a respeito de outros países.[52]

Para muita gente na época, viagens de longa distância como as do jovem professor eram motivo de inveja, porque mesmo no fim dos anos 1950 menos de um terço das famílias da Alemanha Ocidental podiam ser dar ao luxo de sair de suas cidades nas férias – e, entre as que podiam, a esmagadora maioria ficava hospedada com amigos e parentes dentro do próprio país.[53] Ainda assim, ao longo da década a imprensa automotiva publicava cada vez mais artigos sobre viagens domésticas e internacionais que podiam ser feitas com um Volkswagen, oferecendo roteiros de passeios e também dicas de ordem prática, como questões de documentação, taxa de câmbio, preço de combustível, tradições culinárias, categorias de hotel, informações sobre costumes sociais e, acima de tudo, estimativas de custo. Esses textos faziam muito mais do que oferecer conselhos aos turistas em potencial – com o boom econômico e a motorização em massa, essas reportagens ajudaram a estabelecer as viagens de férias como uma perspectiva viável para a população da Alemanha Ocidental. Muito antes de se tornarem acessíveis à população mais ampla, as temporadas de férias deixaram de ser um sonho distante para ganhar contornos de uma perspectiva real. Em virtude de sua proeminência na República Federal, o Volkswagen se tornou parte fundamental no processo de transformar as viagens de lazer em uma aspiração normal de uma população com um poder aquisitivo cada vez maior.[54]

Para a maioria dos alemães ocidentais, a vida privada girava em torno dos parentes mais próximos, apesar das muitas tensões existentes entre maridos, esposas e filhos. Em muitos casos, os homens voltavam da guerra com problemas físicos e cicatrizes emocionais, e por isso "achavam difícil se reintegrar à família", conforme observou Hannah Schissler, principalmente quando sua tentativa de retomar o posto de chefe da casa encontrava alguma resistência. Além dos desentendimentos entre os cônjuges, o gap geracional também representava um obstáculo, pois muitos filhos se recusavam a aceitar a autoridade de pais que passaram muito tempo longe de casa. Além disso, as condições de moradia ainda não eram as ideais, mesmo para as famílias que tiveram a sorte de se mudar para um apartamento recém-construído, já que o tamanho médio de um imóvel projetado para quatro pessoas era de 55 metros quadrados em 1953.[55]

Apesar das tensões que permeavam o ambiente familiar nos anos 1950, a maioria dos alemães ocidentais passava seu tempo livre entre quatro paredes na companhia dos parentes mais próximos, ouvindo rádio, lendo jornal ou simplesmente relaxando. Em certo sentido, esse retiro doméstico pode ser visto como uma consequência da hiperpolitização que caracterizou a época do Terceiro Reich. Depois de anos de uma propaganda política onipresente, além do caos e da humilhação gerados pela guerra, a maior parte das pessoas queria literalmente ser deixada em paz. O apelo do ambiente doméstico também tinha origem no desejo por uma vida mais estável e previsível. Sob esse ponto de vista, as residências se impunham como o principal lugar em que os alemães ocidentais esperavam encontrar a normalidade depois da guerra. As longas jornadas de trabalho dos anos 1950, que privavam a maioria da população do tempo e da energia necessários para exercer atividades ao ar livre, também contribuíam para os hábitos de lazer essencialmente domésticos. Em vez de direcionar seus gastos a hobbies e outras formas de entretenimento dispendiosas, muitos alemães ocidentais investiam seus frequentes aumentos salariais em objetos de conforto para o lar, como móveis, lavadoras de roupa, refrigeradores e televisores.[56]

Com exceção da construção de uma casa ou da compra de um apartamento, o mais caro desses objetos de desejo era o automóvel, que permitia ampliar a zona de convivência dos alemães ocidentais para além dos limites do lar e proporcionar novas formas de lazer em família. Embora cerca de metade dos novecentos motoristas participantes de uma pesquisa em 1959 tivessem respondido que adquiriram seus carros principalmente por razões profissionais, os analistas da época ressaltavam em peso que, se usado com parcimônia, o automóvel era o veículo ideal para incrementar a vida em família com passeios e viagens curtas. Ao contrário dos carros compactos da República de Weimar, cujo tamanho diminuto tornava inviável o transporte de toda a família, o VW oferecia espaço suficiente para acomodar pais e filhos. Publicado em 1951, o *Buch vom Volkswagen* (Livro do Volkswagen) recomendava o veículo

Fim de semana idílico com o Volkswagen. À medida que a recuperação econômica da Alemanha Ocidental ganhava força nos anos 1950, o VW foi se estabelecendo cada vez mais como um novo e familiar símbolo da normalidade do pós-guerra.

exatamente por permitir que casais e crianças fizessem "excursões de fim de semana". Esses passeios não precisavam ser necessariamente dispendiosos. "Em um raio de cinquenta quilômetros, existe sempre uma boa opção", garantia o autor, e "uma mãe de família inteligente" poderia limitar ainda mais as despesas levando a comida e a bebida de casa. Quando chegassem a seu destino, as crianças poderiam ir brincar no lago ou na floresta enquanto os pais aproveitavam para relaxar: "Sim, isso mesmo, assim a pessoa se sente mais livre e mais feliz. [...] A vida não está nada fácil, são tempos complicados, todos deveriam deixar de lado as inibições e se dedicar a coisas que fazem bem para o corpo".⁵⁷

Quando usado como um veículo familiar, sugeria o texto, o Volkswagen permitia aos proprietários deixar de lado as preocupações mundanas e as restrições materiais do dia a dia. Uma viagem curta proporcionava a oportunidade de passar um tempo feliz e pacífico com a família em um cenário idílico. Poucas imagens capturam essa visão de normalidade do pós-guerra com tanta propriedade quanto a fotografia de uma jovem família fazendo um piquenique em frente a um Volkswagen estacionado em um cenário de floresta e cercado de objetos de lazer. Capturada em 1957 por Josef Heinrich Darchinger, o cronista visual do milagre econômico para uma série de jornais e revistas, a imagem mostrava o Volkswagen como parte integrante de um cenário familiar pacífico que exalava contentamento e tranquilidade.⁵⁸

A forte ligação emocional que os donos desenvolviam com seus automóveis logo começou a chamar atenção. O sentimento do proprietário em relação ao carro começava logo no ato da compra, que era encarado como muito mais que uma simples transação financeira. A aquisição de um Volkswagen era uma ocasião especial, que conferia status e prestígio, servindo como um indicador de que o novo proprietário era um dos beneficiários do boom econômico. "O primeiro carro do meu pai foi um Volkswagen usado, que foi peça fundamental para a motorização da nossa família", relembrou um homem a respeito de sua infância nos anos 1950. "Um inevitável ritual de apropriação" na forma de um "pequeno passeio em família" durante o qual "o pai explicou as vantagens do novo veículo" serviu como o primeiro passo para a incorporação do veículo à rotina familiar, ele continuou. Além de ser uma demonstração visual da boa condição financeira da família para amigos e vizinhos, o primeiro passeio representava o início de um longo processo durante o qual o automóvel se transformava em uma espécie de tesouro pessoal do comprador.⁵⁹

Muitos proprietários personalizavam seus veículos para marcá-los como parte de seus domínios privativos, usando-os como uma tela em branco na qual expressavam predileções estéticas, acrescentando acessórios que ajudavam a apagar os traços dos antigos donos ou, no caso de um veículo zero-quilômetro, criar um diferencial para o produto altamente padronizado que a VW oferecia. Obviamente, acessórios como engates, kits de primeiros socorros, ferramentas, mapas e varetas para medir o nível de combustível antes da adoção do medidor automático eram necessidades funcionais, e não uma expressão de gosto pessoal. Muitos motoristas, no entanto, não se restringiam aos objetos com função prática. Alguns instalavam faróis adicionais, frisos cromados, pneus com faixa branca, adesivos, placas coloridas e várias outras coisas, abandonando-se a um frenesi decorativo que beirava o ridículo, criando verdadeiras "árvores de Natal ambulantes".[60]

Se por um lado as alterações chamativas no exterior do carro podiam atrair olhares de reprovação, quase ninguém se incomodava com os objetos acrescentados ao espartano interior do Volkswagen. Apesar de ser um investimento custoso, a instalação de um rádio proporcionava uma distração bem-vinda às potencialmente monótonas viagens pelas *Autobahn*. Além das tradicionais almofadas, as capas de proteção para os bancos protegiam os estofados do desgaste e ainda conferiam um visual mais aconchegante ao VW.[61] Nos anos 1950, um objeto decorativo especialmente popular entre os alemães eram os vasinhos de planta, muitos deles produzidos por fabricantes de porcelana de primeira linha, como Rosenthal e Arzberg. Apesar de alguns casais fixarem um vaso no painel apenas para preservar as mudas recolhidas nas viagens, que seriam replantadas em casa como "lembretes visuais" do passeio, muitos mantinham no próprio carro as flores colhidas pelo caminho. "Meu marido e eu com certeza não queremos ficar sem flores frescas no vaso do nosso VW", afirmou uma mulher chamada Lilo Müller em meados dos anos 1950. Ela considerava os arranjos florais uma das características definidoras de seu veículo familiar. Como uma extensão do papel que desempenhavam no lar, as mulheres impunham alterações estéticas significativas ao interior de muitos Volkswagens, participando de maneira ativa de sua transformação em objetos de cunho altamente pessoal.[62]

De acordo com muitos manuais automotivos da época, a rotina de manutenção era a principal atividade por meio da qual os proprietários do sexo masculino demonstravam sua dedicação ao automóvel. Mesmo as publicações explicitamente destinadas a leitores com poucos conhecimentos de mecânica incluíam instruções detalhadas sobre como limpar o carburador, consertar a bomba de combustível, checar o distribuidor e regular o alternador. No entanto, o melhor indicador do interesse do homem por seu carro se dava por meio do cada vez mais comum ritual da lavagem de fim de semana. Em algumas famílias essa obrigação ficava para a mulher ou para os filhos, mas muitos proprietários se mostravam extremamente relutantes em delegar essa tarefa. Em geral, a limpeza do interior e exterior da casa era uma responsabilidade feminina, mas, quando se tratava do automóvel, quase nenhum homem considerava que a suspensão temporária da divisão de tarefas por sexo comprometia sua masculinidade. Em alguns manuais se afirmava que era necessário manter os veículos sempre impecáveis porque a aparência externa do carro interferia na maneira como o indivíduo era visto pela sociedade. O manual automotivo mais popular entre proprietários de Volkswagens descrevia a lavagem do automóvel como uma demonstração de afeto: "Quando decidimos lavar nós mesmos nosso carro, quase nunca fazemos isso para economizar [...] e sim com a nobre intenção de recompensar nossos carros pelos bons serviços prestados no dia a dia".[63]

Além da preocupação com a autoimagem e da gratidão, o sentimento de afeição era outra razão a motivar os motoristas a lavarem eles mesmos seus carros. Em um texto escrito no início da década de 1950, um jornalista automotivo comparava os impulsos que levavam os homens a se entregar aos rituais semanais de limpeza àqueles experimentados nos estágios iniciais de um namoro. Ele comentou que a visão de um homem de classe média vestindo "roupas velhas e um par de sapatos surrados [antes de] pegar um balde d'água, uma esponja [e] a melhor flanela da casa" para "lavar, polir e limpar seu 'possante'" com prazer revelava "um grau de amor e carinho que [poderia] levar um observador isento a acreditar que ele estava flertando com uma nova garota". A limpeza do carro ilustrava a ligação emocional que muitos donos desenvolviam em relação a seus automóveis. Em um outro texto, o autor expressou o relacionamento entre carro e motorista em termos similares, afirmando que o automóvel "é o único caso de amor do qual você pode falar sem censura e levar para casa sem estar cometendo um pecado". Embora ambos os autores tenham feminizado os carros para retratá-los como um objeto de desejo masculino, seus relatos servem para ressaltar o apelo sentimental que os automóveis exerciam sobre os donos.[64]

Um anúncio de 1956 comparava a relação de um Volkswagen com seu proprietário à de um marido com sua mulher. Sob uma imagem que fundia o rosto de um homem sorrindo com a visão frontal de um VW, o slogan afirmava que o automóvel era a "sua cara-metade". Em vez da natureza tempestuosa de um caso amoroso, a estabilidade do casamento era o tema central do anúncio sobre o sentimento de unidade que surgia entre um carro e seu dono. Havia também quem descrevesse seu Volkswagen como "um bom amigo" ou um animal de estimação, uma analogia bastante apropriada diante dos cuidados constantes que os veículos recebiam. Não causa admiração, portanto, que muitos Volkswagens, como os bons amigos e os animais de estimação, ganhassem apelidos carinhosos como "Fridolin", "Oscar" e, no caso dos pintados de vermelho, "Tomate". Os cidadãos da Alemanha Ocidental tinham inúmeras maneiras de expressar sua afeição pelos automóveis.[65]

As vendas sempre em alta nos anos 1950 e início dos 1960 eram uma garantia de que os detalhes desagradáveis sobre as raízes hitleristas do veículo tinham sido deixados em segundo plano, e a ligação emocional que os donos desenvolveram com seus carros era um sinal de que o Volkswagen havia se tornado um símbolo cujo significado ia muito além da esperança de que a normalidade da República Federal da Alemanha estivesse assentada sobre bases sólidas. Com o tempo, o VW se estabeleceu como um ícone nacional que milhões de alemães ocidentais veneravam como um tesouro pessoal. Nesse sentido, o carro se diferenciava bastante do marco alemão, outro símbolo proeminente da estabilidade do pós-guerra. Por serem objetos destinados a transações financeiras, as notas de dinheiro eram uma presença muito mais prosaica no dia a dia, já que trocavam de mãos a todo momento.[66]

Embora as mulheres tenham desempenhado um papel importante no processo de transformação dos Volkswagens em objetos de cunho profundamente pessoal, não havia dúvidas de que na época a cultura automotiva era considerada um domínio masculino. Acima de tudo, essa convicção se baseava na ideia de que manter apropriadamente um carro exigia uma boa dose de competência técnica. Para disseminar conhecimentos sobre mecânica em uma sociedade na qual por muito tempo o automóvel foi privilégio de uma minoria rica, os manuais automotivos da República Federal da Alemanha incluíam longas passagens dedicadas a esse tema. O *guia prático do automóvel*, de Helmut Dillenburger, um livro de 450 páginas que vendeu mais de 200 mil exemplares entre 1957 e 1961, continha cerca de 150 páginas recheadas de ilustrações com explicações detalhadas sobre, entre outras coisas, os diversos tipos de motores, freios, embreagens, transmissões e sistemas de injeção de combustível. "Os carros de hoje", ressaltou ele, "são muito mais avançados que seus antecessores. [...] Para reconhecer e aplicar corretamente esse potencial, é preciso saber mais a seu respeito." Esses esforços para popularizar o conhecimento técnico aos motoristas, no entanto, eram inúteis no que dizia respeito às mulheres, afirmava muita gente na época. Com base em uma crença profundamente enraizada sobre a incompetência técnica feminina, dizia-se que as mulheres tinham um interesse limitadíssimo a respeito do aspecto funcional dos veículos a motor. Em 1957, um artigo na revista feminina *Constanze*, voltada para mulheres de classe média, declarou sem qualquer pudor que "um homem que quer comprar um carro [...] deve saber que para a imensa maioria das mulheres apenas duas coisas interessam em um automóvel: a lataria e a decoração do interior".[67]

As mulheres da Alemanha Ocidental também eram obrigadas a enfrentar uma desconfiança generalizada em relação a sua capacidade de dirigir um automóvel. Apesar de pouquíssimos testemunhos acusando explicitamente as mulheres de imperícia ao volante terem sido publicados, existem evidências de sobra para corroborar o preconceito velado sofrido pelas motoristas. A filha de um revendedor da VW escreveu uma carta para a *Gute Fahrt* nos seguintes termos em 1951: "Graças a Deus eu ainda não tenho um

Um anúncio antigo da Volkswagen celebra visualmente o sentimento de unidade entre o motorista e seu carro. Ao se referir ao automóvel como a "cara-metade" (bessere Hälfte) do proprietário, a peça publicitária retrata o VW como um veículo em que "o homem pode confiar".

marido para me proibir de dirigir, mas tenho um pai que não confia nem um pouco em mim ao volante. [...] O que eu faço?". Muitos maridos impunham inúmeros obstáculos para impedir que suas esposas conduzissem o veículo da família. As filhas de Hildegard Eyermann, uma farmacêutica com formação universitária que tirou a carteira de motorista ainda na época da República de Weimar, contam que "nossa mãe nunca dirigiu enquanto papai estava vivo". Quando Kurt Eyermann, um médico da zona rural, levava a família para passear em seu VW verde-escuro nos anos 1950, Hildegard ficava no banco do passageiro, consultando o mapa dos arredores e alertando seu nervoso marido sobre o tráfego das estradas vicinais do norte da Francônia. "Mesmo no inverno, com a neve e as ladeiras da nossa cidade, ela nunca pegava o carro. Fazia todas as compras de bicicleta", relembraram suas filhas com reprovação décadas depois. Mesmo no final dos anos 1960, as mulheres que dirigiam seus VWs cheias de confiança e desenvoltura precisavam se defender contra acusações de "masculinidade" ou "bissexualismo", já que muitos de seus contemporâneos insistiam em considerar o carro como um domínio dos homens. A motorização em massa da Alemanha Ocidental, portanto, carregou consigo um sentimento enraizado de misoginia automotiva, que se revelava na esfera privada e restringia severamente às mulheres os benefícios de possuir um carro.[68]

Números confiáveis a respeito do número de mulheres habilitadas nos primeiros anos do pós-guerra são difíceis de encontrar, pois as estatísticas nacionais não faziam esse tipo de diferenciação dos motoristas. Uma pesquisa sociológica realizada em Frankfurt em 1959, porém, revela uma desigualdade que provavelmente constituía o padrão social da época: menos de 9% das pessoas que os pesquisadores encontraram atrás de um volante eram mulheres. Ainda assim, nas décadas de 1950 e 1960 houve um aumento significativo no número de motoristas do sexo feminino, como demonstram os registros oficiais de mulheres que tiraram carteira para conduzir carros, caminhões ou motocicletas. Se esse número em 1955 foi de 141.226, em 1963 já chegava a 372.629, um aumento de 16% para 23% do total de habilitados no período. O fato de as mulheres se tornarem uma presença mais constante conduzindo seus automóveis pelas ruas no início dos anos 1960 também se refletiu na decisão de várias publicações de começar a dialogar diretamente com as motoristas. Em 1961, a *Constanze* criou uma coluna quinzenal dedicada a mulheres que dirigiam. Dois anos depois, a *Gute Fahrt* introduziu "Beate", uma comentarista que assumia a defesa das motoristas em discussões sobre quem "se portava melhor no trânsito", os homens ou as mulheres. O surgimento de colunistas que tinham como público-alvo as motoristas da década de 1960 é um sinal de que as revistas que ignoravam as questões de gênero na discussão sobre o setor automotivo corriam o risco de parecer ultrapassadas.[69]

O crescimento do número de mulheres ao volante nas décadas de 1950 e 1960 se deve a uma série de razões. Os salários cada vez mais altos e o aumento da proporção de mulheres casadas com menos de quarenta anos no mercado de trabalho de 27% em 1950 para 40% em 1961 explica em parte essa tendência, já que mais mulheres passaram a ter condições de tomar aulas de direção ou comprar e manter um carro. A maneira como Marlies Schröder, uma costureira de vinte e poucos anos da região rural de Eifel, aprendeu a dirigir no início dos anos 1960 é um caso emblemático nesse sentido. Quando a autoescola local contratou seus serviços de costura, ela decidiu usar o que ganhou para "tirar a carteira de motorista". Temendo a oposição paterna, "eu me matriculei em segredo. Só depois de fazer algumas aulas tive coragem de confessar minha intenção". Apenas com uma boa dose de subterfúgios e usando seu próprio dinheiro a jovem conseguiu tirar a carteira.[70]

Nessa mesma época, as vozes que consideravam a condução de veículos de passeio uma prerrogativa masculina começaram a ficar cada vez mais isoladas no debate público. Não é por acaso que quase nenhum depoimento mais explícito sobre a inferioridade das mulheres ao volante foi publicado nos anos 1950. Desde os primórdios do pós-guerra, estabeleceu-se na Alemanha Ocidental uma cultura de reconhecimento da participação feminina nos esforços de guerra e na reconstrução do país durante os "anos de ruínas" que se seguiram à derrota militar. Em um contexto como esse, declarações públicas desdenhando categoricamente da capacidade das mulheres como motoristas tinham um potencial bastante controverso. A Lei Fundamental, que passou a desempenhar o papel de constituição política da Alemanha Ocidental a partir de 1949, também reforçava essa condição. Embora as políticas familiares da década de 1950 não negassem o conceito de separação de gêneros, definindo a mulher como mãe e dona de casa e o marido como provedor do lar, a Lei Fundamental garantia a igualdade entre os sexos como um dos pilares constitucionais da República Federal da Alemanha. Em outras palavras, legalmente ninguém tinha o direito de impedir as mulheres de dirigir nas vias públicas, por mais conservadoras que ainda fossem as políticas familiares do governo.

Os índices de emprego, as lembranças coletivas do papel das mulheres durante a guerra e o período de reconstrução e as garantias constitucionais de igualdade entre os sexos tornavam mais fácil a tarefa de combater publicamente os preconceitos de ordem privada contra as motoristas. Havia inclusive homens que se opunham frontalmente à ideia de que as mulheres eram incapazes de conduzir seus automóveis de forma adequada. Se algumas mulheres pareciam inseguras ao volante, dizia uma linha de argumentação, era porque não tinham prática, já que seus maridos tratavam o carro da família como um "brinquedo" que "queriam manter só para eles. [...] Acima de tudo, cavalheiros, deixem suas mulheres dirigirem sozinhas, é só assim que elas vão aprender". As mulheres, por sua vez, abraçavam cada vez mais o discurso de que eram elas – e não os homens – as motoristas mais confiáveis, principalmente no que dizia respeito a não causar acidentes. Em 1950, a *Constanze* estampou a fotografia de uma secretária que as autoridades americanas coroaram oficialmente como a motorista "mais prudente" de sua zona de ocupação ao lado de um VW. "Mulheres dirigem melhor", dizia uma manchete da mesma revista um ano depois, citando um especialista da Associação Automobilística Alemã (ADAC) e estatísticas sobre acidentes para comprovar sua afirmação. Além de demonstrarem repetidas vezes sua competência ao volante, as mulheres dos anos 1950 também diziam ser "apaixonadas pelo VW".[71]

Esse tipo de intervenção ajudou a mudar o tom do debate público sobre a questão de gênero em relação aos automóveis, mas apenas até certo ponto. Embora as jornalistas do início da década de 1960 fizessem questão de lembrar a seus contemporâneos que "somos muito bem capazes de nos conduzir no trânsito com a mesma competência de nossos equivalentes masculinos", havia quem simplesmente se recusasse a discutir os estereótipos relacionados a gêneros, tratando o assunto com ironia e sarcasmo. "Todas as mulheres sabem que os homens dirigem bem – sem exceções", zombou uma colunista, referindo-se à autoimagem dominante entre os motoristas do sexo masculino em 1963.[72] Para algumas mulheres, essas acusações de imperícia ao volante nem ao menos mereciam ser levadas a sério. Ao mesmo tempo, um grande número de jornalistas homens passava a afirmar publicamente que as motoristas muitas vezes demonstravam mais talento para a direção que os homens. Diversos entrevistados em uma matéria da *Gute Fahrt* concordaram que "as mulheres dirigem melhor que os homens, com mais responsabilidade e com um comportamento mais tranquilo".[73]

No entanto, os mesmos homens que afirmaram sem problemas sua confiança nas motoristas para a matéria da *Gute Fahrt* terminaram seus relatos dizendo que suas esposas nunca dirigiam em sua presença, com medo de serem criticadas. Apesar do relativo sucesso do questionamento dos estereótipos de gênero no debate público, as motoristas continuavam a ser encaradas com desconfiança na esfera privada quando ganharam as ruas em maior número no início dos anos 1960. Ainda assim, mesmo os que não viam com bons olhos as mulheres ao volante eram obrigados a admitir que, a princípio, as mulheres eram perfeitamente capazes de guiar um Volkswagen com toda a segurança. No início daquela década, os alemães ocidentais começaram a aceitar com menos relutância que motoristas de ambos os sexos consideravam o VW um tesouro pessoal. Apesar das tensões de gênero que acompanharam a motorização em massa, para inúmeros alemães ocidentais o Volkswagen se tornou um objeto digno de grande afeição, que merecia ser lavado, embelezado e tratado com carinho pelo dono. A ligação emocional que a compra do primeiro automóvel criava entre homem e máquina – ou mulher e máquina – foi um aspecto central para a elevação do Volkswagen a um ícone da República Federal da Alemanha.

O apelo do automóvel no dia a dia de ambos os sexos estava intimamente relacionado a seu potencial emancipatório. No início dos anos 1950, a ideia de que o carro promovia a liberdade individual já tinha um longo – e controverso – histórico na Alemanha. Já nos anos 1910, Henry Ford exaltava o automóvel por sua capacidade de promover a liberdade individual, assim como os proprietários de carros compactos da República de Weimar. Hitler também se valeu dessa mesma noção ao conceber o "carro do povo" como um instrumento para uso exclusivo dos "arianos", que libertaria a *Volksgemeinschaft* das amarras do transporte público. As restrições raciais do Terceiro Reich à disseminação do automóvel foram deixadas de lado na República Federal, mas a associação do carro ao conceito de liberdade se tornou mais forte do que nunca no pós-guerra, e não só por causa do número crescente de veículos em circulação. Em meio ao clima cada vez mais pesado da Guerra Fria, muitos motoristas das décadas de 1950 e 1960 narravam suas vivências ao volante como uma experiência libertadora. Por outro lado, um número cada vez maior de mortes em acidentes não demorou a manchar a reputação do automóvel como instrumento de liberdade na Alemanha Ocidental. As preocupações com a segurança deram início a um longo debate sobre a necessidade de impor limites à liberdade individual nas vias públicas.

Em virtude do alinhamento do país com o "mundo livre" liderado pelos americanos, a "liberdade" (*Freiheit*) era um tema caríssimo ao contexto político da Alemanha Ocidental. Ao longo de anos 1950, as elites políticas e econômicas da República Federal proferiram inúmeros pronunciamentos exaltando a liberdade individual, que se impunha como um contraponto ao *ethos* de coletivismo vigente no bloco socialista. A retórica da liberdade também estava presente na defesa da "livre iniciativa", que, como Ludwig Erhard escreveu em um ensaio de 1957, devolveu "a vida e a liberdade a um povo empobrecido e faminto" em um intervalo de poucos anos. Além do âmbito político e econômico, a liberdade de deslocamento também se encontrava entre os principais valores apoiados pelo Ocidente. Em 1954, Wilhelm Röpke, um dos conselheiros econômicos de Erhard, chegou ao ponto de incluir a "liberdade de trânsito" entre os preceitos fundamentais da sociedade da República Federal da Alemanha. Ele elevou a possibilidade de "satisfazer as próprias necessidades de transporte como melhor lhe convier" a um "direito básico e inalienável do indivíduo", uma "liberdade elementar" que "um país localizado deste lado da Cortina de Ferro precisa garantir".[74]

Mas se para os políticos o automóvel era uma questão estreitamente relacionada ao contexto da Guerra Fria, o público em geral não demonstrava muito interesse nesse tipo de discussão. Essa relutância não era apenas um reflexo da falta de confiança na política que se seguiu à época do Terceiro Reich, mas também ao profundo ceticismo com que era encarado o novo governo parlamentarista da República Federal da Alemanha por uma população que, como revelaram diversas pesquisas de opinião, ainda demonstrava fortes "inclinações autoritárias, antidemocráticas e fascistas" no início dos anos 1950. Sendo assim, os articulistas que elogiavam a capacidade do automóvel de ampliar as liberdades individuais se limitavam a enunciados sucintos e genéricos: "O carro nos torna livres", escreveu laconicamente um jornalista automotivo no começo da década, repetindo uma afirmação que já era feita fazia décadas. Um de seus pares seguiu nessa mesma linha, caracterizando o carro como o epítome da independência: "Sentar-se ao volante representa a essência da liberdade pessoal". Por empregar um termo fundamental do vocabulário político da Alemanha Ocidental, o elogio do automóvel como uma fonte de "liberdade individual" indiretamente relacionava o carro aos valores liberais da República Federal. Ao possibilitar uma maior mobilidade às pessoas, a disseminação do uso do carro – e em especial do Volkswagen – revelava que a Alemanha Ocidental de fato promovia novas formas de liberdade. A motorização em massa teve um papel fundamental para demonstrar a uma opinião pública politicamente traumatizada que a retórica da Guerra Fria a respeito das garantias de liberdade não ficava apenas no discurso.[75]

Mas não era apenas pela questão da mobilidade que o carro exercia um apelo de liberdade. O veículo em si servia como um instrumento de privacidade para driblar os códigos morais e as restrições legais existentes à época. Casais de namorados em busca de momentos a sós, por exemplo, encontravam sérias dificuldades nos primeiros anos da República Federal, em virtude da falta de espaço da maioria das residências. Encontrar um hotel para uma saída noturna era complicado, pois a lei federal previa que quem alugasse quartos para casais sem certidão de casamento fosse autuado criminalmente por facilitar a prostituição. Nessas circunstâncias, até mesmo um casal de namorados que reservasse quartos separados para uma viagem de férias corria o risco de ser processado. As atividades amorosas dentro do carro, no entanto, estavam fora dos limites da lei, como apontou um guia automotivo em uma seção intitulada "sobre namorar no carro". Aos leitores preocupados com uma eventual acusação de "perturbação pública", era esclarecido que os atos eróticos praticados dentro do automóvel não se qualificavam como indecência aos olhos da lei, desde que o casal esteja estacionado em um local discreto: "Existe a perturbação *pública* [como corpo de delito], mas para isso é preciso haver público. Uma pessoa já basta para isso, mas o policial não conta; o cidadão precisa alertá-lo sobre esse fato caso sua porta seja aberta quando as janelas estiverem embaçadas". Esse conselho aparentemente estava correto, já que nenhum caso de processo em virtude de relações amorosas praticadas dentro de carros chegou às manchetes dos jornais na década de 1950. Para os jovens, em particular, o automóvel funcionava como um espaço de liberdade individual, oferecendo um refúgio seguro para a experimentação erótica.[76]

Além de promover a mobilidade individual e proporcionar privacidade, as características libertadoras do automóvel também se manifestavam no ato de dirigir. Os alemães ocidentais que guiavam um Volkswagen na década de 1950 com frequência relatavam essa experiência em termos entusiasmados e emocionados. "Eu adoro dirigir", escreveu uma jovem em 1951 sobre seus passeios de VW. Até mesmo um jornalista automotivo experiente considerou testar "um Volkswagen por três semanas [...] um deleite absoluto". O professor em início de carreira acima citado também se lembrava da "sensação maravilhosa" que experimentou mais de cinquenta anos depois de dirigir pela primeira vez seu VW. Para um número cada vez maior de alemães ocidentais, o Volkswagen significava uma nova alegria na vida, uma felicidade motorizada que sinalizava um grande contraste em relação às privações amargas dos primeiros anos do pós-guerra.[77]

A motorização em massa acrescentou uma nova dimensão à identidade dos alemães ocidentais que, por falta de termo melhor, pode ser chamada de "personalidade de motorista". No entanto, esse aspecto da personalidade, que entra em ação quando a pessoa assume o volante, demorou um certo tempo para se desenvolver. A operação de uma máquina até então desconhecida envolve todos os sentidos, portanto guiar um automóvel exige a aquisição de um conjunto considerável de habilidades motoras. Com o tempo, a prática possibilita que se estabeleça um padrão que aos poucos transforma uma série de atos tímidos e inseguros em uma tarefa em grande parte intuitiva, que oferece a homens e mulheres a sensação de estar em consonância com um poderoso dispositivo tecnológico. Como observou um sociólogo no início na década de 1950, quando ganha confiança o motorista pode desviar o foco de sua atenção de "manusear a alavanca de câmbio [e] da complexa operação [de] conduzir o veículo pela via. O motorista [agora] está no comando, ele mesmo faz a curva, deixa outro motorista para trás etc.". "Sentir a máquina como uma extensão de si mesmo" foi a frase que um contemporâneo seu usou para descrever o domínio que desenvolveu sobre seu Volkswagen.[78]

Uma sensação de empoderamento também fazia parte da transformação do indivíduo em motorista. Um analista alemão observou em 1957 que "ao volante, nós experimentamos uma sensação de maior poder, o que infla nosso 'ego'. Forças poderosas reagem ao mover de um dedo; a obediência é completa". Escrevendo sobre a intimidade entre homem e máquina, o autor de um manual automotivo se valeu de uma imagem da mitologia antiga ao observar que "um bom motorista se funde a seu veículo como um centauro moderno cuja cabeça controla o motor e as rodas sem exigir o impossível". Sendo assim, os motoristas se destacavam como "pessoas de quem o aparato mecânico se tornou um amigo, não um tirano ou escravo, mas um intermediário para uma vida mais elevada". O Volkswagen não foi de forma alguma o único carro a transformar os cidadãos da República Federal da Alemanha em motoristas, mas sua disseminação nas ruas e estradas do país contribuiu enormemente para ajudar os alemães ocidentais a entrarem em contato com essa sensação de poder e desenvolverem sua personalidade ao volante.[79]

As pessoas que adquiriram um automóvel nos anos 1950 puderam estabelecer sua identidade como motoristas em condições admiravelmente favoráveis. Embora muitas ruas a princípio estivessem em mau estado de conservação, os carros podiam circular sem muitas interrupções, já que o trânsito nas áreas habitadas permanecia bem tranquilo. Na segunda metade da década, quando o número de veículos aumentou significativamente, o governo federal deu início a um extenso programa de obras para garantir um bom fluxo de tráfego. Além dos investimentos em infraestrutura, em 1955 foi instaurado um esquema de benefícios fiscais que permitia aos proprietários de automóveis abater dos impostos seus gastos diários com transporte. [80] Além de tudo isso, a legislação ampliou ainda mais a liberdade de ação dos motoristas quando, em 1953, segundo uma recomendação do ministro dos transportes Hans-Christoph Seebohm, o parlamento alemão suspendeu todos os limites de velocidade até então em vigor para os automóveis. Seebohm, uma liderança do ultraconservador Deutsche Partei, celebrou o projeto não apenas como um passo na direção da soberania nacional, por reverter as restrições impostas pelos Aliados em 1945, mas também, de forma ainda mais significativa, como um retorno a "nossas antigas regulamentações, já testadas e aprovadas" – uma referência explícita ao código de trânsito do Terceiro Reich, que abolira os limites de velocidade em 1934. No entanto, nem seus colegas de parlamento nem a imprensa se deram conta das raízes históricas dessa declaração de Seebohm, e ninguém argumentou que o ministro dos transportes estava ressuscitando uma medida fracassada do nazismo, da qual o regime foi obrigado a voltar atrás em 1938 em virtude do alto número de acidentes. Em vez disso, os parlamentares e os jornalistas pareciam pensar que a ditadura nazista havia imposto os limites de velocidade apenas como uma medida de economia de combustível motivada pelo início da Segunda Guerra Mundial. Essa visão convenientemente equivocada levou a revista *Der Spiegel* a parabenizar o governo alguns anos depois por ter revogado uma "lei nazista aprovada em 1939".[81]

A postura ultraliberal de Seebohm em relação aos limites de velocidade se baseava na ideia de que os motoristas guiavam seus carros movidos por um "senso de responsabilidade" que os fazia moderar naturalmente a velocidade para não expor a si mesmo e aos demais a perigos desnecessários. Não muito tempo depois, porém, com o aumento do número de acidentes, passou-se a questionar seriamente se os proprietários de automóveis da República Federal da Alemanha eram de fato capazes de uma conduta responsável ao volante. Em 1950, as estatísticas registraram 6.314 mortos e 150.416 feridos em acidentes nas ruas e estradas do país, mas esses números saltaram para 11.025 e 298.231 respectivamente em 1953, e atingiram a marca de 14.088 mortos e 412.036 feridos em 1962. Como o número de veículos de passeio aumentou dez vezes durante esse período, uma quantidade três vezes maior de acidentes pode parecer algo compreensível, mas na época a questão não foi vista dessa maneira. Os alemães passaram a encarar os acidentes de trânsito como um novo e dramático risco cujas causas e possíveis soluções geraram discussões controversas a respeito da relação entre o governo, a sociedade civil e o indivíduo. No centro desse debate público estava a questão da medida da liberdade de que o motorista deveria dispor nas vias públicas.[82]

Embora os analistas identificassem múltiplas causas para os acidentes – falta de coordenação motora, mau estado das estradas depois da guerra, pedestres desatentos que literalmente entravam na frente dos carros e a presença de caminhões de grande porte –, grande parte dos observadores insistia em responsabilizar os condutores de carros de passeio pela maioria dos casos, pois se tratava do grupo que vinha se expandindo com maior rapidez. Em última análise, o argumento era que os motoristas não tinham as qualidades necessárias em termos de caráter para dirigir um carro de modo a não oferecer risco aos demais cidadãos. "Diga-me como diriges, e eu te direi se és um ser humano decente", escreveu um jornalista automotivo, reforçando a ideia de que a maneira de dirigir era um reflexo do temperamento do indivíduo. Segundo se dizia na época, os alemães ocidentais eram muito mais agressivos ao volante do que os cidadãos dos outros países industrializados da Europa, que tinham números de acidentes bem menores. "O motorista francês é educado e respeitoso por natureza, assim como o inglês", garantiu um testemunho. E a preocupação com as maneiras dos alemães ocidentais no trânsito de forma alguma se limitava ao âmbito da imprensa, e nem chegou ao fim junto com a década de 1950. Em 1961, o departamento de relações exteriores do país pediu às embaixadas da França, da Itália, da Espanha e da Suíça informações a respeito dos possíveis danos que a conduta agressiva dos motoristas alemães em férias causava à imagem da República Federal da Alemanha. Embora os diplomatas tenham respondido que não havia com que se preocupar, essa iniciativa em si é sintomática de que a preocupação com o comportamento dos motoristas da Alemanha Ocidental não se restringia a uma única esfera.[83]

No debate público a respeito das causas dessa agressividade que parecia se manifestar nas ruas e estradas do país, a inexperiência dos motoristas quase nunca era considerada uma explicação satisfatória. Em vez disso, dizia-se que a falta de civilidade nas vias públicas da República Federal fazia muitos motoristas relembrarem as velhas zonas de combate. "Quando vou viajar, me sinto como se estivesse indo para o front. Você nunca sabe se vai voltar são e salvo para casa", escreveu um motorista no início dos anos 1950. As referências militaristas continuaram a permear as avaliações sobre a conduta dos alemães ocidentais ao volante até meados dos anos 1960, quando um periódico automotivo influente descreveu as *Autobahn* como um "campo de batalha", e a principal revista de notícias do país deixou a população de cabelos em pé ao lembrar que as vítimas anuais de acidentes eram "mais de uma vez e meia o número de mortos e quinze vezes o número de feridos da invasão da Polônia" em 1939.[84]

Os sociólogos de hoje atribuem essa conduta agressiva à falta de comunicação entre os motoristas, mas as frequentes referências a imagens militaristas no debate sobre os acidentes nos primórdios da República Federal sugerem que muitos alemães ocidentais tinham uma explicação diferente para o fato. O crescimento da violência no trânsito, temiam eles, era uma herança indesejada deixada pelo Terceiro Reich e a Segunda Guerra Mundial. Surpreendentemente, foi Seebohm, o ministro dos Transportes, quem afirmou isso de maneira mais explícita, creditando a suposta falta de "disciplina" ao volante ao "contexto da guerra e do pós-guerra". As preocupações a respeito do legado moral do nacional-socialismo permeavam diversas esferas nos primeiros anos da República Federal da Alemanha e despertaram inúmeros clamores para que os vestígios do militarismo nazista fossem definitivamente extirpados do cotidiano do país. Em um esforço contínuo para recivilizar a jovem nação, foram publicados diversos livros de etiqueta, muitos deles best-sellers com vendas nas casas das centenas de milhares, que ofereciam conselhos abrangentes a respeito de como remodelar as relações cotidianas com base na conduta de civilidade desejada em um regime democrático. Essa mesma motivação estava por trás de diversos programas lançados nos anos 1950 para promover um comportamento mais contido ao volante nas vias públicas da Alemanha Ocidental. Apoiadas pelo Ministério Federal dos Transportes, essas iniciativas incluíam campanhas educacionais, boletins informativos em diversas mídias e premiações para quem demonstrasse um comportamento exemplar nas ruas e estradas.[85]

    Diante do número crescente de acidentes, porém, muitos analistas afirmavam que os incentivos à mudança voluntária de comportamento seriam inúteis caso não fossem complementados por sanções disciplinares mais severas para castigar a conduta imprudente. As polêmicas a respeito da legislação de trânsito, que ganharam ainda mais peso em meados dos anos 1950, giravam em torno do poder de intervenção do Estado sobre a sociedade civil e a medida na qual as autoridades poderiam restringir a liberdade individual em nome da segurança pública. Já que o excesso de velocidade era visto como a principal causa dos acidentes, essa questão proporcionava discussões particularmente violentas a respeito da fiscalização no trânsito. Embora políticos de todos os partidos e profissionais de diversas áreas – como policiais, urbanistas e médicos – defendessem a limitação compulsória de velocidade, a indústria automobilística e as associações de motoristas conseguiram estabelecer um lobby poderoso, capaz de defender com grande sucesso o direito de dirigir a qualquer velocidade como uma liberdade individual fundamental do cidadão.[86]

Essa campanha contou com o apoio explícito dos cada vez mais numerosos motoristas do país, entre eles muitos donos de Volkswagens, que costumavam reagir com indignação às tentativas de intervenção por parte do governo. "Em nenhum outro país existem tantos regulamentos" como na Alemanha, protestou a *Gute Fahrt* em 1952, acrescentando alguns anos depois que as leis de trânsito da República Federal reforçavam "o amor dos alemães pela proibição". Embora o governo federal tenha decidido agir em benefício da segurança pública em 1957 e estabelecido um limite de cinquenta quilômetros por hora em áreas urbanas, os protestos contra a suposta tradição de autoritarismo na Alemanha se mostraram bastante eficazes. Apesar do aumento constante dos mortos e feridos nas ruas e estradas, os políticos de Bonn só impuseram restrições adicionais em 1971, com a introdução de um limite de noventa quilômetros por hora em estradas de duas pistas, mas as *Autobahn* continuaram isentas de regulamentações para evitar o clamor popular. A essa altura, a atitude leniente da República Federal em relação aos limites de velocidade já tornava o país uma exceção no contexto internacional, cujas raízes, assim como o projeto do Volkswagen, datavam da época do Terceiro Reich.[87]

Com o sucesso das campanhas contra a adoção dos limites de velocidade, a reputação do Volkswagen no quesito segurança se manteve sem maiores questionamentos. Afinal, o debate direcionava o foco da questão à conduta individual, e não aos automóveis. Mesmo os que consideravam o trânsito de veículos a motor uma ameaça à segurança pública se limitavam a criticar o comportamento dos motoristas, e não os carros em si. Como consequência, as configurações de segurança dos veículos não eram submetidas ao escrutínio público, e eventuais problemas técnicos que poderiam ter contribuído para diversos acidentes não eram discutidos com muita profundidade na Alemanha Ocidental durante os anos 1950 e início dos 1960. O aumento de mortos e feridos nas ruas e estradas, portanto, não deixou nem um arranhão na icônica carroceria do

Volkswagen. Em vez disso, milhões de alemães ocidentais viam no carro um instrumento que transformou a República Federal em um país de motoristas, permitindo uma mobilidade individual sem precedentes e promovendo uma noção de liberdade que encontrava sua mais forte expressão no direito de dirigir a qualquer velocidade em qualquer lugar. Driblando a desconfiança de muitos cidadãos a respeito do clima altamente politizado do auge da Guerra Fria, o Volkswagen ajudou a disseminar na Alemanha Ocidental uma noção de liberdade que a princípio parecia desvinculada de motivações políticas.

Ao longo das décadas de 1950 e 1960, o Volkswagen foi associado positivamente inúmeras vezes à jovem República Federal da Alemanha – um país supostamente apolítico – e sua modernidade política e econômica. No contexto do "milagre econômico", o carro exemplificava e amplificava a história de sucesso da Alemanha Ocidental, atribuída a uma cultura de trabalho e realização. Com as vendas sempre em alta, os observadores assinalavam que o bom desempenho comercial do VW beneficiava tanto a empresa quanto seus empregados. O Volkswagen, segundo essa narrativa, devia sua existência a uma empresa altamente produtiva que, sob a liderança patriarcal de Nordhoff, recompensava seus funcionários com os melhores salários e benefícios do país, o que possibilitou a transformação de Wolfsburg de um assentamento precário de barracões em uma cidade de porte médio com infraestrutura moderníssima. Além disso, o VW servia como uma garantia de que a recuperação econômica aparentemente milagrosa da Alemanha Ocidental, na qual as montadoras tiveram papel de destaque, não era apenas fogo de palha. Em um contexto de insegurança e dificuldades, o robusto Volkswagen representava o epítome da confiabilidade, e sua quase onipresença no país era a expressão da esperança de que a nova ordem do pós-guerra, com sua prosperidade promissora, estava assentada em bases tão sólidas como o carrinho. Por exibir as virtudes tradicionalmente associadas a um produto fabricado na Alemanha, o automóvel se tornou símbolo de um modelo de sucesso baseado na qualidade. Acima de tudo, o preço relativamente baixo do VW em relação aos concorrentes permitiu que o veículo se tornasse um ícone popular. Amplamente acessível, o Volkswagen era uma demonstração de que uma grande parcela da população alemã estava se beneficiando do milagre econômico. Por ter sido o automóvel que permitiu que a Alemanha Ocidental se transformasse em um país de motoristas, o carro feito em Wolfsburg começou a ser tratado por centenas de milhares de homens – e também de mulheres a partir do início dos anos 1960 – como um objeto de afeição perfeitamente integrado à rotina cotidiana. A estreita ligação emocional entre os alemães ocidentais e seus VWs se devia não apenas às novas formas de lazer proporcionadas pelo automóvel, mas também à sensação de liberdade proporcionada pelo ato de dirigir. O Volkswagen se estabeleceu como um símbolo coletivo do milagre econômico – um objeto possuído por milhões de pessoas, mas que era tratado como um tesouro pessoal único e insubstituível.

As origens nazistas do carro não representaram quase nenhum obstáculo para sua ascensão a ícone nacional. O silêncio a respeito das violações aos direitos humanos cometidas na fábrica da Volkswagen durante a guerra era generalizado, assim como uma série de narrativas extremamente parciais que desvinculavam a história do Volkswagen de qualquer iniciativa de caráter político. Em vez de reconhecer as motivações ideológicas por trás do projeto de "carro do povo" do Terceiro Reich, os relatos da época se concentravam nas notáveis qualidades técnicas do veículo, creditadas a Ferdinand Porsche, que era caracterizado como um gênio da engenharia sem qualquer envolvimento com política. Como a maioria das matérias sobre o uso do carro em operações militares se limitava a exaltar as virtudes técnicas do Kübelwagen, o histórico do VW durante a guerra também não representava qualquer constrangimento à imprensa da Alemanha Ocidental. Acima de tudo, porém, o sucesso do Volkswagen nos anos 1950 expunha um grande fracasso do nacional-socialismo. Ao cumprir a promessa de oferecer um automóvel acessível a uma população mais ampla, a República Federal da Alemanha provou sua superioridade em relação ao Terceiro Reich, ainda que ao mesmo tempo tenha legitimado o sonho de consumo do carro próprio, que ganhou força justamente entre 1933 e 1945. Por seus vínculos incontornáveis tanto com o passado recente quanto com o novo contexto do pós-guerra, o Volkswagen se apresentava como um improvável sobrevivente do Terceiro Reich que prosperou na República Federal, um traço compartilhado com inúmeros alemães ocidentais, que encaravam sua história de vida em termos similares.

O VW, portanto, devia seu status não apenas às vendas superlativas, mas também a uma capacidade impressionante de se posicionar em diferentes esferas. Por ser uma presença muitíssimo apreciada no cotidiano, o carro permitiu aos alemães da época transformar sua história politicamente comprometida em um caso de sucesso que revestia a nova ordem do pós-guerra de um caráter triunfante. Por ser um produto acessível e de alta qualidade, ajudou a transformar a República Federal da Alemanha em um país de produtores e consumidores, do qual a indústria automobilística se tornou um grande motor de crescimento. Por ser um expoente despretensioso da recuperação socioeconômica aparentemente milagrosa da Alemanha Ocidental, o Volkswagen conseguia parecer ao mesmo tempo normal e excepcional, assinalando que a nova realidade do pós-guerra, com sua tão aguardada e promissora prosperidade, estava fundada em bases estáveis. Por ser um instrumento que promovia uma maior mobilidade individual, chamou a atenção para as novas formas de liberdade pessoal no auge da Guerra Fria sem se deixar contaminar pelo debate político. Produção e consumo, trabalho e lazer, passado e presente, excepcionalidade e normalidade, liberdades individuais e privacidade de caráter apolítico – esses eram alguns dos muitos conceitos simbolizados pelo Volkswagen na Alemanha Ocidental nos anos 1950 e início dos 1960. Por ser capaz de integrar um conjunto amplo e muitas vezes contraditório de associações, o Volkswagen assumiu um papel de ícone altamente disseminado, culturalmente significativo e praticamente sem oposição em um ambiente de símbolos nacionais escassos depois da experiência malfadada do Terceiro Reich.

A história de sucesso do VW, porém, não se limita de forma alguma às fronteiras da Alemanha Ocidental. Consolidada como uma das principais empresas da República Federal, a montadora de Wolfsburg devia grande parte de seu crescimento às vendas internacionais, até mais do que à liderança no mercado doméstico. Sendo assim, o Volkswagen, além de um símbolo da reconstrução de país, representava também um "milagre de exportação" que em pouco tempo garantiu o status do veículo como um produto de presença global. À medida que as vendas no exterior prosperavam, o VW foi ganhando uma importância cultural que culminou com sua vinculação explícita, apesar de suas origens no Terceiro Reich, com a contracultura do final dos anos 1960.

5

Um sucesso de exportação

"Ele flutua mesmo", declarava a manchete de um artigo da *Sports Illustrated* em 1963. Para comprovar sua surpreendente afirmação, a revista estampou uma fotografia em página dupla de um Volkswagen navegando pela correnteza de um riacho cercado pela vegetação exuberante dos pântanos da Flórida. A imagem, explicava a legenda, "foi feita em Homosassa Springs depois que um Volkswagen foi colocado na água com a ajuda de um guindaste". Embora a *Sports Illustrated* "não recomendasse a repetição desse experimento", seu repórter ficou impressionado com as qualidades anfíbias do carro, já que, além de não afundar, ele ficou acima da linha d'água por quase meia hora. O jornalista admitiu abertamente que aquele teste nada ortodoxo tinha sido motivado pelas suspeitas a respeito da veracidade de muitos relatos que descreviam o Volkswagen como um produto que, em virtude de sua constituição sólida e suas qualidades como peça de engenharia, era capaz de funcionar até mesmo nos ambientes mais inóspitos. "Cercado de elogios hiperbólicos, o Volkswagen não pode ser tudo o que dizem", estabelecia o artigo como premissa antes de admitir que "mesmo a alegação de que o carro se dá bem na água se confirmou". Com mais de 200 mil veículos fabricados em Wolfsburg vendidos nos Estados Unidos no ano anterior, continuava a *Sports Illustrated*, os americanos estavam "apaixonados por aquele carrinho quase sem atrativos. [...] Na Flórida, não muito tempo atrás, uma noiva pôs um VW em miniatura [...] em cima de seu bolo de casamento [e] um casal do Kansas anunciou a chegada de seu VW como o nascimento de um filho". A altíssima demanda e as numerosas demonstrações de afeto mostravam que "o Volkswagen estava se sentindo em casa nos Estados Unidos". Com vendas volumosas no mundo todo, concluía o artigo, o veículo tinha se tornado "o carro mais conhecido da face da terra".[1]

A matéria da *Sports Illustrated* foi só mais uma entre muitas reportagens que expressavam surpresa diante da recepção entusiasmada do carrinho importado da Alemanha por parte do público americano desde meados dos anos 1950. O sucesso do Volkswagen nos Estados Unidos era visto como algo incomum, que deixou muitos analistas perplexos. A imprensa americana não demorou a reconhecer que as qualidades técnicas do veículo recém-chegado respondiam por uma parte relevante de seu apelo, mas quase ninguém era capaz de entender o motivo do afeto que tantos compradores demonstravam por seus VWs. Alguns jornalistas chamaram a atenção para os contornos diferentes do Fusca, definindo-o como um campeão de vendas dos mais inesperados. Se a *Sports Illustrated* se declarou intrigada pelo carisma daquele "carrinho quase sem atrativos", várias outras empresas e publicações foram além, descrevendo o veículo como "nada elegante", "desajeitado" e "feio". Obviamente, o VW não se encaixava nos padrões estéticos de certos observadores. A beleza, porém, está nos olhos de quem vê, e inúmeros motoristas de ambos os sexos tinham outra opinião a esse respeito. Referindo-se a seu formato arredondado, eles imediatamente associavam o carro a uma "joaninha", à qual o "dorso de besouro" conferia uma aparência bastante simpática. Nos Estados Unidos, o formato atraente do Volkswagen teve tanta importância para seu desempenho comercial quanto sua qualidade como peça de engenharia.[2]

A ascensão da Volkswagen a uma empresa de presença internacional foi beneficiada imensamente pela severa escassez de veículos nas duas décadas imediatamente posteriores à Segunda Guerra Mundial. Em virtude da destruição promovida pela guerra, da requisição de automóveis para uso militar e do declínio do mercado de diversos países em virtude do conflito, o número de carros em circulação nos países industrializados em 1945 caiu a um nível abaixo do existente no final da década de 1930. Com a eclosão da Guerra da Coreia, no início dos anos 1950, a demanda explodiu, superando a capacidade produtiva das montadoras e fazendo a balança do comércio pender para o lado dos vendedores. Ao longo da década de 1950, o maior desafio para a indústria automobilística não era convencer os consumidores a comprar seus produtos, e sim fabricá-los em volume suficiente. A demanda internacional continuou em alta na década de 1960 também em virtude do Acordo Geral de Tarifas e Comércio, que estabeleceu novos parâmetros para importações e exportações, sustentando o boom econômico por meio de negociações que diminuíram as barreiras para a circulação de mercadorias entre diferentes países. O contexto do pós-guerra, portanto, era bastante propício aos exportadores de automóveis, e a Volkswagen estava especialmente bem preparada para se beneficiar dessas condições. Embora oferecesse salários altos a seus empregados para os padrões da Alemanha Ocidental, os gastos da empresa com pessoal nos anos 1950 eram muito inferiores aos de seus concorrentes na Europa Ocidental e, principalmente, nos Estados Unidos. Combinados com o aumento da produtividade ocasionado pelo investimento em automação, os custos trabalhistas relativamente modestos da VW proporcionavam as condições para oferecer um veículo de alta qualidade com um preço bastante baixo para os padrões internacionais.

    As sólidas exportações que estabeleceram a Volkswagen como uma das principais empresas globais da Alemanha Ocidental deixaram marcas profundas em seu veículo também. Embora o carro vendido no país e o carro vendido fora dele fossem quase idênticos em termos técnicos, o veículo foi submetido a uma série de influências externas ao entrar em contato com o mundo. Em sua trajetória como sucesso de exportação, o Volkswagen se transformou em um produto transnacional "constituído pela ampla circulação entre lugares, paisagens e regiões".[3] Em termos culturais, a entrada do Fusca no mercado mundial envolveu inúmeras recontextualizações, que conferiram ao veículo novos significados, inexistentes em seu país de origem. Quando os estrangeiros olhavam para o Volkswagen, viam um carro diferente daquele que os alemães ocidentais conheciam. Assim como no caso da *Sports Illustrated*, quando foi tirado da estrada e jogado na água, o VW muitas vezes demonstrou uma capacidade excepcional de se adaptar a um novo habitat, enquanto em outros acabou inevitavelmente afundando. Somas consideráveis de dinheiro estavam em risco nessa complicada aposta de adaptação cultural, um fator decisivo para determinar se uma mercadoria seria capaz de se tornar um produto de exportação. O apelo internacional do Volkswagen se deveu na mesma medida a iniciativas corporativas e a processos complexos de assimilação e apropriação que lhe proporcionaram novos significados, surpreendentes e perenes.

Apesar de a empresa ter vendido seu mais famoso produto em dezenas de países, dois exemplos em particular são reveladores das diferentes trajetórias comerciais e culturais trilhadas pelo Fusca. No Reino Unido, cujos governantes tiveram papel fundamental na sobrevivência da fábrica no pós-guerra, o VW nunca conseguiu se estabelecer, fato que serve para ilustrar também o desempenho limitado do carro em países europeus com indústria automobilística bem desenvolvida. Por outro lado, nos Estados Unidos, o Volkswagen foi um sucesso de vendas espetacular e duradouro. Esse triunfo do outro lado do Atlântico contribuiu imensamente para a prosperidade financeira da empresa, foi bastante celebrado na Alemanha Ocidental e teve um papel crucial para a transformação do Fusca em ícone global. Sendo assim, o que exatamente aconteceu quando "o filho dileto do milagre econômico alemão" deixou seu lar?

Nordhoff não perdeu tempo em posicionar a Volkswagen como uma empresa com clientela internacional. Depois de se aventurar em pequena escala no mercado de exportações no período de ocupação, a VW começou a expandir suas operações no exterior no início dos anos 1950. Diante das limitações de longa data do mercado doméstico e dos problemas econômicos ainda existentes na República Federal da Alemanha, Nordhoff sabia que conquistar consumidores fora do país era fundamental. "Uma fábrica deste tamanho", ele explicou em uma reunião do conselho diretor da VW em 1951, "não pode se equilibrar sobre uma única perna, ainda mais em uma tão instável e pouco confiável como o mercado nacional". As exportações eram uma prioridade do executivo, e o levaram a fazer várias viagens pelo mundo para obter informações em primeira mão sobre diferentes mercados a partir de 1949. Embora as vendas para o exterior a princípio não gerassem lucros, já que a empresa oferecia o veículo a um preço que mal cobria os custos de produção, Nordhoff insistia que era preciso atuar no longo prazo para ganhar vantagem sobre a concorrência. Apesar de estar sempre disposto a aumentar as exportações, o diretor-geral não elaborou uma estratégia minuciosamente planejada para isso, mas sabia aproveitar muito bem as oportunidades quando elas apareciam, muitas vezes se valendo de seus contatos com alemães que viviam fora do país.[4]

Como consequência, a Volkswagen em pouco tempo se tornou uma montadora alemã excepcionalmente dedicada ao mercado externo. Já em 1952, a fábrica de Wolfsburg enviava carros para 46 países da África, das Américas e da Europa, exportando 47 mil unidades, um terço de sua produção anual. Três anos depois, a companhia já vendia mais carros fora do país (177.657) do que dentro (150.397). Ao longo dos anos, as exportações se solidificaram como o grande pilar de sustentação da expansão da VW, que mandou 620 mil unidades, mais de 55% da produção anual, para fora da Alemanha Ocidental em 1963. A atuação da Volkswagen no mercado externo era muito superior à de qualquer outra empresa alemã da época. A Krupp, um conglomerado de engenharia que abandonou o setor armamentista depois da guerra para se dedicar a projetos civis, comercializava apenas 15% de sua produção no exterior em 1954. Em resumo, a Volkswagen era a maior exportadora da Alemanha Ocidental.[5]

Com sua vocação para o mercado global, a empresa sediada em Wolfsburg evidenciava o papel fundamental que as exportações tiveram para a dinâmica recuperação econômica da República Federal. O primeiro superávit comercial do país se deu já em 1951, e a participação do comércio exterior no PIB da Alemanha Ocidental subiu de 9% em 1950 para 19% em 1960. Embora a imprensa nacional só declarasse sua nação uma "campeã mundial de exportações" na década de 1980, a expansão das atividades da Volkswagen ao redor do mundo ressaltava o fato de que, além de produtor, a República Federal da Alemanha era também um país exportador de automóveis. No entanto, o sucesso internacional da VW não era parâmetro para a economia alemã como um todo. A Volkswagen diferia das demais empresas exportadoras principalmente em relação aos mercados em que atuava. Enquanto a maioria dos negócios da Alemanha Ocidental se concentrava na Europa, já que a integração continental ganhou ainda mais força na segunda metade da década de 1950, a Volkswagen deveu boa parte de sua expansão ao mercado dos Estados Unidos.[6]

No início, porém, a maior parte das vendas se concentrava em um pequeno número de nações europeias. Antes que os negócios nos Estados Unidos decolassem, o que aconteceu em meados dos anos 1950, mais da metade dos Volkswagens para exportação iam para Suécia, Suíça, Holanda, Bélgica, Dinamarca e Áustria, todos países em que a indústria automobilística ou o setor automotivo como um todo não eram muito desenvolvidos. Por outro lado, os esforços da VW para se firmar em mercados europeus com montadoras bem-estabelecidas não deram muito resultado, pois os governos locais protegiam seus fabricantes da concorrência estrangeira. Na Grã-Bretanha, na França e na Itália, as medidas protecionistas dificultavam tremendamente a importação de Volkswagens. Mais do que qualquer outro país europeu, a Grã-Bretanha impunha tarifas pesadas a veículos importados que continuaram em vigor até o final da década de 1960. Como consequência, o VW não conseguiu fazer sucesso em uma nação que teve um papel fundamental para garantir sua sobrevivência no pós-guerra. A Volkswagen começou a vender seu principal produto no Reino Unido em 1953, mas uma década depois a participação da empresa no mercado local era de menos de 1%. Mesmo assim, o carro mereceu uma atenção considerável da mídia britânica nos anos 1950, pois era considerado um exemplo revelador das trajetórias econômicas contrastantes da Alemanha Ocidental e da Grã-Bretanha naquela década.[7]

Logo após a Segunda Guerra Mundial, as montadoras britânicas estiveram entre as primeiras a se beneficiar da demanda internacional por automóveis. Com uma produção que cresceu de aproximadamente 219 mil unidades em 1946 para 523 mil em 1950, as fabricantes locais destinaram nada menos que 75% de sua produção ao exterior, alcançando por um curto período uma posição de liderança no mercado global, com uma fatia de 52% das vendas totais de veículos a motor. Esse sucesso, no entanto, era visto com reservas pela opinião pública britânica, já que as exportações recordes se davam em meio a sinais preocupantes do desgaste do protagonismo político e econômico da Grã-Bretanha no contexto internacional. O Reino Unido saiu da guerra carregando pesadas obrigações financeiras em relação aos Estados Unidos, o que tornava a dívida externa uma das principais preocupações do governo local. Sendo assim, a exportação maciça de veículos era parte de uma estratégia econômica destinada a captar dinheiro no exterior, o que refletia muito mais a situação financeira complicada da nação do que uma eventual pujança do setor industrial. Além da diminuição da importância econômica no contexto internacional, os processos de independência da Índia e do Paquistão, em 1946, foram reveladores do poderio político cada vez mais reduzido da Grã-Bretanha. No âmbito doméstico, os sacrifícios e as privações da guerra conferiam urgência aos apelos pela intervenção estatal em benefício de uma sociedade mais igualitária, o que se deu por meio de iniciativas de promoção de bem-estar social como o Serviço Nacional de Saúde, criado em 1948. Nada, porém, deixava mais claras as dificuldades do processo de recuperação financeira e reconstrução social da nação do que o regime pesado de racionamento que entrou em vigor em 1945. O racionamento de comida, por exemplo, só terminou em 1954 no Reino Unido, anos depois de ter sido abandonado em todos os demais países do continente. Em resumo, tanto a situação doméstica quanto o contexto internacional só ressaltavam a fragilidade do status da Grã-Bretanha como potência global.[8]

Não eram poucos na Grã-Bretanha os que não viam com bons olhos a recuperação econômica da Alemanha Ocidental. Diversos analistas britânicos encaravam com perplexidade o fato de que o país que provocou e perdeu a Segunda Guerra Mundial parecia estar se recuperando melhor do conflito que o Reino Unido. O crescimento econômico da República Federal reforçava a preocupação de longa data dos britânicos em relação à indústria alemã, um sentimento que remontava ao final do século XIX, quando os alemães desafiaram pela primeira vez a hegemonia da Grã-Bretanha como "a fábrica do mundo". Em 1887, em meio a temores quanto a um eventual declínio nacional, os legisladores britânicos aprovaram uma lei obrigando os produtos industrializados alemães vendidos no Reino Unido a levar um selo informando que eram "feitos na Alemanha". Tomada com a intenção de levar tais mercadorias a ser estigmatizadas, a medida fracassou inteiramente, já que os consumidores passaram a associar o selo de proveniência alemã a uma garantia de qualidade. Diante da antiga rivalidade comercial anglo-alemã, o fato de os veículos "Made in Germany" se tornarem um sério concorrente no mercado internacional foi encarado por muitos observadores britânicos como uma grande ironia da história.[9]

A imprensa britânica acompanhava com preocupação os esforços da Volkswagen para ampliar suas exportações. Quando, em grande parte graças à popularidade do VW do outro lado do Atlântico, as vendas das montadoras alemãs nos Estados Unidos superaram as das britânicas pela primeira vez, em 1954, os analistas locais tiveram que se esforçar para entender as razões por trás do sucesso do carrinho feito em Wolfsburg. Testes avaliativos mostraram que, apesar de ser um projeto da década de 1930, o VW era uma escolha atraente para quem queria um carro compacto de baixo preço, boa qualidade e custos de manutenção reduzidos. Muitos residentes de outros territórios do império britânico se mostraram impressionados com o desempenho do VW em superfícies irregulares. Um britânico residente na colônia de Tanganica (atual Tanzânia) elogiou seu Volkswagen por sua capacidade de "suportar nossas estradas [esburacadas]. [...] Estou tão satisfeito com o carro que pretendo comprar um novo quando voltar para casa este ano". Além das indiscutíveis qualidades técnicas e das vantagens econômicas que oferecia, o Fusca era dono de um charme de caráter muito mais intangível. O autor de um parecer técnico imparcial sobre o veículo descobriu que o carrinho "vai conquistando a pessoa. [...] Existe algo agradavelmente enganoso na maneira como o Volkswagen roda por aí a qualquer velocidade [...] e desperta o desejo do motorista". O Fusca, portanto, se apresentava aos consumidores como um produto atrativamente despretensioso.[10]

No entanto, a qualidade de seu automóvel não era a única explicação para o sucesso da Volkswagen. Um jornalista que em 1956 fez uma excursão pelos "mercados europeus" ficou impressionado com o dinamismo da empresa alemã: "A motivação e o entusiasmo demonstrados no topo da organização contagiam de maneira notável os distribuidores e revendedores", resultando em uma aura "de invencibilidade" que o lembrou do clima "que cercava o sucesso inicial de Rommel no deserto africano". Essa cultura empresarial se manifestava de maneira visível na exemplar rede de oficinas autorizadas da VW, cujos participantes eram obrigados por contrato a manter um bom estoque de peças de reposição vendidas com preços tabelados. Nos relatos do sucesso da empresa produzidos pelos britânicos, essa estrutura de serviços ocupava lugar de grande destaque, já que a grande maioria dos proprietários de VWs eram pessoas de renda modesta para quem "a oferta de serviços de manutenção rápidos, baratos e disponíveis em qualquer lugar do país representa o advento de uma nova era de motorização".[11]

Se por um lado ficaram impressionados com a rede de serviços estabelecida pela Volkswagen, os britânicos também não deixaram de assinalar a relevância dos supostos erros cometidos pelos políticos e empresários locais. O ressurgimento dos VWs "é uma prova inegável da nossa falta de visão política" imediatamente após a guerra, reclamou um leitor do *Daily Telegraph* em 1953. Em vez de declarar a fábrica de Wolfsburg um "espólio de guerra" ou desativá-la, continuou o exaltado missivista, "nós designamos oficiais britânicos para reorganizar a empresa, sua produção e suas finanças", criando assim uma ameaça para um dos principais setores industriais do Reino Unido. As decisões das autoridades de ocupação, assim como o subsequente fracasso das montadoras britânicas em deter o crescimento das exportações da VW, supostamente revelavam uma "notável subestimação do potencial da Volkswagen", acrescentou um analista. "A indústria britânica", comentou o *Observer*, "torceu o nariz para a 'joaninha' quando sentiu seu cheiro pela primeira vez."

Embora a história não tivesse sido exatamente assim, os britânicos creditavam em parte o sucesso da VW à incompetência e negligência de seus compatriotas.[12]

A principal acusação à indústria automobilística do Reino Unido era a de uma suposta relutância em criar modelos com as mesmas configurações técnicas do VW. Um britânico residente em Niassalândia (atual Malawi) reclamou que os carros fabricados na Grã-Bretanha eram pequenos demais, pouco potentes e não se adaptavam bem às estradas de terra locais. A ausência de um equivalente britânico do Volkswagen era vista pelos analistas como um sintoma da "arrogância" e "complacência" que em sua opinião caracterizavam as montadoras locais. Uma conversa com um terrivelmente descontente revendedor de carros britânicos na Europa continental revelou uma longa lista de queixas, que começavam com o atraso na entrega de peças de reposição, passavam pelos preços elevados e culminavam com uma alegação de um total desconhecimento do mercado: "Vocês têm tão pouca consideração pelo mercado continental que até o buraco da chave da porta está instalado do lado errado, e os catálogos e manuais ainda são impressos apenas em inglês".[13]

A insatisfação cada vez maior com os carros nacionais levou muitos motoristas britânicos a abandonarem as marcas locais e optarem pelo carrinho feito em Wolfsburg, apesar de seu passado politicamente comprometido. Quando a VW começou a vender seu principal produto de maneira mais significativa no Reino Unido, em 1953, o jornal conservador *Daily Mail* anunciou a chegada do veículo com uma de suas manchetes sensacionalistas características: "O Carro do Povo de Hitler está entre nós". Em virtude dessas origens no Terceiro Reich, os donos de Fuscas do Reino Unido e de outros territórios do império britânico eram obrigados a justificar sua escolha e reiterar constantemente seu patriotismo na década de 1950. "Eu preferiria comprar um carro britânico, mas, comparando cinco modelos, nenhum outro tinha tantos pontos positivos quanto o VW", um convertido explicou a seus compatriotas. Esse sentimento antigermânico ainda era associado em larga medida ao Fusca no início dos anos 1960, como revela a seguinte carta ao editor de uma revista automotiva: "Eu não concordo com a afirmação de que o único defeito do Volkswagen é não ser britânico, mas para muita gente esse parece ser o principal problema". Ainda assim o carro foi capaz de conquistar consumidores no mercado britânico, e muitos proprietários locais lamentavam o que um motorista definiu como "a incessante difamação do Volkswagen". Segundo eles, quem havia falhado em cumprir seu dever patriótico tinham sido as montadoras britânicas, que se mostraram incapazes de desenvolver um concorrente nacional à altura.[14]

Apesar da presença nada significativa em seu mercado doméstico, os britânicos consideravam o Volkswagen como um sério concorrente para a indústria automobilística local. Com a fragilidade da posição da Grã-Bretanha como potência mundial despertando temores de declínio, o veículo alemão simbolizava não só um exemplo da ascensão econômica da República Federal da Alemanha como também o suposto fracasso dos esforços britânicos para manter seu papel de liderança global no pós-guerra. No Reino Unido dos anos 1950, o Volkswagen era visto em grande medida como um produto estrangeiro, respeitado por suas qualidades técnicas, mas incapaz de se livrar do estigma representado por suas origens.

Já os motoristas americanos, que foram apresentados ao Volkswagen em 1950, receberam o carrinho alemão com muito mais entusiasmo. A partir de meados dos anos 1950, os Estados Unidos se tornaram o mercado de exportação mais lucrativo da montadora por uma larguíssima margem. O sucesso comercial no país teve um papel fundamental para o estabelecimento da Volkswagen como uma empresa de presença global. A conquista dos consumidores americanos também gerou mudanças profundas na imagem do carro. Transplantado para um ambiente dominado por veículos muito maiores e mais potentes, o automóvel fabricado em Wolfsburg foi submetido a um longo e significativo processo de metamorfose. Embora os VWs vendidos na Alemanha e nos Estados Unidos fossem essencialmente iguais, em solo americano o Fusca ganhou uma nova identidade. Se na Alemanha Ocidental ele continuou a ser chamado de Volkswagen até meados dos anos 1960, nos Estados

Unidos ele ganhou fama como "Bug" (inseto), ou "Beetle" (besouro). Em virtude de suas configurações técnicas, seu tamanho e sua silhueta incomum, o Volkswagen era um carro sem equivalentes no mercado americano. Enquanto na Alemanha Ocidental o VW determinou os padrões a serem seguidos pela indústria automobilística, nos Estados Unidos ele era um ponto fora da curva, um produto profundamente heterodoxo.

No início dos anos 1950, porém, o sucesso do carro no mercado americano estava longe de parecer uma aposta segura. Em 1949, quando voltou de uma visita ao Salão do Automóvel de Nova York, Heinrich Nordhoff tinha plena ciência das dificuldades que encontraria qualquer montadora europeia que quisesse se estabelecer nos Estados Unidos. Além das complicações logísticas de manter uma rede de serviços em um país de proporções continentais, entrar no mercado automobilístico mais próspero e avançado do mundo, dominado pelas poderosíssimas "Três Grandes de Detroit", parecia uma perspectiva nada realista para uma empresa sem qualquer experiência de produção em larga escala. "Exportar carros para os Estados Unidos é como querer importar cerveja na Baviera", temia o diretor-geral. Mesmo assim, o mercado americano se tornou o principal polo comprador da VW fora da Alemanha Ocidental, com 120.422 unidades vendidas em 1959, e chegando a um ponto alto de 563.522 em 1968, ano em que a empresa exportou nada menos que 40% de sua produção para os Estados Unidos.[15]

Embora os 28.097 VWs vendidos do outro lado do Atlântico em 1955 representassem uma fatia de menos de 1% do mercado automobilístico americano, publicações de destaque como o *The New York Times* e as revistas *Business Week* e *The Nation* veicularam matérias detalhadas e elogiosas sobre o carrinho feito na Alemanha Ocidental. "O Volkswagen tem uma reputação notável de resistência", descobriu a *Business Week*. De forma quase unânime, os proprietários elogiavam essa característica, observando a capacidade do carro de atravessar terrenos alagados "durante chuvas fortíssimas", de subir "encostas inclinadas [...] com trilhas estreitas [...] que já fizeram atolar até veículos com tração nas quatro rodas" e de "se agarrar ao asfalto como uma formiguinha teimosa". A confiabilidade e a boa dirigibilidade eram consideradas reflexo dos padrões técnicos adotados em sua produção. "Tudo neste carro é de primeira linha. Esses alemães são ótimos fabricantes", afirmou um entusiasta de primeira hora do VW. O fato de o veículo ser vendido a um preço relativamente baixo, 1.495 dólares, aumentava ainda mais seu apelo, assim como o bom valor de revenda e a economia de combustível. Em 1956, mais de dois terços dos motoristas que responderam a uma enquete da revista *Popular Mechanics* descreveram a "manutenção barata" como a "melhor característica" do VW. Mesmo no maior mercado automobilístico do mundo, o Volkswagen confirmou sua reputação como produto de qualidade, confiável e acessível.[16]

Depois de décadas de uma contenção econômica em virtude da Grande Depressão e da Segunda Guerra Mundial, os anos 1950 se transformaram na "era de ouro do automóvel americano", com o número de carros registrados saltando de 25,8 milhões em 1945 para 52,1 milhões em 1955. As mudanças nas dinâmicas de deslocamento fizeram a demanda disparar. Com o crescimento de 43% do contingente populacional dos subúrbios das cidades entre 1947 e 1953, as viagens diárias para o trabalho, e também das donas de casa que queriam visitar os novos shoppings centers erguidos nesses novos bairros, passaram a se valer cada vez mais do transporte individual. O boom dos mercados imobiliário e automobilístico estava intimamente relacionado, e a média de gasto com esses dois itens triplicou em termos reais entre 1941 e 1961.

No final da década de 1950, 40% dos motoristas habilitados nos Estados Unidos eram mulheres – uma proporção muito maior que a encontrada em qualquer lugar da Europa Ocidental. Como um revendedor declarou em 1955 a um jornalista interessado em saber por que os americanos compravam VW, o carro era "'o ideal para a esposa circular por aí'. As famílias com dois carros que vivem nos subúrbios são as principais compradoras do Volkswagen". Pesquisas de mercado dos anos 1950 e início dos anos 1960 também revelaram que mais de 60% dos Fuscas vendidos nos Estados Unidos eram usados como segundo veículo da família, e que mais de dois terços de seus compradores tinham curso superior. Em suma, o Volkswagen fazia sucesso entre a população branca de classe média com boa condição financeira que constituía o grosso dos habitantes dos subúrbios americanos no pós-guerra.[17]

Obviamente, muitos motoristas escolhiam o VW por motivos práticos, mas desde o início o apelo do Fusca sempre transcendeu a mera funcionalidade. Os proprietários de Volkswagens exibiam orgulhosamente seus veículos, e não só por serem produtos de qualidade. Muitos motoristas estabeleciam uma ligação emocional imediata com seus novos carrinhos – um comportamento que pegava a maioria dos observadores de surpresa. A relação de afeição entre as máquinas e seus donos, vale lembrar, não era novidade nos Estados Unidos dos anos 1950, onde os automóveis eram um importante símbolo de status. No entanto, no caso de um carro alemão pequeno, modesto e relativamente barato, o status não tinha peso algum. Em vez disso, o Fusca tinha um charme todo especial que contagiava os motoristas, levando-os a se apaixonar por um objeto inanimado cuja aparência contrastava tremendamente com a dos tradicionais campeões de venda do país.

"Ter um VW é como estar apaixonado", estampou a *Popular Mechanics* em 1956 depois que seus leitores responderam a uma enquete com "o maior entusiasmo de todos os tempos". As respostas dos motoristas "são inacreditáveis. Esses proprietários estão mesmo apaixonados pelo carro". O VW não transmitia nem um pouco da agressividade do regime nazista, ao qual devia sua existência. Muito pelo contrário, as pessoas o consideravam "uma graça", comparando seu formato a um "besourinho" ou uma "joaninha". No início dos anos 1950, o grande apelo do VW para os americanos era sua aparência incomum. Os apelidos também são um testemunho do quanto os donos dos Volkswagens gostavam de seus carros. Depois de concluir uma longa viagem em 1955, uma motorista passou a se referir a seu carro com a expressão alemã para "amorzinho" (*kleine Liebe*). Para os americanos, o VW era um objeto simpático, com traços inocentes e infantis. As mulheres foram as principais responsáveis pelo estabelecimento dessa aura em torno do carro, que consideravam um objeto digno de seus cuidados carinhosos e dedicados. Embora não tenham feminizado o automóvel em termos explícitos, as motoristas dos anos 1950 ressaltavam ainda mais o aspecto amistoso e inofensivo do carrinho, dirigindo-o com entusiasmo e confiança. "Eu posso fazer de tudo com o 'bug'. Ele me deixa totalmente no comando quando estou ao volante", explicou uma "dona de casa de Ohio" em sua declaração de amor pelo Volkswagen.[18]

Além do formato peculiar, o apelo comercial do "Bug" nos Estados Unidos era também motivado por seu tamanho. Se na Alemanha Ocidental o carro era elogiado por sua confiabilidade, nas ruas e estradas americanas o Fusca chamava mais atenção por suas proporções diminutas, como comprovam os relatos de uma mulher que foi de Nova York até a Flórida com seu VW em uma viagem de férias em 1955. O som do motor traseiro refrigerado a ar era uma característica que chamava atenção, associada não a uma engenharia automotiva de ponta, mas a uma "motosserra funcionando em alta rotação". Além disso, ela contou que as dimensões do Volkswagen proporcionaram situações curiosas na estrada. Quando ela se registrou em um hotel em Richmond, na Virgínia, o "porteiro perguntou: 'Vai deixar aqui ou quer levar para o quarto com a senhora?'", e os frentistas de um posto em Savannah, na Geórgia, se recusaram a receber pela lavagem do carro porque "não podiam cobrar por dar banho em um bebê". Na Alemanha Ocidental, os veículos compactos eram maioria, mas nos Estados Unidos o porte modesto do VW era algo bastante incomum. Na verdade, alguns americanos relutavam até em considerá-lo automóvel propriamente dito.[19]

Desde que chegou, o Volkswagen ocupou um lugar diferenciado no mercado automobilístico americano. Além do tamanho e da silhueta peculiar, o motor traseiro refrigerado a ar era outra característica que o tornava um automóvel bastante heterodoxo em um contexto dominado pelos veículos cada vez maiores e mais caros fabricados em Detroit. Com uma fatia de 95% dos 7,9 milhões de carros zero-quilômetro comprados pelos americanos em 1955, as companhias de Detroit deviam sua supremacia no pós-guerra a automóveis muito mais imponentes, cuja média de preço ficava entre 2.200 e 2.940 dólares na primeira metade da década de 1950. Nessa época, os motores V-8 de mais de 150 cavalos, as transmissões automáticas, as suspensões macias e os aparelhos de ar-condicionado estavam entre os itens que as montadoras americanas ofereciam a seus clientes para superar a concorrência. Nesse cenário, o Volkswagen se colocava como um rival bastante inofensivo, que não representava muita ameaça significativa aos fabricantes nacionais. As montadoras de Detroit demonstravam uma confiança absoluta em seus produtos. Ao contrário de suas equivalentes britânicas, que requisitaram ao governo a adoção de medidas protecionistas, as montadoras americanas atuavam ativamente na defesa do livre-comércio, incentivando a retirada de barreiras alfandegárias.[20]

A nova tendência estética que gerou profundas alterações nos automóveis americanos durante a década de 1950 também contribuiu indiretamente para reforçar o caráter amistoso atribuído ao Volkswagen. Seguindo o caminho aberto pelos Cadillacs da General Motors, os fabricantes americanos abraçavam cada vez mais a pintura em dois tons, os frisos cromados, as carrocerias alongadas e, principalmente, os chamados rabos de peixe. Em comparação com as criações cada vez mais barrocas de Detroit, o pequeno "Volks", com sua forma arredondada e seu motor traseiro de 36 cavalos, se destacava cada vez mais como um carro "fofinho". A imagem do VW como um veículo charmoso e inofensivo era ainda mais ressaltada pelo fato de ele não representar uma ameaça significativa à indústria automobilística americana. Com um preço bem menor que o dos carros americanos, o "Bug" chegou ao mercado dos Estados Unidos como um produto de nicho, o que se evidenciava pelo grande número de pessoas que o usavam como segundo veículo da família. Embora fosse uma presença visível, ainda que marginal, no maior mercado automobilístico do mundo, o Fusca se colocava claramente como uma mercadoria estrangeira, diferenciada e pouco convencional no contexto americano.[21]

No entanto, havia uma minoria nada desprezível de americanos que não se sentia à vontade com os "monstros" que saíam das fábricas de Michigan. A proprietária de um Fusca afirmou que "morria de medo de dirigir esses carrões". A irritação com o fato de as montadoras americanas ignorarem o mercado de carros compactos era mais uma motivação para comprar um VW. "Ah, Detroit. Eles se acham o máximo; podem estar perdendo o bonde", observou um distribuidor de carros importados. O autor de uma carta furiosa à *The New York Times Magazine* em 1955 criticou duramente os veículos produzidos em Detroit e definiu sua decisão de comprar um VW como uma forma de protesto:

> O Volkswagen é muito mais que um projeto inteligente que resulta em mais facilidade para estacionar e dirigir e mais economia de combustível, segurança e conforto, sem contar a qualidade da fabricação. Até mesmo o meu câmbio manual sincronizado funciona melhor que qualquer uma dessas traquitanas super-hidra-dino-máticas. Enquanto Detroit não entender o que faz do Volkswagen o que ele é, não vai ver mais nem um tostão do meu dinheiro.[22]

Além da demanda por um segundo carro mais acessível gerada pela classe média branca dos subúrbios, a companhia alemã também se beneficiou de um sentimento cada vez maior de descontentamento dos americanos com as tendências de mercado impostas pelas grandes fabricantes de Detroit. O sucesso do Volkswagen estava associado a um incipiente movimento de renovação de padrões de consumo por parte da classe média, que começou a se articular em meados da década de 1950 em torno da ideia de que o consumismo exagerado era uma forma de desperdício. Embora o hedonismo e a extravagância sem dúvida fossem uma característica marcante da cultura de consumo dos Estados Unidos dos anos 1950, o costume de economizar não havia desaparecido. Prosperidade e pechincha não eram conceitos excludentes, pois a moderação era uma noção enraizada na população desde a Grande Depressão. Ao mesmo tempo, um novo *ethos* de consumo foi tomando forma, despertando uma atenção cada vez maior para os mecanismos com os quais as grandes corporações manipulavam os membros da chamada "sociedade afluente". Além do best-seller de John Kenneth Galbraith, cujo título consagrou a expressão, um grande número de outros escritores e ativistas – entre eles Vance Packard e Ralph Nader – também se notabilizaram por essa crítica ao capitalismo americano.[23]

Desde o início, essas críticas se dirigiram em peso para Detroit. Além de destacar o tamanho exagerado das carrocerias e dos motores, e também os preços muito altos, elas ressaltavam as alterações anuais de projeto que faziam os carros americanos se depreciarem com grande rapidez, por se tornarem esteticamente obsoletos. A percepção cada vez mais disseminada de que certos produtos de grande valor, inclusive os veículos americanos, eram fabricados com a intenção explícita de ter uma vida útil mais curta – ou seja, de serem "feitos para quebrar" – era mais um argumento contra a cultura do desperdício. Quando comparado aos dispendiosos e efêmeros modelos de Detroit, o "Volks" parecia mais confiável não apenas por sua ótima qualidade, mas também por sua aparência constante e inalterada ao longo dos anos.[24]

Acima de tudo, a Volkswagen passava ilesa pelas acusações de manipulação que tantas vezes recaíam sobre a indústria automobilística em um clima de desconfiança cada vez maior em relação às pesquisas de mercado e às ações publicitárias. O fato de as estratégias de relações públicas das montadoras americanas se tornarem alvo dos críticos do consumismo não era de forma alguma fruto do acaso. Afinal de contas, nenhuma outra empresa despejava tanto dinheiro sobre as agências de publicidade da Madison Avenue como a General Motors, que desembolsou uma soma de US$ 162.499.248 para veicular seus anúncios em 1956. As campanhas promocionais de Detroit saturavam o panorama da mídia americana, se valendo da imagem de celebridades, de cerimônias cuidadosamente encenadas para o lançamento de seus novos modelos e do patrocínio corporativo de programas de rádio e TV, além de incontáveis anúncios em jornais e revistas. Nada parece ser tão representativo do gosto de Detroit pela espetacularização do que a campanha de 10 milhões de dólares promovida em 1957 para o lançamento da linha Edsel, que se transformou em um grande vexame para a Ford quando a montadora foi obrigada a tirá-la do mercado dois anos depois em virtude de problemas técnicos e de uma política de preços pouco competitiva.[25]

Diante desse espalhafato de proporções hollywoodianas, o fato de a Volkswagen ter conseguido expandir suas vendas sem se valer das artimanhas publicitárias de Detroit durante anos só colaborou para melhorar sua imagem. "Uma extraordinária campanha boca a boca ajudou a elevar as vendas", descobriu um jornalista em 1956. "Cada sujeito que compra um garante a venda de outro", confirmou um revendedor da Volkswagen. Em vez dos profissionais da Madison Avenue, eram os próprios consumidores que recomendavam o produto, que por isso parecia ainda mais despretensioso: "Eu gosto desse carro porque ele é... um VW", declarou um motorista. De acordo com a revista *Fortune*, o Volkswagen era a mais rara das mercadorias: "um carro verdadeiramente honesto". Em outras palavras, enquanto os outros automóveis eram envoltos em promessas vazias, o VW era visto pelos motoristas como um objeto confiável porque era exatamente o que se propunha a ser.[26]

Os primeiros compradores do Volkswagen, portanto, não eram apenas os americanos brancos de classe média em busca de um segundo automóvel para servir como complemento a seu carrão americano. A empresa alemã também capitalizou em cima do descontentamento cada vez maior dos motoristas contra os padrões de consumo impostos por Detroit. Ao contrário da Alemanha Ocidental, onde o preço baixo, a qualidade e a durabilidade compunham a nova normalidade do pós-guerra, nos Estados Unidos as características do Fusca lhe conferiam um caráter nada convencional em uma cultura automobilística voltada para o tamanho e o espalhafato. Em meio a um ambiente de ostentação, adquirir um carro pequeno e barato, cuja silhueta característica se destacava de longe, era um ato de moderação consumista que servia como uma demonstração do gosto do proprietário por produtos mais racionais. Embora os subúrbios fossem caracterizados em muitos relatos como um ambiente de conformidade social e cultural, seus consumidores proporcionaram o ambiente ideal para estabelecer o Fusca como um sinal distintivo de individualidade.

Por outro lado, por mais diferenciado que fosse, o Volkswagen não era visto pelos americanos como um completo estranho no ninho. Aos olhos de muita gente, o VW irradiava uma noção difusa de familiaridade histórica – e não só porque suas formas arredondadas remetiam à estética automotiva dos anos 1930. Acima de tudo, o que motivou jornalistas a escreverem textos como uma matéria intitulada "Herr Tin Lizzie" para saudar o Volkswagen como o "Modelo

T do pós-guerra" foi o fato de seu preço baixo, sua simplicidade tecnológica, sua robustez e sua economia terem relações estreitas com o lendário carro da Ford. Para alguns americanos, a chegada do Fusca representava uma espécie de retorno a uma forma mais contida de consumismo.[27]

As origens do Volkswagen no Terceiro Reich, que era um fato público e notório nos Estados Unidos, também não representavam muito prejuízo a sua reputação crescente como um automóvel não convencional para a classe média. O fato de o "carro do povo" ter sido um projeto fracassado facilitou seu sucesso comercial depois da guerra, já que o processo de desnazificação do carro precisaria ter sido muito mais intenso caso tivesse sido produzido em larga escala pelo regime nazista. Embora as lembranças das atrocidades cometidas pelos alemães na Europa permanecessem vivas na mente dos americanos, o Volkswagen se beneficiou imensamente da nova encarnação da Alemanha como a República Federal que se colocava como uma nação aliada na Guerra Fria. Quando o confronto ganhou força, com a eclosão da guerra na Coreia, a República Federal da Alemanha aos poucos foi ganhando lugar de destaque na aliança liderada pelos Estados Unidos, acima de tudo por causa da localização estratégica e simbólica de Berlim Ocidental na linha geopolítica imaginária que dividia a Europa.

O reposicionamento da República Federal da Alemanha como uma nação aliada não se restringiu ao âmbito político e diplomático – ele se deu também na esfera da mídia. A imprensa americana cobriu com interesse o processo de consolidação política e econômica que garantiu a integração do país ao bloco americano. Em especial, os observadores americanos ficaram impressionados com a surpreendentemente rápida recuperação econômica da Alemanha Ocidental. Um jornalista do *The New York Times* atribuiu esse renascimento a uma ética de trabalho que estava diretamente relacionada à incapacidade dos alemães ocidentais de lidarem com seu passado recente. Naquela "sociedade incansavelmente industrial", o trabalho oferecia "uma cura para os nervos", já que, conforme ele explicou, "o trabalho é o ópio do pós-guerra. É visto mais como um fim em si mesmo do que como um meio para determinado fim". Alguns anos depois, um colega seu, escrevendo para o mesmo jornal, se deparou com o mesmo fenômeno ao entrevistar um sindicalista e obter a confirmação de que "nós alemães vivemos para trabalhar. Talvez seja uma forma de fugir de alguma coisa. [...] Acho que é uma espécie de fuga, mas não sabemos de quê".[29]

Apesar das dúvidas a respeito do apreço dos alemães ocidentais pela democracia e de sua relação não resolvida com seu passado recente, os formadores de opinião dos Estados Unidos admiravam abertamente a economia da República Federal da Alemanha e as políticas propostas pelo ministro da Economia Ludwig Erhard. A revista *Time* considerou "o renascimento da Alemanha [...] o tipo de milagre econômico que o público americano é capaz de entender facilmente". De acordo com a publicação, o sucesso da República Federal da Alemanha evidenciava o que vinha acontecendo com a Grã-Bretanha e a França, que decidiram nacionalizar setores industriais importantes depois da guerra: "Em uma época em que os países europeus tendem ao socialismo, a Alemanha incentivou a livre iniciativa. [...] Como resultado, o mundo livre agora tem [...] sua barreira mais robusta contra o comunismo". A busca por histórias que pudessem ser usadas como exemplo desse processo levava com frequência os jornalistas americanos à fábrica da Volkswagen, descrita como "o modelo da recuperação industrial da Alemanha Ocidental" pela *The New York Times Magazine* em meados dos anos 1950. Ignorando a origem da empresa no Terceiro Reich e seu legado moral espinhoso, os relatos que os americanos produziam em Wolfsburg usavam o histórico da VW apenas como um pano de fundo para evidenciar o novo momento que o país vivia no pós--guerra, alinhado com o bloco Ocidental.[30]

Estampando a capa da *Time* com um grande sorriso no rosto em 1954, o diretor-geral Heinrich Nordhoff era a personificação do "milagre da Volkswagen" e da recuperação do país como um todo. Sua dedicação ao trabalho era vista pelos americanos como um exemplo a ser seguido. Quando assumiu a VW em 1948, contou a revista, "ele pôs uma cama em um dos escritórios frios e infestados de ratos da fábrica e começou a trabalhar sete dias por semana, tirando apenas algumas horas de sono". Além disso, Nordhoff se apresentava como um americanófilo de longa data, que gostaria de ter se mudado para os Estados Unidos no início dos anos 1930, mas em vez disso assumiu um cargo na Adam Opel Automobile Company, uma afiliada da General Motors. Nordhoff aceitou a oferta dos britânicos de dirigir a Volkswagen em 1948 apenas depois de a GM deixar claro que não o recontrataria. "Herr Nordhoff, usando know-how americano, reorganizou a administração, a produção, o controle de qualidade, as vendas e o próprio desenvolvimento do Volkswagen", resumiu um jornalista do *The New York Times* que o entrevistou em 1958. Houve entre seus colegas inclusive quem se referisse a Wolfsburg como a "Dearborn do Lüneburger Heide", ou "Klein Amerika".[31]

Além de um indicador da recuperação alemã no pós-guerra, a Volkswagen também aparecia nas reportagens publicadas nos Estados Unidos como um símbolo de como o modelo econômico americano era capaz de transformar um antigo inimigo em um aliado no contexto da Guerra Fria. E isso não se devia apenas ao fato de a Alemanha Ocidental estar se tornando uma sociedade motorizada cujas fábricas eram vistas como um espelho da indústria automobilística instalada em Michigan. O protagonismo do Fusca em relatos que valorizavam a ética de trabalho como forma de escapar de um cotidiano de privações também colocava Wolfsburg e a Volkswagen como um exemplo de sucesso obtido por mérito próprio, um conceito prestigiadíssimo na cultura americana. E, por fim, a mídia dos Estados Unidos ainda destacava que as práticas de negócios americanas adotadas pela Volkswagen tiveram uma importância fundamental para o notável êxito comercial da montadora de Wolfsburg.

Esse tipo de matéria cristalizou no público americano a noção de que o Volkswagen era um produto feito por uma empresa administrada de acordo com preceitos americanos e, mais que isso, simbolizava a transformação econômica da República Federal da Alemanha e sua integração ao bloco ocidental no contexto da Guerra Fria. Ao mesmo tempo, a aura simpática do Volkswagen também incentivava essa cobertura positiva da Alemanha Ocidental por parte da imprensa dos Estados Unidos. Obviamente, nenhum jornalista chegou ao ponto de afirmar que o ar amigável e não convencional do carro era um reflexo das características dos alemães ocidentais. Se os americanos associavam ao VW algum traço nacional "tipicamente" alemão, isso se dava por meio dos elogios ao veículo como produto de qualidade, o que se devia ao capricho e à dedicação de seus fabricantes. Foi portanto uma combinação da exposição favorável na mídia, de imagens já cristalizadas na mente do público americano e das características que os motoristas locais atribuíam ao Fusca que pavimentou o caminho do sucesso do carro nos Estados Unidos. Como a imprensa sempre fazia questão de ressaltar as contribuições americanas para sua existência, o Volkswagen ganhou fama nos Estados Unidos como uma mercadoria importada com características transnacionais bastante desejáveis nos primeiros anos da Guerra Fria.

A boa aceitação do Volkswagen pelos americanos brancos de classe média na primeira metade dos anos 1950 também se beneficiou indiretamente do fato de que, apesar de suas restrições na esfera privada, a maioria dos judeus americanos se abstinha de fazer críticas abertas ao consumo de produtos "Made in Germany". Chamar a atenção da opinião pública para o Terceiro Reich e o Holocausto, segundo muitos judeus americanos nessa época, só contribuiria para retratá-los como vítimas, e não como membros bem-sucedidos da sociedade americana, que conviviam em condições de igualdade com a classe média branca. Muitos judeus também temiam que a mídia nacional pudesse encarar uma crítica mais incisiva à Alemanha Ocidental como um ataque a um aliado do país na Guerra Fria, fato que deixaria a comunidade judaica sujeita a acusações de conduta impatriótica. Além disso, o apoio financeiro oferecido pela República Federal a Israel em 1952 era visto como um sinal animador de que os alemães ocidentais estavam deixando para trás seu passado antissemita. O silêncio dos judeus americanos a respeito da cobertura da imprensa nacional nas questões relacionadas à Alemanha Ocidental foi uma condição importante para o sucesso comercial do Volkswagen no início da década de 1950.[33]

O final dos anos 1950 e o início dos 1960, quando o número de Volkswagens registrados no país subiu de 120.442 (1959) para

240.143 (1963), representaram um período crucial para a consolidação do veículo no mercado americano, fazendo as exportações da fábrica de Wolfsburg para os Estados Unidos crescerem para um quinto de sua produção anual. Uma breve recessão no fim da década de 1950 incentivou ainda mais americanos a se voltarem para os automóveis mais baratos, elevando a participação no mercado dos veículos importados da Europa para 12% em 1959. A VW conseguiu se beneficiar dessa tendência mesmo em meio a uma concorrência pesada. Os "carros compactos" de Detroit – lançados em 1958 para atrair essa clientela e que custavam em média 2.250 dólares – não representavam ameaça para o Fusca por causa do preço. Mas o elegante Dauphine, produzido pela Renault, sim. Anunciado com alarde, o sedã francês com motor de trinta cavalos e um valor de tabela de 1.350 dólares assumiu o posto de segundo carro importado mais vendido nos Estados Unidos em 1959, causando grande preocupação na sede da VW.[34]

A Volkswagen defendeu sua liderança em parte porque tinha uma rede de concessionárias superior à de sua rival francesa, oferecendo serviços melhores. Além disso, o carro foi relançado com um motor de quarenta cavalos e uma caixa de câmbio aprimorada em 1960. Ao longo da década, os engenheiros de Wolfsburg continuaram a introduzir mudanças no veículo, aumentando sua potência para 57 cavalos, ampliando o tamanho das janelas para melhorar a visibilidade e adotando novas cores para acompanhar as tendências da moda. Por outro lado, o formato peculiar e o confiável motor traseiro refrigerado a ar continuaram os mesmos, marcando cada vez mais presença nas ruas e estradas americanas. Em geral, a disseminação dos Volkswagens não foi recebida com muita animosidade nos Estados Unidos porque, ao contrário dos produtos japoneses que invadiram o país nos anos 1970 e 1980, o carrinho alemão mirava um segmento de mercado no qual fabricantes locais não demonstravam muito interesse.[35]

A rede de serviços da Volkswagen, a qualidade de seu produto e o preço comparativamente baixo explicam as vendas sempre em expansão. O que esses fatores são incapazes de explicar, porém, é a manutenção da reputação do Fusca como um veículo não convencional. Em parte, essa aura persistente se deveu a uma decisão estratégica tomada pela empresa no fim dos anos 1950. Quando as fabricantes de carros compactos, entre elas a Renault, começaram a investir pesadamente em campanhas destinadas a apresentar seus produtos como alternativas viáveis ao Fusca, a Volkswagen foi forçada a se voltar para o mercado publicitário. A contratação de uma agência, porém, representava um risco para a VW, em razão do apelo do veículo entre consumidores que viam iniciativas como essa com desconfiança. A Volkswagen precisava, portanto, de um esforço promocional que conseguisse vender um produto alternativo com fama de "honesto" para uma clientela hostil a táticas de venda e manipulação.

A relação comercial que surgiu da concorrência pela conta da Volkswagen parecia uma aliança das mais improváveis. Fundada por judeus americanos, a agência Doyle Dane Bernbach (DDB) à primeira vista não se qualificava como uma candidata apropriada a promover um produto com origens no Terceiro Reich. O grande trunfo da DDB, uma firma de porte médio, era sua capacidade cada vez mais reconhecida de criar campanhas inventivas e inovadoras. Com uma carteira de clientes que incluía nomes como a Polaroid, a loja de departamentos Ohrbach, a El Al Airlines e o Ministério de Turismo de Israel, a agência estava ansiosa para adicionar uma montadora a seu portfólio, pois a indústria automobilística representava o ápice do prestígio no mercado publicitário.[36] Se por um lado o interesse da DDB parecia motivado pela obtenção de status, a Volkswagen optou pela agência porque sua proposta de campanha se baseava nas qualidades técnicas de seu carro e nos serviços oferecidos por sua rede autorizada. A ênfase da DDB nos detalhes de fabricação provavelmente foi o que conquistou Heinrich Nordhoff, o patriarcal mandachuva da VW, que como muitos executivos alemães demonstrava certa resistência à publicidade, que considerava um gasto supérfluo e não um investimento necessário.[37]

O premiado material criado pela DDB para sua cliente alemã a partir de 1959 teve um papel importante para a consolidação da imagem do Volkswagen. William Bernbach explicou que uma visita a Wolfsburg o fez perceber que sua agência precisava trabalhar em cima da reputação do veículo como um produto confiável: "Sim, aquele era um carro honesto. Nós já tínhamos nosso argumento de venda", lembrou ele. Bernbach tinha ciência do desafio representado pelo fato de usar a publicidade para construir uma imagem de honestidade em um ambiente de extrema desconfiança em relação à propaganda. Uma pesquisa de 1961 realizada pela publicação especializada *Advertising Age* em três zonas suburbanas abastadas revelou que nenhum entre os oitenta entrevistados respondeu que considerava os publicitários "honestos".[38]

Até certo ponto, a DDB conseguiu fortalecer a reputação do Fusca como produto confiável em virtude de sua abordagem estética diferenciada, que representava um rompimento com diversos padrões recorrentes na Madison Avenue. Nas campanhas da agência para a Volkswagen, por exemplo, ficava claro um contraste agudo com a retórica hiperbólica dos anúncios de automóveis que prometiam "motores com performance de foguetes", "potência turbinada" e muito mais. Em vez disso, a DDB se dirigiu aos consumidores com uma linguagem simples e familiar, uma diferenciação que se estabeleceu também em termos visuais. As peças publicitárias das montadoras em geral mostravam cores vivas e cenários atraentes, como as ruas dos subúrbios ou situações em família que sugeriam os benefícios advindos da compra daquele automóvel em particular. Os primeiros anúncios do VW, por sua vez, se valiam de um visual espartano em preto e branco e exibiam apenas uma foto do carro diante de um fundo claro e neutro. Esse estilo idiossincrático e propositalmente despretensioso ajudou a DDB a desvincular sua campanha dos criticadíssimos anúncios convencionais, associados em larga escala à manipulação descarada dos consumidores. À medida que a campanha ganhava força, ficava claro que o produto e seu anúncio estavam em perfeita sincronia, criando uma sinergia comercial da qual tanto a Volkswagen quanto a DDB se beneficiaram enormemente.[39]

Intitulado "Pense pequeno", um famoso e premiado anúncio da DDB oferece um bom exemplo de como a agência subverteu as práticas correntes na Madison Avenue para retratar o Fusca como um produto "honesto". O enquadramento da imagem do VW a

Este premiado anúncio apresenta o Fusca como um veículo para os consumidores americanos inteligentes, que tinham sua própria opinião sobre a frase "o tamanho é importante".

uma certa distância, deslocado do centro da página, era uma forma de reduzir a presença visual do veículo e ressaltar o caráter modesto que ficava implícito no slogan. A primeira frase estabelecia o tom da comunicação pretendida, afirmando de forma um tanto ambígua que o "pequeno" Volkswagen não era mais "uma novidade", caracterizando portanto o Fusca como um produto que deveria ser considerado por sua qualidade, e não por sua eventual estranheza. Para reforçar esse posicionamento, o texto enumerava as vantagens dos proprietários do "carrinho". Economia de combustível, baixo consumo de óleo, fácil manutenção, seguro barato e o fato de caber em qualquer vaga – tudo isso era apresentado como benefícios de um veículo compacto. O tamanho era importante, revelava o anúncio, mas de uma maneira diametralmente oposta à retórica superlativa que marcava a maioria das outras propagandas de automóveis da época. O discurso era concluído não com um apelo para que o consumidor comprasse o carro, e sim com um convite condizente com o conteúdo do texto: "Pense a respeito". Alusões ao histórico do carro como um produto de qualidade, virtudes técnicas, economia e incentivo a um consumo mais racional – esses continuaram sendo os principais temas das campanhas publicitárias da VW ao longo dos anos 1960.[40]

O visual característico e os recursos retóricos das campanhas da DDB explicam em parte seu sucesso. O uso habilidoso do humor e da ironia também foi uma razão para que seu apelo se mantivesse por mais de uma década. Muitos anúncios conquistavam os consumidores mais desconfiados com abordagens contraintuitivas, surpreendentes e divertidas, como o veiculado em 1961, que mostrava apenas um espaço em branco no local onde os leitores esperariam ver a foto de um VW. "Não temos nada a mostrar em nossos novos modelos", explicava o texto, em uma alusão à continuidade que era característica do Volkswagen. Em termos gerais, a DDB apresentava o "Bug" como um carro divertido, simpático e peculiar, que representava a escolha de um produto confiável e racional em uma sociedade materialista inundada de falsas promessas. A estratégia da agência de levar o "ceticismo em consideração e [torná-lo] parte do aparato discursivo do anúncio", como observou Thomas Frank, ampliou ainda mais a reputação do veículo como um bem de consumo durável e de qualidade.[41]

Além de despertar menos desconfiança que as tradicionais campanhas publicitárias espetaculosas da indústria automobilística, os anúncios minimalistas criados pela DDB ajudaram a consolidar o lugar de exceção que o VW ocupava no mercado americano. No entanto, apesar de sua eficiência, o trabalho da DDB não foi o único responsável pela transformação da imagem do Fusca de um projeto nazista a um bem de consumo "cool" e "bacana". Na verdade, o que a agência fez foi consolidar de forma coerente na iconografia do veículo as noções um tanto vagas já existentes entre os consumidores. Foi o caráter não convencional do carro em comparação com os automóveis americanos que serviu como ponto de partida para as campanhas heterodoxas da DDB. Ao posicionar firmemente o Fusca no presente histórico da década de 1960 nos Estados Unidos, a DDB indiretamente reforçou o distanciamento do veículo de seu passado vinculado ao Terceiro Reich. No mundo da publicidade, o estabelecimento da reputação do VW como um carro pequeno, atraente e alternativo, com uma aura absolutamente inofensiva, se aproveitou em larga escala da amnésia histórica em relação a suas raízes.[42]

Além da DDB, os motoristas americanos tiveram um papel fundamental na consolidação da boa reputação do carro nos anos 1960. A Volkswagen chegou a lançar uma revista bimestral chamada *Small World*, com uma tiragem que atingiu os 500 mil exemplares em meados da década, mas as iniciativas corporativas de fidelização de clientes e promoção da imagem do veículo não eram páreo para a criatividade de muitos de seus consumidores.[43] Em virtude de sua leveza, de seu preço baixo, de seu motor confiável e de sua estrutura robusta, o VW se tornou a escolha ideal para os americanos que buscavam uma plataforma automotiva barata para ser reconfigurada conforme suas preferências e necessidades. O Volkswagen, portanto, se mostrou um produto flexível, capaz de se adaptar aos mais diferentes estilos de vida e subculturas. Os resultados dessas alterações, que muitas vezes guardavam pouquíssimas semelhanças com o automóvel saído da fábrica de Wolfsburg, eram recebidos com grande surpresa pelo público em geral – inclusive pelos executivos da VW. Essas reencarnações automobilísticas despertavam curiosidade não apenas porque se destacavam em meio aos automóveis americanos tradicionais, mas também porque eram tão diferentes do

"Bug" original que ressaltavam de forma notável a versatilidade do carrinho alemão. A apropriação por parte dos consumidores valeu ao Volkswagen uma nova característica: a de um objeto mutável capaz de se submeter a transformações impressionantes.

A aparição do carrinho nas competições automobilísticas dos Estados Unidos nos anos 1960 é um bom exemplo disso. Na cena cada vez mais disseminada dos "hot rods", por exemplo, o sucesso dos VWs customizados e dotados de motores de alta potência chamava bastante atenção. Além disso, uma nova categoria de automobilismo amador conhecida como "Fórmula Vê" – com veículos com "carroceria em forma de charuto, santantônio e [...] construídos com as peças do Volkswagen" – atraiu a atenção da mídia nacional desde seu surgimento, em 1963, e chegou a reunir 15 mil pilotos de fim de semana em suas corridas cinco anos depois. Nesse novo contexto, o VW ganhou fama como veículo esportivo.[44] Alguns grupos de jovens também optavam por versões totalmente modificadas do Volkswagen. A partir de meados dos anos 1960, VWs coloridíssimos com pneus enormes e carrocerias encurtadas, e muitas vezes sem capota, se tornaram uma presença frequente nas praias do Sul da Califórnia, graças a sua capacidade de circular pela areia fofa e escalar dunas inclinadas. A depender das modificações feitas, esses veículos eram chamados de "buggy", ou de "Baja".[45]

Esses carros praianos garantiram a presença do Volkswagen na cena californiana do surfe, que estabeleceu a base para a célebre e amplamente divulgada tendência cultural dos anos 1960 que promovia a praia como um local de diversão, esporte e informalidade. A Kombi, em especial – que a fábrica de Wolfsburg desenvolveu como um veículo de transporte no início dos anos 1950 com base em um chassi modificado de Fusca –, se tornou um grande sucesso entre os surfistas. Para quem quisesse passar o fim de semana na praia, lembrou um praticante do esporte, a Kombi era como "uma segunda casa. Era só pegar algumas coisas – umas roupas, as pranchas – e se mandar. Muita gente tirava os assentos de trás e punha um colchão para poder dormir lá dentro". Já o Fusca original exercia um grande apelo entre os jovens brancos de classe média com boa condição financeira. Nos anos 1960, os universitários integraram o carro a seus trotes, por exemplo, criando um esporte chamado "corrida de Volks", em que as equipes participantes precisavam empurrar um VW por 50 metros, entrar no veículo e acelerar de volta até a linha de chegada.[46]

Além de ser incorporado à diversão e às brincadeiras do estilo de vida hedonista relacionado à prosperidade da época, o carro também servia como opção para os jovens americanos que tinham uma postura crítica em relação ao capitalismo e à abundância material. Os membros do movimento da contracultura surgido nos anos 1960 se voltaram para o Volkswagen em parte pela necessidade de veículos acessíveis. Apesar da seriedade e da controvérsia de suas manifestações políticas, a contracultura também continha numerosas tendências que aliavam o hedonismo ao pós-materialismo e se expressavam numa imensa variedade de eventos festivos e vibrantes, como passeatas, festas, *happenings* e festivais. O "Volks" e a Kombi eram ideais para transportar pessoas e equipamentos para essas ocasiões. Esses consumidores muitas vezes vinham da mesma classe média que aderiu ao Fusca nos anos 1950. No final da década de 1960, portanto, o Volkswagen já tinha se estabelecido tanto entre os que desfrutavam da vida confortável nos prósperos subúrbios americanos quanto entre aqueles que os consideravam o epítome do conformismo.[47]

Obviamente, o Fusca só conseguiu penetrar na contracultura em virtude de sua aura de veículo não convencional. Em um ambiente em que as ideias próprias eram extremamente valorizadas, um carro que, como descreveu um desenhista de quadrinhos underground, "se destacava como um pato na jaula de um tigre", era o meio ideal para expressar manifestações de individualidade. Muitos jovens motoristas levavam essa tendência ainda além, pintando flores e imagens psicodélicas em seus VWs.[48] John Muir, um mecânico automotivo que abraçou o estilo de vida alternativo, foi quem mais colaborou para a disseminação dessa interpretação contracultural do veículo, com um manual intitulado *How to Keep Your Volkswagen Alive* (Como manter vivo seu Volkswagen), de 1970. Com mais de 2 milhões de exemplares vendidos ao longo de três décadas, o livro visava amenizar as inseguranças que atormentam a maioria dos donos na hora de fazer reparos em seus carros por meio de instruções claras e precisas e ilustrações bastante esclarecedoras desenhadas no estilo característico dos quadrinhos underground. O aspecto mais relevante da obra de Muir era o Volkswagen ser tratado não como um objeto mecânico inanimado e inacessível, e sim como um organismo vivo. Para tornar o carro acessível a seus leitores, ele se valeu do discurso espiritualista das religiões ocidentais, que tinham grande aceitação nos círculos alternativos, para incentivar os proprietários do VW a entrarem em contato com a alma de seu veículo. "Seu carro está sempre dizendo aos seus sentidos o que está fazendo e do que está precisando", ele explicou. Apesar de admitir que "a ideia de se comunicar com seu carro é um pouco estranha", ele garantia que "nestas linhas está o conhecimento que irá preencher as lacunas de entendimento entre você e o seu meio de transporte". Para isso, Muir encorajava seus leitores a estabelecerem uma conexão consciente com o automóvel por meio da empatia. "Sinta seu carro; use todos os seus sentidos receptivos e, quando descobrir do que ele precisa, aprenda a executar o serviço e faça isso com amor. [...] O carma [do seu carro] depende do seu desejo de fazê-lo e mantê-lo – VIVO."[49]

Em consonância com a ideia de reciprocidade que está no cerne da noção de carma, o fato de o carro funcionar bem ou mal era supostamente um reflexo da motivação e da atitude de seus donos. Muir individualizou o automóvel ao vincular seu desempenho à personalidade do motorista. Segundo seus argumentos, a manutenção de um Volkswagen exigia o estabelecimento de uma relação recíproca que seria benéfica tanto para a pessoa quanto para o carro, levando ainda mais longe a interpretação do veículo como objeto de afeição. Com seu tom irônico e bem-humorado, o manual retratava o Fusca como um mecanismo que, pelo menos metaforicamente, funcionava de acordo com o tratamento sentimental que recebia. No entanto, apesar de sua retórica espiritualista, essa interpretação peculiar não deixava de ser um elogio à qualidade técnica do carro. Afinal de contas, só um produto capaz de oferecer um desempenho confiável poderia se qualificar a merecer o afeto de seu dono. Aquele, portanto, era um carro que podia ser consertado quantas vezes fosse necessário, uma característica que ia na contramão de uma sociedade marcada pelo desperdício. Em outras palavras, as virtudes técnicas do Fusca também colaboraram para sua elevação a ícone do pós-materialismo na contracultura.⁵⁰

Embora a contracultura tenha despertado uma ferrenha oposição no fim dos anos 1960 e início dos 1970, a presença do Fusca nos círculos alternativos não foi suficiente para transformá-lo em um objeto contestado, pois seu ar amigável e simpático o mantinha protegido de polêmicas mais acirradas. Além disso, a contracultura nunca foi a principal face pública do carro, já que o Volkswagen circulava por vários outros contextos, inclusive os subúrbios da classe média branca, os campi universitários menos politizados, as pistas de corrida e a cultura praiana da Costa Oeste. Graças ao sucesso de vendas que transformou milhões de americanos em motoristas de VWs, o Fusca conseguiu manter sua reputação como veículo não convencional ao longo dos anos 1960 apesar de ter sido absorvido pelas mais diversas tendências culturais.

Nada é capaz de ilustrar melhor a heterogeneidade do processo de apropriação do Volkswagen como ícone anticonvencional na cultura americana do que o filme *Se meu Fusca falasse*. Uma produção de 1969 dos estúdios de Walt Disney, o longa-metragem superou clássicos como *Perdidos na noite* e *Sem destino* nas bilheterias naquele ano. *Se meu Fusca falasse* reunia elementos importantes que ajudaram a delinear o perfil cultural do carro na década anterior: ambientado no mundo das corridas automobilísticas da ensolarada Califórnia, seu enredo narra as aventuras de um piloto fracassado que encontra o amor e um improvável sucesso esportivo graças a um Volkswagen antropomorfizado de nome Herbie. Como escreveu um crítico cinematográfico, a capacidade de Herbie de derrotar rivais mecanicamente superiores graças à esperteza conferia ao carro uma "personalidade" com "credenciais humanas específicas". Na verdade, a "filosofia" de Herbie tinha muito em comum com a questão do carma colocada no manual de John Muir. Ao recompensar seus amigos com afeição e punir quem lhe fizesse mal, Herbie colocava em prática o lema contido no livro: "Seja legal comigo que eu vou ser legal com você". *Se meu Fusca falasse* nem de longe retratava Herbie como um carrinho indefeso, mas nem por isso ele deixava de ser um estranho no ninho, um veículo pequeno e adorável em um universo altamente competitivo. Por se utilizar de algumas das imagens mais antigas e bem-consolidadas a respeito do VW junto ao público americano, *Se meu Fusca falasse* mostra o quanto "aquele carrinho estrangeiro" havia se incorporado ao contexto dos Estados Unidos no final da década de 1960. Longe de ser considerado uma ameaça, o estimadíssimo Volkswagen se transformou em um símbolo de individualidade e postura anticonvencional.[51]

O desempenho do Volkswagen no mercado internacional logo virou notícia na Alemanha Ocidental. Em virtude da importância do carro para a recuperação econômica da República Federal, seu sucesso em território estrangeiro inevitavelmente chamaria atenção em seu país de origem. Além de relacionar as vendas do VW no exterior a sinais de que a Alemanha Ocidental estava voltando a marcar presença em escala global, a mídia local também retratava o carro como um mensageiro simbólico e embaixador informal da nova nação para o mundo. Um profundo desejo de aceitação internacional – que se tornava evidente nas diversas ações de Bonn nas esferas política e social para superar as marcas do passado recente – estava por trás do interesse dos alemães ocidentais na recepção do Volkswagen em outros países. Como os Estados Unidos desfrutavam do status incontestável de grande líder do bloco ocidental, os observadores da Alemanha Ocidental concentraram sua atenção nas altas vendas do veículo por lá, interpretando sua popularidade do outro lado do Atlântico como uma prova do espaço que seu país estava conquistando na nova ordem mundial do pós-guerra. Ao mesmo tempo, o sucesso do VW nos Estados Unidos também servia para reforçar o caráter icônico do veículo em sua terra natal.

Os jornalistas alemães perceberam que o Volkswagen era visto pelos americanos como um automóvel nada convencional, e registraram com surpresa o fato de que, nos Estados Unidos, o carro deu origem a vários "cultos e brincadeiras" (*Kult und Ulk*), que incluíam até uma categoria de competição como a Fórmula Vê. A principal revista automotiva da República Federal atribuiu diretamente o sucesso do veículo nos Estados Unidos a seu status como um "segundo carro divertido, um carro de universitários, um carro que tinha fãs entusiasmados mas também era uma plataforma muito procurada para a produção de veículos customizados". Os alemães ocidentais assim ficaram sabendo que os motoristas americanos adoravam seus VWs apesar das provocações a respeito de seu tamanho e formato. Nesse contexto, a presença cada vez maior do Volkswagen nas ruas e estradas americanas, observaram os alemães, resultava de sua capacidade de atrair consumidores esclarecidos e autoconfiantes. "Essas pessoas sabem quem são. Elas não precisam de um carrão enorme para aparentar ser mais do que são", descobriu um jornal local. Essa interpretação sugeria que o carro tinha encontrado sua clientela entre os integrantes da classe média americana que não tinham interesse em demonstrações de status e entre os membros da "intelligentsia técnica e cultural".[52]

Conforme os observadores alemães notaram, a confiabilidade e a qualidade do VW, que ajudaram a torná-lo um símbolo da recuperação nacional em seu país de origem, também conquistaram o respeito dos consumidores americanos. Os jornalistas alemães sempre reiteravam que os americanos elogiavam o carro por seu bom funcionamento e seus baixos custos de manutenção. Essas reportagens explicavam o apelo do carro nos Estados Unidos em termos mais familiares aos leitores alemães, afirmando indiretamente que o empenho dos trabalhadores da VW e os altos padrões de qualidade estabelecidos pela empresa representavam um modelo promissor para o retorno da Alemanha ao mercado internacional. Um jornalista conservador resumiu essa impressão no início dos anos 1960 ao afirmar que o Fusca "recupera o brilho um tanto empalidecido do selo 'Made in Germany'". Ao associar o renascimento da República Federal no contexto internacional a sua dedicação ao "trabalho de qualidade", essa linha de raciocínio retomava uma antiga convicção a respeito dos fundamentos do poderio econômico da Alemanha. Aos olhos dos observadores alemães ocidentais, o VW e suas vendas no exterior na casa das centenas de milhares ilustravam como quase nenhum outro produto a maneira como um "milagre de exportação" baseado na qualidade colaborou com o "milagre econômico" local e ajudou na recuperação da prejudicadíssima imagem internacional do país no pós-guerra.[53]

Embora a imprensa alemã registrasse com orgulho o sucesso do Volkswagen nos Estados Unidos, a cobertura em geral era feita em um tom propositalmente sóbrio e contido. As reações comedidas à fama do VW em solo americano estavam em consonância com o "estilo modesto" adotado pelos diplomatas de Bonn a partir da década de 1950 para ressaltar diante da comunidade internacional que a República Federal da Alemanha rejeitava as fantasias violentas de dominância que motivaram a atuação dos nazistas. Em certo sentido, a imagem do VW como um carrinho divertido era uma forma de equilibrar a reputação maculada da Alemanha aos olhos do mundo. Não eram poucos na Alemanha Ocidental da época os que consideravam o Volkswagen como o embaixador informal ideal para apresentar nos Estados Unidos a transformação de seu país – uma tremenda ironia, considerando as origens do carro. "O Fusca é um bom alemão", afirmou uma revista semanal de variedades em 1967 ao comentar a simpatia atraída pelo carrinho do outro lado do Atlântico. O sucesso do VW era um exemplo de um caminho civil para o reconhecimento internacional, que diferia fundamentalmente da abordagem agressiva que os governantes alemães adotaram, com efeitos desastrosos, na primeira metade do século XX.[54]

Apesar de saudar a presença do Volkswagen como um embaixador internacional sem qualquer aura de agressividade, os articulistas aceitavam sem qualquer contestação a posição de subordinação da República Federal da Alemanha aos Estados Unidos ao comentar a presença do carro em solo americano. O sucesso do Volkswagen como item de exportação não gerou declarações públicas a respeito da superioridade industrial da Alemanha nem surtos de ressurgimento do revanchismo no país. O próprio Nordhoff fez questão de intervir quando sentiu que havia uma aura de triunfalismo em torno de sua imagem no exterior, pois temia que uma presença mais assertiva pudesse prejudicar a reputação da República Federal e de suas empresas, provocando um prejuízo nas vendas. No início dos anos 1960, alguns observadores alemães chegaram a afirmar que era "impossível imaginar as ruas e estradas americanas sem o Fusca", mas sempre fazendo as ressalvas que caracterizavam o tom moderado da cobertura da atuação internacional da Volkswagen por parte

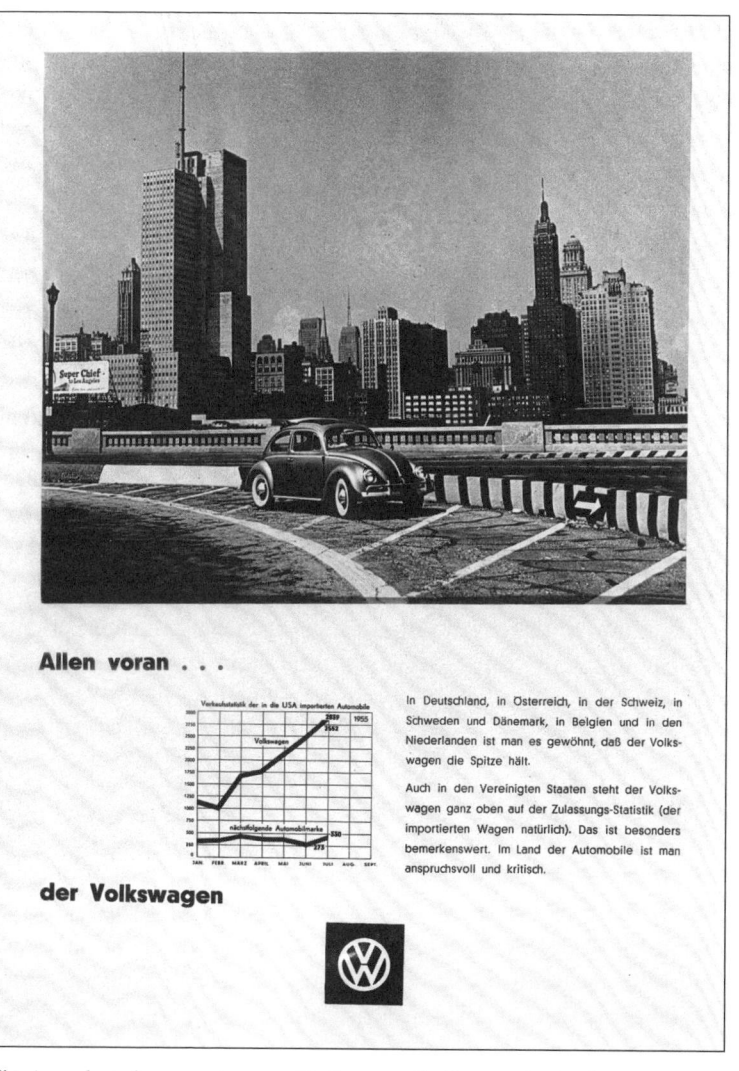

"Acima de todos os outros... o Volkswagen", diz o anúncio de 1956. Retratando o pequeno Fusca diante do pano de fundo de um panorama urbano imponente, a VW celebrou o fato de que seu carro estava se tornando um sucesso de vendas não só na Europa Ocidental como também nos Estados Unidos. Direcionada ao público alemão, essa peça publicitária evidencia o orgulho da empresa de ter conseguido entrar no mercado automobilístico mais prestigiado do mundo.

da imprensa local. Embora tivesse ficado maravilhado ao ver diversos VWs trafegando pela Times Square em uma noite de verão em 1965, um jornalista alemão fez questão de lembrar que a empresa tinha uma participação de mercado de apenas 3% nos Estados Unidos, embora exportasse um terço de sua produção para lá. Apesar da importância fundamental dos Estados Unidos para os negócios da Volkswagen, a matéria enfatizava que o Fusca era um produto de nicho do outro lado do Atlântico. Sem nunca deixar de elogiar o fato de que a República Federal estava se estabelecendo como uma nação exportadora e obtendo superávits comerciais cada vez mais significativos, a mídia alemã reconhecia de forma unânime a liderança dos americanos no bloco ocidental e, em uma analogia à presença de mercado periférica do VW nos Estados Unidos, atribuíam à Alemanha Ocidental um papel secundário no contexto da economia mundial.[55]

Se por um lado o sucesso internacional do Volkswagen serviu como uma demonstração para os alemães ocidentais das vantagens financeiras de exercer um papel relevante, ainda que secundário, no cenário internacional, por outro a reputação do carro nos Estados Unidos como um automóvel não convencional quase não teve desdobramentos para a imagem do veículo na Alemanha – apesar de uma mudança informal de nome sugerir o contrário. A partir da metade dos anos 1960, os alemães em sua maioria deixaram de se referir ao carro como "Volkswagen" ou "VW" e passaram a chamá-lo de *Käfer*, palavra que significa "besouro". Até mesmo a Volkswagen se rendeu ao nome "Käfer" em seu material publicitário em 1968. Embora tenha sido tomada no ano que representou o auge da contracultura, essa medida não significava que o VW estava sendo visto como um veículo alternativo em seu país de origem. Obviamente, o Käfer exercia um grande apelo sobre os jovens alemães ocidentais, que em sua maioria optavam pelo Volkswagen quando se tornavam capazes de adquirir um automóvel próprio. Muitos membros da contracultura da República Federal da Alemanha tinham VWs, e os pintavam da mesma maneira que seus pares americanos, com padrões coloridos e o símbolo da paz que caracterizava o movimento contra a Guerra do Vietnã. No entanto, essa apropriação por parte da juventude rebelde não foi suficiente

Cortesia de Gisela e Reinhold Weiher.

No final dos anos 1960 e início dos 1970, o "Käfer" proporcionou a muitos jovens alemães a oportunidade de explorar regiões próximas e distantes durante seus períodos de férias. Essa foto é uma lembrança de uma viagem feita por um engenheiro e sua esposa – uma médica recém-formada – do norte da Baviera até o Marrocos.

para transformar a reputação doméstica do carro como o representante maior da normalidade no pós-guerra.[56]

O efeito obtido pelas campanhas publicitárias da VW na República Federal da Alemanha é um bom exemplo disso. Impulsionada pela fama conquistada nos Estados Unidos, a Doyle Dane Bernbach expandiu suas operações para o outro lado do Atlântico e abriu uma filial em Düsseldorf em 1963. Em vez de elaborar suas campanhas na República Federal da Alemanha a partir do zero, a DDB reciclava boa parte do material criado na Madison Avenue, em muitos casos fazendo traduções literais para o alemão dos anúncios americanos. De 1963 em diante, a maioria das aparições do Fusca em jornais e revistas da Alemanha Ocidental se dava com peças publicitárias importadas de Nova York. A mídia alemã não demorou a começar a elogiar as campanhas criadas na Madison Avenue por seu visual atraente e seu tom irônico e bem-humorado. Os publicitários locais também reconheceram o valor dessa abordagem diferenciada, concedendo diversos prêmios à DDB.[57]

No entanto, apesar do impacto estilístico, esses anúncios em nada contribuíram para conferir ao carro um caráter não convencional no contexto alemão. A apresentação do Volkswagen como um veículo despretensioso, robusto, econômico e confiável – que marcava o tom do material produzido pela DDB dos dois lados do Atlântico – jamais poderia ser recebida como algo surpreendente ou incomum pelo público da Alemanha Ocidental, já que foram justamente essas as características que transformaram o Fusca em um símbolo da normalidade do pós-guerra no país. Na República Federal, a atuação da DDB só serviu para reforçar a reputação do Volkswagen como um automóvel perfeitamente integrado ao cotidiano de seus habitantes. Concebido na sede da agência em Nova York em 1963, o anúncio mais popular da DDB na Alemanha mostra uma série de fotografias de um Volkswagen desaparecendo no horizonte sob um texto que pergunta por que os consumidores compravam "tantos Volkswagens". Entre as "muitas razões" oferecidas, "a mais importante" era a confiabilidade do carro, que "roda, e roda, e roda...". Pouco tempo depois, essa frase se estabeleceu como uma expressão corrente do léxico popular dos alemães ocidentais. Apesar do sucesso nas importações e da reputação como um automóvel não convencional nos Estados Unidos, em seu país natal o Käfer continuou a ser um símbolo da normalidade e da estabilidade econômica dos anos 1960.[58]

Nas décadas de 1950 e 1960, o sucesso de vendas do VW no exterior se baseou nas mesmas virtudes que o transformaram no veículo mais popular da Alemanha Ocidental. A rede de serviços da empresa, os custos relativamente baixos de aquisição e manutenção, e sua qualidade e confiabilidade estavam entre seus principais atrativos no mercado automobilístico internacional, que vivia um período de expansão. A reputação do VW se consolidou não apenas nos países em que foi vendido em grande número, mas também em

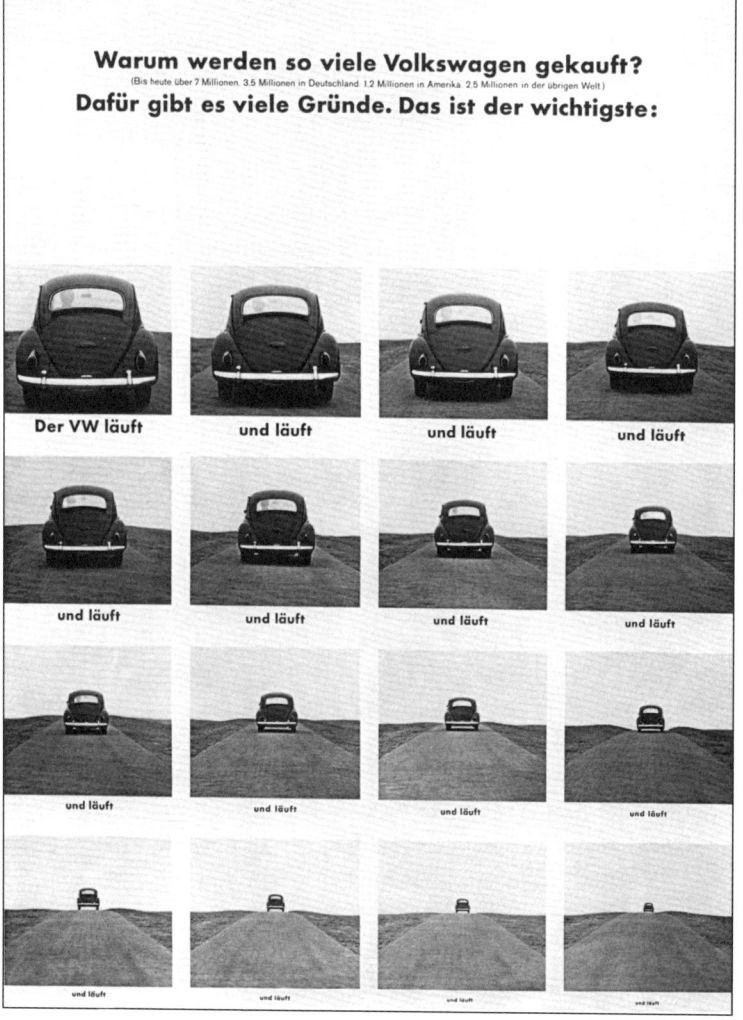

Criado na Madison Avenue e traduzido para o alemão, este anúncio afirma que o VW atrai tantos motoristas porque "roda, e roda, e roda...". Essa frase rapidamente se transformou em uma expressão popular bastante usada no dia a dia na Alemanha Ocidental.

nações europeias como a Grã-Bretanha, que adotou pesados impostos de importação para proteger a indústria local. À medida que se estabelecia como produto de presença global, o Volkswagen foi ganhando fama global. Ao mesmo tempo, a disseminação do carro em outras regiões do mundo provocou diversas transformações em sua imagem.

Apesar da presença nada significativa do Volkswagen no mercado do Reino Unido, a mídia britânica não o retratava de forma alguma como um automóvel normal e inofensivo. Em um contexto cada vez mais acentuado de perda de poder da Grã-Bretanha no cenário político e internacional, e diante da ascensão da Alemanha Ocidental como potência industrial, os analistas britânicos enxergavam o VW como uma séria ameaça à liderança conquistada pela indústria automobilística local nos primeiros anos após o fim da Segunda Guerra Mundial. À medida que a Volkswagen foi conquistando mercados, os jornalistas britânicos passaram a assinalar ainda mais o contraste entre o dinamismo dos alemães ocidentais e a suposta complacência das montadoras da Grã-Bretanha, que, além de terem subestimado o potencial comercial do "carro do povo", foram incapazes de criar modelos com o mesmo apelo econômico. Embora os motoristas britânicos elogiassem o Volkswagen por sua imagem simpática, a imprensa local encarava o veículo sobretudo como um invasor estrangeiro com origens nazistas.

Mesmo que as raízes da Volkswagen no Terceiro Reich fossem um fato público e notório nos Estados Unidos na década de 1950, isso não atrapalhou sua recepção do outro lado do Atlântico, pois a fábrica e seu produto eram retratados pela mídia como exemplos da bem-sucedida reconstrução da Alemanha Ocidental no pós-guerra sob a liderança dos americanos. O carro conseguiu se posicionar como uma opção racional para motoristas de classe média de ambos os sexos que precisassem de um segundo automóvel ou não se interessassem pelos veículos caros e beberrões produzidos em Detroit. Acima de tudo, em uma cultura automobilística dominada por carrões extravagantes, o VW se destacava como uma alternativa econômica que, graças a sua robustez, suas proporções diminutas e principalmente sua silhueta arredondada, tinha uma aparência simpática que aos olhos de muitos lhe conferia um visual "fofinho" e profundamente anticonvencional. Essa reputação do Fusca como carro diferenciado se ampliou ainda mais ao longo dos anos 1960 graças a sua capacidade incomum de se adaptar a uma grande diversidade de contextos sociais. No final da década, o Fusca se estabeleceu de forma profunda na cultura popular americana. Ainda que tenha se mostrado uma mercadoria extremamente versátil nos Estados Unidos, o Volkswagen conseguiu manter a imagem idiossincrática que permitia aos donos enxergá-lo como uma forma de expressar sua individualidade. O sucesso comercial nos Estados Unidos permitiu ao VW embarcar em uma jornada cultural excepcionalmente longa, durante a qual adquiriu a estatura de um ícone amado e inconteste, vinculado a uma postura irreverente e anticonvencional.

Concentrando seu foco principalmente na boa recepção do VW nos Estados Unidos, a imprensa da Alemanha Ocidental acompanhou com interesse o sucesso internacional do carro. As vendas no exterior fizeram muito mais do que ressaltar as vantagens econômicas obtidas pela República Federal da Alemanha ao se transformar em uma nação exportadora de automóveis. Em virtude da importância simbólica do Volkswagen para o país, os alemães ocidentais viam o carro como um embaixador informal que ajudou a recuperar a combalida reputação internacional da Alemanha. No contexto doméstico, os observadores viam com orgulho o sucesso do VW na principal potência do bloco ocidental, mas evitavam cuidadosamente cair em um discurso triunfalista de contornos nacionalistas ao comemorar a presença relevante do carro nos Estados Unidos. Os observadores da República Federal da Alemanha faziam questão de afirmar que o Volkswagen era visto pelos americanos como um automóvel pouco convencional, mas também enfatizavam que as vendas internacionais se deviam em grande parte a sua qualidade. Ainda que nos anos 1960 os alemães ocidentais tenham adotado o apelido recebido pelo veículo nos Estados Unidos, passando a chamá-lo de Käfer, o carro continuava sendo visto como um sinônimo de confiabilidade e qualidade técnica na República Federal.

Apesar de ser um produto padronizado e fabricado em larga escala, o Volkswagen assumiu diversas personalidades diferentes no mercado internacional – e não só porque seus donos o consideravam um objeto de cunho profundamente pessoal. Com as exportações cada vez mais numerosas, o carro passou a circular por diversos contextos nacionais distintos, que geraram profundas transformações em sua imagem. Na Grã-Bretanha, o Volkswagen era visto como uma ameaça estrangeira com origens infames; nos Estados Unidos, virou o simpático e anticonvencional Beetle; já na República Federal da Alemanha, continuava a ser o veículo de qualidade que se destacava pela confiabilidade. A fama conquistada pelo Volkswagen entre os alemães ocidentais de ser um veículo que "roda, e roda, e roda..." se refletiu em vendas internacionais expressivas ao longo dos anos 1960. No entanto, perto do final da década, cada vez mais analistas no país e no exterior começaram a notar os problemas enfrentados pela fábrica de Wolfsburg, e a se perguntar se o Fusca não estaria começando a entrar em uma trajetória descendente.

6

"O Fusca está morto – vida longa ao Fusca"

Em dezembro de 1971, Carl H. Hahn, diretor comercial da VW, apresentou seu projeto para a comemoração do cada vez mais próximo dia em que o Fusca se tornaria o primeiro carro a desbancar o Modelo T como o automóvel mais vendido de todos os tempos. O executivo, no entanto, havia subestimado o estado de ânimo dos demais membros da diretoria. Por motivos financeiros, e por medo de acabar gerando uma publicidade negativa, o conselho diretor rejeitou a proposta de Hahn e, em um agudo contraste com as celebrações exóticas organizadas na década de 1950, autorizou apenas "comunicados à imprensa, uma rápida entrevista coletiva e anúncios na mídia". Quando o veículo responsável por quebrar o recorde saiu da linha de montagem de Wolfsburg, em fevereiro de 1972, em vez de luxuosos festejos, a Volkswagen ofereceu ao público um comercial de tevê cujo tom otimista não deixava transparecer em momento algum o clima de preocupação entre os executivos. Cercado de uma multidão vibrante que parecia ter testemunhado o desfecho triunfal de uma disputa eletrizante, o espectador via um Fusca azul-claro aparecer em um ringue de boxe enquanto o narrador anunciava que "nunca na história do automóvel um carro foi produzido em tamanha quantidade". Emulando o estilo empolgado dos locutores esportivos, o anúncio elogiava o Fusca por ter nocauteado inúmeros "oponentes traiçoeiros" graças à "técnica refinada, resistência inabalável e atitude despretensiosa". Depois de passear por sobre grupos de pessoas em êxtase, a câmera se fixava em um jovem americano parecidíssimo com Muhammad Ali no momento em que o narrador declarava que o Fusca era o "campeão do mundo".[1]

No fim, a comemoração relativamente modesta do feito extraordinário alcançado pelo Fusca em 1972 se mostrou uma decisão acertada por parte da Volkswagen. Dois anos depois de celebrar seu campeão de vendas, a gigante de Wolfsburg parecia nocauteada em pé, abalada por prejuízos sem precedentes na casa das centenas de milhões de marcos alemães. De volta às manchetes não por sua expansão ou seu faturamento e sim por demissões e perdas financeiras, a Volkswagen estava enfrentando um revés profundamente perturbador para muitos alemães ocidentais. Como os problemas enfrentados pela VW no início da década de 1970 coincidiram com um momento de dificuldades econômicas e sociais na República Federal da Alemanha, as notícias vindas de Wolfsburg foram recebidas por muitos analistas mais afoitos como o fim da época que Eric Hobsbawm definiu como "era de ouro do capitalismo".

Os problemas econômicos da Alemanha Ocidental se deviam a diversos fatores. O colapso do sistema de câmbio fixo definido na conferência de Bretton Woods atingiu severamente o setor exportador do país, inclusive a Volkswagen, e a crise do petróleo de 1973 provocou um surto inflacionário. Ao expor as dificuldades que vinham se acumulando em diversas empresas ao longo dos anos, esses choques externos provocaram um aumento considerável na taxa de desemprego, que jamais voltaria aos patamares dos anos 1960. Apesar de os altamente subsidiados setores de mineração e siderurgia terem sido os mais atingidos pela mudança de rumo da economia, os trabalhadores das fábricas de automóveis e produtos eletrônicos também não passaram incólumes. A instabilidade cada vez maior no mercado de trabalho era um indicador significativo de que a Alemanha Ocidental estava aos poucos deixando de ser a sociedade industrial do "milagre econômico" para se transformar em uma economia de serviços, embora seu setor de manufatura tenha se mantido muito mais robusto que o de outras nações pós-industriais, inclusive os Estados Unidos e a Grã-Bretanha.[2]

Diversas indústrias se mostraram incapazes de se desvencilhar de problemas que só se acumularam ainda mais ao longo dos anos 1970. Essas dificuldades se deviam a fatores como a relutância em adotar novos métodos administrativos, a falta de investimento em pesquisa e desenvolvimento, a manutenção de modos de produção ultrapassados, a má condução das relações trabalhistas e a falta de visão em relação às novas exigências dos consumidores. Embora a Volkswagen tenha conseguido sobreviver aos desafios que se impuseram naquela década, isso só foi possível graças a um longo, doloroso e traumático processo de adaptação e ajustes. Os executivos de Wolfsburg sabiam desde os anos 1960 que a empresa não poderia mais depender apenas do Fusca. Desenvolver uma estratégia viável no novo panorama automotivo, no entanto, era algo que exigia tempo, pois a busca da VW por uma linha renovada de produtos se deu em um clima econômico nada favorável. Na empresa de Wolfsburg, o período complicado de transição corporativa foi exacerbado pelos efeitos da recessão em escala global ocorrida no início da década de 1970.[3]

Nessa época, ninguém mais duvidava que o Fusca havia deixado de ser o grande trunfo da Volkswagen para se transformar em seu calcanhar de aquiles. Os problemas da empresa, os críticos concordavam em peso, tinham como principal causa a dependência de um modelo que Ferdinand Porsche projetou na década de 1930. No momento em que os analistas atentaram para o risco de a Volkswagen se tornar vítima de seu próprio sucesso, o Fusca era visto cada vez mais como um automóvel obsoleto. Por outro lado, as dificuldades da empresa não abalaram a admiração que o carrinho despertava no país e fora dele. Embora o Fusca viesse se tornando um produto secundário em mercados nos quais costumava ser vendido em massa, seu prestígio entre americanos e alemães ocidentais permanecia intocado.

"O Volkswagen está ultrapassado?", perguntou em 1957 a revista *Stern*, um semanário alemão nos moldes da *Life* americana, em uma matéria que elencava os supostos defeitos que acometiam o carro fabricado em Wolfsburg. Com seu motor de 34 cavalos, o Volkswagen, segundo a *Stern*, tinha uma potência insatisfatória, que produzia uma aceleração lenta e uma velocidade máxima decepcionante de 110 quilômetros por hora. Além disso, continuava a publicação, o VW oferecia pouquíssimo conforto a motoristas e passageiros em virtude de seu interior apertado, seu motor barulhento e seu sistema de aquecimento inconstante, que produzia um permanente mau cheiro. As críticas da *Stern* culminavam com a acusação de que o Volkswagen era difícil de dirigir, e portanto perigoso: seu formato o deixava muito exposto a ventos laterais e o posicionamento do motor acentuava sua tendência de sair de traseira nas curvas. Pequeno, lento, malcheiroso, inconstante e inseguro – esses foram os adjetivos usados pela *Stern* para descrever o carro que moldou a cultura automobilística da República Federal da Alemanha.[4]

Escrito em um momento em que a indústria automobilística da Alemanha Ocidental ia ganhando força, o artigo da *Stern* tinha um elemento deliberado de provocação, e a reação que despertou foi bastante previsível. Em suas cartas ao editor, os proprietários de VWs desmereceram as críticas da revista, preferindo chamar atenção para as virtudes técnicas e comerciais do veículo, como os baixos custos de aquisição e manutenção, a alta qualidade e a confiabilidade. Embora a *Stern* tenha enfrentado a resistência de consumidores leais em 1957, os problemas mencionados em sua matéria continuaram sendo apontados ao longo do tempo. Apenas dois anos depois, a revista *Der Spiegel* usou a manchete da Stern como título de uma entrevista com Heinrich Nordhoff. Além de reiterar as críticas anteriores, inclusive a "traiçoeira" tendência do carro de sair de traseira, *Der Spiegel* ainda ressaltou que o Volkswagen tinha pouco espaço para bagagem, sua visibilidade era ruim e seu consumo de combustível, mais alto do que o anunciado pela fábrica. Dessa vez, as ressalvas ao VW geraram respostas nem tão unânimes por parte dos leitores. Embora ninguém negasse a qualidade e a economia do carro, muitos missivistas expressaram sua frustração com os assentos traseiros desconfortáveis, as janelas pequenas demais, o mau odor do sistema de aquecimento e a instabilidade em condições de vento lateral. No final dos anos 1950, portanto, alguns consumidores e jornalistas já vinham apontando as limitações de tamanho, velocidade, segurança e conforto inerentes ao projeto de Ferdinand Porsche. O Volkswagen dominava o mercado doméstico e era um símbolo inconteste da recuperação da Alemanha Ocidental no pós-guerra, mas nem por isso deixava de ser submetido a questionamentos de ordem técnica.[5]

Embora demonstrasse certa irritação diante das insinuações a respeito da iminente obsolescência do Volkswagen, Nordhoff levava a sério as críticas feitas ao veículo. Conforme afirmou para *Der Spiegel*, ele tinha ciência dos problemas enfrentados pela Ford na década de 1920 quando os motoristas se cansaram do Modelo T, gerando uma crise em Highland Park que custou à montadora a liderança do mercado americano. A Ford, argumentou Nordhoff, tinha se negado a fazer modificações no Modelo T apesar das queixas dos clientes. Para evitar um processo semelhante em Wolfsburg, Nordhoff requisitava aos engenheiros da fábrica que encontrassem soluções para as características do Fusca que se tornassem alvo de reclamações. Ao longo da década de 1960, a Volkswagen aumentou o tamanho das janelas para melhorar a visibilidade, ampliou a capacidade do porta-malas, aprimorou o sistema de aquecimento e equipou o veículo com freios mais potentes. Em meados da década, a empresa também lançou novos motores de 1,3 e 1,5 litros, elevando a potência do carro para até 54 cavalos e melhorando seu desempenho tanto na aceleração quanto na velocidade máxima alcançada. Além dessas atualizações técnicas, foram introduzidas inúmeras mudanças cosméticas para tornar o carro mais atraente a uma clientela cada vez mais exigente. Apesar de ter ajudado a manter uma sólida base de consumidores, esses melhoramentos não foram suficientes para sanar defeitos como a tendência do carro a sair de traseira e sua instabilidade em condições de vento lateral.[6]

Como a demanda doméstica permanecia em alta e as exportações continuaram crescendo com vigor até 1966, essas queixas quanto às limitações do carro não se traduziram em queda nas vendas. Até meados da década de 1960, a principal tarefa de Nordhoff consistia em administrar o crescimento da empresa. Entre 1962 e

1966, o número de funcionários da VW na Alemanha Ocidental subiu de cerca de 78 mil para 91,5 mil, e a produção anual do Fusca saltou de 819.326 para 988.533. Quando a companhia anunciou um lucro líquido de 300 milhões de marcos em 1966, sua produção total já estava na casa dos 1,5 milhão de veículos somando as fábricas de Wolfsburg, Hanover, Braunschweig, Kassel e Emden, sendo a última dedicada somente à montagem dos carros exportados para os Estados Unidos. Como a expansão da Volkswagen se deu em um mercado de trabalho caracterizado pela falta de mão de obra em virtude do boom econômico, a empresa adotou o exemplo criado pela concorrência e começou a contratar os chamados "operários convidados" em 1962. Com base em um contato estabelecido no Vaticano em uma reunião de Nordhoff com o papa Pio XII, a VW concentrou a maior parte de suas iniciativas de recrutamento na Itália. Em 1966, cerca de 6 mil trabalhadores temporários italianos chegaram às linhas de montagem de Wolfsburg. A expansão parecia ser a vocação natural da montadora, principalmente depois que a Volkswagen comprou a Audi, uma fabricante bem-estabelecida de carros de luxo, como uma forma de garantir sua entrada nesse segmento mais lucrativo de mercado em 1965.[7]

No entanto, o que esses impressionantes indicadores de crescimento não diziam era que a Volkswagen estava prestes a enfrentar um ambiente econômico para o qual não estava suficientemente preparada. Os problemas da empresa de Wolfsburg, que começaram a se manifestar na segunda metade dos anos 1960 e atingiram um ponto crítico em meados da década de 1970, não se deviam a uma única causa, e sim a mudanças graduais no panorama automotivo da Alemanha Ocidental e à deterioração do cenário econômico, que fizeram com que a grande força da montadora – a produção em massa nos moldes fordistas de um automóvel básico e altamente padronizado – se transformasse em uma fraqueza. Para se adaptar às novas condições, a Volkswagen foi obrigada a iniciar um doloroso processo de reinvenção, que acabou relegando o Fusca a um segundo plano em suas estratégias empresariais.

No início dos anos 1960, os concorrentes da VW na Alemanha Ocidental começaram a desafiar a montadora de Wolfsburg no segmento de carros compactos, que compunha sua principal fatia de mercado. Lançadas em 1962, as novas versões do Taunus 12M, da Ford, e do Kadett, da Opel, eram as principais ameaças nesse sentido. Apesar do preço um pouco mais alto que o do Fusca, com valor de tabela por volta de 5 mil marcos, os testes da imprensa especializada revelaram que eles eram superiores ao automóvel mais popular do país em diversos aspectos. Com motores dianteiros resfriados a água e ligeiramente mais potentes que o do Fusca, ambos ofereciam um desempenho melhor em termos de aceleração e velocidade máxima e não tinham o mesmo problema de instabilidade em condições de vento lateral que acometia o carro feito em Wolfsburg. O automóvel da Opel inclusive recebeu entusiasmados elogios quanto à dirigibilidade. Tanto o Kadett como o 12M ofereciam um sistema de aquecimento mais eficiente, uma visibilidade melhor, interiores mais confortáveis e porta-malas maiores. Em termos de consumo de combustível, os três carros eram equivalentes. Apenas no quesito da qualidade de fabricação o Volkswagen levava a melhor sobre os compactos da Ford e da Opel. Os jornalistas automotivos chegaram à conclusão de que, embora não tivessem nada de "sensacional", os dois lançamentos representavam "sérios concorrentes para o Volkswagen", pois "tudo neles faz sentido".[8]

À medida que os consumidores adotavam os compactos recém-chegados, a participação do Volkswagen no mercado doméstico foi caindo de 45% em 1960 para 33% em 1968, e chegou a 26% em 1972. Em certo sentido, essa curva decrescente se deveu à correção de uma situação excepcional gerada pela falta de concorrentes no segmento de mercado ocupado pelo VW. Com a aparição do 12M e do Kadett, o contexto mudou. No entanto, a concorrência por si só não explica a queda da participação do VW no mercado. As mudanças no setor automotivo eram um reflexo de transformações mais amplas nos padrões de consumo dos alemães ocidentais. A demanda por novos modelos se explicava pelo aumento da renda média dos trabalhadores do país. Se em 1960 os carros com preço entre 4,1 e 6,2 mil marcos eram responsáveis pela maior parte das vendas, em 1969 o centro de gravidade do mercado migrou para a faixa de 6,2 a 9,3 mil marcos. Na década de 1960, a Alemanha

Ocidental deixou de ser um mercado de carros compactos e se voltou em maior número para os veículos de porte médio.[9]

O fracasso da VW em desenvolver uma linha de veículos para se estabelecer nesse novo e lucrativo segmento estava na raiz de seus problemas econômicos. Em 1961, a montadora de Wolfsburg respondeu aos apelos por um carro de porte médio lançando o Volkswagen 1500, cujo apelo, no entanto, se mostrou limitado. Com um preço médio de 6,4 mil marcos, seu chassi se assemelhava muito ao do Fusca, assim como seu motor traseiro de 1,5 litros e 45 cavalos refrigerado a ar. O 1500 contornou alguns dos pontos fracos do Fusca, pois alcançava uma velocidade máxima mais alta, proporcionava melhor visibilidade e tinha um interior mais espaçoso, assim como um porta-malas de melhor capacidade. Por outro lado, o motor traseiro refrigerado a ar era responsável pela repetição de alguns problemas do Fusca, como o sistema de aquecimento inconstante, o ruído excessivo e a instabilidade em condições de vento lateral. Apesar das vendas relevantes, a participação do 1500 no mercado doméstico tinha chegado a apenas 16% em 1968. Como consequência, 70% dos veículos de passeio fabricados pela VW na Alemanha Ocidental ainda eram Fuscas. A empresa permanecia em grande parte dependente de um carro compacto projetado na década de 1930 que, apesar das contínuas modificações, não tinha como competir nos novos e mais lucrativos segmentos de mercado surgidos nos anos 1960.[10]

Estudos de mercado revelaram que o estreito leque de produtos oferecidos pela montadora vinha tornando cada vez mais difícil para a VW a atração de motoristas em busca do primeiro carro. Outra tendência ainda mais preocupante, no entanto, era o número cada vez maior de alemães ocidentais interessados em adquirir veículos mais potentes e confortáveis. Os donos de Fuscas que se decidiam a comprar um carro maior descobriram assim que a VW só oferecia uma alternativa. Como resultado, a empresa começou a enfrentar dificuldades para manter a lealdade conquistada entre os proprietários de seu veículo mais popular. Em comparação com a Opel e a Ford, a Volkswagen saía perdendo no quesito fidelidade à marca – e isso só se acentuou a partir da segunda metade dos anos 1960.[11]

Com a dificuldade enfrentada pela VW para manter sua base de clientes, a margem de lucro do Fusca começou a cair. Em parte, a rentabilidade diminuiu porque a empresa continuou a oferecer os melhores salários e benefícios da Alemanha Ocidental mesmo depois de os trabalhadores de todos os demais setores da economia se beneficiarem de um considerável incremento de renda. Muitas das modificações técnicas e estéticas destinadas a manter a atratividade do Fusca também afetaram sua lucratividade. Em 1968, por exemplo, a companhia decidiu ampliar o porta-malas do modelo, mas, como lembrou um executivo, "isso exigia redesenhar todo o eixo dianteiro", o que significava um investimento de mais de 100 milhões de marcos em novos equipamentos de produção. Em vez de oferecer uma vantagem em relação à Opel e à Ford, acrescentou o executivo, a empresa teria um gasto adicional apenas para compensar uma desvantagem de longa data. Como a VW precisava manter um preço mais baixo que o do 12M e do Kadett, não era possível repassar ao consumidor todos os custos ocasionados pelas novas alterações.[12]

Outra dificuldade comercial se deu no campo das exportações para os Estados Unidos. As vendas do Fusca para os americanos saltaram de 232.550 em 1963 para 423.008 em 1968, mas alcançar números nesse patamar exigiu sacrifícios consideráveis. Embora o Fusca não encontrasse quase nenhuma concorrência em seu nicho de mercado, as leis ambientais mais severas adotadas nos Estados Unidos na segunda metade da década de 1960 impuseram uma série de encargos à Volkswagen. Como resposta ao lobby de ativistas ambientais e defensores dos direitos dos consumidores, o Congresso americano aprovou uma série de leis destinadas a reduzir a poluição, limitar os aumentos de preços e elevar os padrões mínimos de segurança. Para se adaptar à nova legislação, o Fusca precisaria ter, entre outras coisas, uma coluna de direção deformável para diminuir o risco de empalamento, mecanismos de travamento mais resistentes para impedir que as portas se abrissem em caso de batida, pisca-piscas maiores e um motor com sistema de controle de emissões de poluentes. Tudo isso elevou os custos de produção. Em 1967, por exemplo, a VW precisou gastar 200 dólares por carro para implementar essas modificações técnicas, mas só pôde aumentar o preço de tabela do veículo de 1.645 para 1.700 dólares. Em suma, na segunda metade dos anos 1960, a lucratividade da filial americana da Volkswagen despencou.[13]

Além do aumento de gastos, a presença da VW nos Estados Unidos expunha a montadora a riscos significativos a sua imagem pública. A lei americana exigia que os fabricantes convocassem os proprietários e consertassem de graça lotes inteiros de veículos que apresentassem defeitos crônicos que representassem perigo para os motoristas. O prejuízo de reputação causado pelos chamados *recalls* era muito maior que qualquer perda financeira, já que a mídia local costumava acompanhar de perto esse tipo de anúncio. Embora as companhias americanas tenham sido as primeiras a se submeter a esse novo procedimento, a vez da Volkswagen chegou em julho de 1966, quando a empresa foi obrigada a recolher quase 200 mil unidades com problemas nas juntas esféricas do eixo dianteiro que poderiam provocar a perda do controle da direção. Um ano e meio depois, outros 42 mil VWs precisaram de substituições nos fechos que prendiam o estepe. A exposição desses problemas na mídia não só minou a reputação da Volkswagen como fabricante de veículos de qualidade como deu munição para os defensores dos direitos do consumidor que consideravam o carrinho alemão um automóvel perigoso, que não oferecia proteção suficiente a seus ocupantes em caso de acidente. O primeiro a fazer essa observação foi Ralph Nader, durante um congresso sobre segurança automotiva em 1966, e a acusação continuou a pesar sobre o Fusca nos Estados Unidos como a espada de Dâmocles no início dos anos 1970.[14]

Apesar de a queda nos lucros e as preocupações cada vez maiores com a segurança porem em risco a operação da Volkswagen nos Estados Unidos a partir da segunda metade dos anos 1960, a essa altura a empresa dependia mais do que nunca do mercado americano. Com 40% de seus Fuscas exportados para o outro lado do Atlântico em 1968, a companhia vinha sustentando em larga medida o seu sucesso em um único nicho de mercado. A essa altura, o equilíbrio precário da VW já era um segredo de polichinelo na Alemanha Ocidental. Franz Josef Strauß, ministro das Finanças da República Federal, resumiu a situação em uma pergunta retórica em 1967: "O que acontece se os americanos de repente pararem de achar graça no Fusca?".[15]

A declaração polêmica de Strauß repercutiu dentro e fora da empresa, já que em 1966 a Volkswagen tinha experimentado pela primeira vez uma queda de faturamento significativa. Depois de mais de uma década e meia de crescimento dinâmico e ininterrupto, a economia alemã sofreu um revés naquele ano que ocasionou um encolhimento de 2,1% em seu PIB, além de um surto inflacionário de caráter moderado. A recessão foi recebida com grande alarme por uma população que se orgulhava do "milagre econômico", mas que, como revelou uma pesquisa de opinião, ainda não confiava plenamente na estabilidade gerada pela nova ordem política e econômica. Os temores da opinião pública causaram uma contração econômica que, além de gerar debates intensos a respeito do futuro da Alemanha Ocidental, se converteu em ganhos eleitorais para a extrema direita, que conseguiu assentos nos parlamentos estaduais no Hesse e na Baviera em 1967. A ascensão da direita, por sua vez, provocou agitação nas fileiras da jovem e inflamada esquerda estudantil, que elevou sua atuação a níveis sem precedentes naquele ano. Em meio a um clima generalizado de insegurança, os conflitos econômicos e políticos dominaram a agenda nacional em 1967.[16]

Na Volkswagen, a queda na economia expôs dificuldades que já vinham crescendo nos anos anteriores. As vendas domésticas sofreram um duro golpe, despencando de aproximadamente 600 mil unidades em 1965 para 370 mil dois anos depois, já que o clima de apreensão desestimulava os consumidores a comprarem novos carros. Essa queda dramática indica que os proprietários vinham adiando o momento de trocar seus veículos em virtude de um momento de instabilidade econômica, um padrão típico de mercados automobilísticos mais voláteis, que já haviam superado a fase da implantação da motorização em massa. Nesse novo contexto, os executivos da VW discutiam seu planejamento e seus resultados em uma atmosfera de permanente tensão. Confrontado com o fato de que havia 200 mil unidades encalhadas em março de 1967, o diretor comercial se defendeu dizendo que a General Motors também vinha enfrentando um problema semelhante, com um grande número de veículos em estoque. "Sendo assim, por que você não vai trabalhar na General Motors?", rebateu Nordhoff. Uma auditoria interna revelou que a Volkswagen tinha um excedente de mão de obra na casa dos 30%, mas o conselho diretor, com medo de que demissões em grande escala prejudicassem ainda mais a imagem da empresa, reduziu as jornadas de trabalho e tomou a iniciativa inédita de dar férias coletivas de 42 dias úteis aos operários de todas as suas fábricas na Alemanha Ocidental no primeiro semestre de 1967. "Onde estão os trabalhadores da Volkswagen?", perguntou com preocupação o jornal *Süddeutsche Zeitung*.[17]

Essas dificuldades, porém, se revelaram passageiras. Depois de uma série de medidas keynesianas por parte do governo para retomar o crescimento econômico, os alemães ocidentais voltaram a comprar Fuscas aos milhares. Em novembro de 1967, as maiores dificuldades impostas ao conselho diretor da empresa eram o excesso de demanda – e não o contrário – e a necessidade de expandir a produção. No entanto, a recuperação não significou o retorno ao antigo status quo na Volkswagen. A queda drástica nas vendas no ano anterior havia demonstrado aos executivos, inclusive Nordhoff, que o mercado estava exigindo automóveis mais bem equipados e confortáveis. O destino da Volkswagen estava atrelado mais do que deveria ao sucesso do Fusca.[18]

Para sobreviver, a VW precisaria fazer alterações profundas em seu modelo de negócios. Já acima da idade de aposentadoria e sofrendo com problemas de saúde, Nordhoff morreu em consequência de um derrame no primeiro semestre de 1968. Seu bastão foi entregue a Kurt Lotz, um ex-oficial das forças armadas que tinha feito carreira na companhia de engenharia elétrica Brown Boveri. Para modernizar a empresa, o novo CEO adotou uma série de medidas, como a profissionalização do departamento administrativo por meio do processamento eletrônico de dados, a introdução de novos modelos gerenciais importados dos Estados Unidos, um programa de treinamento atualizado e uma expansão significativa do setor de pesquisa e desenvolvimento.

A decisão mais relevante de Lotz, porém, foi a de ordenar o desenvolvimento de uma nova e mais lucrativa linha de produtos, capaz de estabelecer a VW no mercado em expansão dos veículos de porte médio. Como esse objetivo exigia carros mais potentes, silenciosos e estáveis (e não só em condições de vento forte) do que aqueles fabricados pela VW na época, Lotz optou por abandonar o paradigma do motor traseiro refrigerado a ar que constituía um dos pontos chave da identidade da montadora em termos de engenharia automobilística. Estimando que a Volkswagen precisaria de no mínimo cinco anos para se reerguer, o CEO autorizou nada menos que três projetos paralelos com diferentes configurações – uma com motor central, uma com motor dianteiro e tração dianteira e outra com motor dianteiro e tração traseira. Ao mesmo tempo, os técnicos começaram a projetar quatro modelos diferentes com três tamanhos de motor, para garantir um amplo alcance comercial. Embora esse ambicioso programa de desenvolvimento fosse o sonho de qualquer engenheiro, era também o pesadelo de qualquer contador. Com as vendas do Fusca em declínio, os gastos pesados com pesquisa e desenvolvimento tiveram um papel central na queda dos lucros da companhia de 330 milhões de marcos em 1969 para 12 milhões de marcos em 1971. Como os projetos da nova linha de produtos precisavam ser mantidos em segredo, os resultados decepcionantes foram recebidos com preocupação pela mídia. Apesar dos esforços de Lotz nos bastidores, os números cada vez piores fizeram parecer que a Volkswagen estava à deriva. Em meio a pressões do governo e do conselho supervisor, Lotz pediu demissão no segundo semestre de 1971.[19]

O escolhido para ser seu substituto foi Rudolf Leiding, um funcionário de carreira da VW. A passagem de Leiding pelo comando da VW se deu nas circunstâncias mais críticas enfrentadas pela empresa desde os anos imediatamente posteriores ao fim da guerra. Leiding foi obrigado a conduzir o desenvolvimento de uma nova linha de produtos em meio a um contexto econômico em franca deterioração. No início dos anos 1970, o boom que sustentava as economias do bloco ocidental desde o começo da década de 1950 chegou ao fim. O primeiro indicador de uma crise financeira global apareceu em 1971, quando o governo dos Estados Unidos permitiu que a cotação do dólar flutuasse para compensar seus déficits comerciais e a alta da inflação, precipitando o colapso do sistema de câmbio fixo adotado no final dos anos 1940. Combinado com um aumento de 10% no imposto sobre os produtos importados decretado por Nixon, o novo contexto monetário teve impacto direto sobre a Volkswagen. O marco alemão se valorizou 40% em relação ao dólar, corroendo a receita da empresa com as exportações para os Estados Unidos. Quando a OPEP proclamou um embargo em retaliação ao apoio do Ocidente a Israel na Guerra do Yom Kippur, a explosão no preço dos combustíveis ocasionou uma recessão de escala mundial. O choque do petróleo fez a demanda por automóveis desabar. Em 1974, a Volkswagen registrou um catastrófico prejuízo de 807 milhões de marcos, explicado em parte pelo déficit de 200 milhões de marcos de sua filial americana.[20]

O aprofundamento dos problemas da VW coincidiu com o início de uma longa crise nas nações industrializadas do Ocidente que não demorou a se manifestar na República Federal. No fim de 1973, a inflação na Alemanha Ocidental chegou a 7% em virtude do aumento no preço do petróleo. Para evitar o desabastecimento energético, as autoridades tomaram medidas drásticas que só ajudaram a disseminar o clima de pessimismo generalizado que tomou conta da sociedade alemã. Além de proibir o uso de carros particulares por quatro domingos consecutivos entre novembro e dezembro de 1973, o governo de Bonn instituiu temporariamente limites de velocidade de cem quilômetros por hora nas *Autobahn* e noventa quilômetros por hora nas demais estradas. Muitos governos locais levaram essas medidas ainda além e proibiram luzes elétricas na decoração de Natal daquele ano – um grande balde de água fria na celebração de uma época festiva. A OPEP suspendeu o embargo em 1974 e as luzes de Natal voltaram, mas as dificuldades econômicas persistiram e levaram ao desemprego em massa. Em 1975, o número de desocupados na Alemanha Ocidental superou a marca de 1 milhão. Tudo isso representou um tremendo choque para uma sociedade que viveu um crescimento econômico quase ininterrupto durante duas décadas.

Nesse ambiente econômico hostil, o controle de gastos se impôs como uma das principais tarefas de Leiding. Ele de imediato redimensionou o dispendioso programa de desenvolvimento de seu antecessor, concentrando-se em quatro modelos com motor dianteiro refrigerado a água e tração dianteira. Dessa forma, a VW pôde lançar o Passat, o Golf e o Polo entre 1973 e 1975. Leiding também identificou as rotinas de fabricação ineficientes como mais um motivo para as perdas financeiras. Uma auditoria interna revelou que a produtividade na Volkswagen era cerca de 30% menor que na Opel, mas seus operários continuavam a receber os melhores salários e benefícios da Alemanha Ocidental. Com a queda na demanda, a direção reduziu as jornadas de trabalho. Os sindicatos reagiram com greves e reivindicações de aumentos salariais de 15% em 1974. Leiding, que não era nem um pouco conciliador no que dizia respeito a relações trabalhistas, elevou ainda mais a tensão com uma proposta de demissões em massa. A discussão sobre a condução dessas dispensas gerou pesados atritos entre o executivo-chefe, sua diretoria, os sindicatos e, principalmente, os representantes do governo federal no conselho supervisor da empresa. No final de 1974, Leiding sucumbiu e pediu demissão.[21]

A postura intransigente de Leiding se tornou insustentável não só porque o governo social-democrata monitorava de perto as questões trabalhistas na Volkswagen. Em uma época de desemprego em alta, a manutenção de postos de trabalho em uma empresa com participação estatal e uma grande importância simbólica era vital para que as autoridades comprovassem seu comprometimento com a previdência social. Sendo assim, Bonn não tinha escolha a não ser incentivar uma solução que fosse aceitável para os sindicatos. Por outro lado, o governo tinha plena ciência da necessidade de reestruturação da VW, e de que esse processo incluiria demissões em massa. O chanceler Helmut Schmidt teve envolvimento direto na nomeação de Toni Schmücker como CEO da montadora de Wolfsburg em fevereiro de 1975.

O novo escolhido era um homem talhado para a função. Depois de fazer carreira na Ford, Schmücker havia conduzido com sucesso a recuperação da siderúrgica Rheinstahl no início dos anos 1970. Sua trajetória o tornava um profissional raro no panorama industrial da Alemanha Ocidental: um especialista em reestruturação com experiência comprovada no setor automobilístico. Além de dar continuidade às reformas administrativas e produtivas implementadas por seu antecessor, Schmücker reiterou a necessidade de um corte de grandes proporções na força de trabalho. Em abril de 1975, ele deu a temida notícia de que a Volkswagen teria de abrir mão de 25 mil de seus mais de 133 mil operários contratados no país. O anúncio draconiano de Schmücker causou alvoroço na mídia e debates acalorados no parlamento nacional. Analistas de todas as tendências políticas encararam a mudança de rumo da Volkswagen como um sinal profundamente preocupante. Diante do acúmulo de déficits e da rotatividade no mais alto posto da empresa, a *Der Spiegel* fez o seguinte questionamento: "Demissões em massa, prejuízos milionários, crise de liderança: O que vai ser da VW?". O fato de ninguém ter uma resposta convincente para essa pergunta era motivo de grande apreensão. "A nação está preocupada com um símbolo de seu poderio econômico", um jornal conservador comentou no primeiro semestre de 1975. Wolfsburg, acrescentou a revista semanal de orientação liberal *Die Zeit*, não era mais a "cidade do milagre econômico", e sim um "centro de crise".[22]

A vinculação dos problemas da VW ao sinal de novos tempos difíceis despertava temores por todo o país. Sebastian Haffner, um dos jornalistas mais respeitados da Alemanha Ocidental, deixou isso bem claro em um editorial da *Stern* em que fez um resumo da situação: "O que abala as pessoas", ele explicou, "é a mutilação, a dessacralização, de um símbolo nacional. Afinal, a VW não é uma empresa qualquer. [...] Até ontem, era a manifestação mais concreta do milagre econômico alemão. [...] Quem conseguia emprego na VW estava garantido para o resto da vida, era o que todos pensavam", porque a empresa tinha uma "predestinação para o sucesso. [...] E agora, de repente, a VW está no vermelho [...] com seu futuro ameaçado". Assim como nos anos 1950 e boa parte dos 1960, a montadora de Wolfsburg era usada como exemplo para ilustrar a situação da economia nacional, mas dessa vez em um contexto de recessão.

O fato de os problemas financeiros da empresa terem como causa principal sua dependência prolongada do sucesso do Fusca intensificava ainda mais as aflições da opinião pública. Haffner lembrou a seus leitores que o carro que "rodava e rodava" por muito tempo havia sido a imagem da "indestrutibilidade e determinação dos alemães", assim como da "inesperada ascensão" da República Federal da Alemanha "das cinzas para uma prosperidade coletiva nunca vista". Além disso, a aparência inalterada ao longo dos anos e as configurações técnicas despojadas do carro o tornavam um símbolo de moderação e estabilidade social e econômica. Usando as palavras de Haffner, o Fusca representava uma "rejeição do automóvel como produto da moda e símbolo de status. [...] Seu caráter transcendia as classes sociais, e era atemporal". Sendo assim, "cada Volkswagen era [...] uma afirmação de continuidade em meio à mudança". O aspecto mais preocupante da crise da Volkswagen, segundo ele, era "que aparentemente nada disso continua valendo". Como Haffner resumiu em poucas palavras, a "época da Volkswagen" simbolizada pelo Fusca estava chegando ao fim.[23]

O declínio do Fusca expunha nada menos que o fim de uma era caracterizada pela seguridade social e o crescimento econômico. Embora tivesse mantido seu status como ícone, o carro estava sendo vinculado cada vez mais a um último suspiro do milagre econômico. Em meados dos anos 1970, o Volkswagen devia sua ressonância cultural a um agudo contraste: apesar de continuar sendo um símbolo de confiabilidade, estabilidade e prosperidade, sua presença naquele momento só evidenciava a situação de insegurança vivida pelo país. O primeiro carro fabricado pela VW começou a ser visto como uma coisa do passado – mas um passado associado apenas à história da Alemanha Ocidental. Um sinal indicativo disso era que nem Haffner nem os demais observadores da época que escreveram sobre a Volkswagen na década de 1970 deram muita atenção às origens nazistas do carro, por considerá-las um fato irrelevante. Um refugiado político do nazismo que na época estava terminando um livro sobre Hitler, Haffner com certeza conhecia essa passagem do passado do Fusca – assim como seus colegas. No entanto, esse aspecto histórico parecia não ter qualquer importância para a análise conjuntural da situação. No momento em que o contexto socioeconômico que possibilitou o sucesso do Fusca começou a se desintegrar, a crise da VW indiretamente consolidou o status do carro como um fenômeno associado exclusivamente à Alemanha Ocidental do pós-guerra.[24]

Apesar da relação direta do Fusca com as dificuldades financeiras vividas pela Volkswagen, o carro mais popular da empresa não se transformou em um símbolo de fracasso. Muito pelo contrário, pois a maior montadora da Alemanha Ocidental conseguiu sair da crise com uma rapidez admirável. Toni Schmücker estabeleceu uma relação de confiança entre a diretoria e os sindicatos, e a redução da força de trabalho pôde se dar em um clima pacífico. Em parte, a atmosfera relativamente tranquila na VW em um período tão tenso se deveu às generosas indenizações que a companhia ofereceu àqueles que optassem pela demissão voluntária. Esse acordo se mostrou especialmente atrativo para os "operários convidados", em sua maioria italianos não sindicalizados com cargos subalternos e contratos temporários, e para as trabalhadoras do sexo feminino sem qualificação. Esses grupos preencheram a maior parte do contingente de 32 mil funcionários que se desligaram da empresa entre abril e junho de 1975. Para que a VW pudesse bancar seu plano de demissões sem provocar sérios problemas sociais, a venda acima das expectativas de sua nova linha de automóveis teve um papel fundamental. Lançado em 1974, o Golf, com seu motor dianteiro refrigerado a água de 50 cavalos de potência, se estabeleceu imediatamente como um campeão de vendas na Europa. Em questão de dois anos, a montadora já tinha fabricado mais de 1 milhão de unidades do Golf, um modelo que se tornaria o grande trunfo comercial da VW por décadas a fio. Graças às vendas numerosas, a Volkswagen pôde registrar um impressionante lucro de 1 bilhão de marcos em 1976 – um resultado que ninguém ousaria nem sonhar apenas dois anos antes. A imprensa cobriu com um tom maravilhado o novo "milagre de Wolfsburg", e o próprio Toni Schmücker admitiu que a reviravolta ocorrida na VW era "quase inacreditável". No entanto, ele logo fez uma ressalva: "Não podemos deitar nos nossos louros". Um editorial de uma publicação conservadora também fez um alerta quanto à complacência: "A crise demonstrou muito claramente a facilidade com que a empresa pode chegar à beira do abismo em virtude da volatilidade dos ciclos de negócios no setor automobilístico". Embora a Volkswagen tivesse voltado a prosperar, a sensação de insegurança surgida em meados dos anos 1970 permanecia.[25]

Precavida contra o caráter efêmero dos sucessos comerciais depois da crise de 1975, a direção da montadora de Wolfsburg não abriu mão de sua política de controle de custos. À medida que as vendas do Golf decolavam, a demanda pelo Fusca se reduzia de forma drástica. Em 1977, menos de 15 mil alemães ocidentais optaram por comprar o primeiro modelo fabricado pela VW. No ano seguinte, o conselho diretor reagiu à perda de mercado do Fusca suspendendo sua produção na República Federal da Alemanha. Para amenizar o golpe que isso significava para a opinião pública alemã, a empresa anunciou que suas concessionárias continuariam vendendo Fuscas importados do México, onde a Volkswagen mantinha uma fábrica de alta capacidade produtiva desde 1967. Essa concessão permitiu que os cronistas se apegassem ao fato de que o Fusca não estava "morto", pois continuaria a "viver" durante anos como "um carro simples e econômico" ou como "nosso segundo carro, tão querido e saudoso".[26]

A imprensa encarou a decisão da montadora de Wolfsburg como uma medida inevitável, motivada por uma tendência irreversível do mercado automobilístico da Alemanha Ocidental, que migrou em peso para os veículos mais confortáveis. As mudanças de gosto por parte dos consumidores não deixaram alternativa à empresa. Mesmo assim, os analistas não sabiam exatamente o que esse anúncio significava, já que o futuro do carrinho permanecia incerto. O fim da fabricação do Fusca no país, concordaram analistas das mais diversas tendências políticas, representava uma "quebra" – e não apenas porque "um dos maiores símbolos do milagre econômico" não ostentaria mais o selo "Made in Germany". O novo fluxo internacional de comércio determinado pela iniciativa da Volkswagen também chamou a atenção dos articulistas. Outrora um artigo de exportação alemão-ocidental por excelência, o Fusca passava a ser um produto importado. Segundo resumiu um jornalista, a "história" estava sendo "invertida". Um colega seu que acompanhou o desembarque dos primeiros Fuscas mexicanos no mesmo terminal que por tanto tempo a VW usou para exportá-los expressou uma sensação similar: "Era como ver um filme de trás para a frente". Nenhum observador se arriscou a oferecer uma interpretação definitiva a respeito de como o novo caráter internacional do Fusca se relacionava com seu passado e futuro. "O Fusca está morto – vida longa ao Fusca", decretou um artigo, sem se preocupar em detalhar as implicações de uma afirmação tão vaga. Em suma, um carro que até então era visto como indicativo de continuidade passou a refletir os novos tempos de incerteza vividos pela Alemanha Ocidental.[27]

O clima de insegurança a respeito de seu futuro na Alemanha Ocidental em 1977 era um sinal indicativo bem claro da convicção amplamente disseminada de que o Fusca estava vivendo seus últimos dias. O destino do veículo nos Estados Unidos só confirmava essa impressão. Ao contrário de sua matriz na República Federal da Alemanha, a filial americana da Volkswagen continuou a enfrentar dificuldades financeiras. Enquanto a direção da empresa buscava alternativas para revitalizar suas operações nos Estados Unidos, logo ficou claro que o Fusca não teria um papel a desempenhar nesse novo contexto. O câmbio permanentemente desfavorável derrubou as vendas, e a adoção de novas regulamentações de segurança e emissão de poluentes se converteu em uma barreira intransponível em virtude das limitações técnicas do veículo. Sobretudo, a Volkswagen foi abalada pela chegada da concorrência das montadoras japonesas, que inundaram o mercado americano com alternativas baratas e tecnicamente superiores no segmento de carros compactos. Embora fosse obrigada a comercializar o Fusca por um preço abaixo do valor de custo em meados dos anos 1970, a VW continuou vendendo o modelo para evitar uma debandada em sua ampla rede autorizada. Em 1977, essa estratégia foi abandonada. Para tristeza dos muitos fãs americanos, foi anunciado o fim do ciclo do Fusca no país. Quando a empresa emitiu o comunicado à imprensa no qual informou sua decisão, a mídia em peso se pôs a lembrar do apelo anticonvencional do carrinho, de suas famosas campanhas publicitárias e do profundo amor que muitos americanos desenvolveram por seus "Volks". Na tevê, o *CBS Evening News* exibiu uma matéria antecipando a saudade que despertaria "a extinção do Bug. [...] Com o Fusca saindo de nossas vidas", continuou o repórter em um tom amargo, "é inevitável dizer que uma parte de nossas vidas se vai com ele".[28]

Oito anos depois, a montadora anunciou o fim da comercialização do Fusca na Alemanha Ocidental. Com vendas na casa das 10 mil unidades na República Federal em 1984, a importação do veículo se tornou inviável comercialmente quando o governo federal tornou o catalisador antipoluição um item obrigatório para todos os automóveis zero-quilômetro vendidos no país. Na época, os analistas deram muito mais atenção às consequências da nova regulamentação ambiental para a indústria automobilística local do que para o fim do Fusca. Afinal de contas, o "duro, barulhento e apertado Käfer", como escreveu o *Süddeutsche Zeitung*, já era um produto relegado ao segundo plano no cenário nacional desde meados de 1970, o que preparou a opinião pública da Alemanha Ocidental para seu abandono definitivo em um mercado cada vez mais caracterizado pela demanda por automóveis mais potentes, confortáveis e ecológicos.[29]

No final dos anos 1970 e início dos 1980, o Fusca deixou de ser vendido em seus dois principais mercados. Diante das queixas dos consumidores e do lançamento de concorrentes relevantes, a empresa tentou tornar o Fusca mais atraente com modificações técnicas e estéticas. No entanto, em uma cultura automobilística cada vez mais voltada aos automóveis de porte médio na Alemanha Ocidental, o grande astro da Volkswagen perdeu o brilho de vez quando sua lucratividade foi minada pelos custos impostos por essas alterações e pelas novas leis que entraram em vigor nos Estados Unidos. No início da década de 1970, com o fim do boom econômico do pós-guerra, a Volkswagen, que estava em fase de transição para uma nova linha de produtos centrada no Golf, viveu uma séria crise que forçou a demissão de dezenas de milhares de trabalhadores. Em meio à turbulência econômica e às elevadas taxas de desemprego na República Federal da Alemanha, o Fusca se tornou a imagem dos últimos suspiros do "milagre econômico", que demarcava o contraste entre um presente de incerteza e um passado marcado pelo pleno emprego, o crescimento da renda e a estabilidade. Como quase ninguém atentou para as origens do carro no Terceiro Reich quando a VW entrou em declínio, a crise dos anos 1970 só reforçou o status do carro como um fenômeno relacionado especificamente à Alemanha Ocidental, embora remetesse a uma prosperidade que vinha chegando ao fim. No entanto, o Fusca não se transformou em um símbolo de fracasso, já que a Volkswagen logo em seguida recuperou sua saúde financeira, graças ao sucesso do Golf.

A VW parou de comercializar o Fusca nos Estados Unidos no final dos anos 1970, para tristeza dos muitos americanos que continuavam idolatrando o carrinho de formas arredondadas. Na República Federal da Alemanha, por outro lado, o Volkswagen original foi desaparecendo aos poucos das concessionárias depois de deixar de ser fabricado no país, em 1978. O fato de não mais ser vendido em seus dois maiores mercados, entretanto, não "matou" o Fusca, como muitos analistas temiam. Muito pelo contrário, ele continuou vivo durante décadas por causa da demanda de regiões em que ainda não havia sido implantada a motorização em massa. O fato de a Volkswagen começar a trazer o carro do México quando suas vendas caíram na Alemanha Ocidental era um indicativo bem claro disso. Como parte de sua estratégia global, a empresa mantinha uma presença atuante por lá desde a década de 1960, quando saiu à procura de oportunidades de negócios similares ao boom automobilístico vivido pela Alemanha Ocidental nos anos 1950. Embora o Fusca tenha assumido um caráter bastante distinto no México, mais uma vez ele mostrou seu excepcional apelo e, assim como na Alemanha Ocidental e nos Estados Unidos, se estabeleceu como um veículo icônico e muito amado.

7

"Tenho um *Vochito* no meu coração"

"Foi impressionante quando todos aqueles táxis assumiram seus lugares na grande praça da cidade", escreveu o principal executivo da Volkswagen no México a seus superiores de Wolfsburg em 26 de novembro de 1971. Helmut Barschkis tinha todo o direito de estar orgulhoso: os táxis estacionados diante das belas colunas do Zócalo antes de saírem pela Cidade do México em uma "sinfonia de buzinas" para recolher seus passageiros somavam nada menos que mil Fuscas. O executivo alemão havia insistido na ideia de que a entrega da primeira frota de Fuscas convertidos em táxis para a prefeitura da cidade era um evento que merecia ser comemorado. A permissão para exibir seus carros no Zócalo fora uma iniciativa de relações públicas de primeira grandeza, à qual os chefes alemães de Barschkis provavelmente não souberam dar o devido valor. Enfileirados diante da Catedral Nacional e do Palácio Presidencial, os pequenos Volkswagens logo se tornariam uma presença marcante na iconografia nacional mexicana. Assim como os manifestantes que de tempos em tempos se reúnem na praça para expor suas causas políticas no grande palco nacional, o Fusca anunciou sua presença cada vez maior no país de maneira ruidosa e confiante no final de 1971.[1]

A cerimônia pública de entrega dos primeiros Fuscas convertidos em táxis foi um prenúncio do sucesso excepcional que o carro faria no país. Ao longo dos anos, o veículo não só se tornou um campeão de vendas como conquistou seu espaço como um dos objetos mais venerados do país. Muita gente inclusive considera o Volkswagen – localmente chamado de *el Vocho* ou *el Vochito* – um automóvel tipicamente mexicano. Embora o sentido literal e a etimologia desses apelidos sejam obscuros, a ascensão do carro ao panteão nacional do México é um fato notável. Os produtos em geral se tornam ícones nacionais nos países em que foram criados e produzidos inicialmente; no entanto, apesar de sua procedência alemã, o VW foi um dos poucos a alcançar esse status em diversos contextos nacionais. No Brasil, onde a empresa montou a primeira fábrica no final dos anos 1950 e produziu o carro por quase quatro décadas, embora com um longo período de interrupção, o Fusca – mais um apelido de explicação não muito clara – também é visto por muitos como um produto brasileiro. O VW, portanto, se consolidou como um ícone de múltiplas nacionalidades.[2]

Mesmo nos países em que não se transformou em símbolo nacional, o carro ganhou significados específicos amplamente reconhecidos em todo o espectro social. Quando militares rebeldes depuseram o imperador etíope Hailé Selassié, em setembro de 1974, finalizaram seu golpe com um gesto de implicações bem claras para o antigo governante. Colecionador de carros de luxo e dono de uma frota de 27 automóveis que incluía marcas como Rolls Royce, Mercedes-Benz e Lincoln Continental, Hailé Selassié foi levado em um Fusca verde quando seu acesso ao palácio foi barrado pelos militares. "Vocês não podem estar falando sério!", exclamou o imperador. "Eu vou ter que andar nisso?" Para um soberano que remetia sua linhagem ao rei Salomão, ser forçado a andar no banco de trás de um carrinho modesto era o símbolo máximo da humilhação.[3]

A importância cultural do Volkswagen em países tão diferentes como o México, o Brasil e a Etiópia ressalta ainda mais seu caráter de produto global. A presença internacional altamente disseminada do veículo é um testemunho da determinação dos executivos da VW em estabelecer a montadora como uma multinacional cuja atuação ia muito além dos bolsões de prosperidade da Europa Ocidental e da América do Norte. Valendo-se de políticas de estímulo à exportação do governo da República Federal da Alemanha, a Volkswagen nunca deixou de buscar novas oportunidades no exterior, e se estabeleceu como um agente atuante da globalização, muitas vezes recorrendo a práticas empresariais que seriam unanimemente rejeitadas em seu país de origem. A concorrência pelo mercado global deixou marcas profundas na cultura corporativa da companhia, que era obrigada a se remodelar constantemente. Por outro lado, os diversos contextos locais dos países em que a montadora estabeleceu suas atividades comerciais conferiram uma dimensão global ao carro, que ganhou inclusive novos significados simbólicos durante esse processo. Ao longo dos anos 1950 e 1960, políticos africanos e latino-americanos se engalfinharam para atrair a presença da Volkswagen e sua colaboração com seus planos de desenvolvimento, com graus variados de sucesso. Além dos governantes, os operários e os vendedores que trabalhavam para a VW tiveram um papel fundamental na domesticação do veículo alemão, além, é claro, dos proprietários e motoristas. Em vez de tratar o carro como um invasor estrangeiro, eles incorporaram o Fusca a seus símbolos nacionais em um complexo processo de apropriação. O status do Fusca como carro de presença mundial, portanto, se deve a uma combinação das estratégias corporativas da Volkswagen e dos fatores locais dos países para os quais a montadora expandiu suas atividades.

No pós-guerra, a trajetória do Fusca na Alemanha Ocidental e nos Estados Unidos é um exemplo de narrativa de sucesso. No entanto, em regiões abaladas por repetidas crises econômicas, como a África e a América Latina, é impossível manter esse tom otimista. Ainda assim, essas regiões tiveram um papel crucial na história do Fusca, pois permitiram o prolongamento de sua vida útil no momento em que sua atratividade se perdeu nos mercados mais ricos. Os estudiosos da história da Alemanha são unânimes em reconhecer a importância das exportações para a prosperidade da República Federal, um país que orgulhosamente ostentava o título de "campeão mundial de exportações" nos anos 1980, quando suas vendas para o exterior superaram as de todos os seus concorrentes, inclusive o Japão. Por outro lado, os historiadores ainda não analisaram em detalhes os efeitos internacionais da expansão das atividades das empresas alemãs. A disseminação do Fusca oferece inúmeras oportunidades para examinar o impacto em outros países de uma companhia sediada na Alemanha Ocidental. Em nosso caso, vamos concentrar o foco na trajetória do Fusca no México. O Vochito é um exemplo revelador das estratégias globais da Volkswagen, do envolvimento dos trabalhadores locais em sua fabricação e dos motivos por que os consumidores passaram a considerar o carro um produto nacional, apesar de suas origens alemãs. Em virtude da lealdade dos entusiastas do Vochito, a empresa continuou a produzi-lo até depois da virada do milênio. Com produção ininterrupta nas instalações da Volkswagen em Puebla entre 1967 e 2003, o Fusca foi fabricado por mais tempo no México do que na própria Alemanha Ocidental. A longa e atribulada história do Fusca no México proporciona um ótimo estudo de caso para revelar por que, como parte integrante do processo de globalização, esse carrinho conseguiu estender seu status de ícone para muito além das sociedades mais ricas do Ocidente.[4]

O objetivo de se estabelecer em um mercado reconhecido como potencialmente lucrativo foi o que levou Heinrich Nordhoff a instruir seus executivos a adotarem uma "política de longo prazo" no México em 1965. A VW já vendia Fuscas montados no México com peças importadas da fábrica de Wolfsburg desde 1954. Em 1962, quando o governo mexicano emitiu um decreto limitando seu mercado doméstico a carros com um mínimo de 60% de componentes produzidos no país, a Volkswagen investiu 500 milhões de pesos na construção de uma gigantesca fábrica em Puebla, cujas operações tiveram início em 1967. A princípio dedicada apenas ao Fusca, no início dos anos 1970 as novas instalações passaram a ser usadas também para a produção de outros modelos e de peças para as linhas de montagem da VW instaladas em outros países.[5]

A decisão da montadora de Wolfsburg por esse investimento vultoso representou mais um passo na transformação gradual da Volkswagen de uma indústria exportadora com alcance mundial para uma multinacional com sede na Alemanha e filiais e redes de distribuição espalhadas por vários continentes. No início dos anos 1960, a VW já contava com uma fábrica com quase 10 mil funcionários no Brasil, produzia mais de metade das peças de seus veículos vendidos na Austrália nos arredores de Melbourne e tinha planos para construir novas linhas de montagem na África do Sul e no México. Em 1967, os Fuscas fabricados fora da Alemanha Ocidental já respondiam por 14% do total de unidades produzidas.[6]

A transformação da Volkswagen em uma empresa com produção global não se deveu exatamente a uma estratégia corporativa deliberada, e sim a uma reação pragmática às políticas econômicas com as quais os países em desenvolvimento tentaram estimular o crescimento de seu mercado interno nos anos 1950 e 1960. Países bastante diferentes entre si – como Brasil, África do Sul e Austrália – pretendiam reforçar seu setor de manufatura adotando estratégias de "industrialização por meio de substituição de importações" com uma significativa participação estatal. No caso mexicano, os governantes optaram por uma estratégia multidimensional. Além de dinamizar o setor agrário promovendo uma reforma fundiária, o Partido Revolucionario Institucional (PRI) buscou impulsionar o setor manufatureiro com barreiras tributárias destinadas a reduzir a dependência dos produtos importados. Além das medidas protecionistas para resguardar a produção doméstica da concorrência internacional, o governo esperava fortalecer a base industrial do país determinando que as fábricas instaladas no México usassem mais componentes nacionais em seus produtos. O decreto da "integração nacional" da indústria automobilística assinado pelo presidente Adolfo López Mateos em 1962 era uma evidência de que esse setor era considerado fundamental para a industrialização de qualquer país. Com sua fábrica em Puebla, a VW estabeleceu uma firme presença no México ao lado concorrentes de peso mas pouco numerosos, como a Ford, a General Motors, a Chrysler e a Nissan.[7]

Nos anos 1960, o desempenho da economia mexicana parecia justificar plenamente tamanho investimento. Embora o PIB per capita mexicano se resumisse a modestos 4.573 pesos (aproximadamente 366 dólares) em 1960, já que a maioria das pessoas ainda trabalhava em empregos mal remunerados na zona rural, o crescimento anual do país se manteve na casa dos 7% ao longo de toda a década, com uma inflação de míseros 3% ao ano. Até certo ponto, o crescimento econômico acelerado se deu em virtude do aumento do contingente populacional de 35 milhões de pessoas em 1960 para 48 milhões dez anos depois, além de um processo de urbanização que fez a Cidade do México saltar de 5,2 milhões de habitantes para 8,9 milhões em uma década. Além disso, o México se diferenciava de outros países latino-americanos como Brasil e Argentina por sua estabilidade política. Com o PRI monopolizando o poder entre 1940 e 2000, o governo local sem dúvida alguma era marcado pelo clientelismo e a corrupção, mas nunca houve a ameaça de uma ditadura, até porque a participação dos militares na política era limitadíssima. A imagem do México como uma nação politicamente estável foi amplamente disseminada na Europa na época. "O 'milagre econômico mexicano' – esse é o rótulo usado para caracterizar os últimos anos", escreveu o principal jornal de negócios da Alemanha Ocidental em 1969; um outro diário descreveu o México como o "Japão da América Latina".[8]

Apesar da perspectiva promissora, a Volkswagen encontrou um ambiente bastante complicado para suas operações no México. Além de supervisionar a implantação da política de substituição de importações, o governo local se envolvia em inúmeros outros setores da economia, interferindo diretamente nos negócios da empresa. Os obstáculos impostos pelos políticos se mostraram um problema recorrente para os executivos enviados a Puebla. Apesar de ter sofrido com alguns contratempos de ordem administrativa, a diretoria da VW logo percebeu que manter uma boa relação com as autoridades era uma condição fundamental para seu sucesso comercial no México. Quando a empresa se preparava para inaugurar sua fábrica, em 1967, Helmut Barschkis fez questão de enfatizar a importância de cair nas graças das elites locais. "Principalmente agora que estamos montando nossa fábrica [...] é particularmente necessário cultivar uma boa convivência com todos os setores do governo", escreveu o executivo-chefe da Volkswagen do México a seus superiores alemães, destacando o presidente Gustavo Díaz Ordaz como o merecedor das maiores atenções. A diretoria da matriz levou bastante a sério o conselho de "cultivar uma boa convivência". Em 1969, o CEO Kurt Lotz recebeu uma carta de Díaz Ordaz na qual o político agradecia seu "caro e bom amigo" pelo "Karmann Ghia que fez a gentileza de me ceder. É um automóvel maravilhoso e [...] muito bonito". E ele não foi a única figura importante da política mexicana a merecer um tratamento privilegiado da Volkswagen. Quando Luis Echeverría assumiu a presidência do México, em 1970, Lotz fez questão de receber pessoalmente o filho do governante em Wolfsburg em uma visita que nem ao menos tinha caráter oficial.[9]

Ainda que gestos como esse proporcionassem um acesso direto às elites políticas mexicanas em um contexto econômico de ampla regulamentação e intervenção estatal, não havia como garantir o sucesso comercial da empreitada comercial da Volkswagen. Embora a empresa protestasse insistentemente contra o controle de preços imposto pelo governo a todos os veículos, suas demandas pelo "livre estabelecimento de valores de tabela" caíam sempre em ouvidos moucos, pois as autoridades mexicanas temiam que tal medida levasse as montadoras a inflar suas margens de lucro.[10] A interferência estatal no mercado automobilístico também provocava descontentamento porque o governo determinava o número de veículos que cada montadora podia vender por ano no país, e a princípio concedeu à Volkswagen cotas que a empresa julgava insuficientes. Em 1968, a fábrica de Puebla entregou 23.709 automóveis para as revendedoras mexicanas, um volume de produção que levou a companhia a amargar um prejuízo de 80 milhões de pesos, ou 25,5 milhões de marcos, no país. Com um ponto de equilíbrio para a cobertura de custos estimado em 32 mil unidades e uma capacidade produtiva anual de 50 mil, a fábrica de Puebla foi projetada para operações muito maiores do que as inicialmente concretizadas. Um executivo preocupado expressou toda sua frustração com a "economia totalmente planificada" do México em 1967. A empresa recebeu permissão para produzir quase 63 mil Fuscas em Puebla em 1973, mas as reclamações persistiam. Críticos contumazes da regulamentação estatal, os diretores da VW por outro lado não admitiam que se beneficiavam significativamente da atuação do governo no setor. Afinal de contas, determinações como o sistema de cotas valiam para a indústria como um todo, e portanto limitavam a concorrência. O intervencionismo estatal serviu para criar um mercado cativo, apesar de limitado.[11]

A empresa podia até culpar o governo por seus prejuízos, mas o verdadeiro problema era a economia subdesenvolvida do país e sua desigualdade na distribuição de renda. Não era segredo algum que o mercado automobilístico mexicano permanecia fraco nos anos 1960 e início dos 1970 porque havia poucos consumidores com poder aquisitivo para adquirir um veículo. A associação de revendedores de automóveis do México já havia ressaltado em 1966 que, apesar dos incrementos de renda da última década, "nós ainda somos um país pobre". Além disso, havia "uma alta concentração de rendimentos em uma camada relativamente pequena da população". Apesar da existência de uma pequena elite capaz de comprar e manter um ou mais veículos, a motorização em massa era uma perspectiva distante em virtude da desigualdade social reinante no país. Ainda assim, o crescimento econômico da segunda metade da década no país propiciou uma expansão de 26% do mercado de *populares*, como eram chamados os carros compactos, chegando ao número de 130 mil automóveis registrados em 1970. A VW se beneficiou bastante dessa tendência, já que o Vochito dominava o segmento dos populares, com vendas que chegaram a mais de 35 mil unidades naquele ano. No entanto, no início dos anos 1970, o clima em Wolfsburg contrastava agudamente com o entusiasmo inicial demonstrado em relação ao mercado mexicano. Em 1973, o CEO Rudolf Leiding declarou que, no médio prazo, as perspectivas de vendas no México eram "excepcionalmente ruins".[12]

Quando o "milagre econômico mexicano" começou a perder força, a VW foi obrigada a aprender a operar em um mercado automobilístico cuja volatilidade era amplificada pelos altos e baixos da economia nacional como um todo. O total de vendas de 88.158 unidades em 1974 despencou para 54.511 três anos depois em uma manifestação tardia das consequências da crise do petróleo. Já o boom energético que veio depois, do qual o país se beneficiou expandindo sua produção de óleo bruto, permitiu que a VW do México vendesse mais de 110 mil carros, entre eles 42.330 Vochitos, em 1982. A turbulência econômica que caracterizou o México ao longo das décadas de 1980 e 1990 expôs a Volkswagen a padrões de demanda absolutamente imprevisíveis. As vendas do Fusca caíram para míseras 17.532 unidades em 1987, mas em 1993 atingiram a marca de 97.539, e despencaram de novo para 14.830 em 1995. Não à toa, as diversas crises financeiras fizeram com que os anos 1980 ficassem conhecidos na América Latina como a década perdida. No entanto, apesar dos altos índices de desemprego, do crescimento urbano desordenado e do crescimento da desigualdade e da insegurança social, a disseminação do automóvel no México pouco a pouco ia aumentando. Se em 1980 a proporção de carros por habitante era de 1:17, dez anos depois esse número já estava em 1:12.[13]

Em uma atmosfera inicialmente caracterizada pela intervenção estatal e mais tarde marcada pela volatilidade de seus imprevisíveis ciclos de negócios, estabelecer e dirigir uma fábrica de grandes proporções implicava a administração de inúmeros conflitos. A aquisição do terreno de 2,5 milhões de metros quadrados em que foi instalado o parque industrial da montadora, nos arredores de Puebla – um local escolhido pelo governo em um esforço para evitar a concentração do setor produtivo na cada vez mais superpovoada e poluída capital do país –, era alvo de contestações frequentes. Em 1967, um diplomata da Alemanha Ocidental relatou que os *campesinos* em cujo *ejido* (terra comunal) a VW erguera sua fábrica vinham ameaçando se rebelar por causa do preço pelo qual tinham sido forçados a vender suas terras. Em uma região em que o metro quadrado estava avaliado em vinte pesos, a Volkswagen havia pagado três pesos por metro quadrado ao governo local. Os camponeses estavam revoltados não só porque tinham sido obrigados a entregar suas terras, mas também porque receberam míseros vinte centavos por metro quadrado – apenas 1% do valor de mercado. Sem sombra de dúvida, o descontentamento dos agricultores com essa "quase expropriação" ia além das esferas de governo e se estendia à empresa alemã. "Como os nazistas", dizia uma manchete de uma revista de esquerda em uma matéria que acusava a VW de roubo. As preocupações com os protestos dos camponeses eram enormes na época, principalmente por virem acompanhadas de levantes estudantis que provocaram batalhas campais no centro da cidade de Puebla. O presidente Díaz Ordaz, que autorizou a inauguração da fábrica em maio de 1967, cancelou todas as suas visitas a Puebla em virtude de "manifestações das associações locais de agricultores contra as políticas de expropriação do governo", escreveu Helmut Barschkis para um decepcionadíssimo Heinrich Nordhoff. Embora a cooperação da VW com as autoridades nesse caso tenha se convertido em vantagens materiais para a empresa, os desdobramentos subsequentes geraram conflitos que complicavam seu relacionamento com a elite política local.[14]

Quando a construção do parque industrial com setores de fundição, carroceria e pintura e de fabricação de motores, eixos e outras partes mecânicas foi concluída, a exigência de montar carros com componentes feitos no México se tornou motivo de inúmeras apreensões. Trabalhar com os fornecedores locais elevava os custos, afirmava um relatório feito em Puebla em 1968. Alguns anos depois, as reclamações foram dirigidas à qualidade do aço disponível no México. Em meio a queixas constantes, a preocupação com a reputação internacional da empresa continuou a assombrar os diretores de Wolfsburg ao longo da década de 1970.[15]

A VW adotou uma série de medidas para aprimorar a eficiência e a qualidade da fábrica de Puebla. Em 1966, a empresa inaugurou sua Escuela de Capacitación, um centro de treinamento que funcionava também como colégio técnico. Para financiar a instituição, a Volkswagen recebeu auxílio do Ministério do Desenvolvimento da República Federal da Alemanha, que reconhecia "a falta de trabalhadores qualificados [como] [...] um dos principais gargalos da indústria mexicana". Os funcionários semiqualificados ou sem qualificação passavam apenas brevemente pela Escuela de Capacitación, mas os operários qualificados que eram o principal elo de ligação entre a chefia e a linha de montagem eram submetidos a um treinamento longo e intensivo. Os candidatos ao programa de aprendiz da Volkswagen passavam por um processo seletivo que durava três meses e incluía desde provas teóricas de matemática e conhecimentos gerais até exames físicos e psicológicos. No final dos anos 1970, a VW admitia cem *trainees* por ano, escolhidos a partir de um total de mais de 3 mil inscritos. Os novos empregados eram treinados de acordo com o elogiadíssimo sistema alemão de formação de trabalhadores do setor industrial, um programa de três anos que abordava os diferentes aspectos práticos e teóricos inerentes a cada função. Os trainees passavam um dia por semana em sala de aula, e o restante do tempo era gasto com lições práticas a respeito de uma ampla gama de questões técnicas, em especial nas áreas de desenho industrial e motores a combustão.[16]

Além de formar operários qualificados, a montadora ampliou sua força de trabalho de 2.619 empregados em 1967 para 11.067 em 1974. Para evitar a alta rotatividade, a VW começou a oferecer altos salários a partir do início da década de 1970, reproduzindo um princípio que havia se mostrado eficaz na Alemanha Ocidental. Os salários também eram complementados com benefícios e bônus. Um operário que começou a trabalhar na empresa aos dezesseis anos depois de migrar da região empobrecida de Oaxaca em 1971 relatou sua surpresa em um fim de ano em que os trabalhadores ganharam perus de Natal, cobertores, ferros de passar para mães e esposas e brinquedos para as crianças.[17]

Acima de tudo, porém, era a política de remuneração que garantia a reputação da Volkswagen do México como empregadora benevolente, assim como sua matriz em Wolfsburg. Nos anos 1970 e 1980, os salários pagos pela VW eram quase o dobro da média praticada na região, o que atraiu os trabalhadores sem qualificação da indústria têxtil de Puebla para a montadora. A Volkswagen também oferecia a seus funcionários benefícios atraentes como participação no sistema de previdência social, plano de saúde, férias remuneradas e, a partir da década de 1980, bolsa-auxílio para o pagamento de mensalidades escolares. Os operários qualificados contavam com atrativos ainda maiores, como um bônus de 10% sobre o salário, que a VW deixava rendendo por um ano em aplicações financeiras antes de repassar aos trabalhadores, e o décimo terceiro, uma prática importada diretamente da Alemanha Ocidental.[18]

Além de atrair e manter uma mão de obra cada vez mais numerosa, a relativa generosidade da Volkswagen serviu para reforçar a imagem autoprojetada da empresa como um negócio caridoso e cristão. Quando o arcebispo de Puebla benzeu a fábrica logo depois de sua inauguração, em 1967, o religioso assegurou aos executivos alemães que a montadora era "o orgulho e a glória de Puebla" em virtude do "trabalho social" que ela fazia "dando emprego a tantas pessoas, que garantem o sustento de tantas famílias". Helmut Barschkis endossou o discurso e respondeu: "Acreditamos que a fábrica seja importante, mas as pessoas que a tornaram uma realidade e garantem seu funcionamento são ainda mais". Os alemães também perceberam a necessidade de adotar os costumes de um catolicismo fervoroso, que não tinha equivalentes em seu país de origem. Em especial, eles reconheciam o papel atribuído à Virgem de Guadalupe como a padroeira nacional que oferecia apoio moral e proteção contra os perigos físicos. Assim como em muitas outras indústrias instaladas no México, altares à Virgem foram erguidos nas linhas de montagem da VW, e no dia 12 de dezembro a empresa abria suas portas para a comemoração do feriado da santa para os empregados e suas famílias. Depois da celebração de uma missa, a fábrica dava uma festa com comida, bebida, sorteio de brindes e jogos que, a depender do nível de embriaguez, se transformavam em disputas acirradíssimas. Para garantir que as coisas não saíssem de controle, nos anos 1970 a empresa parou de oferecer bebidas alcoólicas depois de alguns operários tentarem impressionar seus familiares operando maquinário pesado após tomar provavelmente muito mais que uma única cerveja.[19]

Apesar da retórica de paternalismo e responsabilidade social, a VW exigia bastante de seus empregados, obrigando a filial de Puebla a seguir os mesmos padrões de produtividade adotados na matriz de Wolfsburg. Embora os operários quase nunca tivessem contato com os executivos alemães que dirigiam a fábrica, os funcionários mexicanos da VW encontravam em seu local de trabalho um ambiente muito diferente daquele vivido dos portões para fora. A ênfase da chefia em sua diretriz de "disciplina, orden y limpieza" – internamente denominada "DOL" – deixava bem claro aos empregados que eles estavam em uma empresa alemã. E não era só a mentalidade estrangeira que tornava a VW um lugar difícil para muitos trabalhadores. Nas rotinas de produção altamente padronizadas do chão de fábrica, a maioria dos operários realizava trabalhos repetitivos, muitas vezes executando a mesma tarefa durante anos.[20] As queixas mais comuns eram quanto ao barulho, o mau cheiro e o tédio, resultados diretos dos processos fordistas que a Volkswagen desenvolveu nos anos 1950 e início dos 1960 na Alemanha Ocidental antes de exportá-los para o México junto com o maquinário considerado ultrapassado demais para continuar sendo usado em Wolfsburg. Muitos operários consideravam seu trabalho perigoso, principalmente os que lidavam com prensas e metal bruto. "A gente se sente muito sozinho, é uma coisa muito fria [...] o trabalho é duro e perigoso, e tudo precisa ser feito bem depressa", explicou um metalúrgico. Um colega seu havia sido demitido perto de completar cinquenta anos de idade em virtude de erros atribuídos à incapacidade física de realizar as tarefas a ele atribuídas. Para a maioria dos trabalhadores, a fábrica significava um ambiente de muita pressão. Obviamente, havia empregados que se deixavam seduzir pela dimensão da empresa e expressavam seu orgulho de trabalhar em uma grande indústria em vez de em uma pequena manufatura, mas mesmo esses não tinham muita coisa boa a dizer a respeito das atividades que realizavam em suas jornadas semanais de 46 horas em meados da década de 1970.[21]

No final dos anos 1960 e início dos 1970, a falta de uma representação sindical propriamente dita elevou ainda mais as tensões sociais inerentes a esse tipo de ambiente de trabalho. Como era de praxe em todo o país, a Confederación de Trabajadores Mexicanos (CTM), a central sindical comandada pelo PRI, nomeava representantes que nunca haviam trabalhado na fábrica, e portanto não sabiam muita coisa a respeito das demandas dos operários. Em abril de 1972, o descontentamento com o sindicato gerou uma onda de protestos. Os salários e benefícios, apontaram os enfurecidos trabalhadores, eram menores que nas outras montadoras; os representantes do sindicato nunca tinham trabalhado na Volkswagen, não tinham voz ativa nas negociações e, para piorar, desviavam o dinheiro das contribuições pagas pelos membros. A fim de lutar de forma mais efetiva por seus interesses, os operários elegeram um "Conselho Executivo dos Verdadeiros Trabalhadores", que futuramente se consolidaria como um sindicato independente. Seu objetivo, afirmava seu manifesto público, era defender "nosso direito constitucional à greve [...] e nosso direito irrevogável de levar uma vida digna". Nas negociações que envolviam salários e condições de trabalho, os operários da VW faziam questão de mandar seus próprios representantes. O direito de opinar em assuntos relacionados à organização das rotinas de trabalho e a participação do sindicato no dia a dia do chão da fábrica era uma das principais reivindicações dos trabalhadores.[22]

Os operários da Volkswagen conseguiram se desvincular da CTM e criar um dos poucos sindicatos independentes do país. Até certo ponto, a expansão da força de trabalho em Puebla de aproximadamente 2,6 mil empregados em 1967 para quase 6 mil em 1972 impossibilitou que a VW, com seu paternalismo social, e a CTM, com sua falta de comprometimento com os trabalhadores, dessem conta de resolver as complexas dificuldades organizacionais advindas do crescimento da fábrica. A tentativa de estabelecer um sindicato independente se beneficiou também da ausência de uma proposta viável de representação dos trabalhadores por parte da administração da companhia. Além da necessidade de uma reorganização interna na empresa, os operários também se valeram do clima de reformismo político que prevalecia no México no início dos anos 1970. Depois de assumir a presidência, Luis Echeverría tentou reparar alguns dos danos políticos produzidos pelo autoritarismo de seu antecessor, Días Ordaz. A postura intransigente do antigo presidente havia culminado com a célebre "Noite de Tlatelolco", em 2 de outubro de 1968, quando as tropas do governo abriram fogo contra estudantes que faziam uma manifestação pacífica e mataram cerca de duzentas pessoas. Uma maior tolerância em relação às associações de trabalhadores estava entre as concessões de Echeverría às pressões populares, permitindo o surgimento de sindicatos independentes em diversas montadoras. Como os operários de Puebla preferiram se abster de uma crítica efetiva às relações trabalhistas no país como um todo, o governo encarou a disputa como uma questão interna da VW. O novo sindicato se aproveitou também dos problemas enfrentados pela matriz na época. Com as vendas em declínio nos Estados Unidos e os preparativos para o lançamento do Golf, os executivos de Wolfsburg não deram muita atenção às discussões trabalhistas ocorridas em Puebla em 1972.[23]

Durante as décadas de 1970 e 1980, o sindicato independente teve um papel importantíssimo na garantia e na manutenção das boas condições de trabalho na VW do México. Muita gente em Puebla e arredores desejava trabalhar na fábrica, e as pessoas diziam que conseguir um emprego na Volkswagen era "uma tremenda sorte". Os trabalhadores acompanhavam de perto as atividades do sindicato, inclusive afastando dirigentes corruptos, como aconteceu em 1981. Como defendiam seus ganhos materiais com grande determinação, os trabalhadores de Puebla ganharam uma reputação de rebeldia. A direção da Volkswagen, por sua vez, considerava incômoda a postura ativa de seus operários, escrevendo em um material comemorativo de aniversário no final dos anos 1980 que o sindicato independente havia criado uma "situação inaceitável" em termos de níveis salariais e controle de qualidade. Considerando o nível de benefícios que conquistaram, não era surpresa que os trabalhadores reagissem quando a empresa tentava cortar custos e reduzir a influência do sindicato nos assuntos do dia a dia.[24]

Em 1987, quando o sindicato abriu as discussões de renegociação salarial para compensar as perdas com a inflação, que àquela altura ultrapassava os 100% ao ano, a empresa fez uma contraproposta de míseros 30%. Os trabalhadores rejeitaram a oferta e decidiram fazer greve. "Nós não vamos ceder", declarou a companhia, pois a média salarial em Puebla era o dobro da média nacional, e segundo a direção a fábrica estava dando prejuízo. O sindicato rebateu apontando o lucro de 110 milhões de dólares registrado pela VW do México no ano anterior, e ressaltou que os rendimentos dos trabalhadores em Puebla eram baixos em comparação com o mercado internacional. Enquanto nos Estados Unidos as montadoras pagavam em média 10 dólares por hora, 98% dos operários mexicanos do setor ganhavam menos de 1,45 dólar por hora. Na verdade, os mexicanos ganhavam menos em um dia do que os trabalhadores de Wolfsburg recebiam por uma única hora trabalhada. Em um contexto de inflação altíssima e persistente, os operários mexicanos ficaram furiosos com a posição intransigente da chefia. Uma trabalhadora da linha de montagem resumiu da seguinte maneira seu ponto de vista: "Os alemães dizem que vieram para cá nos ensinar as coisas, mas na verdade só estão levando embora o dinheiro que ganhamos".[25]

Embora tenham ficado sem pagamento durante toda a greve, os operários se mantiveram firmes durante sessenta dias no início do segundo semestre de 1987. Depois de um mês e meio de impasse, eles foram obrigados a procurar o governo local para pedir donativos, pois muitos não tinham mais condições de adquirir produtos básicos de subsistência. Para ampliar a repercussão pública da greve, o sindicato não se furtou a recorrer a táticas de militância radical. Na primeira quinzena de agosto, os sindicalistas recrutaram dezenas de ônibus para bloquear uma rodovia federal e diversas ruas em Puebla e seus arredores, incendiando pneus e erguendo uma espessa coluna de fumaça preta pelo ar. A postura inflexível da empresa e a cobertura contrária da imprensa local só colaboraram para inflamar a situação. Como a fábrica de Puebla produzia peças para linhas de montagens da VW instalada em outros países, a paralisação no trabalho interferiu na cadeia global da companhia. Além disso, as notícias preocupantes que chegavam de Puebla à Alemanha Ocidental prejudicavam a imagem da empresa, que fazia questão de manter sua reputação como empregadora generosa. Em meados daquele mês, a matriz da VW criticou abertamente na imprensa alemã os executivos encarregados de suas operações no México por suas práticas "intransigentes". Quando os líderes de ambas as partes voltaram à mesa de negociações, no final de agosto, rapidamente fecharam um acordo que concedia aos trabalhadores um aumento retroativo de 78%.[26]

Esse desfecho elevou o status dos operários da VW diante da renhida esquerda mexicana, que resistia com todas as forças às reformas liberalizantes promovidas pelo governo a partir de 1982. Ninguém menos que o renomado historiador marxista Adolfo Gilly, um "meia-oitista" que passou anos na cadeia como prisioneiro político depois da Noite de Tlatelolco, elogiou o sindicato no principal jornal de esquerda por "transformar a batalha da Volkswagen na

Batalha de Puebla a fim de quebrar o cerco de indiferença e desgaste que as multinacionais e seus aliados tentaram impor [aos operários]".[27] Apoiando-se na retórica da luta de classes, Gilly retratou os trabalhadores como heróis da resistência contra os agressores estrangeiros, comparando-os aos soldados que participaram da Batalha de Puebla em 1862, quando as forças mexicanas derrotaram o mais bem equipado exército francês em um confronto militar que ocupa um lugar importante na mitologia nacional do país.

A analogia histórica de Gilly se mostrou admiravelmente precisa – embora não da maneira que ele desejava. Assim como o exército mexicano não conseguiu evitar a derrota subsequente para os franceses em 1863, o sindicato ganhou uma batalha em 1987, mas não a guerra. Em virtude de pesados prejuízos em suas operações globais no início da década de 1990, a VW começou a rever sua estratégia de multinacional centralizada cujas filiais periféricas disputavam mercados secundários com modelos e maquinário de produção considerados obsoletos na Europa Ocidental. A empresa passou a ser administrada como uma fabricante transnacional com padrões de manufatura mais uniformes e uma linha global de produtos, embora nunca deixasse de levar em conta as demandas dos mercados regionais. Essa nova mentalidade conferiu uma importância renovada à Volkswagen do México. O apelo de Puebla se devia em boa parte à entrada do país no NAFTA e a sua condição de porta de entrada para o mercado da América Central. A fim de preparar Puebla para o livre-comércio com Estados Unidos e Canadá, a Volkswagen adotou uma série de medidas, que incluíram investimentos pesados em tecnologia para preparar a fábrica para produzir veículos mais modernos, como o Jetta. A fim de manter os custos sob controle e elevar a qualidade de fabricação aos níveis internacionais, a VW introduziu novos padrões de organização da produção, com base nos métodos desenvolvidos no Japão, que priorizavam o trabalho em grupo na linha de montagem.[28]

Em meio a essas transformações, a direção da fábrica chegou a um acordo com o sindicato em julho de 1992 para modificar o contrato de trabalho em vigor na empresa em troca de aumentos salariais. Os operários, que não foram consultados a respeito das alterações contratuais pelos sindicalistas, imediatamente levantaram suspeitas de corrupção. Além de perderem direitos e passarem a ser remunerados com base em critérios de produtividade, os trabalhadores ficaram furiosos com o fato de o sindicato ter aberto mão de sua influência na organização das rotinas produtivas. A permissão para que empregados terceirizados fizessem serviços de manutenção na fábrica despertou uma revolta ainda maior, pois junto com eles veio o espectro da depreciação salarial e de futuras demissões.[29]

Quando a justiça mexicana declarou ilegal a greve contrária ao novo contrato de trabalho, a Volkswagen recebeu carta branca para tomar uma atitude que na Alemanha seria inimaginável: a demissão de todos os seus 14 mil operários mexicanos. Embora a maior parte desse contingente tenha sido recontratada, a VW não apenas se recusou a receber de volta os líderes dos protestos como implementou novos regulamentos internos que restringiam severamente a atuação sindical. Ao contrário de 1987, a empresa saiu vencedora do conflito de 1992, pavimentando o caminho para o aumento da produção em Puebla de aproximadamente 188.500 veículos em 1992 para 425.700 unidades em 2000 – período durante o qual os salários e benefícios passaram de 8% dos custos totais da montadora para 4,5%.

Na Alemanha, porém, as tensas relações trabalhistas estabelecidas em Puebla não tiveram muita repercussão. O antagonismo entre a direção e os operários mexicanos atraiu a atenção do *Die Tageszeitung*, um diário de esquerda sensível às críticas às práticas econômicas de neocolonialismo, assim como do *Frankfurter Rundschau*, um jornal de circulação nacional vinculado ao movimento sindical. No entanto, as principais publicações do país – como o *Frankfurter Allgemeine Zeitung*, o *Süddeutsche Zeitung* e a *Der Spiegel* – ou não demonstraram muito interesse nos conflitos ocorridos em Puebla ou fizeram uma cobertura favorável à empresa. Quando o presidente Richard von Weizsäcker passou pelas instalações mexicanas da Volkswagen em uma visita oficial realizada em novembro de 1992, as recém-realizadas demissões em massa não foram sequer mencionadas. Em vez disso, os repórteres alemães exaltaram a fábrica como um exemplo da cooperação entre

Alemanha e México e descreveram o relacionamento entre os dois países como um entendimento límpido e claro como o céu mexicano. As críticas dentro da Alemanha à atuação da Volkswagen no fim dos anos 1980 e início dos 1990 surgiram apenas em jornais que por princípio encaravam com desconfiança o novo capitalismo global, o que não foi suficiente para macular a imagem da empresa em seu país de origem. Embora boa parte da opinião pública não soubesse que as operações da VW na América Latina se valiam de práticas que, apesar de serem permitidas em território mexicano, seriam ilegais na Alemanha, a companhia em nenhum momento correu o risco de perder sua reputação de empregadora modelo no contexto doméstico. O silêncio a respeito da situação no México resguardou a montadora do estigma da exploração de sua mão de obra e, por extensão, ajudou a manter intacto o status do Fusca como ícone nacional.[31]

As relações trabalhistas conflituosas em Puebla não diminuíam o apelo do produto mais bem-sucedido da Volkswagen no México. Mais de 1,4 milhões de Vochos deixaram a fábrica durante seu período de produção, que se estendeu de 1967 até 2003. O sucesso do Vochito em todos os estratos sociais se destacou como um de seus feitos mais impressionantes. Pessoas de todos os estilos de vida compravam e dirigiam o carrinho, que se tornou parte integrante da sociedade mexicana. Graças a sua capacidade de superar as divisões sociais, o Fusca se estabeleceu no México como o primeiro "carro del pueblo" – uma tradução literal do nome alemão "Volkswagen".

Em vez de um item de consumo destinado à pequena elite do país, o Vochito se viabilizou como uma alternativa para uma parcela bem mais ampla de mexicanos. A imagem do veículo como produto popular começou a se consolidar já na década de 1960, quando a VW começou a fabricá-lo em Puebla. Na época, o mercado mexicano era dominado pelos modelos "standards" da General Motors e da Ford, automóveis maiores que tinham como público-alvo os consumidores mais endinheirados. Como assinalou o ministro da Indústria do México em 1967, o Fusca preenchia uma "lacuna" no panorama automotivo mexicano, pois sua faixa de preço era acessível à pequena classe média urbana do país, que vinha crescendo, ainda que não com muito vigor.[32] Composto por profissionais autônomos, empregados em cargos administrativos, professores, técnicos especializados, funcionários públicos e comerciantes, esse heterogêneo grupo social cresceu de 9,4% da população em 1960 para meros 13,4% em 1980. Em 1970, a *Automundo*, principal revista automotiva do país, ainda identificava a "distribuição desigual de riqueza e renda" como o principal obstáculo para a disseminação do automóvel no México. Na época, apenas 200 mil mexicanos – ou 0,4% da população – tinham renda mensal suficiente para adquirir um carro compacto. Como consequência, o Fusca era um veículo atrativo para "profissionais liberais e empregados em funções gerenciais", concluiu a revista. No mercado automobilístico estritamente limitado dos "anos do milagre", o Vochito se tornou o primeiro carro de uma classe média em lenta porém constante expansão. Desse modo, sua proliferação pelas ruas refletia não só o status social da classe média local, mas também o relativo progresso econômico do país como um todo.[33]

O Fusca continuou sendo um produto de mercado restrito durante quase toda a década de 1980. As vendas caíram substancialmente a partir de 1982, quando o país entrou em um período de turbulência econômica e a renda da classe média sofreu uma brutal contração. Apenas perto do fim da década o carro se tornou acessível para uma parcela da população que ia além da classe média urbana. Em agosto de 1989, o governo mexicano determinou que os automóveis que custassem menos de 14 milhões de pesos (cerca de 5 mil dólares) teriam isenções fiscais significativas. A Volkswagen foi a única montadora a tomar uma atitude nesse sentido, baixando o preço do Fusca para 13,75 milhões de pesos, um corte de 20%, a fim de "tornar os carros mais acessíveis no México", como a companhia afirmou em um anúncio de página inteira publicado nos jornais. Em uma coletiva de imprensa, o presidente da VW do México enfatizou que a intenção do desconto era facilitar "a aquisição do automóvel para uma maior parcela da população. Juntos, estamos construindo uma nova era no México". Na esperança de que as recentes dificuldades econômicas tivessem ficado para trás, a VW declarou seu compromisso com "um México mais justo e um futuro mais próspero para seus filhos". Até mesmo os analistas mais críticos em relação à Volkswagen encararam o fato de que "o mais popular dos veículos havia baixado de preço" como um evento significativo. Um economista que prestava consultoria técnica para o sindicato independente de Puebla reconheceu que "sim, aí está ele, o carro dos pobres". As isenções fiscais e um breve crescimento econômico fizeram com que as vendas do Vocho alcançassem quase 100 mil unidades em 1993. O preço relativamente baixo e o desconto nos impostos garantiram ao clássico da Volkswagen um novo mercado no fim dos anos 1980, ampliando seu apelo social e prolongando seu período de vida útil na mesma década em que a empresa o retirava de circulação na Europa Ocidental. Mesmo em meio aos altos e baixos da economia e da política do México, o Vochito se tornou uma presença concreta e constante na vida cotidiana de seus habitantes.[34]

O período prolongado de fabricação pode ter tornado o Fusca um automóvel imediatamente reconhecível para a maioria dos mexicanos, mas sua adoção como um produto nacional se deveu também a muitos outros fatores. A própria Volkswagen contribuiu indiretamente para essa apropriação com suas estratégias publicitárias. A VW do México delegou a tarefa de produzir suas campanhas à Doyle Dane Bernbach, a mesma que criava os anúncios do carro nos Estados Unidos e na Alemanha Ocidental. Em 1965, a DDB abriu uma filial no México, que logo se estabeleceu como uma das principais agências do país. A princípio, a DDB se limitava em grande parte à adaptação das campanhas veiculadas nos Estados Unidos aos padrões locais, um processo que exigia "um conhecimento detalhado da psicologia do motorista mexicano", como explicou Teresa Struck, a diretora local da DDB, em 1970. A partir de meados da década de 1970, porém, a agência passou a produzir anúncios do Vochito exclusivos para o mercado mexicano. Um deles, veiculado nos anos 1980, mostrava uma fotografia de um pão em formato de Fusca, declarando que o carro era uma presença tão constante no cotidiano quanto "o pão de cada dia". Apesar da estética limpa e funcional, que conferia ao Vocho um ar de modernidade, o anúncio associava o veículo a um alimento de origens estrangeiras, mas que fazia parte do cardápio diário dos mexicanos desde a década de 1940, quando teve início a fabricação maciça de pão no país. A DDB, portanto, retratava o carro como uma mercadoria familiar, domesticada e indispensável.[35]

Firmemente estabelecida fora do círculo restrito das elites, a reputação do carro também se beneficiava do fato cada vez mais alardeado de que a empresa mantinha uma fábrica de alta capacidade produtiva dentro do país. Ao longo dos anos, a companhia alemã foi ganhando uma grande visibilidade na opinião pública mexicana, já que seus executivos usavam e abusavam da exposição na imprensa para enfatizar que suas operações no México favoreciam tanto a empresa quanto o país como um todo. A comemoração da marca de 1 milhão de veículos produzidos em Puebla, ocorrida em setembro de 1980, oferece um bom exemplo disso. Depois que um reluzente Vocho vermelho saiu da linha de montagem para celebrar oficialmente o feito, Helmut Barschkis, o executivo-chefe da VW do México, discursou para uma plateia que incluía um representante oficial do presidente López Portillo, o governador do estado de Puebla, diversos embaixadores europeus, o CEO da Volkswagen Toni Schmücker e centenas de trabalhadores. Ainda que a companhia tivesse enfrentado tempos difíceis, Barschkis garantiu que nunca havia "perdido a confiança, porque nunca fomos deixados na mão". Ele também elogiou "a dedicação do trabalhador mexicano. Nós devemos à força de suas mãos este maravilhoso triunfo: o milionésimo VW produzido no México". Enquanto fazia sua homenagem ao país, Barschkis temperou seu discurso com lembretes da contribuição da VW à economia mexicana por meio da geração de empregos e de seus vultosos investimentos, além da fabricação de mais de 90 mil carros para exportação na década anterior. De acordo com as estatísticas oficiais, a VW do México estava em sétimo lugar no ranking das maiores empresas exportadoras do país. Barschkis, portanto, fez questão de retratar sua filial da Volkswagen como um empreendimento de importância fundamental para o México.[36]

Nem as greves em Puebla nem a turbulência econômica dos anos 1980 foram capazes de minar a posição de destaque ocupada pela VW no país, como deixaram bem claro as celebrações ocorridas na Cidade do México em outubro de 1990. Nessa ocasião, foram a produção do milionésimo Fusca mexicano e a marca total de 2 milhões de veículos produzidos pela fábrica local que levaram o presidente Carlos Salinas de Gortari a receber uma comitiva de Puebla que incluía o governador do estado e o novo executivo da VW do México, Martin Josephi, além de donos de revendas e operários. Josephi fez os mais altos elogios à atuação da Volkswagen no país, destacando suas exportações cada vez mais numerosas para a América do Norte e a Europa e sua participação de 28% no mercado doméstico. Salinas, por sua vez, agradeceu à companhia por "se dedicar ao desenvolvimento da nação". E todos fizeram questão de reconhecer os "esforços extraordinários no dia a dia" por parte dos operários, que garantiam a competitividade da fábrica.[37]

Embora essas comemorações tenham se dado em meio a um clima de tensão social e política em Puebla, elas pretendiam muito mais do que simplesmente posicionar um empresa estrangeira como um elemento fundamental para o setor industrial mexicano. Os discursos oficiais repetidamente remetiam à contribuição do operariado local, enfatizando a contribuição dos mexicanos para os produtos da VW. Um anúncio da Volkswagen veiculado em 1977 é o exemplo mais explícito nesse sentido, pois compara o Vochito a um dos pratos mais emblemáticos da culinária do país. Com o título "Não aceite qualquer *mole*", o anúncio citava o molho doce e picante de chocolate pelo qual Puebla é famosa em todo o México e cuja preparação exige uma boa dose de habilidade e paciência. Logo abaixo do slogan, o leitor encontrava uma fotografia colorida de uma panela de barro com o líquido marrom e espesso posicionada sobre carvões em brasa. Em seguida, um texto explicava por que havia a foto de uma panela em uma peça publicitária destinada a vender um automóvel:

> Quando se quer fazer um autêntico *mole poblano*, é preciso seguir a receita à risca pois, como todo mundo sabe, essa iguaria incomparável, feita com ingredientes especialíssimos e que exige um processo criterioso de preparo, não admite improvisações.

Da mesma forma, quando se quer um bom carro, fabricado com capricho e com as melhores peças, a escolha inevitável é o Fusca, que, aliás, também é feito em Puebla. [...]
E a verdade é que, em Puebla, nós temos um orgulho todo especial de nosso mole... e de nosso Fusca.[38]

Ao exaltar publicamente a qualidade de sua força de trabalho em Puebla, a empresa reforçava as credenciais do carro como um produto mexicano. Dentro da VW, a ênfase em "disciplina, ordem e limpeza" como valores fundamentais no dia a dia do chão da fábrica era encarada por muitos funcionários como exemplo de uma ética de trabalho essencialmente germânica. Em seu material publicitário, porém, a VW do México não retratava o Vochito como uma mercadoria produzida de acordo com padrões impostos a partir de fora. Em vez disso, a companhia afirmava que o capricho dos trabalhadores mexicanos era um atrativo a mais do carro. Apesar de não ter sido criado no México, o Vochito se tornou um automóvel mexicano graças à participação valiosa da mão de obra local.

Não é possível determinar se a Volkswagen conseguiu de fato moldar a opinião pública com seus anúncios e eventos festivos, mas existem evidências de que muitos mexicanos se recusaram a conferir essa identidade nacional ao Vochito. Embora os opositores dessa ideia reconhecessem a existência de uma fábrica da VW no país e a ampla presença do carro no dia a dia entre os fatores responsáveis por sua relevância cultural, o fato de empregar mão de obra local não podia ser considerado suficiente para transformar o veículo em um produto mexicano. A origem do Vochito na Alemanha e a tecnologia germânica usada em sua produção eram muito mais relevantes que a contribuição da mão de obra mexicana, segundo um trabalhador da fábrica. Outro argumento que depunha contra a inclusão do Fusca como produto "tipicamente mexicano" era que, por ter sido concebido no exterior, o VW "não tem nada a ver com nossa cultura", como declarou um operário qualificado. Em sua opinião, por mais disseminado que se tornasse, o Fusca sempre seria uma mercadoria estrangeira.[39]

Muita gente, no entanto, via a questão de outra forma: "Para mim, o carro é mais mexicano que alemão, porque foi fabricado por mexicanos", explicou um orgulhoso funcionário da VW. E esse ponto de vista não se limitava aos que trabalhavam na linha de produção. Um vendedor ambulante de alimentos da Cidade do México não hesitou ao responder afirmativamente quando questionado se o VW era um carro mexicano. "O Vochito sou eu!", ele exclamou, exaltado, antes de explicar sua afirmação: "Ele é feito no México". Muitos mexicanos também argumentavam que o fato de ser acessível a setores mais amplos conferia ao carro um status todo especial na sociedade local. "Todo mundo tinha um", exagerou um outro homem em sua tentativa de descrever a onipresença do veículo no início da década de 1990. No México, mesmo quem nunca teve um Vochito provavelmente já andou em um, já que quase todos os táxis do país até meados dos anos 1990 eram Fuscas.

Para muitos mexicanos, as qualidades técnicas do Vochito estavam no cerne de sua suposta *mexicanidad*. Como a empresa havia promovido melhorias no modelo equipando-o com um motor mais potente, um novo sistema de injeção de combustível capaz de funcionar a contento em grandes altitudes, freios mais confiáveis, uma suspensão mais eficiente e um catalisador antipoluição, o carro era visto pelos mexicanos como um veículo excepcionalmente robusto e confiável. Já no início de 1971, a *Automundo* publicou uma matéria exaltando "o mítico VW" por sua "qualidade" e "constituição sólida". Os motoristas mexicanos faziam questão de ressaltar essas características como fatores fundamentais para o sucesso do Fusca. Tratava-se de um carro no qual o motorista podia confiar, explicou um entusiasta, pois era resistente como um "pequeno tanque de guerra".[41]

Aos olhos de muitos mexicanos, essas qualidades técnicas proporcionavam ao veículo uma afinidade cultural com as situações vividas no cotidiano do país. Um motorista que se lembrava de seu VW como um "automóvel excelente" o considerava um carro mexicano porque "não precisava de muito". Em virtude de sua tecnologia simples e confiável, ele explicou, o Volkswagen era o veículo ideal para um país com infraestrutura precária. O Fusca,

Fotografia tirada pelo autor.

No México, o VW se estabeleceu como o onipresente Vochito dos anos 1970 até a década de 1990. Os Fuscas usados como táxis ainda podiam ser vistos por toda a Cidade do México em 2008.

em outras palavras, resistia bem às condições difíceis encontradas no México. Uma piada mexicana sobre esse tema é reveladora da maneira como os motoristas do país se relacionavam com seu automóvel predileto:

> Um americano está dirigindo um Chrysler em uma estrada deserta e ouve um barulho esquisito. O que ele faz? Para imediatamente e chama o guincho com seu telefone celular. Quinze minutos depois, o caminhão aparece, e também um carro alugado, para que o motorista possa seguir sua viagem em segurança.
> Um japonês está dirigindo um Toyota em uma estrada deserta e ouve um barulho estranho. O que ele faz? Para imediatamente, abre o capô, examina o motor, descobre o defeito, cria uma solução e segue sua viagem em segurança.

Um mexicano está dirigindo um Vochito em uma estrada deserta e ouve um barulho estranho. O que ele faz? Dá um gole em sua garrafa de cerveja, põe o rádio no volume máximo, pisa fundo e segue sua viagem em segurança.

Se por um lado os carros americanos eram retratados como veículos não confiáveis e os japoneses como automóveis que exigiam conhecimentos técnicos para ser operados, o Vochito era descrito como um meio de transporte resistente, robusto e descomplicado, cujos pequenos defeitos não eram motivo para preocupação. Com sua relativa simplicidade e rusticidade, o VW era visto pelos mexicanos como um carro profundamente identificado com o cotidiano do país. Visto por esse ângulo, o Fusca era um mexicano durão e casca-grossa, capaz de superar tanto os obstáculos físicos quanto os percalços metafóricos existentes em seu caminho.[42]

Para aqueles que afirmavam a *mexicanidad* inerente ao carro, o Vocho significava o preenchimento de um vácuo na cultura automobilística mexicana, provocado pela ausência de um veículo popular fabricado e projetado no país. Se nos Estados Unidos o Modelo T e o Cadillac são vistos como expressões da criatividade tecnológica nacional, assim como o Morris Minor na Grã-Bretanha, no México não existe um equivalente local a esses automóveis. Os carros vendidos no país tinham sido todos criados fora de suas fronteiras. Em certo sentido, o Vocho foi adotado como um veículo com identidade mexicana por falta de uma alternativa nacional mais apropriada. Além disso, as raízes germânicas do Fusca provavelmente jogaram a favor de sua apropriação em um país cuja maior parte da frota era composta por carros de origem americana. Na comparação com os modelos criados nos Estados Unidos, o Fusca ficava livre das associações imperialistas que muitos mexicanos faziam em relação a seu vizinho do norte em virtude de um histórico conturbado de relações desiguais de poder. Embora as práticas administrativas da VW de tempos em tempos provocassem menções ao passado nazista da Alemanha, declarações desse tipo eram manifestações isoladas, que jamais assumiram a mesma virulência da retórica anti-ianque. A proveniência alemã – e não americana – do Vocho pode até ter colaborado para sua aceitação como um produto mexicano, combinado com o fato de ter sido fabricado em Puebla por um longo período e de ter se disseminado por todos os estratos sociais do país.[43]

As histórias que os mexicanos contam sobre o Fusca – tanto entre os que o consideram um produto autenticamente nacional quanto entre os que o veem como um carro estrangeiro adaptado ao mercado local – são uma confirmação da presença relevante do veículo no dia a dia do passado recente do país. Ao longo dos anos, o Vochito se tornou parte integrante das recordações de muitos mexicanos, um elemento de unidade nacional. Pessoas dos mais variados estilos de vida têm criado e recriado narrativas que dão ao Fusca um sentido de experiência coletiva e perpetuam sua importância para o imaginário nacional.[44]

Um tema comum a muitas dessas histórias é a capacidade do carro de reagir bem a gambiarras e improvisações. Poder fazer reparos sem a necessidade de ferramentas complexas e peças específicas era um requisito fundamental em um país em que muitos motoristas não tinham dinheiro para gastar em consertos, a maioria das ruas e estradas tinha manutenção precária e muitas oficinas não ofereciam um serviço confiável. Os motoristas mexicanos falam com orgulho das ocasiões em que, depois de uma pane, fizeram seus carros funcionar novamente usando apenas elásticos ou pedaços de arame ou barbante. Um entusiasta do VW acabou provocando uma discussão acalorada com seu vizinho ao declarar que: "Quando ficava sem gasolina, era só pôr água!". Por ressaltar o talento dos mexicanos para resolver problemas com criatividade apesar das dificuldades materiais, esses relatos consolidam a experiência coletiva dos motoristas locais e reafirmam o Volkswagen como o carro ideal para enfrentar condições desafiadoras.[45]

O fato de muitas histórias sobre o Vochito se caracterizarem por um tom pessoal e apolítico não interfere em sua ressonância em termos coletivos. A ausência de motivações políticas também colabora para que essas lembranças circulem de ambos os lados do abismo que separa a esquerda e a direita no México. As histórias sobre o carro se incluem assim entre os pontos de referência cultural que são condição fundamental para o estabelecimento de um sentimento de identidade nacional. Além disso, nem todas as histórias precisam ser verdadeiras para se cristalizarem no imaginário pessoal ou coletivo. Muitas vezes, seu impacto se dá simplesmente pela maneira divertida como são contadas a ouvintes já condicionados a apreciá-las. "O Vochito era um ótimo carro para fazer sexo", um ex-proprietário lembrou em uma conversa a respeito da visão do Fusca como um veículo tipicamente mexicano. Quando questionado sobre a pertinência dessa afirmação para o assunto que estava sendo discutido, ele explicou: "Assim como muitos Vochitos foram feitos no México, muitos mexicanos foram feitos em Vochitos". Apesar de ser impossível comprovar o que as pessoas faziam ou deixavam de fazer dentro de seus carrinhos, essa afirmação é um bom exemplo de como o Fusca imediatamente desperta lembranças e de como o carro conseguiu se estabelecer na memória coletiva mexicana como um objeto versátil do dia a dia. Diante da relevância pública e privada do Fusca, não é nenhuma surpresa que muitos motoristas o considerassem muito mais que um simples meio de transporte. Alguns o elogiam com declarações de amor, enquanto outros o descrevem como uma das "maravilhas do mundo". Um entusiasta que foi dono de doze VWs ao longo da vida ficou emocionado ao dizer: "Eu tenho um Vochito no meu coração".[46]

Fotografia tirada pelo autor.

A carcaça de um Vocho em uma residência na cidade litorânea de Puerto Ángel, no México. As características técnicas relativamente simples do carro permitiam aos motoristas que consertassem e modificassem eles mesmos seus automóveis. Depois de chegar ao fim de sua vida útil, este Vocho foi desmontado para que suas peças pudessem ser usadas em outros veículos.

Até mesmo os operários da fábrica de Puebla, que tinham muitas ressalvas em relação à conduta da empresa, receberam com tristeza a notícia do fim da fabricação do Fusca no México em 2003. Na segunda metade dos anos 1990, a direção da VW havia decidido continuar a produzir o Vochito apesar das vendas em queda, mas suspendeu os investimentos em sua linha de montagem e realizava estudos de viabilidade para avaliar o futuro do modelo a cada dois anos. Na virada do milênio, o velho automóvel se mostrava cada vez menos competitivo. Em particular, o Tsuru, um sedã quatro portas da Nissan, vinha oferecendo aos motoristas uma alternativa mais potente e confortável que o carrinho arredondado da VW desde o fim dos anos 1980. Em 30 de julho de 2003, a cortina enfim se fechou para a produção do Fusca em Puebla, quando a última unidade saiu da linha de montagem em meio a canções tristonhas entoadas por uma banda de mariachi vestida a caráter. Para um operário que foi contratado pela Volkswagen em 1979, foi um acontecimento que mudou para sempre seu ambiente de trabalho. "Sem o Vocho, a fábrica parecia uma padaria sem os pães", afirmou ele. Em vez de incluir em sua linha de produtos um carro que seus trabalhadores pudessem comprar, desse momento em diante a Volkswagen do México se concentrou em modelos como o Jetta e o veículo retrô conhecido como "New Beetle", que visavam um público-alvo com poder aquisitivo mais elevado, em especial no mercado americano. A simpatia com que o Fusca ainda é visto sem sombra de dúvida se deve à lembrança do carro como um veículo acessível aos mexicanos comuns.[47]

A partir de 2003, o Vochito começou a se tornar um objeto cercado de nostalgia. Os operários da fábrica de Puebla expressaram seu sentimento de perda batizando o local onde os últimos Fuscas foram produzidos como "pavilhão das lágrimas". Um trabalhador que testemunhou com tristeza o encerramento da fabricação do Fusca adquiriu um modelo usado logo depois. "Adorável, simpático" foram os adjetivos que ele julgou adequados para um objeto querido, do qual jurou jamais se desfazer. O desejo de manter vivo o Vocho não se restringe de forma alguma à classe operária. Embora o carro ainda fosse uma presença constante nas ruas e estradas do país cinco anos depois de deixar de ser produzido, uma sensação de perda iminente já começava a pairar no ar. A "última edición" que a VW do México criou em 2003 para marcar o fim do Vochito não apenas se esgotou rapidamente como também se tornou em pouco tempo um dispendioso item de colecionador. Em 2008, os exemplares mais bem conservados eram anunciados com preços na casa dos 120 mil pesos (aproximadamente 12 mil dólares), uma quantia que só os mexicanos mais ricos seriam capazes de desembolsar. A perspectiva da ausência, portanto, estimulou tanto os mexicanos endinheirados quanto os menos favorecidos a adquirir seu "carro del pueblo" antes que ele sumisse definitivamente de circulação.[48]

Apesar das origens estrangeiras, o Vochito ganhou uma reputação sólida como um carro tipicamente mexicano. Sucesso comercial em várias regiões do planeta, o Fusca conseguiu um feito muito raro entre as mercadorias de presença global. Além de garantir seu

O último Fusca sai da linha de produção em Puebla em 2003, ao som de uma banda de mariachi. Como seria de se esperar para um veículo idolatrado no país como um produto tipicamente mexicano, o derradeiro Vochito foi coroado com um sombreiro.

lugar no mercado e na cultura de diversos países como vários outros produtos, ele se tornou um veículo de múltiplas nacionalidades. Quando deixou de ser fabricado, tanto os alemães ocidentais quanto os mexicanos o veneravam como um ícone nacional – e não eram os únicos a fazer isso, pois os brasileiros têm um apreço semelhante pelo carrinho.

No México, a apropriação do Fusca como ícone nacional tem vínculo direto com a determinação da Volkswagen em prosperar no mercado internacional. Essa ambição, que contou com um apoio significativo do governo da República Federal da Alemanha, ajudou a consolidar a montadora alemã como um agente da globalização, enfrentando as inúmeras dificuldades encontradas em suas operações mexicanas com uma energia e uma disposição admiráveis. Considerado um mercado com potencial lucrativo em meados dos anos 1960, o México se revelou um ambiente de negócios complicado para uma empresa que sofria com a demanda limitada, as políticas econômicas de intervencionismo adotadas na década de 1970 e a subsequente volatilidade comercial que marcaram sua trajetória no país. Embora contasse com a boa vontade do governo mexicano, a VW não conseguiu evitar que um sindicato independente se formasse em suas instalações em 1972 para defender ativamente os direitos dos operários ao longo das duas décadas seguintes, muitas vezes envolvendo a VW em complicadas disputas trabalhistas. Apenas em 1992 a empresa conseguiu esvaziar a influência do sindicato, aproveitando-se de uma brecha legal para demitir temporariamente toda a sua força de trabalho, uma medida drástica que antecedeu a introdução de métodos pós-fordistas de produção e a transformação de Puebla em um centro estratégico de fabricação para abastecer os mercados mais prósperos da América do Norte.

A decisão da VW de instalar uma fábrica em Puebla se revelou um fator crucial para a adoção do Vochito como um tesouro nacional extraoficial. Executivos, políticos e cidadãos comuns exaltavam na mesma medida o carro como um produto de qualidade "Made in Mexico", cuja simplicidade e robustez o qualificavam como veículo ideal para a infraestrutura existente no país. Em virtude do preço relativamente baixo, o Vocho pouco a pouco foi disseminando o automóvel para além da elite local, atingindo primeiro a classe média e depois uma parcela ainda mais ampla da população. Fabricado no México para os próprios mexicanos, o Vocho se tornou o "carro del pueblo", cujas virtudes técnicas pareciam lhe conferir uma afinidade cultural com a vida cotidiana do país. Segundo esse ponto de vista, era a *mexicanidad* do Vochito que permitia ao carro circular no ambiente automobilístico desafiador do México.

Apesar de sua adoção como carro mexicano, o Vocho não deixa de ostentar as marcas das desigualdades sociais do capitalismo global. Embora os operários da VW fossem excepcionalmente bem-tratados para o contexto local e tivessem bons salários e benefícios, os *campesinos* em cuja antiga terra comunal foi erguida a fábrica nunca foram recompensados pelas perdas ocasionadas pelas medidas de um governo ávido para atrair as montadoras estrangeiras. Os trabalhadores semiqualificados e sem qualificação da Volkswagen também eram mais bem-remunerados que seus pares em outras indústrias, mas para os padrões internacionais seus salários continuavam sendo modestos. Vinte anos depois de inauguradas as instalações de Puebla, os operários da VW ganhavam em um dia menos que os trabalhadores de Wolfsburg recebiam em uma única hora. E os operários mexicanos não deviam suas limitadas vantagens econômicas à generosidade de seu empregador, e sim à firme atuação de seu sindicato. Em outras palavras, o fato de os salários pagos pela VW em Puebla estarem acima da média nacional não podia ser atribuído a mecanismos de geração de riqueza inerentes ao capitalismo global, e sim à luta dos trabalhadores.

Em virtude dos frequentes altos e baixos que caracterizaram a história recente da economia mexicana, a ascensão do Fusca ao status de ícone nacional não pode de maneira alguma ser contada como uma história composta unicamente de sucessos. Um exemplo muito mais apropriado dessa narrativa não linear é a videoinstalação *Ensayo I*, de Francis Alys, um artista belga que começou a trabalhar no México em 1987. Filmada em Tijuana em 1999, *Ensayo I* mostra um Fusca vermelho subindo por uma ladeira de terra cercada por casas em diferentes estados de conservação ao som de uma banda de mariachi ensaiando a canção "El péndulo". Toda vez que os músicos param de tocar, o carro para de subir e vai rolando lá para baixo. Quando a canção volta a ser entoada, o veículo retoma sua trajetória ascendente. Por quase meia hora, o carrinho tenta bravamente chegar ao topo, "sem nunca conseguir", como afirma o texto que acompanha a instalação. Alys descreve o esforço sisifístico presente em *Ensayo I* como "uma história de labuta, não de realização", acrescentando que sua obra resume "um princípio de desenvolvimento latino americano" marcado pela ausência de um progresso significativo: "três passos para a frente, dois para trás, um passo para a frente, dois para trás". Para Alys, a jornada incessante do Fusca ladeira acima e ladeira abaixo representa "uma metáfora da relação dúbia do México com a modernidade".[49]

Quatro anos depois de Alys apresentar *Ensayo I* pela primeira vez, o último Vochito saiu da linha de montagem de Puebla. Os mexicanos encararam esse acontecimento com profunda tristeza, mas isso não representou o fim do ciclo do Fusca. Muito pelo contrário: cinco anos antes de a "última edição" deixar os portões de Puebla, a Volkswagen apresentou ao mundo um novo carro, que abertamente remetia à mística histórica em torno do clássico original. Sem qualquer característica técnica similar a seu ilustre predecessor, ele ficou imediatamente conhecido como o "New Beetle", e desencadeou uma onda global de nostalgia em torno do primeiro carro produzido pela VW.

8

Novos e velhos Fuscas

"Sem cromados. Sem potência. Estrangeiro." É assim que começa o nada favorável veredito do publicitário Salvatore Romano depois de examinar um anúncio da Volkswagen durante uma reunião na agência fictícia Sterling Cooper no sucesso televisivo *Mad Men*, ambientado na década de 1960. "Eles fizeram um no ano passado usando esse mesmo tipo de truque. Vocês lembram do 'Pense pequeno'. Era um anúncio de meia página e de página simples. Mal dava para ver o produto", reprovou um colega, mas foi contestado por Pete Campbell, um dos personagens da série que mais bem encarnam características como ambição e competitividade: "Honestidade. Acho que é uma ótima ideia. [...] É engraçado. Acho brilhante". Depois de mais um pouco de argumentação de parte a parte, Donald Draper, o diretor criativo da Sterling Cooper, põe um ponto final na discussão: "Podem dizer o que quiserem. Amem ou odeiem. Mas nós estamos falando sobre isso já faz quinze minutos".[1]

Com foco em seu tamanho diminuto e nada imponente, além da campanha promocional admirável da Doyle Dane Bernbach, a aparição do Fusca em *Mad Men* é um sinal indicativo da relevância cultural que o carro mantinha nos Estados Unidos mesmo décadas depois de deixar de ser importado pela Volkswagen. Para um programa de 2007 cujo principal atrativo era reviver o clima dos anos 1960, o

Fusca era uma presença tão necessária como o Cadillac Coupe de Ville que Donald Draper adquire em um episódio posterior. Nos Estados Unidos de hoje, o pequeno "Volks" funciona como um objeto de ressonância histórica que permite evocar elementos significativos do passado do país. Obviamente, o status do Fusca como parte integrante da memória coletiva de um povo não se restringe de forma alguma aos Estados Unidos, que foi apenas um entre os muitos lugares em que o carrinho se tornou um sucesso de vendas. Basta uma rápida olhada nos livros que tratam da história alemã depois de 1945 para constatar que o Fusca continuou sendo um dos principais símbolos da República Federal da Alemanha até muito além da década de 1990. Mesmo em uma nação como a Grã-Bretanha, onde o veículo nunca foi comercializado em larga escala, a mídia local o usou para remeter à imagem de um passado recente. Na cena de abertura da premiada série da BBC *Life on Mars* (2006), seu protagonista – que misteriosamente viajou no tempo da Manchester do século XXI para 1973 depois de um acidente automobilístico – vaga em estado de choque por uma cidade bem diferente da que conhecia até ver, incrédulo, sua imagem refletida no espelho retrovisor de um Volkswagen verde-oliva.[2]

A popularidade do Fusca como objeto de cena na mídia contemporânea ilustra sua relevância cultural mesmo muito depois de ter desaparecido das concessionárias da Europa Ocidental e dos Estados Unidos. O carro fabricado em Wolfsburg ocupa um lugar de destaque entre os artigos industriais que conseguiram estender sua vida útil para um período muito além daquele em que seu uso era massificado. Embora os analistas com frequência critiquem as sociedades afluentes pela produção de mercadorias constantemente descartáveis em virtude da fetichização da inovação e do crescimento econômico existente nos países ricos ocidentais, inúmeros artefatos conseguiram evitar a ferrugem da história muito depois de encerrarem seu ciclo como objetos utilitários. Guardados por colecionadores, restauradores e pessoas que apreciam antiguidades em geral, esses produtos considerados dignos de preservação podem ser desde selos, móveis e saca-rolhas até porta-copos e gaiolas de pássaros. Essa ânsia por manter artigos de consumo do passado se deu justamente em meio ao turbilhão de mudanças trazido pelas novas tecnologias, manifestando-se em um fenômeno que um estudioso definiu como a "transubstanciação da tranqueira". As pessoas costumam atribuir importância a coisas que remetam a seu próprio passado. O Volkswagen é um dos produtos com maior significado histórico entre os objetos atualmente cultuados no Ocidente.[3]

Os impulsos sentimentais que alimentam o interesse pelo primeiro modelo da VW ficam ainda mais evidentes entre os fãs do mundo inteiro que possuem e dirigem Fuscas antigos. Esses proprietários criam elos de grande intimidade com seus automóveis históricos, dedicando parcelas consideráveis de tempo e dinheiro a seus carrinhos. Seus encontros e festivais atraem multidões de espectadores na Europa Ocidental e nos Estados Unidos durante os meses de verão no hemisfério norte. O culto dos fãs do Fusca é um testemunho da presença perene do Volkswagen na cultura popular e sua capacidade de evocar lembranças afetuosas em amplos setores da população.

O lançamento bem-sucedido pela Volkswagen de um carro com o apelido de "New Beetle" nos anos 1990 revelou em que medida as montadoras podiam se beneficiar comercialmente da aura que reveste seus modelos mais icônicos. Apesar de o novo veículo não ter qualquer característica técnica em comum com o original, seu formato remete ao clássico VW por reproduzir sua silhueta peculiar. A ideia de produzir um novo Fusca precisou vencer uma boa dose de ceticismo na matriz da Volkswagen antes de se tornar o primeiro de uma série de automóveis retrô que apareceram no mercado a partir da virada do milênio. Além de ressaltar o potencial comercial da evocação do passado, o novo veículo chama a atenção para o perfil transnacional que ganhou força na Volkswagen durante a segunda metade do século XX. Baseado no velho clássico, o automóvel retrô mirava especificamente o mercado externo, e por isso foi desenvolvido por uma equipe multinacional de projetistas e engenheiros e fabricado fora da Alemanha. Em outras palavras, quando chegou às concessionárias em 1998, o New Beetle já tinha uma vocação internacional que era um reflexo tanto do sucesso mundial do original quanto da transformação da Volkswagen em uma corporação transnacional. Examinar as atividades dos fãs dos

Fuscas antigos em conjunto com o surgimento do New Beetle põe em perspectiva diversos fatores culturais e econômicos que ajudaram a estender a vida útil do primeiro Volkswagen nas sociedades afluentes de ambos os lados do Atlântico para muito além do período em que foi um objeto de consumo de massa.

A atmosfera de profunda afeição que continua a cercar o velho Fusca anos depois da suspensão oficial de sua comercialização se manifesta de forma mais marcante nos encontros a céu aberto em sua homenagem realizados na Europa e na América do Norte nos fins de semana de verão. Organizados por clubes que reúnem proprietários de VWs, esses eventos trazem a público exemplares cuidadosamente restaurados do primeiro modelo da montadora e também versões que passaram por modificações profundas e às vezes surpreendentes. Assim como os carros exibidos, os encontros de donos de Fuscas também variam bastante de formato e tamanho. Enquanto alguns são reuniões mais íntimas com menos de uma centena de carros, outros atraem dezenas de milhares de espectadores em festivais que duram um fim de semana inteiro, com atividades que vão desde competições de velocidade, premiações para os carros em exibição e feirões de peças de reposição até shows de rock, apresentações de comediantes e festas de música eletrônica. Mesmo na segunda década do novo milênio, a cena movimentada pelo velho Fusca não dá sinais de arrefecimento. Em 2010, mais de 3 mil motoristas de VWs antigos compareceram ao "Maikäfer", realizado em Hanover no mês de maio e considerado um dos maiores da Alemanha. Já o "Bug Jam", que acontece na pista de corrida de Santa Pod em Northamptonshire, aproximadamente cem quilômetros ao norte de Londres, é tido como o maior encontro de Fuscas do mundo. Depois de atrair 40 mil pessoas em 2007, quatro anos depois o sucesso do festival de três dias obrigou seus organizadores a emitir um comunicado pedindo aos fãs que não fossem ao evento a partir de um determinado momento, em virtude de temores de um megacongestionamento nas estradas vicinais inglesas.[4]

Em 2010, muitas reuniões e as associações que as organizavam já vinham atuando há mais de duas décadas. O Vintage Volkswagen

Club of America, uma organização que reúne sociedades de diversas partes dos Estados Unidos, foi fundado em 1976. Um ano depois, um grupo de entusiastas alemães ocidentais começou a especular com a ideia de fundar um clube do Fusca, que se tornou realidade em 1981. O primeiro Bug Jam foi realizado em 1987. O surgimento de redes nacionais e de festivais dedicados ao Fusca coincidiu com o fim de sua produção na Alemanha Ocidental e sua retirada dos mercados europeus e americano. À medida que o carro ia ficando datado no contexto automobilístico da América do Norte e da Europa Ocidental, uma representativa minoria social começava a valorizá-lo como um item de importância histórica.[5]

As pessoas que veem o Fusca como artefato histórico são provenientes de diversos contextos diferentes. Alguns fãs são endinheirados, "loucos por carros" autodeclarados que incluem o Volkswagen em suas numerosas e valiosíssimas coleções, mas a maioria tem uma condição financeira bem mais modesta. Um mecânico aposentado, um vidraceiro, um carteiro, um eletricista, um assistente social, um professor e um engenheiro estavam entre os aficionados por Fuscas que o autor conheceu em reuniões no Reino Unido e na Alemanha.[6] Apesar de os homens serem maioria, a cena movimentada pelos Fuscas antigos abrange um amplo espectro social, composto por pessoas de 22 até 75 anos. Em virtude de sua amplitude social e geracional, esse grupo não é moldado por um visual específico nem por preferências estéticas similares como as subculturas em geral.[7] Alguns membros fazem amizades duradouras nesses encontros, mas a maioria dos frequentadores se motiva pela curiosidade em torno dos carros em exposição. Os entusiastas do VW, portanto, formam uma comunidade bastante heterogênea, que gira em torno de seu fascínio por um automóvel específico.[8]

A amplitude social da cena movimentada pelo Fusca reflete o caráter mais acessível que distingue o Volkswagen dos demais carros de coleção. Em 2006, um proprietário britânico anunciou seu veículo "em ótimo estado" e "totalmente original" de 1955 por 3,5 mil libras (cerca de 5,5 mil dólares), e um modelo bem conservado de 1973 podia ser encontrado por 2.250 libras (ou 3,6 mil dólares). Dez anos antes, um instrutor de autoescola de Nuremberg comprou seu Fusca 1971 por míseros 500 marcos (aproximadamente 360 dólares). Embora os preços tenham subido na primeira década do novo milênio à medida que a mercadoria ia se tornando mais rara, o primeiro Volkswagen continua a ser um dos automóveis clássicos mais baratos do mercado. A disponibilidade de peças de reposição a preços razoáveis é outra razão a fazer com que pessoas com meios financeiros relativamente modestos optem pelo Fusca. "Eu tenho um amigo que é dono de um Mini Cooper antigo", contou uma cuidadora de crianças alemã em 2011. "O Mini é um carro legal, claro, mas conseguir peças para ele é um pesadelo, e custa muito dinheiro. As peças do Fusca são bem mais baratas." O suprimento constante de peças não se deve apenas ao ativo comércio de componentes retirados de carcaças fora de circulação ou das feiras de troca organizadas nas convenções. A REFA Mexicana, uma empresa instalada a poucos metros da fábrica da VW em Puebla, continua a produzir milhares de portas, para-choques, chassis, para-lamas e diversos outros componentes com as mesmas velhas prensas usadas décadas antes em Wolfsburg. Embora o principal mercado da REFA seja a América Latina, a Volkswagen, que distribui essas peças para o mundo todo, garante o abastecimento dos motoristas europeus e americanos. Em 2008, o fim da fabricação das peças de reposição baratas para o Fusca não vinha sendo levado em consideração, explicou um executivo da REFA, pois a empresa planejava produzi-las por mais vinte anos.[9]

Apesar do preço mais modesto, um Volkswagen antigo requer constantes investimentos. Além de dinheiro, os fãs dedicam muito tempo e afeto a seus velhos Fuscas para garantir seu perfeito funcionamento. Alguns motoristas chegam a passar mais de 25 horas por mês trabalhando em seus VWs. Para eles, a tecnologia relativamente simples do carro é um de seus principais atrativos, já que os proprietários podem fazer eles mesmos muitos reparos e rotinas de manutenção. Além de representar uma economia de custos, a acessibilidade tecnológica do primeiro Volkswagen oferece a oportunidade de demonstrações de cuidado e afeto por parte dos donos. Executar consertos em automóveis pode ser uma tarefa bastante complicada, mas a dedicação aos aspectos mecânicos do carro também proporciona doses elevadas de satisfação pessoal. "Fico muito feliz quando as coisas saem da maneira que eu esperava", afirmou um proprietário. Alguns inclusive consideram procedimentos como a remoção do motor por pura curiosidade como um rito de passagem que os consolida como membros de fato da comunidade dos VWs. "Achei que, como proprietário de um Fusca, eu simplesmente precisava fazer isso", contou um entusiasta alemão.[10]

Os proprietários que não sabem executar os procedimentos necessários levam seus carros a oficinas especializadas ou contam com a ajuda de amigos, e a maioria faz questão de que seus veículos estejam em perfeito estado. Praticamente todos os que têm um Fusca antigo na garagem estão sempre atentos a novos pontos de ferrugem. "É preciso manter o olho aberto, caso contrário a ferrugem corrói tudo", disse uma motorista ao descrever sua batalha contra a principal inimiga do Fusca no mundo inteiro. As preocupações com os sintomas de desgaste físico são uma constante entre os aficionados. "Você começa a se preocupar com cada barulhinho que ouve", relatou um fã britânico. "Fica paranoico, achando que tem alguma coisa errada." Declarações como essa são um lembrete de que muitos Fuscas já têm mais de quarenta anos de idade e, apesar de sua durabilidade e resistência proverbiais, não foram feitos para funcionar por tanto tempo. A dedicação dos donos à manutenção de seus carros é diretamente proporcional à preocupação com eventuais problemas.[11]

Embora os carros que frequentam os grandes eventos sejam a princípio produtos padronizados, fabricados nos moldes fordistas, a possibilidade de encontrar dois veículos idênticos em uma convenção de fãs de Fuscas é remota. "É bom que tenham sido feitos mais de 20 milhões deles, porque assim você nunca encontra dois iguais. Eu nunca vi um como o meu", afirmou o proprietário de um modelo 1965 com pintura verde e branca, suspensão rebaixada e "motor envenenado". Ao longo das décadas, foi surgindo uma ampla variedade de estilos criados por motoristas que modificam e restauram os veículos de acordo com seus gostos pessoais. Não são poucos os donos que tratam seus Fuscas como uma tela em branco, que pintam de acordo com suas predileções técnicas e estéticas. Em alguns casos, o processo de criação pode durar anos, quando se opta por transformar uma "lata-velha" comprada por uma ninharia em um reluzente carro de exposição. Para executar essa tarefa – que exige habilidade, conhecimento, imaginação, disciplina, dedicação e um bom dinheiro –, diversos entusiastas concentram no Fusca praticamente todo o seu tempo livre. Como muitos hobbies, um VW antigo é uma diversão levada a sério. "Meu outro hobby é a minha filha", brincou um alemão quando perguntado sobre sua dedicação ao carro. Alguns inclusive recorrem ironicamente a comparações patológicas para descrever seu fascínio pelos VW. Segundo um mecânico de Connecticut, o Fusca "não é um hobby, é um vício".[12]

Para a maioria dos aficionados, o Fusca não é de forma alguma um objeto do dia a dia. Obviamente, existem os fãs que chegam às convenções com os VWs que dirigem em suas rotinas cotidianas, mas a maioria absoluta é composta por donos que só saem com seus veículos em ocasiões especiais. Um senhor de idade que compareceu a uma reunião em Nuremberg em 2011 decidiu não levar seu Fusca até lá porque estava ameaçando chover. Como ainda estava disposto a mostrar seu carro para outros proprietários, ele levou um álbum de fotos, do mesmo tipo em que os jovens pais põem retratos de seus bebês, para mostrar o tesouro que guardava na garagem. O desejo de proteger o carro do desgaste é o que motiva esse tipo de comportamento, que leva muitos motoristas a rodar no máximo entre 500 e 800 quilômetros por ano em seus VWs.[13]

Os tipos de Fusca que compõem essa comunidade são muito variados para serem tratados em detalhe neste livro. Em uma ponta do espectro estão os veículos que, apesar de manterem a aparência imediatamente reconhecível do velho VW, incorporam alterações que os caracterizam como criações únicas. As possibilidades de modificação nesse sentido são quase ilimitadas. Entre as intervenções mais apreciadas pelos fãs estão a remoção dos para-lamas, a substituição do capô original, a instalação de eixos dianteiros ou traseiros mais largos, o rebaixamento ou a retirada do teto, a decoração da lataria com acessórios e as pinturas em cores berrantes. Um motor mais potente e uma suspensão mais firme para melhorar o desempenho do carro são alterações que remetem à cena dos *hot-rods* do

Sul da Califórnia em meados da década de 1950. Portanto, não é mera coincidência que o estilo mais popular para quem quer carros velozes e esportivos seja o chamado "Cal Look", nome que faz referência aos jovens que, nas palavras de um tuneiro californiano da época, tinham como objetivo tornar seu carro "o mais veloz possível gastando o mínimo de dinheiro possível".[14]

Desde meados da década de 1970, o Cal Look tem se caracterizado por padrões informais e às vezes contestados que incluem suspensões modificadas para rebaixar a frente do carro; remoção dos detalhes cromados, inclusive os para-choques; novas pinturas; rodas reluzentes de cinco ou oito raios; e instalação de um motor mais potente. Com ênfase na velocidade, na potência e na ostentação, o Cal Look representa um contraste agudo em termos técnicos e estéticos com a aparência espartana, a aceleração lenta e a velocidade

Fotografia tirada pelo autor.

Um Fusca no estilo "Cal Look" em um encontro de entusiastas britânicos do VW em 2012. O carrinho se destaca pela suspensão dianteira rebaixada, pelas rodas de cinco aros e pela ausência de para-choques e demais detalhes cromados.

final baixa do original. O Cal Look, portanto, se qualifica como uma coisa que Susan Sontag identificou muito tempo atrás como "camp". Com sua ênfase no "artifício e exagero", um Fusca customizado no estilo Cal Look representa "um forte apego ao que não é natural", já a intenção de seu dono é torná-lo mais parecido com um carro de pista de corrida do que com um veículo para o dia a dia.[15]

Na outra ponta do espectro estão os colecionadores de Fuscas cuja ambição é dirigir um carro cujas características técnicas e estéticas sejam idênticas às do modelo que a Volkswagen produziu em determinado ano. Os fanzines dedicados a VWs estão cheios de demonstrações de admiração por aqueles que "se esforçam para que seu carro continue original" indo atrás de peças antigas, pesquisando os tons exatos das pinturas e encontrando tecidos cujos padrões reproduzam exatamente os dos revestimentos usados nos anos 1950. Como o status do proprietário na comunidade do Fusca está diretamente ligado à idade de seu carro, é possível afirmar que os fãs dos VWs restaurados sejam motivados acima de tudo pelo desejo de autenticidade histórica. Em alguns casos, a manutenção ou recriação de um veículo histórico proporciona aos aficionados uma espécie de volta no tempo. Um fã americano que encontrou um Fusca "preto reluzente" impecável modelo 1970 que mal havia saído da garagem por quase duas décadas não conseguia esconder seu contentamento ao narrar o acontecido em 1998: "O carro estava ainda melhor do que eu imaginei. [...] Era como se eu estivesse vendo um Bug no saguão de uma concessionária em 1970. Eu já vi muitos Bugs restaurados, mas logo percebi que *aquele* era *perfeito*, exatamente da maneira como foi feito em Wolfsburg". Aparentemente imunes à passagem do tempo, restaurados com capricho e preservados com todo o zelo, esses automóveis devem seu apelo ao fato de transportarem ao presente uma parte do passado. Em resumo, eles fazem a história ganhar vida.[16]

Independentemente de sua predileção pela artificialidade estilizada ou pela autenticidade histórica, os donos de Fuscas são unânimes em afirmar seu gosto pelo diferente. Embora sua seita seja uma prática liberal aberta a inúmeras configurações técnicas e estéticas, existe um artigo de veneração do qual nenhum deles abre mão: o motor traseiro refrigerado a ar. Essa configuração é o que distingue o Fusca de outros automóveis clássicos e contemporâneos, assim como sua silhueta peculiar e idiossincrática. "É diferente", explicaram os proprietários alemães e britânicos quando perguntados a respeito do que mais gostavam em seus Fuscas, com frequência acrescentando que adoravam seu formato. Em uma cultura dominada por automóveis maiores e quadradões com motores dianteiros refrigerados a água, muita gente concorda que o formato do Fusca o torna mais "bacana" e "divertido".[17]

Muitos motoristas se apegam a seus Fuscas porque esses veículos lhes proporcionam a possibilidade de se afastarem de suas preocupações cotidianas, principalmente as referentes a suas vidas profissionais. Como muitos outros hobbies, ser dono de um VW antigo é uma "atividade voluntária e autogerida" que envolve "um tipo de 'trabalho' autônomo realizado para si mesmo e em seu próprio ritmo", oferecendo assim um alívio das pressões alienantes geradas pelo universo ocupacional.[18] Um VW antigo não é só um objeto – adquirir, restaurar, equipar e manter um Fusca são atividades que se dão em uma esfera separada das demais partes da vida. Para alguns, o carro funciona como uma válvula de escape, e não só quando estão consertando ou dirigindo seus VWs. Um instrutor de autoescola alemão vê seu Fusca 1971 como uma concha dentro da qual se retrai quando o estresse do trabalho ameaça se tornar insuportável: "Quando tenho um dia difícil, às vezes fico sentado dentro do Fusca quando chego em casa. Quinze minutos, meia hora. Eu me sinto melhor. É um ambiente muito familiar. Uma sensação de estar em casa, muito também por causa do cheiro". Para alguns proprietários, o Fusca é parte integrante de sua zona de conforto. As limitações de velocidade do veículo também contribuem para seus efeitos regenerativos. "É um outro tipo de passeio, bem mais lento. Dá para ver de verdade a rua", explicou um aposentado antes de acrescentar que com os "carros de hoje, com esses motores, não dá para fazer isso". Não causa admiração, portanto, que muitos entusiastas descrevam a experiência de dirigir um Fusca como "relaxante".[19]

Além de proporcionar uma fuga temporária dos problemas do dia a dia, os VW antigos também são considerados pelos proprietários como um elemento de continuidade biográfica. Na Grã-Bretanha, onde o Fusca nunca teve muito mercado, os colecionadores afirmam terem sido atraídos pelo formato peculiar do carro, ou então se limitam a responder que "já queriam um Fusca fazia muito tempo". Na Alemanha, porém, os proprietários muitas vezes relacionam seu fascínio pelo carro à presença de longa data dos VWs em suas vidas. O instrutor de autoescola aqui mencionado lembrou que seu pai, que era carteiro, removeu o assento dianteiro do Fusca para que ele pudesse ser usado também como veículo de entrega além de carro de passeio. Quando a família saía junta, "minha mãe sentava num caixote de madeira ao lado do meu pai", ele contou. Outros atribuem seu apego a recordações de acontecimentos importantes de caráter pessoal. Um homem na casa dos sessenta anos preferiu não entrar em detalhes sobre as "memórias da juventude" que o VW lhe trazia, mas uma cuidadora de crianças que usa seu carrinho roxo para todos os deslocamentos do dia a dia foi bem menos reservada: "O Fusca é uma ótima lembrança da minha louca e bela juventude. Meu primeiro beijo foi dentro de um Fusca".[20]

A cena movimentada pelos VWs antigos é portanto cercada de um sentimento de nostalgia, já que esses carros remetem a alegrias localizadas irremediavelmente no passado. Por essa razão, muitas vezes o saudosismo dos entusiastas do Fusca pode acabar se tornando um sentimento de melancolia. Embora sem qualquer dúvida despertem lembranças que podem ser dolorosas, os Fuscas ajudam a conectar seus donos com sua própria história e a proporcionar um senso de continuidade em suas biografias. Para aqueles que trabalham com afinco em sua restauração ou modificação, o próprio veículo se torna um traço autobiográfico sobre o qual podem contar inúmeros casos. Para muito proprietários, o Fusca funciona como um objeto que combina o sentimento de nostalgia com a ideia de coerência autobiográfica.[21]

Diante da importância pessoal que um Fusca pode adquirir, suas origens no Terceiro Reich perdem muito de sua relevância. Os entusiastas britânicos dizem não se sentir "incomodados" com as origens políticas do carro ou, deixando de lado a questão ideológica, afirmam que o veículo "parece ter sido a única boa ideia de Hitler".

Na Alemanha, onde a postura crítica em relação ao Terceiro Reich e o Holocausto é um dos pilares de sustentação da cultura democrática, os proprietários também não associam imediatamente o primeiro VW ao período nazista. Em vez disso, preferem ressaltar que o Fusca virou um "carro internacional", ou então lembrar que seu "auge" se deu nas décadas de 1950 e 1960. Nem mesmo no encontro de Fuscas de 2011 em Nuremberg – que aconteceu, como vem sendo tradição desde o final dos anos 1980, diante da tribuna de uma antiga área de desfiles do Partido Nazista – o peso histórico do local serviu para levantar uma reflexão sobre as raízes do carro sob o regime fascista. No entanto, o fato de os visitantes celebrarem o Fusca a menos de cem metros de onde Hitler fazia seus discursos não pode ser encarado como uma simpatia velada pelo nazismo. Na verdade foi a prefeitura da cidade, e não o "Käferteam Nürnberg", responsável pela organização do encontro, que designou o local, que ao longo das décadas vem sendo usado para um sem-número de eventos, inclusive corridas de automóveis e shows de rock de bandas como U2 e Pink Floyd. O Käferteam também fez questão de providenciar a presença de um historiador, que serviu como guia de um instrutivo passeio de duas horas pelas antigas instalações do partido.[22]

Embora a ampla maioria dos fãs do Fusca não tenha qualquer ligação com a extrema direita, um entrevistado alemão estimou que cerca de "3% a 6% da cena é composta de fanáticos políticos". E os alemães não são os únicos a se deixarem seduzir pelo apelo do nazismo. Com sede em Newport, na Califórnia, o clube Blitzkrieg Racing oferece uma linha de roupas, skates, peças e adesivos adornados com símbolos visuais de inegável inspiração nacional-socialista. Usando a Cruz de Ferro como logotipo, o Blitzkrieg Racing também vende adesivos como a águia da Wehrmacht e a insígnia da SS. Além disso, um dos mais antigos e prestigiados clubes automotivos do Sul da Califórnia se chama "Der kleiner Panzers" (O pequeno tanque) e usa como emblema uma águia da Wehrmacht cujas garras seguram um logo da VW em vez da suástica. Nenhuma das duas associações propaga ideias nazistas, mas o uso de símbolos visuais baseados na cultura militarista do Terceiro Reich ressalta que, para alguns, as raízes ideológicas do carro exercem um perturbador apelo estético.[23]

Fotografia tirada pelo autor.

Fuscas estacionados na frente da tribuna de uma antiga área de desfiles nazistas em um encontro realizado em Nuremberg em 2011. Cientes do significado histórico do local, os organizadores providenciaram passeios educativos pela área, que a prefeitura de Nuremberg utiliza para todo tipo de eventos ao ar livre.

Obviamente, a imensa maioria dos amantes do Fusca abomina o Terceiro Reich. Grande parte dos donos vê o primeiro VW como um carrinho adorável que conquista a simpatia das pessoas em quase todos os lugares em que aparece. Décadas depois de deixar de ser vendido na Alemanha, na Grã-Bretanha e nos Estados Unidos, o carro continua a cativar o público europeu e americano. "Meu Fusca põe um sorriso no rosto das pessoas", afirmou uma motorista alemã em 2011. "As pessoas reparam neles", corroborou um proprietário britânico. Não são poucos os casos que os donos contam sobre o charme que o veículo exerce inclusive sobre pessoas que eles nem conheciam. Um homem que conduziu o projeto de restauração de um Fusca de 25 anos de idade do lado de fora de sua casa por não ter espaço suficiente na garagem considerou a curiosidade que o carro despertava nos transeuntes um pouco cansativa: "Eu não aguentava mais". Seu pai, porém, via a coisa de outra forma: "Mas isso não é bom? É muito melhor que restaurar um carro pelo qual ninguém tem interesse".[24]

Entre os alemães, a reação mais frequente ao se deparar com Volkswagens antigos é a nostalgia. Mais de trinta anos depois de fazer sexo pela primeira vez em um pequeno e aconchegante VW, um jornalista musical de Bremen contou que, toda vez que vê um Fusca, ainda é acometido por uma "estranhamente fascinante sensação na região da virilha", similar à que experimentou quando sua namorada o "chamou para o vamos ver". Ao comentar o fim da produção do veículo em Puebla, o ex-diretor de museu escreveu que a memória coletiva alemã contém "pilhas incontáveis de histórias sobre o VW". Se alguém "abrisse as comportas da memória em um projeto de grande alcance que examinasse os álbuns de fotos dos alemães", ele resumiu, "seríamos inundados por uma enorme onda de recordações ligadas ao carro". Para os alemães criados na velha República Federal, antes da reunificação ocorrida em 1989, o primeiro Volkswagen tem um significado ainda maior. As recordações do "milagre econômico", com seu acelerado nível de crescimento e taxas de desemprego baixíssimas, garantem o apelo mnemônico do Fusca em uma Alemanha marcada por um mercado de trabalho cada vez mais difícil e pelos custos sociais da reunificação, que vêm pesando sobre o país desde os anos 1990. Um fã alemão resumiu esse sentimento ao declarar que, para muitos antigos alemães ocidentais, o veículo evoca "lembranças de melhores dias". Na Alemanha, as recordações pessoais e a saudade coletiva da época da estabilidade econômica estão intimamente ligadas à imagem do velho Fusca.[25]

Apesar de a reverência ao Volkswagen como um objeto ligado à memória ser mais forte na Alemanha, as lembranças pessoais relativas ao carro circulam muito além de suas fronteiras. Nos Estados Unidos, onde mais de 5 milhões de Fuscas foram vendidos, a decisão da Volkswagen de suspender a comercialização do carro no fim dos anos 1970 não acabou com o afeto que os motoristas sentiam por seu carrinho fofinho e anticonvencional. Mais de uma década depois de a VW deixar de vendê-lo nos Estados Unidos, o mercado americano de Fuscas usados explodiu, o número de membros em clubes do Volkswagen disparou e as reuniões em que os donos expunham seus veículos se tornaram cada vez mais frequentes, o que levou o *Wall Street Journal* a prever em 1993 que a "movimentação em torno do Fusca" duraria por várias gerações.[26]

A mística do Fusca era tão forte nos Estados Unidos que permitiu à Volkswagen uma volta por cima no mercado local com o lançamento de um automóvel retrô apelidado de "New Beetle" no final dos anos 1990. O papel fundamental do carro no reavivamento das operações da VW nos Estados Unidos quase duas décadas depois de a montadora alemã deixar de vender o Fusca não só comprova que a memória individual e coletiva pode prolongar a vida útil de um produto como ressalta o fato de que a Volkswagen soube como ninguém explorar as oportunidades comerciais proporcionadas pelo apelo histórico de seu principal modelo.

Com o fim da comercialização do Fusca no final da década de 1970, a VW não conseguiu encontrar um substituto para seu campeão de vendas nos Estados Unidos. Apesar de o Golf ter feito sucesso na Europa, o Rabbit – a versão americana do carro, produzido a partir de 1979 em uma nova fábrica construída em Westmoreland, na Pensilvânia – não foi muito bem recebido nos Estados Unidos em virtude de problemas de fabricação e de um visual que os americanos não consideravam atraente. Nessa mesma época, as montadoras japonesas, lideradas por Toyota e Honda, conquistaram uma grande fatia do mercado local com seus carros baratos e altamente confiáveis. Com vendas em queda livre durante os anos 1980, a reputação da VW como fabricante de automóveis de qualidade caiu por terra nos Estados Unidos. A recessão americana do início dos anos 1990 atingiu em cheio a Volkswagen, resultando em vendas abaixo da casa das 50 mil unidades em 1993 e gerando especulações sobre a retirada em definitivo da empresa do mercado automobilístico mais lucrativo do mundo. Afinal, as dificuldades nos Estados Unidos eram só uma parte dos problemas da VW, que registrou um déficit de 1,2 bilhão de dólares em suas operações globais naquele ano.[27]

Para sair do vermelho, a Volkswagen adotou uma série de medidas. Além de novos métodos de controle de qualidade, a empresa implementou um programa de corte de gastos e gerenciamento mais eficiente de sua cadeia de produção global, aprimorando o fluxo de informações, dando mais autonomia aos executivos de suas filiais e equiparando a produtividade de suas fábricas espalhadas pelo mundo por meio de contratos internos. A matriz da companhia em Wolfsburg também adotou uma nova estratégia de desenvolvimento de produtos, que dava mais atenção às especificidades dos diferentes mercados nacionais. Apesar de organizar suas rotinas de manufatura em torno de algumas "plataformas" de chassis por razões de custo, a VW expandiu sua linha de produtos, atraindo consumidores com modelos projetados especificamente para os diferentes mercados regionais. Na década de 1990, a Volkswagen deixou de ser uma multinacional altamente centralizada com um rígido esquema de hierarquia entre seus centros produtivos para se tornar uma companhia transnacional cujos rumos ainda eram definidos na matriz alemã, mas cuja linha de produtos e operações de manufatura eram muito mais flexíveis e sensíveis às demandas locais. Nomeado depois de uma carreira bem-sucedida em outra montadora do grupo, a Audi, Ferdinand Piëch foi o responsável por moldar boa parte da nova estratégia global da VW durante sua passagem como CEO da companhia.[28]

Nos Estados Unidos, a VW lançou uma iniciativa profundamente heterodoxa, mas que no fim acabou se revelando um grande sucesso. Em uma indústria obcecada pela ideia de inovação, a montadora decidiu apostar na tradição e ressuscitar e repaginar seu produto mais conhecido. Na verdade, a ideia de desenvolver um novo Fusca surgiu nos Estados Unidos, não na Alemanha. No auge da crise do início dos anos 1990, James Mays e Freeman Thomas, dois projetistas do estúdio de design da VW no Sul da Califórnia, sugeriram um *revival* do primeiro modelo da companhia. Eles argumentaram que, entre os consumidores americanos, o Fusca ainda era o produto mais associado à empresa. "Chegamos à conclusão de que, quando o nome Volkswagen é mencionado, as pessoas só falam do Fusca", lembrou James Mays, acrescentando: "E adoram tudo o que ele representa." Batizado provisoriamente como "Concept 1", o projeto foi recebido com uma boa dose de ceticismo na matriz da VW na Alemanha. Segundo Freeman Thomas, os dois projetistas "precisavam mudar muita coisa na maneira como os alemães se relacionavam com os carros e com a história". Os executivos de Wolfsburg viam o Fusca como um símbolo do "milagre econômico" da República Federal, um produto que remetia a um período cada vez mais relegado ao passado diante do cenário da recente reunificação alemã. Além disso, a direção da matriz da VW não via necessidade de criar um carro baseado no Fusca, já que o Golf, seu sucessor, estava se tornando um clássico por si só, com vendas ainda significativas na Alemanha e no restante da Europa Ocidental.[29]

Nesse contexto, a princípio Mays e Thomas continuaram tocando em segredo o projeto do Concept 1 antes que o chefe do estúdio de design da VW na Califórnia conseguisse conquistar o apoio um tanto reticente do novo CEO da companhia, que mostrava grande preocupação com suas operações nos Estados Unidos. Competitivo e influente no meio empresarial, Ferdinand Piëch não queria de forma alguma entrar para a história da Volkswagen como o executivo que determinou sua retirada do mercado americano. Um dos motivos que o atraiu para o projeto foram suas ligações familiares. Nascido em 1937, Piëch é neto de Ferdinand Porsche, e foi batizado em homenagem ao avô. O New Beetle, portanto, representava para Piëch uma oportunidade única de seguir os passos de seu ancestral ilustre.[30]

A fim de testar o mercado e impulsionar a ideia do Concept 1 dentro da empresa, a direção da filial americana decidiu exibir um protótipo inicial do carro no Salão de Detroit em janeiro de 1994. Com sua lataria de contornos curvos composta de "três formas cilíndricas, sendo duas delas em torno das rodas e outra formando a carroceria em si", o Concept 1 foi eficiente em sua evocação à aparência peculiar do original. Como notou a revista *Road and Track*, a VW estava trazendo de volta "um formato familiar no qual as pessoas podiam confiar". O Concept 1 transformou o estande da Volkswagen em uma das principais atrações do evento. Os entusiastas do VW contaram que "muitos fãs do Fusca" que viram o Concept 1 "pensaram que tinham morrido e ido para o céu", e até mesmo jornalistas automotivos experientes se renderam ao charme do modelo experimental apresentado naquele ano. Uma enquete informal conduzida pelo *Chicago Tribune* perguntando se a Volkswagen deveria produzir o modelo em escala comercial recebeu uma avalanche de respostas positivas que levou o repórter responsável pela seção automotiva do jornal a escrever uma carta aberta a Piëch, que é PhD em engenharia: "Está esperando o quê, doutor? Traga o Fusca de volta, e rápido". Em novembro de 1994, a matriz da companhia enfim deu o sinal verde, liberando a verba para o desenvolvimento de um carro inspirado em seu primeiro modelo, voltado principalmente para o mercado americano.[31]

No ano seguinte, a Volkswagen abriu uma concorrência interna para determinar o local onde seria fabricado o novo veículo. Depois de um lobby intenso que incluiu um abaixo-assinado com mais de 1 milhão de assinaturas, Puebla garantiu o contrato e se tornou a primeira filial da VW a produzir com exclusividade um novo modelo fora da Alemanha. Entre 1996 e 1997, os mexicanos participaram ativamente da transformação do protótipo criado na Califórnia em um automóvel funcional. Embora os executivos alemães tivessem a palavra final, a equipe de 32 pessoas encarregadas do projeto em Wolfsburg tinha entre seus membros dez técnicos e engenheiros de Puebla, e sua participação não se resumiu a servir como uma ponte entre a matriz e o local de produção. Além de aconselhamento técnico, os mexicanos puderam interferir em questões relacionadas ao design em si, como o uso eficiente do espaço interno. "Os engenheiros de Wolfsburg tinham dificuldade porque estavam acostumados a projetar carros com ângulos retos. Nós tínhamos experiência com um interior arredondado porque ainda fazíamos o Vochito em Puebla, então muitas coisas estranhas para nossos colegas alemães eram perfeitamente normais para nós", lembrou um técnico de Puebla ao falar sobre seu período de dois anos na Alemanha. Desenvolvido por engenheiros alemães e mexicanos a partir de uma ideia de projetistas americanos, o Concept 1 já nasceu com uma vocação inegável para o mercado internacional.[32]

O lançamento comercial do New Beetle, em março de 1998, foi um evento cercado de grande publicidade. Dois meses antes de o carro chegar às concessionárias americanas, a VW voltou ao Salão de Detroit para apresentar sua criação. Segundo um entusiasta de longa data do Fusca que estava presente no local, o pavilhão de mais de mil metros quadrados reservado pelo departamento de marketing da Volkswagen estava "abarrotado" por centenas de "jornalistas automotivos impacientes" que desde as nove da manhã trocavam "histórias cheias de afeto sobre o velho Fusca". Depois de vários discursos de Ferdinand Piëch e outros executivos, a cortina foi erguida, e os representantes da imprensa automotiva se transformaram em uma "multidão inflamada" que aplaudiu ruidosamente sete New Beetles em tons de amarelo, vermelho, verde e prata, que entraram no palco em meio a luzes piscantes e música alta. "Foi um alvoroço", escreveu a testemunha, principalmente porque os jornalistas imediatamente se aglomeraram em cima do palco para ver tudo mais de perto.[33]

Quando o carro chegou às revendas, os consumidores o receberam com o mesmo entusiasmo demonstrado pela imprensa em Detroit. Depois de fazer um *test drive*, os motoristas concluíram que "em termos mecânicos, o New Beetle é o oposto completo do original". Com seu motor dianteiro de 122 cavalos refrigerado a água, sua aceleração ágil, seu interior climatizado e inúmeros opcionais, que iam desde assentos aquecidos até um sistema de som de alta qualidade, o New Beetle era montado sobre um chassi modificado de Golf e representava um agudo contraste com a simplicidade tecnológica e a baixa potência do original. Com quatro *air bags*, consumo de combustível apenas razoável e preços a partir de 16 mil dólares, o automóvel retrô não se guiava em nada pelo valor acessível e o perfil econômico que levaram milhões de motoristas americanos a comprar o primeiro VW.[34]

Em termos de mecânica e de economia, o New Beetle era muito diferente de seu antecessor, mas seu formato arredondado garantia a ressonância histórica que associava o modelo recém-lançado ao clássico. Apesar de ser mais baixo e ter um para-brisa mais inclinado para garantir uma melhor aerodinâmica, o capô redondo, o teto curvado e o porta-malas angulado remetiam diretamente ao original. O público ofereceu ao novo carro uma recepção calorosa,

Fotografia tirada pelo autor.

Um New Beetle convivendo em harmonia com um velho Fusca na Cidade do México em 2008. Apesar do formato similar, o New Beetle tem um para-brisa mais inclinado para melhorar a aerodinâmica e manter seus ares de esportivo.

que lembrou a simpatia conquistada pelo Fusca na década de 1950. "Sorrisos. É assim que as pessoas reagem ao ver o New Beetle da Volkswagen", escreveu um jornalista automotivo que testou o carro. "Parece um Fusca", foi sua explicação para isso, enquanto um colega fez menção à "fofura absoluta" do carrinho. A demanda era tão intensa que os consumidores tiveram de esperar vários meses enquanto a VW trabalhava duro para elevar as entregas anuais de 56 mil para 83 mil unidades nos dois primeiros anos de vendas do New Beetle no mercado americano. O furor causado pelo automóvel retrô chamou a atenção dos motoristas para o restante da linha de produtos da Volkswagen, cujas vendas totais nos Estados Unidos saltaram de 133.415 veículos em 1997 para 347.710 em 2000.[35]

Ainda que a VW garanta que o New Beetle atravessou as "barreiras demográficas" e atingiu um público excepcionalmente amplo, dois grupos em especial receberam o carro com grande entusiasmo. Os revendedores relataram que muitos antigos donos de Fuscas apareceram nas concessionárias da VW para conhecer o novo modelo e relembrar a juventude contando histórias de seus tempos de estudante. Como explicou um repórter: "Todo mundo tem uma história sobre o Fusca. As pessoas não apenas dirigiam os Volkswagens. Elas estabeleciam um relacionamento com eles". No final de março de 1998, um executivo revelou que "cerca de metade dos compradores são pessoas de mais idade". Enquanto a empresa recuperava os clientes que havia perdido, os jornalistas se mostravam admirados com a maneira como a VW aproveitou "a onda de nostalgia em torno do velho Bug".[36]

No entanto, o sucesso do carro não era motivado apenas por sentimentos passadistas. A Volkswagen também percebeu que o New Beetle atraía uma grande quantidade de motoristas com menos de trinta anos de idade e boa condição financeira. Como revelaram estudos de marketing anteriores ao lançamento do carro, essa fatia do mercado era fundamental para a retomada do crescimento da empresa nos Estados Unidos, pois os consumidores esperavam da VW um produto "jovem" e "cool". O afeto de seus pais pelo velho Fusca também estimulou muitos jovens a abraçarem o novo carro da Volkswagen. Além disso, os jovens urbanos de vinte e poucos anos adotaram o New Beetle como um dos objetos "retrô" que, desde meados dos anos 1970, vinham conquistando o público dessa faixa etária pela apropriação seletiva e a adaptação de determinadas tendências estéticas para o presente. Como um produto "voltado simultaneamente para o passado e o futuro", como a "figura de Jano", o novo Volkswagen resumia com perfeição aquilo que se convencionou chamar de "retrô-chique", um estilo que aborda livremente características visuais do passado sem se deixar atingir pela melancolia e o sentimento de perda histórica que caracterizam a nostalgia pura e simples. Por ser um automóvel moderno escondido sob a silhueta de objeto antigo, o Novo Beetle era o epítome do "retrô-chique".[37]

Além das recordações pessoais e do apelo retrô, uma pesada aura de saudosismo em relação aos anos 1960 alimentou a New

Beetlemania do final da década de 1990. O *The New York Times* convidou seus leitores a pensar em "trinta anos atrás, uma época diferente, em que Fuscas de todas as cores eram dirigidos no mundo inteiro por rapazes e moças de cabelos longos usando jeans e sandálias. Uma época em que os isqueiros não eram usados só para acender cigarros, e em que toda uma geração de motoristas se preocupava mais com a guerra do que com os acidentes de trânsito". Esse tipo de caracterização da década de 1960 – em que as tensões raciais e os conflitos políticos ficavam em segundo plano para dar lugar a uma idealização das manifestações de individualidade e hedonismo da contracultura – foi usado mais de uma vez para explicar o sucesso do veículo retrô. Ao contrário dos anos 1960, a cultura do final da década de 1990 estava "cada vez mais homogeneizada" e valorizava "a emulação [...] em vez da originalidade", observou um fã do Fusca, em uma crítica bastante difundida da época contemporânea. Em meio a esse clima, o Volkswagen continuava a funcionar como um sinal distintivo da "vontade de ser diferente, anticonvencional", garantia ele.[38]

Os especialistas em marketing da VW seguiram essa mesma linha de pensamento ao associar o novo carro ao original em suas campanhas. Assim como nos anos 1960, o humor era uma das características centrais das peças publicitárias, mas o foco não estava mais na qualidade e na economia. Em vez disso, foi a herança hippie do Fusca que ganhou destaque. Alguns anúncios faziam alusão ao espiritualismo das religiões orientais para apresentar as credenciais contraculturais do Fusca: "Se você foi bom em uma vida passada, volta ainda melhor", dizia um slogan que retratava o New Beetle como uma espécie de reencarnação automotiva. Outras iniciativas, porém, faziam um contraponto além de um reforço aos temas da contracultura. "Menos flower – mais power", era o texto de outro anúncio, chamando a atenção do público para a potência do motor do New Beetle e ao mesmo tempo aludindo ao vasinho que os projetistas incluíram no novo modelo como uma homenagem ao gosto dos donos dos velhos Fuscas por arranjos florais. O mais conhecido e irônico dos anúncios fazia menção à associação do original com o pós-materialismo, garantindo aos motoristas que "se você vendeu sua alma nos anos 80, aqui está sua chance de comprá-la de volta". Com essa peça publicitária, a Volkswagen ao mesmo tempo sugeriu o New Beetle como um carro para a era pós-yuppie e tratou de forma bem-humorada as críticas à cultura do consumismo.[39]

No entanto, ainda que o tom brincalhão das campanhas publicitárias fosse o mesmo, havia diferenças fundamentais nos motivos que estabeleceram o Fusca e o New Beetle como carrinhos simpáticos e anticonvencionais. Ao longo das décadas de 1950 e 1960, uma ampla variedade de suburbanos de classe média, opositores do consumismo, pilotos de corrida amadores, jovens hedonistas e membros da contracultura tiveram importância crucial para manter a reputação excêntrica do Fusca em um mercado dominado por automóveis muito maiores e mais imponentes. Na época, a principal realização da Volkswagen foi aprimorar as características técnicas do carro para manter seu apelo para um grupo heterogêneo de clientes em busca de um veículo barato, confiável e honesto com uma aura anticonvencional. Como essa fama estava relacionada à qualidade técnica do carro, a Doyle Dane Bernbach criava campanhas que se valiam de uma imagem já consolidada nos anos 1960, sobre a qual a empresa nunca teve um controle absoluto. Em 1998, porém, a Volkswagen moldou explicitamente a imagem pública do veículo com iniciativas publicitárias de alta visibilidade. Essa mudança, além de ilustrar a dimensão da profissionalização dos departamentos de marketing ocorrida dos anos 1950 para cá, também é um reflexo da necessidade de ir além de simplesmente ressaltar as virtudes técnicas do novo modelo. Como por baixo da lataria de contornos curvados o New Beetle trazia uma tecnologia automotiva bastante convencional, seus únicos trunfos eram o formato e a ressonância histórica. Em outras palavras, o apelo do automóvel retrô tinha muito menos a ver com a qualidade do que no caso de seu antecessor.

Por aliar um formato de ressonância histórica à tecnologia automotiva e aos confortos dos carros atuais, o novo carro da Volkswagen foi definido pela *Business Week* como um "Fusca pós-moderno", que trouxe o antigo modelo "de volta para o futuro". O novo VW se adequava aos novos anseios dos consumidores americanos, o que coincidia com a trajetória de vida de muitos

Este anúncio do New Beetle brinca com os excessos da era yuppie e revive a predileção de longa data da VW por peças publicitárias bem-humoradas.

motoristas. "É realmente uma indicação de como os *baby boomers* mudaram", explicou ao *The New York Times* um executivo que havia comprado seu primeiro Fusca em 1969 ao conhecer o modelo retrô em 1998. Depois de supostamente se oporem ao consumismo no fim dos anos 1960 e início dos 1970, "agora os *baby boomers* estão seguindo uma tendência iniciada na década de 1980 – continuamos a ser materialistas e continuamos a querer as coisas", acrescentou um outro entrevistado. Por outro lado, apesar de absorver as novas tendências de consumo vigentes nos Estados Unidos, o New Beetle também evocava o passado recente com alguns detalhes de seu interior. Um jornalista ficou encantado com "o vasinho de margarida que remete diretamente aos anos 1960" posicionado "bem ao lado de [...] um sistema de som high-tech". Com um eixo no passado e outro no futuro, o New Beetle era um objeto histórico atualizado e adaptado à sociedade americana do fim dos anos 1990. Em virtude de suas características propositalmente ambíguas, era o veículo ideal para expressar com ironia o "sentimento de culpa yuppie", como

Um New Beetle em seu habitat pós-moderno em Johnson City, no Tennessee, em 2006.

observou um jornalista. Nesse sentido, o carro era um exemplo perfeito da "incredulidade em relação às metanarrativas" que Jean-François Lyotard apontou como um dos elementos definidores da pós-modernidade.[40]

Como o lançamento do New Beetle se deu em torno de referências seletivas, e muitas vezes irônicas, à década de 1960, a mídia americana associava diretamente o veículo retrô ao passado recente do país. Diversos relatos se referiam ao New Beetle como um carro americano, e não um produto importado que fez sucesso nos Estados Unidos. Muitos observadores chegaram ao ponto de afirmar que a Volkswagen havia trazido de volta um "ícone americano". A presença de longa data do Fusca no país, a recepção positiva do novo carro pelos consumidores americanos, o saudosismo em relação aos anos 1960 e a estratégia de marketing da Volkswagen – tudo isso contribuiu para o status do New Beetle como um símbolo cultural vinculado aos Estados Unidos. Totalmente naturalizado e domesticado na virada do século XXI por meio de complexos processos de apropriação cultural, o New Beetle se adaptou ao panorama comercial dos Estados Unidos com a facilidade inerente a uma segunda geração de imigrantes.[41]

A inclusão do New Beetle no panteão das mercadorias americanas foi facilitada também pelo silêncio da imensa maioria da mídia em relação ao histórico transnacional do veículo e suas origens nazistas. Mais de cinquenta anos depois do fim da Segunda Guerra Mundial, um número considerável de americanos já não levava mais em conta o estigma do nacional-socialismo ao se referir à Alemanha do século XXI e aos produtos alemães. Por outro lado, nos anos 1990, foram tomadas diversas medidas legais, lideradas pela Conferência sobre Reivindicações Materiais Judaicas contra a Alemanha, em busca de reparações aos trabalhadores forçados explorados pelas empresas alemãs durante a Segunda Guerra Mundial. Em meados de 1998, a Volkswagen foi incluída entre as diversas companhias alemãs citadas em uma série de processos abertos nos tribunais americanos pedindo o pagamento de indenizações aos antigos trabalhadores forçados.[42]

Essas medidas, porém, não tiveram efeito adverso na comercialização do veículo retrô. A Volkswagen, que a princípio se opôs firmemente aos pedidos de reparação, mais tarde reviu sua postura e declarou sua intenção de colaborar com o fundo de amparo aos trabalhadores forçados que negociadores alemães e americanos começaram a discutir em 1998.[43] Além disso, a presença de longa data do Fusca nos Estados Unidos protegia seu sucessor das menções negativas a sua origem no regime nacional-socialista. Na verdade, mesmo aqueles que denunciavam os crimes do Terceiro Reich encontravam maneiras de desvincular o New Beetle de seu passado nazista. Seis meses depois do lançamento do carro, um colunista de origem judaica do *New York Times*, que costumava criticar amigos e conhecidos que dirigiam carros alemães, superou seu ressentimento contra a VW e adquiriu o modelo retrô por considerá-lo "absolutamente cativante". Quando contou a sua sogra – uma "judia conservadora" – sobre seu novo automóvel, ela respondeu: "Parabéns, querido. Talvez a guerra tenha finalmente acabado". Um leitor de sua coluna considerava a questão da guerra totalmente ultrapassada: "Ninguém quer que as atrocidades da década de 1940 sejam esquecidas. Por outro lado, é cada vez mais cansativo ver as pessoas [...] ainda obcecadas com injustiças históricas de cinco décadas atrás".[44]

A maioria dos observadores americanos não apenas ignorava as origens alemãs do original como também não mencionava o contexto transnacional em que surgiu o New Beetle. Baseado em um design criado no Sul da Califórnia, desenvolvido por uma equipe de engenharia internacional e fabricado por operários mexicanos, o New Beetle tinha um caráter inegavelmente internacional. Ao contrário do Fusca original, um produto feito para o mercado doméstico alemão, o Fusca pós-moderno foi concebido como um item de exportação para os Estados Unidos. O fato de a direção da fábrica de Wolfsburg ter decidido produzir o carro somente em Puebla não se deveu apenas à proximidade geográfica do México com o principal mercado do veículo, era também um reflexo da intenção da VW de globalizar suas operações de manufatura. Acima de tudo, Puebla se apresentava como um centro de produção de mais baixo custo, principalmente depois de a direção da fábrica ter desmobilizado o sindicato local no início dos anos 1990. Os operários da VW ainda recebiam bons salários para os padrões mexicanos, mas não contavam mais com uma representação sindical efetiva e continuavam ganhando muito menos que seus pares alemães no final da década de 1990. Por se tratar de um veículo intrinsecamente enredado no capitalismo global e suas desigualdades econômicas, a boa recepção do New Beetle nos Estados Unidos dependia em grande parte do silêncio da mídia em relação à dimensão internacional da empreitada envolvida em sua produção.

A decisão da VW de lançar seu automóvel retrô nos Estados Unidos e não na Alemanha só reforçou o status do New Beetle como um fenômeno americano, já que permitia aos observadores dimensionar seu impacto tomando como base apenas seu desempenho no mercado doméstico. A VW só começou a vender o carro na Alemanha oito meses depois de sua chegada às concessionárias americanas. Em parte, o New Beetle representava a reversão de um fluxo global originado na Alemanha décadas antes, pois era uma releitura importada de um clássico que se tornou um ícone de exportação da República Federal. Embora fosse reflexo da reorganização interna da Volkswagen como companhia transnacional ao longo dos anos 1990, esse fato também evidenciava o papel atuante da montadora no esquema cada vez mais intenso de trocas internacionais de mercadorias que caracterizou a globalização ocorrida na segunda metade do século XX.

Quando finalmente chegou às concessionárias da Alemanha, o veículo retrô não criou o mesmo burburinho que produziu sua fama instantânea do outro lado do Atlântico. Embora o público alemão aguardasse ansiosamente o lançamento do New Beetle, os números de vendas no país não chegaram nem perto das cifras geradas pela New Beetlemania nos Estados Unidos. Em sua terra natal, porém, a VW não precisava de uma volta por cima, já que fazia bastante sucesso com modelos como o Golf. Um repórter automotivo de um jornal de Berlim expressou um sentimento generalizado quando retratou o New Beetle como um carrinho divertido, mas sem grande impacto: "Ninguém precisa dele, mas faltava para a Volkswagen um carro como esse". Essa avaliação conferia ao recém-chegado uma posição frivolamente complementar em uma linha de veículos que garantia a reputação da VW no mercado doméstico como fabricante de automóveis eminentemente sóbrios. Além disso, o ambiente na Alemanha era muito menos propício para a campanha publicitária irônica e brincalhona que impulsionou o sucesso do New Beetle nos Estados Unidos. Em uma nação abalada pelo desemprego, resultado de mudanças estruturais em sua economia e do impacto socioeconômico representado pela reunificação política, o Fusca era símbolo de um "milagre econômico" do qual os cidadãos da República Federal da Alemanha com certeza se lembravam com saudade, mas que não podia ser tratado como motivo de piada. Na Alemanha de 1998, o New Beetle não significava uma "volta para o futuro" para o velho Fusca. Como consequência, os analistas locais nem tentaram argumentar que a VW havia feito ressurgir um ícone alemão. O fato de o New Beetle ter gerado a celebração do original como um ícone americano e não ter conseguido o mesmo efeito na própria Alemanha serve como um último lembrete do status do Fusca como um produto de presença global que, na virada do milênio, tinha identidades nacionais específicas e profundamente consolidadas.[45]

Décadas depois de ter sido retirado do mercado, o VW ainda mantinha uma presença relevante na Europa Ocidental e na América do Norte. Por se tratar de um automóvel clássico relativamente barato, o Fusca deu origem a uma comunidade internacional de fãs heterogênea e socialmente diversa, no qual serve tanto como uma plataforma para criações automotivas extravagantes quanto como um objeto de preservação histórica. Considerados um hobby que remove temporariamente seus donos das obrigações e chateações cotidianas, os carrinhos com motor traseiro refrigerado a ar são vistos também como uma marca de individualidade que confere um status diferenciado em uma cultura automobilística dominada por modelos maiores, mais quadrados e com motores dianteiros refrigerados a água. Em países como a Alemanha, em que foi campeão de vendas por vários anos, o Fusca também é encarado como um elemento altamente valorizado de nostalgia.

Nos Estados Unidos, a simpatia conquistada pelo Fusca e o efeito mnemônico de sua silhueta permitiram à Volkswagen uma volta por cima no mercado local com o lançamento do New Beetle no final da década de 1990. O modelo retrô foi um valioso exemplo do potencial comercial que existe por trás da nostalgia e de uma aura de anticonvencionalidade. Com a criação de um automóvel cujos contornos lembravam o formato peculiar do original, a VW conquistou uma fatia de mercado de jovens interessados em produtos retrô, além dos motoristas mais velhos e saudosos da década de 1960. Apesar das características técnicas bastante convencionais do New Beetle, os entusiastas americanos o reconheceram como a reencarnação pós-moderna de um clássico. Alguns analistas chegaram ao ponto de parabenizar a VW por ressuscitar um ícone americano, ignorando completamente as origens históricas do original e o caráter internacional da empreitada do veículo retrô. Se por um lado o velho Fusca é visto como um objeto do passado que permite aos donos se afastarem das preocupações cotidianas, o New Beetle é um produto com ressonâncias históricas, mas completamente integrado ao dia a dia do mundo contemporâneo. Tanto o original quanto o modelo retrô são uma prova de que o projeto concebido por Ferdinand Porsche se cristalizou na memória individual e coletiva de pessoas de diversas partes do mundo. Com o Fusca ainda em produção na mesma fábrica que começou a produzir o New Beetle para o mercado americano em 1998, o carrinho se consolidou como uma mercadoria verdadeiramente global, apesar de suas origens profundamente enraizadas na história da Alemanha do século XX.

Epílogo

O Fusca como ícone global

"A Alemanha perdeu a fé em si mesma. Por muito tempo, nós ignoramos a receita de sucesso do otimismo, da prosperidade, da estabilidade e do prestígio da República Federal no pós-guerra. Eram tempos em quem ninguém falava ainda em globalização, mas o Fusca rodava pelo mundo inteiro – e rodava, e rodava, e rodava. Nessa época, a República Federal da Alemanha era caracterizada por uma ordem que estimulava a realização e o progresso social." Foi com essas palavras que o presidente Horst Köhler iniciou um importante discurso inserido em um debate acirrado sobre a reforma da providência social na Alemanha em 2005. Ex-dirigente do Fundo Monetário Internacional, Köhler naturalmente se posicionou ao lado dos que defendiam cortes nos gastos sociais para remediar os efeitos da taxa de desemprego persistente e elevada. Para fazer isso, ele evocou o carrinho da VW como inspiração para construir um futuro melhor para a Alemanha reunificada com base nos pilares de virtude do passado. Mencionar o Fusca em meio a discussões acaloradas sobre a retomada do crescimento e a estabilização das contas do país significava recorrer a um argumento profundamente convencional. Ao sugerir aos trabalhadores alemães que adotassem uma postura firme, confiável e colaborativa tomando como modelo as qualidades do Fusca, Köhler se valeu de um recurso usado por milhares de pessoas antes dele: celebrar o primeiro Volkswagen como um ícone da República Federal da Alemanha.[1]

O discurso de Köhler é um entre muitos exemplos de que a relevância do Fusca não dava nem sinal de diminuir depois da virada do milênio. Embora a fabricação do modelo baseado no projeto de Ferdinand Porsche tivesse chegado ao fim em 2003, a cena internacional de colecionadores e o lançamento do New Beetle eram um testemunho do apelo renovado de um dos maiores clássicos automotivos de todos os tempos. Em uma cultura de mercadorias de presença global que circulam muito além das fronteiras de seus países, o primeiro VW conseguiu um feito raríssimo na segunda metade do século XX. Além de garantir um nível de visibilidade e reconhecimento internacional só superado talvez pela Coca-Cola e pelo McDonald's, o Fusca foi adotado como ícone nacional em países bastante diferentes entre si, como Alemanha, Estados Unidos e México.

O primeiro Volkswagen deve seu status de ícone com múltiplas personalidades a fatores que vão muito além de suas virtudes técnicas e da qualidade de sua fabricação. Obviamente, as vantagens materiais do Fusca tiveram grande importância para seu sucesso mundial, mas o carro também se destacou pela capacidade de incorporar e articular uma ampla gama de ideias ao longo de sua extensa vida útil como mercadoria de massa. Delinear a história do Fusca revela como, apesar de contratempos, crises e viradas inesperadas, um grande número de agentes mercadológicos na Alemanha e fora dela conferiram ao carrinho uma posição de proeminência em uma cultura de consumo cada vez mais globalizada a partir de 1945. Durante esse processo, sua silhueta peculiar, que permaneceu quase inalterada ao longo das décadas, se tornou uma das formas mais conhecidas de todo o mundo. Os motoristas e proprietários tiveram um papel importantíssimo na elevação do carro ao estrelato, já que o tratavam como um tesouro pessoal, e não como um simples e conveniente meio de transporte. O caráter íntimo da relação que os donos desenvolviam com seus Fuscas se revelou um fundamento indispensável para a longevidade do veículo. Por ser uma mercadoria multinacional carregada de significados nas esferas pública e privada, o primeiro Volkswagen é um símbolo da complexa dinâmica que alimentou a cultura de consumo globalizada a partir da década de 1950.

Na Alemanha, o primeiro Volkswagen deve seu sucesso excepcional ao sonho da universalização do automóvel, que se manifestou pela primeira vez na República de Weimar. A propaganda nazista transformou esse desejo em uma aspiração relevante, incorporando ideologicamente a motorização em massa a sua visão racista de "comunidade do povo". Embora o Terceiro Reich nunca tenha chegado a pôr o veículo em produção, deixou um legado fundamental para isso na forma de um protótipo tecnicamente avançado, a maior fábrica de carros da Europa e os ecos residuais das repetidas afirmações de que o automóvel próprio era uma expectativa realista. Depois de 1945, quando o Volkswagen se tornou um produto para as massas, sua disseminação representou a realização de um desejo de longa data, conferindo legitimidade às iniciativas do Terceiro Reich a favor da motorização. Por misturar de forma inextricável o passado recente e o presente histórico do pós-guerra, o Fusca oferece um exemplo marcante de como o nacional-socialismo moldou a Alemanha do século XX de formas que vão muito além dos crimes e dos desastres militares que constituíram os principais legados de seu regime. Nesse sentido, o VW chama atenção para as continuidades culturais e econômicas escondidas sob a ruptura política representada pela República Federal da Alemanha.

Ao mesmo tempo, a trajetória do Fusca também é ilustrativa dos diferentes momentos da história da Alemanha no século XX. O sucesso comercial da fábrica consolidou a transformação da Alemanha Ocidental em um país produtor de automóveis nas décadas de 1950 e 60, e o veículo feito em Wolfsburg sintetizava diversos aspectos da nova ordem vigente no país. Por tornar realidade algo que se caracterizava como uma promessa vazia antes de 1945, a disseminação do Volkswagen era uma prova da superioridade da República Federal sobre o Terceiro Reich. Por ampliar a mobilidade individual em uma escala sem precedentes, o carro ajudou a sedimentar a retórica de liberdade típica da Guerra Fria, que a opinião pública alemã ocidental a princípio encarava com boa dose de ceticismo. E, em virtude de sua vinculação direta à prosperidade da época, o Fusca era a materialização do "milagre econômico" e da estabilidade da Alemanha Ocidental, servindo como o arauto do advento de uma nova era, supostamente baseada em um *ethos* de realização, esforço, relações trabalhistas cooperativas e, acima de tudo, altos salários. Se por um lado a massificação do VW e a conveniência do automóvel individual ressaltavam a consolidação da Alemanha como uma sociedade afluente, a aparência modesta e a confiabilidade técnica do carrinho eram um lembrete de que a desejável nova ordem do pós-guerra estava fundada sobre bases sólidas. Por retratar o contexto do pós-guerra como uma situação ao mesmo tempo normal e excepcional, o Fusca foi o motor de uma narrativa de sucesso, que passou a ser contada com saudosismo quando o "milagre econômico" chegou ao fim, na década de 1970. Ao mesmo tempo em que contribui para o apelo renovado do Fusca, essa nostalgia também é um sinal claro da consciência de que as condições que possibilitaram a "era de ouro" do capitalismo não devem se repetir em um futuro próximo – apesar de exortações nesse sentido aparecerem de tempos em tempos, como no discurso de Köhler.

Embora os analistas alemães costumem retratar o Volkswagen como uma história de sucesso associada exclusivamente à República Federal da Alemanha, o carro só conseguiu se tornar um grande ícone nacional graças a uma colaboração internacional presente desde o momento de sua concepção. Além do fato de Ferdinand Porsche – assim como Hitler – ter sido um austríaco de nascimento que fez carreira na Alemanha, seu protótipo se inspirou em larga medida em um projeto checo publicado na imprensa automotiva francesa. A imensa fábrica de Wolfsburg jamais teria ficado pronta sem a ajuda dos operários italianos trazidos para o local no final dos anos 1930. Durante a guerra, trabalhadores forçados de toda a Europa foram explorados em suas instalações para que a direção da empresa pudesse manter a Volkswagen como uma companhia independente em meio aos esforços de guerra do regime nazista. Depois do fim do conflito, foram as autoridades de ocupação britânicas que iniciaram a produção do protótipo em escala industrial. Os trabalhadores italianos voltaram a Wolfsburg no início da década de 1960, dessa vez como "operários convidados". Além dos impulsos fornecidos pelos europeus, o estímulo americano foi fundamental para a existência do Volkswagen, pois Henry Ford, além de criar o conceito de "carro universal", também foi o responsável por implementar o modo de produção financeiramente viável que leva seu nome. Depois de conquistar a simpatia de Hitler por suas manifestações antissemitas, o magnata americano ofereceu a Porsche aconselhamento técnico sobre a produção de automóveis em larga escala no final da década de 1930. Os Estados Unidos também foram a inspiração de Heinrich Nordhoff, que adotou um modelo de administração desenvolvido pela General Motors na Detroit do pós-guerra e moldou a VW como uma empresa conhecida pelas relações trabalhistas colaborativas e pelos altos salários que pagava. O Fusca, portanto, é um ícone nacional que se beneficiou de uma colaboração internacional que influenciou desde suas configurações técnicas até os métodos de produção e a própria força de trabalho da fábrica de Wolfsburg.

Com fábricas instaladas no Brasil, no México, na Austrália e na África do Sul, a decisão de Nordhoff de posicionar a Volkswagen como uma empresa internacional desde o início de suas operações foi a base que proporcionou o sucesso global do Fusca. O apelo internacional do veículo se devia às mesmas características que atraíram os motoristas alemães, mas os proprietários estrangeiros enxergavam um carro totalmente diferente ao baterem os olhos no Fusca. Como costuma acontecer com frequência, a transferência de uma mercadoria para um novo contexto cultural lhe empresta significados inexistentes em seu país de origem. No caso do Fusca, os efeitos da mudança de ambiente foram particularmente acentuados, conferindo ao carro identidades nacionais completamente novas. Ao conquistar uma clientela fiel em diversos países, o VW deu uma contribuição atípica para o "milagre de exportação" da República Federal. No entanto, ao contrário da maioria das indústrias da Alemanha Ocidental, a companhia de Wolfsburg não conseguiu uma grande participação no mercado europeu nos anos 1950 e 60 em virtude dos altos impostos de importação que incidiam sobre os automóveis e também das associações ainda frescas na memória dos europeus entre o Fusca e o Terceiro Reich. Isso se deu especialmente em lugares em que a indústria automobilística era bem desenvolvida, como a Grã-Bretanha, onde boa parte do público considerava o Volkswagen um concorrente indesejado.

Contrariando as expectativas iniciais do próprio Nordhoff, os Estados Unidos se tornaram o principal território de vendas do Volkswagen, onde o carrinho alemão garantiu uma fatia de mercado considerável em virtude de sua qualidade, seu preço baixo e seus custos reduzidos de manutenção. A origem nazista do carro não representou muito obstáculo nos Estados Unidos da década de 1950, já que a Alemanha Ocidental era vista muito mais como um aliado importante na Guerra Fria do que como uma antiga nação inimiga. Além disso, a indústria automobilística americana não encarava a Volkswagen como uma concorrente ameaçadora, pois a montadora alemã atuava em um segmento no qual Detroit não demonstrava muito interesse. Apesar de ser considerado um produto de nicho, o Fusca logo ganhou fama como um carro simpático e anticonvencional para os padrões americanos. Em uma cultura automobilística dominada por automóveis maiores, mais caros e mais luxuosos, o Fusca atraiu um grande número de donas de casa dos subúrbios em busca de um segundo carro para a família. Paralelamente, o VW também permitia aos consumidores insatisfeitos com os fabricantes de Detroit uma forma de expressar seu descontentamento. A aparência inalterada, os anúncios bem-humorados, a facilidade de adaptação a modificações técnicas e a criatividade de proprietários e motoristas consolidaram a reputação do carro como um objeto digno de afeto tanto nos círculos da contracultura quanto no universo do entretenimento comercial. Nos anos 1960, o Volkswagen saiu de sua posição periférica para assumir um lugar no centro do palco do *mainstream* americano. O amor pelo Fusca sobreviveu inclusive à sua saída do mercado no final dos anos 1970, e se renovou ainda mais com a recepção entusiasmada ao New Beetle duas décadas depois. Um veículo completamente diferente em termos técnicos, o New Beetle trazia de volta apenas o conhecidíssimo formato do original. No final da década de 1990, o entusiasmo e o saudosismo gerados pelas lembranças do "Bug" levaram vários analistas nos Estados Unidos a declararem o Fusca um ícone americano. Assim como milhões de descendentes de imigrantes, o "Beetle" se integrou totalmente ao estilo de vida americano em sua segunda geração.

Nesse meio-tempo, o veículo foi incorporado à cultura nacional também no México. A decisão de construir uma fábrica de grandes proporções em Puebla pavimentou o caminho para que mais tarde o Vochito fosse retratado como um produto que refletia a qualidade da mão de obra mexicana e a Volkswagen como uma empresa com raízes profundas no país. A presença prolongada e a disseminação por todos os estratos sociais tornaram o Fusca um elemento permanente na paisagem mexicana, assumindo um lugar relevante na memória da população local. Com sua tecnologia relativamente rústica e descomplicada, para muitos mexicanos o VW era o veículo ideal para encarar as condições difíceis das ruas e estradas do país – um carro confiável que se assemelhava a um mexicano durão sempre pronto a encarar os desafios do dia a dia em um país caracterizado pela instabilidade econômica. Em virtude da ausência de um carro popular e acessível criado no país, o Vochito preencheu um vácuo cultural e foi adotado como ícone nacional graças a sua capacidade de superar os obstáculos da vida cotidiana no México.

Na República Federal, a disseminação do Fusca para além de suas fronteiras foi vista como um sinal positivo do novo papel desempenhado pela Alemanha Ocidental no mundo. Segundo os analistas alemães, o sucesso do veículo nos Estados Unidos era a prova de que o jovem país estava deixando de ser um pária no contexto internacional. Sempre fazendo questão de evitar o tom triunfalista e de enfatizar a posição secundária do carro no mercado dos Estados Unidos, a mídia da Alemanha Ocidental também tendia a minimizar o fato de que a expansão comercial havia transformado a Volkswagen em uma corporação poderosa em outras partes do mundo. Apenas as publicações de esquerda e ligadas ao movimento sindical chamaram atenção para a tática de confronto que a VW adotou em relação aos trabalhadores mexicanos quando decidiu acelerar sua transformação em uma companhia transnacional no fim dos anos 1980 e início da década de 1990. Além de ajudar a preservar a fama da VW como empregadora exemplar no âmbito doméstico, o silêncio a respeito das práticas austeras adotadas em Puebla desestimulava as críticas à República Federal da Alemanha como um país cujas empresas estimulavam as desigualdades que acompanharam o processo de globalização. Modesto, inofensivo, simpático, agradável – essas características, que nada tinham a ver com a percepção internacional do país até então, eram os traços dominantes nos autorretratos da Alemanha baseados na imagem projetada pelo Fusca. O Volkswagen era o complemento ideal para a estratégia dos políticos alemães ocidentais de conduzir os assuntos externos de forma discreta e cordata, a fim de recuperar a reputação do país depois da Segunda Guerra Mundial.

A relutância da Volkswagen em afirmar sua identidade germânica durante o longo período de sucesso comercial global do Fusca teve um papel importante no estabelecimento do carro como um ícone de múltiplas nacionalidades. Muitos consumidores tinham plena ciência do local de onde vinha o veículo, e inclusive ajudaram a reabilitar o rótulo "Made in Germany" no pós-guerra. A montadora, no entanto, preferia não apresentar o carro como um produto tipicamente alemão, porque uma estratégia comercial nesses moldes poderia trazer a público uma discussão sobre as origens nazistas do Fusca. Apesar da qualidade de sua fabricação destacar o veículo como um produto não convencional no mercado americano, a VW em nenhum momento afirmou essa virtude como algo intrinsecamente alemão. No México, além do silêncio em relação ao fato de o Vochito ser um carro estrangeiro, a empresa também fazia questão de ressaltar que tinha uma fábrica instalada em Puebla. Como eximia a montadora de explicar a história completa do Fusca, essa estratégia internacional de relações públicas serviu para minimizar a importância histórica do conceito de "carro do povo" na Alemanha pré-1945 e desvincular o automóvel de suas raízes nacionais. Como consequência, o Volkswagen impunha poucos obstáculos a sua assimilação cultural em outros lugares do mundo. Em comparação com marcas como McDonald's e Coca-Cola, cujo apelo global (assim como a animosidade que despertam) está relacionado diretamente com sua capacidade de evocar o estilo de vida americano, o Fusca era muito mais cauteloso em afirmar seu local de origem no contexto internacional. Ironicamente, a ideologia ultranacionalista do nazismo contribuiu de forma indireta para a consagração do carro como um ícone de caráter multinacional.[2]

A fama internacional do Fusca serve como um lembrete importante das inúmeras fontes que alimentaram a expansão da cultura de consumo internacional a partir do fim da Segunda Guerra Mundial. Os produtos, o estilo de vida e os hábitos americanos sem dúvida tiveram um papel crucial na moldagem da cultura global depois de 1945, como indica a proliferação do rock'n'roll, do jazz, das produções hollywoodianas e inúmeros outros exemplos. Por outro lado, um fluxo constante de hábitos e artefatos surgidos na Europa Ocidental – da culinária e o cinema da França, passando pela música pop da Grã-Bretanha até o design criado na Itália – também ajudaram na internacionalização da cultura de consumo, com um impacto sempre cumulativo. Nesse contexto, a relativa abertura dos Estados Unidos durante a Guerra Fria ressalta não apenas a dimensão transnacional da cultura americana no pós-guerra como também as dinâmicas culturais por trás das alianças internacionais costuradas pelo país. Para os analistas alemães ocidentais dos anos 1950 e 60, o sucesso do Fusca nos Estados Unidos tinha um efeito psicológico relevante, pois o entusiasmo dos americanos era visto como a aceitação da jovem república por parte da principal potência do Ocidente. Ao mesmo tempo, porém, o Fusca se consolidou como campeão de vendas em uma economia global marcada pela desigualdade internacional, como demonstram os conflitos trabalhistas ocorridos no México. Os funcionários da VW do México ganhavam muito melhor que a maioria de seus pares em outras empresas do país, mas essa vantagem se devia muito mais à atuação de seu sindicato do que aos supostos mecanismos de distribuição de riqueza inerentes ao capitalismo. A trajetória do Fusca, portanto, ilustra como a globalização é capaz de promover a disseminação de uma movimentada cultura internacional de consumo mesmo em meio a persistente desigualdade econômica em escala mundial.[3]

O retorno do Fusca como um veículo retrô pós-moderno em 1998 é o melhor exemplo do caráter global conquistado pelo mais célebre dos produtos da Volkswagen ao longo das décadas anteriores. Projetado na Califórnia com a intenção de reavivar as operações da montadora nos Estados Unidos, desenvolvido em Wolfsburg e fabricado em Puebla por operários com salários relativamente baixos, o New Beetle foi lançado em solo americano oito meses antes de ser oferecido aos motoristas alemães. Em um movimento que espelhava a nova divisão internacional do trabalho e significava em parte a reversão do fluxo inicial de mercadorias da Europa para o outro lado do Atlântico, a Volkswagen na prática importou uma versão remodelada e estrangeira de seu clássico alemão. Fundamentado na reputação cultural e econômica obtida pelo primeiro Volkswagen em diversas regiões do mundo, o automóvel retrô consolidava a transformação da montadora em uma corporação transnacional, e devia sua existência ao apelo mundial do icônico modelo original. Em termos de histórico como produto, esquema de fabricação e apelo mercadológico, o New Beetle refletia com exatidão a dimensão do sucesso internacional do carro projetado por Ferdinand Porsche na década de 1930.

No entanto, o caráter global do primeiro Volkswagen tem limitações bastante claras. O êxito comercial conferiu ao Fusca uma inquestionável fama de alcance mundial, mas, apesar de sua grande capacidade de cruzar fronteiras, o carrinho nunca perdeu sua identidade nacional firmemente enraizada. Em vez de adotar uma identidade híbrida ou verdadeiramente transnacional, o primeiro VW se estabeleceu como um ícone de múltiplas nacionalidades. Ao mesmo tempo em que revela como os processos de assimilação foram capazes de incorporar objetos estrangeiros a novos contextos culturais, o Fusca também chama atenção para a resistência das questões identitárias nacionais em uma era de globalização que começou logo depois da Segunda Guerra Mundial.

Não é possível prever se o primeiro Volkswagen conseguirá manter seu status icônico. Como indica a decisão de abandonar sua fabricação em 2003, depois de uma produção ininterrupta por sessenta anos, o carro se tornou obsoleto. Na virada do milênio, o Fusca estava prestes a se tornar um artefato histórico, uma peça de museu cercada de referências irônicas, passadistas e nostálgicas. No mundo inteiro, inclusive nos países em que a motorização em massa ainda não aconteceu, as demandas dos consumidores mudaram. Ainda assim, o apelo do carro persiste. "Algum dia vamos deixar o Fusca morrer?", perguntava um anúncio da VW nos anos 1960. Cinco décadas e vários relançamentos do New Beetle depois, sabemos que a resposta de Wolfsburg ainda é não.

Notas

Prólogo

1. *Unter dem Sonnenrad: Ein Buch von Kraft durch Freude* (Berlim: Verlag der Deutschen Arbeitsfront, 1938), p. 182.

2. Tom McCarthy, *Auto Mania: Cars, Consumers, and the Environment* (New Haven: Yale University Press, 2007), p. 30-76; Douglas Brinkley, *Wheels for the World: Henry Ford, His Company, and a Century of Progress, 1903-2003* (Nova York: Penguin, 2003), p. 90-179, 199-206.

3. Mary Nolan, *Visions of Modernity: American Business and the Modernization of Germany* (Nova York: Oxford University Press, 1994); Stefan Link, "Rethinking the Ford-Nazi Connection", *Bulletin of the German Historical Institute, Washington DC* 49 (outono de 2011), p. 135-150.

4. David Edgerton, *The Shock of the Old: Technology and Global History since 1900* (Londres: Profile, 2006).

5. Roland Barthes, *Mythologies* (Nova York: Vintage, 1994), p. 88.

6. *The Marx-Engels Reader: Second Edition*, ed. Robert C. Tucker (Nova York: Norton, 1978), p. 319-329, esp. 319-321. Sobre Marx, ver Hartmut Böhme, *Fetischismus und Kultur: Eine andere Theorie der Moderne* (Reinbeck: Rowohlt, 2006), p. 283-372, esp. 326; Arjun Appadurai, "Introduction: Commodities and the Politics of Value", in *The Social Life of Things: Commodities in Cultural Perspective*, ed. Arjun Appadurai (Cambridge: Cambridge University Press, 1986), p. 1-63, cit. p. 7.

7. Leora Auslander, "Beyond Words", *American Historical Review* 110 (2005), p. 1015-1045, cit. p. 1016; Sherry Turkle, "What Makes an Object Evocative?", in *Evocative Objects: Things We Think With* (Cambridge: MIT Press, 2007), p. 307-326; Igor Kopitoff, "The Cultural Biography of Things: Commoditization as Process", in Appadurai, *Social Life of Things*, p. 64-93; Donald A. Norman, *The Design of Everyday Things* (Cambridge, MA: MIT Press, 1998); Harvey Molotch, *Where Stuff Comes From: How Toasters, Toilets, and Many Other Things Come to Be as They Are* (Nova York: Routledge, 2005); Roger-Pol Droit, *How Are Things? A Philosophical*

Experience (Londres: Faber, 2005); Daniel Miller, *The Comfort of Things* (Londres: Polity, 2008); Randy O. Frost e Gail Stekete, *Stuff: Compulsive Hoarding and the Meaning of Things* (Nova York: Mariner Books, 2011).

8. C. A. Baily, *The Birth of the Modern World, 1780-1914* (Oxford: Blackwell, 2004); Jürgen Osterhammel e Niels P. Petersson, *Globalization: A Short History* (Princeton: Princeton University Press, 2005); Victoria de Grazia, *Irresistible Empire: America's Advance through Twentieth-Century Europe* (Cambridge, MA: Harvard University Press, 2005); Thomas Bender, *Nation among Nations: America's Place in World History* (Nova York: Hill & Wang, 2006); Andrei S. Markovits, *Uncouth Nation: Why Europe Dislikes America* (Princeton: Princeton University Press, 2007); Denis Lacorne e Tony Judt (eds.), *With Us or against Us: Studies in Global Anti-Americanism* (Nova York: Palgrave Macmillan, 2005).

9. Gunilla Budde, Sebastian Conrad e Oliver Janz (eds.), *Transnationale Geschichte: Themen, Tendenzen und Theorien* (Göttingen: Vandenhoeck & Ruprecht, 2006); Heinz-Gerhard Haupt e Jürgen Kocka (eds.), *Comparative and Transnational History: Central European Approaches and New Perspectives* (Nova York: Berghahn Books, 2009); C. A. Bayly et al., "AHR Conversation: On Transnational History", *American Historical Review* 111 (2006), p. 1441-1464; Elizabeth Buettner, "'Going for an Indian': South Asian Restaurants and the Limits of Multiculturalism in Britain", *Journal of Modern History* 80 (2008), p. 865-901; Priscilla Parkhurst Ferguson, *Accounting for Taste: The Triumph of French Cuisine* (Chicago: Chicago University Press, 2004); James L. MacDonald (ed.), *Golden Arches East: McDonald's in East Asia* (Stanford: Stanford University Press, 1997).

1. Antes do "carro do povo"

1. "Der Verein," *Mein Kleinauto,* out. 1927, p. 1-2.

2. Jean-Pierre Bardou et al., *The Automobile Revolution: The Impact on Industry* (Chapel Hill: University of North Carolina Press, 1982), p. 112; Christoph Maria Merki, *Der holprige Siegeszug des Automobils 1895-1930: Zur Motorisierung des Straßenverkehrs in Frankreich, Deutschland und der Schweiz* (Viena: Böhlau, 2002), p. 115.

3. Wolfgang König e Wolfhard Weber, *Netzwerke, Stahl und Strom* (Berlim: Propyläen, 1997), p. 449-453.

4. "Nachruf Carl Benz," *Das Auto,* 15 abr. 1929, p. 292.

5. Bardou et al., *The Automobile Revolution,* p. 112.

6. Susan Carter et al., *Historical Statistics of the United States: Earliest Times to the Present,* v. 4: *Economic Sectors* (Cambridge: Cambridge

University Press, 2006), p. 288, 635; B. R. Mitchell, *European Historical Statistics, 1750-1975* (Londres: Macmillan, 1975), p. 384-389, 420-422.

7. Robert E. Gallman, "Economic Growth and Structural Change", in *The Cambridge Economic History of the United States*, v. 2: *The Long Nineteenth Century*, ed. Stanley L. Engerman e Robert E. Gallman (Cambridge: Cambridge University Press, 2000), p. 1-55; Naomi R. Lamoreaux, "Entrepreneurship, Business Organization, and Economic Concentration", in Engerman e Gallman, *Cambridge Economic History of the United States*, v. 2, p. 403-434; Gary Cross, *An All-Consuming Century: Why Commercialism Won in Modern America* (Nova York: Columbia University Press, 1999), p. 24-38.

8. Anton Erkelenz, *Amerika von heute: Briefe von einer Reise* (Berlim: Weltgeist-Bücher, 1925), p. 29.

9. Henry Ford e Samuel Crowther, *My Life and Work* (Garden City: Doubleday, 1922), 67. Sobre os autores do livro, ver Stefan Link, "Rethinking the Ford-Nazi Connection", *Bulletin of the German Historical Institute, Washington, DC* 49 (outono 2011), p. 135-150, esp. 139.

10. Tom McCarthy, *Auto Mania: Cars, Consumers, and the Environment* (New Haven: Yale University Press, 2007), p. 32; James J. Flink, *The Automobile Age* (Cambridge, MA: MIT Press, 2001), p. 37; Douglas Brinkley, *Wheels for the World: Henry Ford, His Company, and a Century of Progress, 1903-2003* (Nova York: Penguin, 2003), p. 101-104, 120.

11. Ford, *My Life and Work*, p. 13-14; Brinkley, *Wheels for the World*, p. 120.

12. Ford, *My Life and Work*, p. 145; Brinkley, *Wheels for the World*, p. 111, 116, 129, 236; McCarthy, *Auto Mania*, p. 36.

13. Ford, *My Life and Work*, p. 145; Brinkley, *Wheels for the World*, p. 77-80.

14. Reynold M. Wik, *Henry Ford and Grass-Roots America* (Ann Arbor: University of Michigan Press, 1972), p. 33; Ronald R. Kline, *Consumers in the Country: Technology and Social Change in Rural America* (Baltimore: Johns Hopkins University Press, 2000), p. 72-79.

15. Cit. em Brinkley, *Wheels for the World*, p. 118. Sobre as mulheres, ver Cotton Seiler, *Republic of Drivers: A Cultural History of Automobility in America* (Chicago: Chicago University Press, 2008), p. 50-60; Virginia Scharff, *Taking the Wheel: Women and the Coming of the Motor Age* (Nova York: Free Press, 1991), p. 15-34, 67-88. As porcentagens foram tiradas de McCarthy, *Auto Mania*, p. 37; Kline, *Consumers in the Country*, p. 63-65.

16. Kathleen Franz, *Tinkering: Consumers Reinvent the Early Automobile* (Filadélfia: University of Pennsylvania Press, 2005), p. 26-31; Orvar

Löfgren, *On Holiday: A History of Vacationing* (Berkeley: University of California Press, 1999), p. 58-71; McCarthy, *Auto Mania*, p. 35-36.

17. Cit. em Franz, *Tinkering*, p. 20. O gracejo de Ford está em *My Life and Work*, p. 72. Sobre os apelidos, ver Brinkley, *Wheels for the World*, p. 122. Sobre a animosidade, ver Brian Ladd, *Autophobia: Love and Hate in the Automotive Age* (Chicago: Chicago University Press, 2008), p. 13-41; Kline, *Consumers in the Country*, p. 63-65.

18. Stephen Meyer III, *The Five Dollar Day: Labor Management and Social Control at Ford Motor Company, 1908-1921* (Albany: SUNY Press, 1981), p. 2; Adam Smith, *An Inquiry into the Nature and Causes of the Wealth of Nations*, t. 1-3 (Harmondsworth: Penguin, 1986), p. 109-121. Sobre Smith, ver Emma Rothschild, *Economic Sentiments: Adam Smith, Condorcet, and the Enlightenment* (Cambridge, MA: Harvard University Press, 2001).

19. David A. Hounshell, *From the American System to Mass Production, 1800-1932: The Development of Manufacturing Technology in the United States* (Baltimore: Johns Hopkins University Press, 1982), esp. p. 67-124, 189-216; Carroll Pursell, *The Machine in America: A Social History of Technology* (Baltimore: Johns Hopkins University Press, 1995), p. 90-93; König e Weber, *Netzwerke, Stahl und Strom*, p. 427-441; Jonathan Zeitlin e Jonathan Sabel (eds.), *Worlds of Possibilities: Flexibility and Mass Production in Western Industrialization* (Cambridge: Cambridge University Press, 1997).

20. Horace Lucien Arnold e Fay Leone Faurote, *Ford Methods and the Ford Shops* (Nova York: Engineering Magazine, 1919), p. 5.

21. Wilson J. Warren, *Tied to the Great Packing Machine: The Midwest and Meatpacking* (Iowa City: University of Iowa Press, 2007); Rick Halpern, *Down on the Killing Floor: Black and White Workers in Chicago's Packing Houses, 1904-1954* (Champaign: University of Illinois Press, 1997), p. 7-42.

22. Brinkley, *Wheels for the World*, p. 155; Frederico Buccci, *Albert Kahn: Architect of Ford* (Nova York: Princeton Architectural Press, 2002), p. 37-47.

23. Ford, *My Life and Work*, p. 79; Meyer, *Five Dollar Day*, p. 77.

24. Brinkley, *Wheels for the World*, p. 281-282.

25. Ibid., p. 170-171.

26. Meyer, *Five Dollar Day*, p. 123-148.

27. Flink, *Automobile Age*, p. 114; David L. Lewis, *The Public Image of Henry Ford: An American Folk Hero and His Company* (Detroit: Wayne State University Press, 1976), esp. p. 69-113. Sobre os truísmos populares, ver Ford, *My Life and Work*, p. 77. Sobre o malsucedido seringal, ver Greg Grandin, *Fordlandia: The Rise and Fall of Henry Ford's Forgotten Jungle City* (Londres: Icon, 2010).

28. Brinkley, *Wheels for the World*, p. 259-264, 288-290; Flink, *Automobile Age*, p. 231-235; McCarthy, *Auto Mania*, p. 81-84, 87-89. Sobre a GM, ver David Farber, *Sloan Rules: Alfred P. Sloan and the Triumph of General Motors* (Chicago: Chicago University Press, 2002); Sally H. Clarke, *Trust and Power: Consumers, the Modern Corporation, and the Making of the United States Automobile Market* (Cambridge: Cambridge University Press, 2007), p. 109-138, 175-204.

29. Egbert Klautke, *Unbegrenzte Möglichkeiten: "Amerikanisierung" in Deutschland und Frankreich, 1900-1930* (Stuttgart: Steiner, 2003), p. 191.

30. Eric D. Weitz, *Weimar Germany: Promise and Tragedy* (Princeton: Princeton University Press, 2007); Bernd Widdig, *Culture and Inflation in Weimar Germany* (Berkeley: University of California Press, 2001).

31. Detlev J. K. Peukert, *Die Weimarer Republik* (Frankfurt: Suhrkamp, 1987), p. 179. Sobre as questões ligadas ao cinema, ver Thomas J. Saunders, *Hollywood in Berlin: American Cinema in Weimar Germany* (Berkeley: University of California Press, 1994); Katharina von Ankum (ed.), *Women and the Metropolis: Gender and Modernity in Weimar Germany* (Berkeley: University of California Press, 1997).

32. Mary Nolan, *Visions of Modernity: American Business and the Modernization of Germany* (Nova York: Oxford University Press, 1994), p. 30-57; Joachim Radkau, *Technik in Deutschland: Vom 18. Jahrhundert bis heute* (Frankfurt: Suhrkamp, 2008), p. 188-196, 286-300; Klautke, *Unbegrenzte Möglichkeiten*, p. 196-199; Erkelenz, *Amerika von heute*, p. 61; Irene Witte, *Taylor, Gilbreth, Ford: Gegenwartsfragen der amerikanischen und europäischen Arbeitswissenschaften* (Munique: Oldenbourg, 1924), p. 74; Gustav Winter, *Der falsche Messias Henry Ford: Ein Alarmsignal für das gesamte deutsche Volk* (Leipzig: Freie Meinung, 1924), p. 19; Carl Köttgen, *Das wirtschaftliche Amerika* (Berlim: VDI-Verlag, 1925).

33. Franz Westermann, *Amerika, wie ich es sah: Reiseskizzen eines Ingenieurs* (Halberstadt: Meyer, 1925), p. 18-19.

34. Merki, *Der holprige Siegeszug*, p. 115, 342; Benjamin Ziemann, "Weimar Was Weimar: Politics, Culture, and the Emplotment of the German Republic", *German History* 28 (2010), p. 542-571.

35. Heidrun Edelmann, *Vom Luxusgut zum Gebrauchsgegenstand: Die Geschichte der Verbreitung von Personenkraftwagen in Deutschland* (Frankfurt: VDA, 1989), p. 83, 87; Anita Kugler, "Von der Werkstatt zum Fließband: Etappen der frühen Automobilproduktion in Deutschland", *Geschichte und Gesellschaft* 13 (1987), p. 304-339, esp. 329-332.

36. Karl August Kroth, *Das Werk Opel* (Berlim: Schröder, 1928), p. 117, 119. Sobre a Opel, ver Edelmann, *Vom Luxusgut*, p. 88; Rainer Flik, *Von*

Ford lernen? Automobilbau und Motorisierung in Deutschland bis 1933 (Colônia: Böhlau, 2001), p. 222.

37. Paul Thomes, "Searching for Identity: Ford Motor Company in the German Market (1900-2003)", in *Ford, 1903-2003: The European History*, v. 2, ed. Hubert Bonin, Yannick Lung e Steven Tolliday (Paris: PLAGE, 2003), p. 151-193, esp. 157-158; Sabine Saphörster, "Die Ansiedelung der Ford-Motor-Company 1929/30 in Köln", *Rheinische Vierteljahresblätter* 53 (1989), p. 178-210; *Frankfurter Zeitung*, 14 mar. 1929, ed. vespertina, p. 3; *Neue Preußische Kreuz-Zeitung*, 19 mar. 1929, p. 2; *Der Abend*, 19 mar. 1929, p. 1.

38. Merki, *Der holprige Siegeszug*, p. 18-19.

39. Hans-Ulrich Wehler, *Deutsche Gesellschaftsgeschichte*, v. 4 (Munique: Beck, 2003), p. 276-279, 313, 333-334.

40. Merki, *Der holprige Siegeszug*, p. 116, 120-125.

41. Ver Wehler, *Deutsche Gesellschaftsgeschichte*, v. 4, p. 284-285, 294-304; Dietmar Petzina, Werner Abelshauser e Anselm Faust (eds.), *Sozialgeschichtliches Arbeitsbuch*, v. 3 (Minique: Beck, 1978), p. 101-102; David Landes, *The Unbound Prometheus: Technological Change and Industrial Development in Western Europe from 1750 to the Present* (Cambridge: Cambridge University Press, 1969), p. 429, 450-451. O estudo de mercado está em Josef Bader, *Einkommen und Kraftfahrzeughaltung in Deutschland* (Berlim: Verlag der Wirtschaftsgesellschaft des Automobilhändler-Verbandes, 1929), p. 1, 9.

42. Edelmann, *Vom Luxusgut*, p. 95; "Was die Opelwerke über ihre neuen Wagen sagen," *Kleinauto-Sport*, maio 1930, p. 4; Richard Hofmann, *Das Klein-Auto für den Selbstfahrer* (Berlim: Volckmann, 1925), p. 185-188.

43. R. J. Wyatt, *The Austin Seven: The Motor for the Million, 1922-1939* (Newton Abbot: David & Charles, 1982), p. 78-79, 117; "Der neue BMW-Kleinwagen", *Das Auto*, 15 jul. 1929, p. 560.

44. *Das Auto*, 10 jun. 1929, primeira página; "Von unseren Kleinen", *Kleinauto-Sport*, abr. 1930, p. 12; "Der 3/20 PS BMW 1932", *Das Auto*, 30 abr. 1932, p. 64-65.

45. Richard Hofmann e Fritz Wittekind, *Motorrad und Kleinauto* (Braunschweig: Westermann, 1925), p. 188. A cantiga está em Flik, *Von Ford lernen?* p. 155-156; "Hanomag jetzt Viersitzer!", *Kleinauto-Sport*, ago. 1930, p. 2-4, cit. p. 4.

46. "Aus dem Wirtschaftsbuch eines BMW-Kleinautos", *Kleinauto-Sport*, mar. 1930, p. 6-8; Hofmann, *Klein-Auto für den Selbstfahrer*, p. 24-25; Merki, *Der holprige Siegeszug*, p. 110, 375-403; Edelmann, *Vom Luxusgut*, p. 104-105; Flik, *Von Ford lernen?*, p. 62-70, 300. A diatribe furiosa está em "Das gefesselte Auto", *Das Auto*, 30 dez. 1932, p. 183.

47. Hofmann e Wittekind, *Motorrad und Kleinauto*, p. 173-174, 178, 180; "Wintersorgen", *Kleinauto-Sport*, dez. 1929, p. 1-4; "Ausdem Wirtschaftsbuch eines BMW-Kleinautos", p. 8; "Das Hanomag-Kabriolett, ein Wagen für die Dame", *Das Auto*, 30 maio 1929, p. 431.

48. Hofmann e Wittekind, *Motorrad und Kleinauto*, p. 109. Ver também "Hanomag-Kameraden", *Der Hanomagfahrer*, ago. 1929, p. 1-4, esp. 3; Merki, *Der holprige Siegeszug*, p. 111; Edelmann, *Vom Luxusgut*, p. 93-95.

49. Hofmann e Wittekind, *Motorrad und Kleinauto*, p. 109; "Hanomag-Kameraden", p. 1.

50. "Jedem sein Kleinauto", *Mein Kleinauto*, out. 1927, p. 4; Hofmann e Wittekind, *Motorrad und Kleinauto*, p. 109; "Mit 16 PS an den Busen der Natur", *Der Hanomagfahrer*, ago. 1929, p. 4-8, esp. 6.

51. "Unsere Sonntagsfahrten", *Kleinauto-Sport*, set. 1929, p. 13-15; *Kleinauto-Sport*, out. 1929, p. 13-15; Rudy Koshar, "Germans at the Wheel: Cars and Leisure Travel in Interwar Germany", in *Histories of Leisure*, ed. Rudy Koshar (Oxford: Berg, 2002), p. 215-230.

52. Merki, *Der holprige Siegeszug*, p. 178-180, 194-196.

53. "ADAC-Avus-Rennen 1932", *Das Auto*, 31 maio 1932, p. 83-84; *Der Abend*, 23 maio 1932, p. 6; *Berliner Tageblatt*, 23 maio 1932, ed. vespertina, p. 2. Ver também "Der große Preis der Nationen", *Das Auto*, 15 jul. 1929, p. 588-589.

54. Sobre tecnologia e modernidade, ver Bernhard Rieger, *Technology and the Culture of Modernity in Britain and Germany, 1890-1945* (Cambridge: Cambridge University Press, 2005), esp. p. 20-30. Sobre o culto ao automóvel na Alemanha, ver Wolfgang Ruppert, "Das Auto: Herrschaft über Raum und Zeit", in *Fahrrad, Auto, Fernsehschrank: Zur Kulturgeschichte der Alltagsdinge*, ed. Wolfgang Ruppert (Frankfurt: Fischer, 1993), p. 119-161; Wolfgang Sachs, *For Love of the Automobile: Looking Back into the History of Our Desires* (Berkeley: University of California Press, 1992), p. 32-46.

55. *Berliner Tageblatt*, 14 dez. 1924, ed. matutina, p. 17; *Vorwärts*, 14 dez. 1924, p. 6; *Berliner Tageblatt*, 17 fev 1929, ed. matutina, p. 9. Ver também *Tempo*, 18 mar. 1929, p. 9. Para uma intervenção especialmente polêmica, ver L. Betz, *Das Volksauto: Rettung oder Untergang der deutschen Automobilindustrie?* (Stuttgart: Petri, 1931), esp. p. 29, 62-63, 73-74. Sobre culturas automobilísticas, ver Rudy Koshar, "Cars and Nations: Anglo-German Perspectives on Automobility in the Interwar Period", *Theory, Culture and Society* 21:4/5 (2004), p. 121-144, esp. 137-139.

2. Um símbolo da comunidade nacional-socialista?

1. Neil Baldwin, *Henry Ford and the Jews: The Mass Production of Hate* (Nova York: Public Affairs, 2001), p. 284-285; *The New York Times*, 1 ago. 1938, p. 5.

2. *The New York Times*, 4 ago. 1938, p. 13; 7 ago. 1938, p. 13. Para uma contextualização mais ampla, ver Philipp Gassert, *Amerika im Dritten Reich: Ideologie, Propaganda und Volksmeinung, 1933-1945* (Stuttgart: Steiner, 1997); Timothy W. Ryback, *Hitler's Private Library: The Books That Shaped His Life* (Londres: Vintage, 2010), p. 69.

3. *The Jewish Question: A Selection of Articles (1920-1922) Published by Mr. Henry Ford's Paper* (Londres: MCP Publications, 1927), p. 20, 40. Sobre as publicações antissemitas de Ford, ver Douglas Brinkley, *Wheels for the World: Henry Ford, His Company, and a Century of Progress* (Nova York: Penguin, 2003), p. 257-268. O antissemitismo de Henry Ford era diferente da vertente radical propagada pelo nacional-socialismo. Ver Henry Ford e Samuel Crowther, *My Life and Work* (Garden City: Doubleday, 1922), p. 251-253; Helmut Walser Smith, *The Continuities of German History: Nation, Religion, and Race in the Long Nineteenth Century* (Cambridge: Cambridge University Press, 2008); Hermann Graml, *Anti-Semitism in the Third Reich* (Oxford: Oxford University Press, 1992), esp. p. 33-86; Saul Friedländer, *Nazi Germany and the Jews: The Years of Persecution, 1933-1939* (Nova York: Harper-Perennial, 1997), p. 73-112. A lista de livros está reproduzida em Ryback, *Hitler's Private Library*, p. 57.

4. Hans Mommsen, "Cumulative Radicalisation and Progressive Self-Destruction as Structural Determinants of the Nazi Dictatorship", in *Stalinism and Nazism: Dictatorships in Comparison*, ed. Ian Kershaw e Moshe Lewin (Cambridge: Cambridge University Press, 1997), p. 75-87. A citação está em *Kraft des Motors, Kraft des Volkes: Sechs Reden zur Internationalen Automobil-und Motorrad-Ausstellung Berlin 1937* (Berlim: RDA, 1937), p. 17-18.

5. Gerhard L. Weinberg, "Foreign Policy in Peace and War", in *The Short History of Germany: Nazi Germany*, ed. Jane Caplan (Oxford: Oxford University Press, 2008), p. 196-218; Wolfgang Benz, *A Concise History of the Third Reich* (Berkeley: University of California Press, 2006), p. 155-170. Para interpretações contrárias a respeito do entusiasmo popular, ver Richard J. Evans, *The Third Reich in Power* (Londres: Penguin, 2006), p. 708-709; Peter Fritzsche, *Life and Death in the Third Reich* (Cambridge, MA: Harvard University Press, 2009); Michael Wildt, *Volksgemeinschaft*

als Selbstermächtigung: Gewalt gegen Juden in der deutschen Provinz, 1919-1939 (Hamburgo: Hamburger Edition, 2007); Frank Bajohr, *Aryanisation in Hamburg: The Economic Exclusion of Jews and the Confiscation of Their Property in Nazi Germany* (Nova York: Berghahn, 2002).

6. Ian Kershaw, *Hitler: 1889-1936 Hubris* (Londres: Penguin, 2001), p. 435.

7. Otto Dietrich, *Mit Hitler an die Macht: Persönliche Erlebnisse mit meinem Führer* (Munique: Eher, 1934), p. 13. Bons resumos da ideologia nazistas podem ser encontrados em Richard J. Evans, "The Emergence of Nazi Ideology", in Caplan, *Short History of Germany*, p. 26-47; Lutz Raphael, "Die nationalsozialistische Weltschanschauung: Profil, Verbreitungsformen und Nachleben", *Forum Politik* 24 (2006), p. 27-42.

8. "Zum Geleit", in *Volk ans Gewehr! Das Buch vom neuen Deutschland*, ed. Walter Gruber (Wiesbaden: Heinig, 1934), p. 7. Sobre a "comunidade do povo", ver Frank Bajohr e Michael Wildt (eds.), *Volksgemeinschaft: Neuere Forschungen zur Gesellschaft des Nationalsozialismus* (Frankfurt: Fischer, 2009); Norbert Frei, "Volksgemeinschaft: Erfahrungsgeschichte und Lebenswirklichkeit der Hitler-Zeit," in *1945 und wir: Das Dritte Reich im Bewusstsein der Deutschen* (Munique: Beck, 2009), p. 121-142. Sobre expansionismo, ver Mark Mazower, *Hitler's Empire: Nazi Rule in Occupied Europe* (Londres: Penguin, 2008), esp. p. 31-52.

9. Jochen Helbeck, *Revolution on My Mind: Writing a Diary under Stalin* (Cambridge, MA: Harvard University Press, 2006); David L. Hoffmann, *Stalinist Values: The Cultural Norms of Modernity, 1917-1941* (Ithaca: Cornell University Press, 2003), p. 57-87; Peter Fritzsche e Jochen Helbeck, "The New Man in Stalinist Russia and Nazi Germany", in *Beyond Totalitarianism: Stalinism and Nazism Compared*, ed. Michael Geyer e Sheila Fitzpatrick (Cambridge: Cambridge University Press, 2009), p. 302-341.

10. Dietrich, *Mit Hitler an die Macht*, p. 72. Para uma exortação ao produtivismo, ver o discurso do ministro dos Transportes von Eltz-Rübenach de 1934 reproduzido em *Vollgas voraus! Drei Reden, gehalten aus Anlass der Internationalen Automobil-und Motorradausstellung* (Berlim: RDA, 1934), p. 14-20, esp. 15. Sobre o cientificismo, ver Robert D. Proctor, *The Nazi War on Cancer* (Princeton, NJ: Princeton University Press, 1999); Paul Weindling, *Health, Race and German Nation between National Unification and National Socialism* (Cambridge: Cambridge University Press, 1989). Sobre tecnologia, ver Bernhard Rieger, *Technology and the Culture of Modernity in Britain and Germany, 1890-1945* (Cambridge: Cambridge University Press, 2005), esp. p. 243-263.

11. *Kraftfahrt tut not! Zwei Reden zur Eröffnung der Internationalen Automobil-und Motorradausstellung in Berlin am 11. Februar 1933* (Berlim:

RDA, 1933), p. 9-10; Anette Gudjons, *Die Entwicklung des "Volksautomobils" von 1904 bis 1945 unter besonderer Berücksichtigung des "Volkswagens"* (Tese de doutorado, Universidade Técnica de Hanover, 1988), p. 151-154; Adam Tooze, *The Wages of Destruction: The Making and Breaking of the Nazi Economy* (Londres: Penguin, 2007), p. 100.

12. *Kraftfahrt tut not!*, p. 10; "Rosemeyers großer Sieg", *Motor und Sport* (daqui em diante apenas *MuS*), 21 jun. 1936, p. 16; *Völkischer Beobachter*, 7 jul. 1937, p. 1; *NSKK-Mann*, 2 jul. 1938, p. 4; "Großer Preis von Monaco", *MuS*, 26 abr. 1936, p. 38-41; "Der moderne Rennwagen", *MuS*, 26 jul. 1936, p. 12-15. Entre os estudiosos estão Dorothee Hochstetter, *Motorisierung und "Volksgemeinschaft": Das Nationalsozialistische Kraftfahrkorps (NSKK) 1931–1945* (Munique: Oldenbourg, 2005), p. 277-329; Eberhard Reuß, *Hitlers Rennschlachten: Silberpfeile unterm Hakenkreuz* (Berlim: Aufbau Verlag, 2006).

13. *Kraftfahrt tut not!*, p. 10; *Völkischer Beobachter*, 20 maio 1935, p. 1; Erhard Schütz e Eckhard Gruber, *Mythos Reichsautobahn: Bau und Inszenierung der "Straßen des Führers," 1933-1941* (Berlim: Christoph Links, 2000), p. 51; Thomas Zeller, *Driving Germany: The Landscape of the German Autobahn* (Nova York: Berghahn, 2007), p. 47-78, 127-180.

14. Karl Gustav Kaftan, "Die Reichsautobahnen: Marksteine des Dritten Reiches", in Gruber, *Volk ans Gewehr!*, p. 308-314, cit. p. 310; *Völkischer Beobachter*, 20 maio 1935, p. 2. Ver também *Kraftfahrt tut not!*, p. 10; *Parole: Motorisierung – Ein Jahr nationalsozialistischer Kraftverkehrsförderung* (Berlim: RDA, 1934), p. 3; Peter Reichel, *Der schöne Schein des Dritten Reiches: Gewalt und Faszination des deutschen Faschismus* (Hamburgo: Ellert & Richter, 2006), p. 361.

15. Waldemar Wucher (ed.), *Fünf Jahre Arbeit an den Straßen Adolf Hitlers* (Berlim: Volk und Reich, 1938), p. 19; *Völkischer Beobachter*, 15 set. 1933, p. 5. Para elogios similares, ver Institut für Zeitgeschichte, Munich, arquivo "Autobahnen", *Völkischer Beobachter*, 3 fev. 1935; 18 ago. 1936; *Der Oberbayrische Gebirgsbote*, 26 nov. 1934.

16. Sobre essa percepção, ver Fritzsche, *Life and Death in the Third Reich*, p. 58; Günter Morsch, *Arbeit und Brot: Studien zu Lage, Stimmung, Einstellung und Verhalten der deutschen Arbeiterschaft, 1933-1936* (Frankfurt: Lang, 1993).

17. Tooze, *Wages of Destruction*, p. 43-46, 60-63; esp. 62; Schütz e Gruber, *Mythos Reichsautobahn*, p. 10-12; Reichel, *Der schöne Schein*, p. 358.

18. O texto completo do código está em "Aber noch fehlt der Volkswagen", *MuS*, 17 jun. 1934, p. 10-11, 40-42, cit. p. 41. O comentário está em "Einige Bemerkungen", *MuS*, 7 out. 1934, p. 5. Para uma rara reflexão sobre essa medida, ver Hochstettter, *Motorisierung und "Volksgemeinschaft"*,

p. 376-379. Sobre os limites de velocidade anteriormente vigentes, ver Christoph Maria Merki, *Der holprige Siegeszug des Automobils, 1895-1930: Zur Motorisierung des Straßenverkehrs in Frankreich, Deutschland und der Schweiz* (Viena: Böhlau, 2002), p. 355.

19. Joe Moran, *On Roads: A Hidden History* (Londres: Profile, 2010), p. 97. Ver também Sean O'Connell, *The Car in British Society: Class, Gender and Motoring, 1896-1939* (Manchester: Manchester University Press, 1998), p. 123-136.

20. Gustav Langenscheidt, "Nationalsozialismus und Kraftfahrwesen", in Gruber, *Volk ans Gewehr!*, p. 315-329, cit. p. 325-326; *Völkischer Beobachter*, 21 jun. 1937, p. 2; "Der Führer eröffnet die Ausstellung", *MuS*, 26 fev. 1939, p. 21-25, cit. p. 25.

21. Sobre "disciplina" e "cavalheirismo", ver Langenscheidt, "Nationalsozialismus und Kraftfahrwesen" p. 326; *Völkischer Beobachter*, 21 jun. 1937, p. 2; Hochstetter, *Motorisierung und "Volksgemeinschaft"*, p. 383.

22. Langenscheidt, "Nationalsozialismus und Kraftfahrwesen", p. 327; "Wichtiges vom Volkswagen", *MuS*, 3 jul. 1938, p. 6. Joseph Goebbels cunhou o termo em 1938. Ver "Eröffnung der Automobil-und Motorradausstellung", *MuS*, 27 fev. 1938, p. 21-24. Ver também Karl Krug e Hans Kindermann, *Das neue Straßenverkehrsrecht* (Stuttgart e Berlim: Kohlhammer, 1938), p. x; Johannes Floegel, *Straßenverkehrsrecht* (Munique: Beck, 1939), p. 10; *NSKK-Mann*, 6 maio 1939, p. 1.

23. Langenscheidt, "Nationalsozialismus und Kraftfahrwesen", p. 327; Krug e Kindermann, *Das neue Straßenverkehrsrecht*, p. xi; Hochstetter, *Motorisierung und "Volksgemeinschaft"*, p. 377, 387-393.

24. *Kraftfahrt tut not!*, p. 7-8. A passagem do discurso de Hitler foi reproduzida em diversas fontes. Ver Wilfried Bade, *Das Auto erobert die Welt: Biographie des Kraftwagens* (Berlim: Zeitgeschichte Verlag, 1938), p. 311; Langenscheidt, "Nationalsozialismus und Kraftfahrwesen", p. 322. O parecer jurídico está em Krug e Kindermann, *Das neue Straßenverkehrsrecht*, p. x. Sobre o individualismo, ver Moritz Foellmer, "Was Nazism Collectivistic? Redefining the Individual in Berlin, 1930-1945", *Journal of Modern History* 82 (2010), p. 61-99.

25. Victor Klemperer, *Tagebücher 1937-1939*, ed. Walter Nowojski (Berlim: Aufbau, 1999), p. 118. O decreto de Himmler está em *Völkischer Beobachter*, 5 dez. 1938, p. 5. Sobre a violência em novembro de 1938, ver Friedländer, *Nazi Germany and the Jews*, p. 269-279; Richard J. Evans, *The Third Reich in Power* (Nova York: Penguin, 2005), p. 580-610. Sobre sua dimensão automotiva, ver Hochstetter, *Motorisierung und "Volksgemeinschaft"*, p. 202-206, 405-412.

26. "Der Führer eröffnet", p. 25. O código de trânsito revisado está em "Die neue Straßenverkehrsordnung", *MuS,* 28 nov. 1937, p. 22-23; 5 dez. 1937, p. 21-22; 12 dez. 1937, p. 28-29, 34. Ver também Hochstetter, *Motorisierung und "Volksgemeinschaft",* p. 374-379.

27. Heidrun Edelmann, *Vom Luxusgut zum Gebrauchsgegenstand: Die Geschichte der Verbreitung von Personenkraftwagen in Deutschland* (Frankfurt: VDA, 1989), p. 132, 160-165, 171; Bade, *Das Auto erobert,* p. 326; *Vollgas voraus!,* p. 3; Hochstetter, *Motorisierung und "Volksgemeinschaft",* p. 363. Sobre a Opel, ver Henry Ashby Turner Jr., *General Motors and the Nazis: The Struggle for Control of Opel, Europe's Biggest Car Maker* (New Haven: Yale University Press, 2005).

28. *Vollgas voraus!,* p. 7-8, 10-12.

29. Gert Selle, *Design im Alltag: Thonetstuhl zum Mikrochip* (Frankfurt: Campus, 2007), p. 99-109; Tooze, *Wages of Destruction,* p. 147-149; Wolfgang König, *Volkswagen, Volksempfänger, Volksgemeinschaft: "Volksprodukte" im Dritten Reich* (Paderborn: Schöningh, 2004), p. 25-99.

30. Hartmut Berghoff, "Träume und Alpträume: Konsumpolitik im nationalsozialistischen Deutschland", in *Die Konsumgesellschaft in Deutschland, 1890-1990,* ed. Heinz-Gerhard Haupt e Claudius Torp (Frankfurt: Campus, 2009), p. 268-288; Hartmut Berghoff, "Gefälligkeitsdiktatur oder Tyrannei des Mangels? Neue Kontroversen zur Konsumgeschichte des Nationalsozialismus", *Geschichte in Wissenschaft und Unterricht* 58 (2007), p. 502-518.

31. "Wer den Volkswagen bauen soll", *MuS,* 25 mar. 1934, p. 7.

32. Hans Mommsen e Manfred Grieger, *Das Volkswagenwerk und seine Arbeiter im Dritten Reich* (Düsseldorf: Econ, 1997), p. 63-66.

33. Edelmann, *Vom Luxusgut,* p. 179.

34. Fabian Müller, *Ferdinand Porsche* (Berlim: Ullstein, 1999), p. 11-34; Heidrun Edelmann, *Heinz Nordhoff und Volkswagen: Ein deutscher Unternehmer im amerikanischen Jahrhundert* (Göttingen: Vandenhoeck & Ruprecht, 2003), p. 37.

35. Ulrich Kubisch e Hermann-J. Pölking (eds.), *Allerweltswagen: Die Geschichte eines automobilen Wirtschaftswunders, von Porsches Volkswagen--Vorläufer zum Käfer-Ausläufer-Modell* (Berlim: Elefanten-Press, 1986), p. 16-20; Mommsen e Grieger, *Das Volkswagenwerk,* p. 87; Müller, *Ferdinand Porsche,* p. 39-40.

36. Mommsen e Grieger, *Das Volkswagenwerk,* p. 66, 104-105. As recordações de Hitler estão em Henry Picker, *Hitlers Tischgespräche im Führerhauptquartier* (Stuttgart: Seewald, 1977), p. 374. Sobre o engenheiro como "homem de ação", ver Kees Gispen, *Poems in Steel: National Socialism and the Politics of Inventing* (Nova York: Berghahn, 2002).

37. *Schrittmacher der Wirtschaft: Vier Reden gehalten zur Internationalen Automobil-und Motorrad-Ausstellug* (Berlim: RDA, 1936), p. 16; Mommsen e Grieger, *Das Volkswagenwerk*, p. 94-99.

38. Mommsen e Grieger, *Das Volkswagenwerk*, p. 96-97, 167.

39. Ibid., p. 71. Porsche se filiou ao Partido Nazista apenas em 1937.

40. Ibid., p. 74-75. Sobre questões relativas a design, ver Wilhelm Hornbostel e Nils Jockel (eds.), *Käfer – der Ervolkswagen: Nutzen, Alltag, Mythos* (Munique: Prestel, 1999), p. 31; Selle, "Ein Auto für alle", p. 113-114; "Den Volkswagen erfunden", *Der Spiegel*, 23 abr. 1952, p. 10; Steven Tolliday, "Enterprise and State in the West German Wirtschaftswunder: Volkswagen and the Automobile Industry, 1939-1962", *Business History Review* 69 (1995), p. 272-350, 281.

41. Bade, *Das Auto erobert*, p. 356-357. Ver também Deutsches Museum, Munique, arquivo Volkswagen, *Dein KdF-Wagen* (Berlim: KdF, 1938), esp. p. 6-9; *Volkswagenwerk GmbH* (Berlim: KdF, 1939).

42. James J. Flink, *The Automobile Age* (Cambridge, MA: MIT Press, 2001), p. 213; Paul Atterbury, "Travel, Transport and Art Deco", in *Art Deco, 1910-1939*, ed. Charlotte Benton, Tim Benton e Ghislaine Wood (Londres: V&A Publications, 2003), p. 315-323; Selle, "Ein Auto für alle", p. 121.

43. Mommsen e Grieger, *Das Volkswagenwerk*, p. 148-154. Sobre a Citroën e a Fiat, ver Omar Calabrese, "L'utilitaria", in *I luoghi della memoria: Simboli e miti dell'Italia unita*, ed. Mario Isnenghi (Roma: Laterza, 1998), p. 537-557, esp. 543-545; Valerio Castronovo, *Fiat: Una storia del capitalismo italiano* (Milão: Rizzoli, 2005), p. 248-250; Dominique Pagneux, *La 2CV de 1939 à 1990* (Paris: Hermé, 2005), p. 8-12.

44. A DAF tinha 23 milhões de membros em 1939. Ver Gerhard Starcke, *Die Deutsche Arbeitsfront: Eine Darstellung über Zweck, Leistungen und Ziele* (Berlim: Verlag für Sozialpolitik, 1940), p. 144. Sobre a DAF, ver Tilla Siegel, *Industrielle Rationalisierung unter dem Nationalsozialismus* (Frankfurt: Campus, 1991); Matthias Frese, *Betriebspolitik im "Dritten Reich": Deutsche Arbeitsfront, Unternehmer und Staatsbürokratie in der westdeutschen Großindustrie* (Paderborn: Schöningh, 1991). Sobre o planejamento desordenado, ver Mommsen e Grieger, *Das Volkswagenwerk*, p. 117-128, 156-176, 268-276; Marie-Luise Recker, *Die Großstadt als Wohn und Lebensbereich im Nationalsozialismus: Zur Gründung der Stadt des KdF-Wagens* (Frankfurt: Campus, 1981).

45. Shelley Baranowski, *Strength through Joy: Consumerism and Mass Tourism in the Third Reich* (Cambridge: Cambridge University Press, 2004), p. 40-41, 118-161; Heinz Schön, *Hitlers Traumschiffe: Die "Kraft--durch Freude" Flotte, 1934-1939* (Kiel: Arndt, 2000); Jürgen Rostock,

Paradiesruinen: Das KdF-Seebad der Zwanzigtausend auf Rügen (Berlim: Christoph Links, 1995). O discurso da propaganda oficial está em *Unter dem Sonnenrad: Ein Buch von Kraft durch Freude* (Berlim: Deutsche Arbeitsfront, 1938), p. 93; Starcke, *Die Deutsche Arbeitsfront*, p. 8.

46. Institut für Zeitgeschichte und Stadtpräsentation, Wolfsburg, EB 1, Sigrid Barth, "Wie ich den Führer traf", fotocópia de um caderno de exercícios escolar, p. 3; *Völkischer Beobachter*, 27 maio 1938, p. 1. Sobre a cerimônia, ver Mommsen e Grieger, *Das Volkswagenwerk*, p. 182-186.

47. Sobre as campanhas de relações públicas, ver "Mein Auto und ich", *MuS*, 5 fev. 1939, p. 6; *MuS*, 30 abr. 1939, p. 9; Karen Peters (ed.), *NS--Presseanweisungen der Vorkriegszeit*, v. 6: *1938* (Munique: Saur, 1999), p. 872; "Probefahrt im KdF-Wagen", *MuS*, 18 set. 1938, p. 32; *Völkischer Beobachter*, 4 dez. 1938, p. 5; "Wir fuhren den KdF-Wagen", *Arbeitertum*, 1 set. 1938, p. 5-9; *New York Times*, 3 jul. 1938, p. 112. As informações técnicas foram retiradas de *Dein KdF-Wagen*, p. 21. Afirmações semelhantes podem ser encontradas em "Das Wichtigste über die Ausstellung" *MuS*, 19 fev. 1939, p. 51; "Dein KdF-Wagen", *Arbeitertum*, 1 nov. 1938, p. 9-10.

48. "Der KdF-Wagen kommt", *MuS*, 5 jun. 1938, 13. A declaração categórica de Ley está em *Völkischer Beobachter*, 2 ago. 1938, p. 2.

49. Starcke, *Das Auto erobert*, p. 348; "Wir fuhren den KdF-Wagen", p. 9. *Dein KdF-Wagen*, capa. Ver também *Volkswagenwerk GmbH*, p. 3, 10.

50. Cartão-postal, acervo do autor. Sobre os anúncios, ver Kristin Semmens, *Tourism in the Third Reich* (Basingstoke: Palgrave Macmillan, 2005), esp. p. 72-97.

51. Cit. em Monika Uliczka, *Berufsbiographie und Flüchtlingsschicksal: VW-Arbeiter in der Nachkriegszeit* (Hanover: Hahn, 1993), p. 179; *Deutschland-Berichte der Sozialdemokratischen Partei Deutschlands (Sopade), 1934-1940: Sechster Band 1939*, ed. Klaus Behnken (Salzhausen: Nettelbeck, 1980), p. 488; "Der Volkswagen", *MuS*, 19 jun. 1938, p. 39-40. Para números, ver Mommsen e Grieger, *Das Volkswagenwerk*, p. 197; Hochstetter, *Motorisierung und "Volksgemeinschaft"*, p.185.

52. Deutsches Tagebucharchiv, Emmendingen, 1614/I, carta, Helmut Hartmann para seus pais, 14 abr. 1935.

53. Mommsen e Grieger, *Das Volkswagenwerk*, p. 198.

54. Philipp Kratz, "Sparen für das kleine Glück", in *Volkes Stimme: Skepsis und Führervertrauen im Nationalsozialismus*, ed. Götz Aly (Frankfurt: Fischer, 2007), p. 59-79.

55. Tooze, *Wages of Destruction*, p. 141-143, 195-197; König, *Volkswagen*, p. 186-190; Mommsen e Grieger, *Das Volkswagenwerk*, p. 201; Gudjons, *Die Entwicklung des "Volksautomobils"*, p. 60-61; Hochstetter, *Motorisierung und "Volksgemeinschaft"*, p. 185.

56. *Meldungen aus dem Reich: Die geheimen Lageberichte des Sicherheitsdienstes der SS, 1938-1945*, v. 2., ed. Heinz Boberach (Herrsching: Pawlack, 1984), p. 177.

57. Mommsen e Grieger, *Das Volkswagenwerk*, p. 250-311, 1032.

58. Ibid., p. 338-382, 477-496, 601-624, 677-710.

59. Ulrich Herbert, *Hitler's Foreign Workers: Enforced Foreign Labor in the Third Reich* (Cambridge: Cambridge University Press, 1997); Neil Gregor, *Daimler-Benz in the Third Reich* (New Haven: Yale University Press, 1998), p. 150-217; Constanze Werner, *Kriegswirtschaft und Zwangsarbeit im Nationalsozialismus* (Munique: Oldenbourg, 2006); Turner, *General Motors and the Nazis*, p. 145-146. Sobre o sádico cozinheiro, ver Institut für Zeitgeschichte und Stadtpräsentation, Wolfsburg, EB2, Gespräch Dr. Gericke mit Wilhelm Mohr, 21 jan. 1970, p. 20-21; EB1, Gespräch Dr. Siegfried und Hugo Bork, 30 ago. 1979, p. 8-11; Julian Banar, *Abfahrt ins Ungewisse: Drei Polen berichten über ihre Zeit als Zwangsarbeiter im Volkswagenwerk von Herbst 1942 bis Sommer 1945* (Wolfsburg: Volkswagen, 2007), p. 25-60, cit. p. 28. Ver também Henk 't Hoen, *Zwei Jahre Volkswagenwerk: Als niederländischer Student im "Arbeitseinsatz" im Volkswagenwerk von Mai 1943 bis zum Mai 1945* (Wolfsburg: Volkswagen, 2005).

60. National Archives, Londres, WO 235/236, Proceedings of a Military Court for the Trial of War Criminals Held at Helmstedt, Germany, 20 e 21 maio 1946, p. 10. Para uma história de amor que contraria todas as probabilidades, ver *Olga und Piet: Eine Liebe in zwei Diktaturen* (Wolfsburg: Volkswagen, 2006). Sobre os abusos contra os prisioneiros, ver Mommsen e Grieger, *Das Volkswagenwerk*, p. 516-599, 713-799; Karl Ludvigsen, *Battle for the Beetle* (Cambridge, MA: Bentley, 2000), p. 61-75.

61. Mommsen e Grieger, *Das Volkswagenwerk*, p. 320-335, 383-405, 488-495, 1032.

62. Ibid., p. 624-649, 876-902.

63. *Motor-Schau* 5 (1941), p. 729, citado, junto com outras peças de propaganda, em König, *Volkswagen*, p. 172; Joseph Goebbels, "Wofür?", in Joseph Goebbels, *Das eherne Herz: Reden und Aufsätze aus den Jahren 1941/1942* (Munique: Eher, 1943), p. 329-335, cit. p. 334-335. (Artigo originalmente publicado em *Der Angriff*, 31 maio 1942.)

64. Cartão-postal de posse do autor.

3. "Não devemos exigir nada"

1. Hans Mommsen e Wolfgang Grieger, *Das Volkswagenwerk und seine Arbeiter im Dritten Reich* (Düsseldorf: Econ, 1997), p. 880-885, 926-927.

2. Institut für Zeitgeschichte und Stadtpräsentation, Wolfsburg (daqui em diante apenas IZS), EB 1, Erlebnisbericht Hermann Chall, 17 out. 1982, p. 33; Simone Neteler, "Besetzt und doch frei: Wolfsburg unter alliierter Herrschaft", in *Die Wolfsburg-Saga,* ed. Christoph Stölzl (Stuttgart: Theiss, 2009), p. 92. Para um panorama geral, ver Richard Bessel, *Germany 1945: From War to Peace* (Nova York: Simon & Schuster, 2009).

3. Arthur Maier, *Wahlen, Wahlverhalten und Sozialstruktur in Wolfsburg von 1945 bis 1960* (Göttingen: [s.n.], 1979), p. 38; I. D. Turner, *British Occupation Policy and Its Effects on the Town of Wolfsburg and the Volkswagenwerk, 1945-1949* (Tese de doutorado, University of Manchester, 1984), p. 71-78; Neteler, "Besetzt und doch frei", p. 93.

4. Tony Judt, *Postwar: A History of Europe since 1945* (Londres: Pimlico, 2007), p. 104-106; Mommsen e Grieger, *Das Volkswagenwerk,* 1031.

5. Christina von Hodenberg, *Konsens und Krise: Eine Geschichte der westdeutschen Medienöffentlichkeit 1945-1973* (Göttingen: Wallstein, 2006), p. 103-229. O cinejornal *Wochenschau* visitou Wolfsburg em 1946 e 1948. Ver <www.wochenschau.de> (acessado em 21 jul. 2011).

6. Ian Turner, "The British Occupation and Its Impact on Germany", in *Reconstruction in Post-War Germany: British Occupation Policy and the Western Zones, 1945-1955,* ed. Ian Turner (Oxford: Berg, 1989), p. 3-14, esp. 4-5; John W. Cell, "Colonial Rule", in *The Oxford History of the British Empire,* v. 4: *The Twentieth Century,* ed. Judith M. Brown e Wm. Roger Louis (Oxford: Oxford University Press, 1999), p. 232-254.

7. Ian Turner, "British Policy Towards German Industry, 1945-1949", in Turner, *Reconstruction in Post-War Germany,* p. 67-91, esp. 70-71; Turner, "British Occupation and Its Impact", p. 5-6; Werner Plumpe, "Wirtschaftsverwaltung und Kapitalinteresse im britischen Besatzungsgebiet 1945/6", in *Wirtschaftspolitik im britischen Besatzungsgebiet,* ed. Dietmar Petzina e Walter Euchner (Düsseldorf: Schwann, 1984), p. 121-152, esp. 128-130.

8. Markus Lupa, *Das Werk der Briten: Volkswagenwerk und Besatzungsmacht* (Wolfsburg: Volkswagen, 2005), p. 6-8; Ralf Richter, *Ivan Hirst: Britischer Offizier und Manager des Volkswagenaufbaus* (Wolfsburg: Volkswagen, 2003), p. 35-39; IZS, EB 16, *Fragen an Ivan Hirst, Januar/ Februar 1996,* p. 6.

9. Christoph Kleßmann, *Die doppelte Staatsgründung: Deutsche Geschichte 1945-1955* (Bonn: Bundeszentrale für politische Bildung, 1986), p. 67; National Archives, Londres (daqui em diante apenas NA), FO 1039/797, Zonal Executive Offices Economic Sub-Commission, Minden, Minutas de Reunião, 15 jul. 1946, p. 2.

10. Richter, *Ivan Hirst*, p. 38-41; Mommsen e Grieger, *Das Volkswagenwerk*, p. 952-953; IZS, *Fragen an Ivan Hirst*, p. 6.

11. IZS, *Fragen an Ivan Hirst*, p. 1; Richter, *Ivan Hirst*, p. 38; Ronald Hyam, "Bureaucracy and 'Trusteeship' in the Colonial Empire", in Brown e Louis, *Oxford History of the British Empire*, v. 4, p. 255-279; Kenneth Robinson, *The Dilemmas of Trusteeship: Aspects of British Colonial Policy between the Wars* (Londres: Oxford University Press, 1965).

12. Richter, *Ivan Hirst*, p. 51; Lupa, *Das Werk der Briten*, p. 10, 25; Mommsen e Grieger, *Das Volkswagenwerk*, p. 1031.

13. *Times* (Londres), 27 jun. 1946, p. 3; Lutz Niethammer, *Die Mitläuferfabrik: Die Entnazifizierung am Beispiel Bayerns* (Berlim: Dietz, 1982); Ian Turner, "Denazification in the British Zone", in Turner, *Reconstruction in Post-War Germany*, p. 239-270.

14. Turner, *British Occupation Policy and Its Effects on the Town of Wolfsburg*, p. 257, 267-278; Lupa, *Das Werk der Briten*, p. 16-18; NA, FO 1039/797, Minutes of the Fifth Meeting of the Board of Control of the Volkswagenwerk, 13 jun. 1946.

15. Turner, *British Occupation Policy and Its Effects on the Town of Wolfsburg*, p. 278-298; Peter Reichel, *Vergangenheitsbewältigung in Deutschland: Die Auseinandersetzung mit der NS Diktatur von 1945 bis heute* (Munique: Beck, 2001), p. 37; Konrad Jarausch, *Die Umkehr: Deutsche Wandlungen 1945-1995* (Munique: Deutsche Verlags-Anstalt, 2004), p. 68-75; Edgar Wolfrum, *Die geglückte Demokratie: Geschichte der Bundesrepublik von ihren Anfängen bis zur Gegenwart* (Stuttgart: Klett-Cotta, 2006), p. 26-27; Axel Schildt e Detlef Siegfried, *Deutsche Kulturgeschichte: Die Bundesrepublik von 1945 bis zur Gegenwart* (Munique: Hanser, 2009), p. 46-48.

16. Lupa, *Das Werk der Briten*, 40; IZS, EB 1, Gespräch Dr. Gericke mit Horst Bischof, 10 out. 1966, p. 5, 10, 13; NA, FO 1032/1379, Minutes of the Seventh Board of Control Meeting of the Volkswagenwerk, 12 ago. 1946; Minutes of the Eighth Board of Control Meeting of the Volkswagenwerk, 12 set. 1946.

17. Cit. em Monika Uliczka, *Berufsbiographie und Flüchtlingsschicksal: VW-Arbeiter in der Nachkriegszeit* (Hanover: Hahn, 1993), p. 220.

18. Maier, *Wahlen, Wahlverhalten und Sozialstruktur*, p. 44-45; Jessica Reinisch e Elizabeth White (eds.), *The Disentanglement of Populations: Migration, Expulsion and Displacement in Postwar Europe, 1945-1949* (Basingstoke: Palgrave Macmillan, 2011); Andreas Kossert, *Kalte Heimat: Die Geschichte der Vertriebene nach 1945* (Berlim: Pantheon, 2009), esp. p. 43-87; Pertti Ahonen, *After the Expulsion: West Germany and Eastern Europe, 1945-1990* (Oxford: Oxford University Press, 2003); Ralf Richter,

"Die Währungs und Wirtschaftsreform 1948 im Spiegel unternehmerischer Personalpolitik – Volkswagen, 1945-1950", *Zeitschrift für Unternehmensgeschichte* 48 (2003), p. 215-238, esp. 222.

19. Richter, "Die Währungs- und Wirtschaftsrefrom", p. 227-228; Turner, *British Occupation Policy and Its Effects on the Town of Wolfsburg*, p. 118, 127; Kleßmann, *Die doppelte Staatsgründung*, p. 48; A. J. Nicholls, *Freedom with Responsibility: The Social Market Economy in Germany, 1918-1963* (Oxford: Oxford University Press, 2000), p. 127.

20. Cit. em Uliczka, *Berufsbiographie und Flüchtlingsschicksal*, p. 235; Ian Connor, "The Refugees and the Currency Reform", in Turner, *Reconstruction in Postwar Germany*, p. 301-324, esp. 302; Turner, *British Occupation Policy and Its Effects on the Town of Wolfsburg*, p. 144; Richter, *Ivan Hirst*, p. 68; NA, SUPP 14/397, Relatório, The Volkswagenwerk Complex in Control Under Law 52, jun. 1947, p. 4-5, 8-9; FO 1046/193, Relatório, Head of DAF Section, 26 ago. 1947.

21. NA, SUPP 14/397, The Volkswagenwerk Complex in Control Under Law 52, p. 10. Unternehmensarchiv Volkswagen AG, Wolfsburg (daqui em diante apenas UVW), 69/150/2, memorando para o major Hirst, 31 jul. 1947; UVW, 69/150/81, memorando, Dr. Münch para Major Hirst, 16 nov. 1946; Lupa, *Das Werk der Briten*, p. 21; IZS, *Fragen an Ivan Hirst*, p. 10-11; UVW, 69/150/159, 160, nota, Dr. Kemmler (Kaufmännische Leitung) an die britische Werksleitung, 9 ago. 1946.

22. Lupa, *Das Werk der Briten*, p. 30; Günter J. Trittel, *Hunger und Politik: Die Ernährungskrise in der Bizone, 1945-1949* (Frankfurt: Campus, 1990), esp. p. 81-126.

23. UVW, 69/150/32, memorando (tradução), Januar Produktion, 27 dez. 1946; UVW, 69/196/1/2, Bericht über die Tätigkeit der Technischen Leitung im Volkswagenwerk bis einschließlich Oktober 1947, [s.d.], p. 7, 21, 23-24; UVW, 69/149/21, Lagebericht für den Monat Juni 1947; UVW, 69/149/33, Lagebericht für den Monat Mai 1947; Richter, "Die Währungs- und Wirtschaftsreform", p. 220; Lupa, *Das Werk der Briten*, p. 64-65.

24. British Intelligence Objectives Sub-Committee, *Investigation of the Developments in the German Automobile Industry during the War Period: BIOS Final Report No. 300* (Londres: HMSO, 1945), 72; British Intelligence Objectives Sub-Committee, *The German Automobile Industry: BIOS Final Report 768* (Londres: HMSO, 1946), 12; Karl Ludvigsen (ed.), *People's Car: A Facsimile Reprint of B.I.O.S. Final Report No. 998 Investigation into the Design and Performance of the Volkswagen or German People's Car: First Published in 1947* (Londres: Stationery Office, 1996), p. 79-80.

25. Ludvigsen, *People's Car*, p. 68-69, 115, 117, 118; *BIOS Final Report 300*, p. 97; *BIOS Final Report 768*, p. 31.

26. Ludvigsen, *People's Car*, p. 118, 69, 85; *BIOS Final Report 768*, p. 31. Ver Ministry of Supply, *National Advisory Council for the Motor Manufacturing Industry: Report on Proceedings* (Londres: HMSO, 1948), 15. Alguns historiadores criticaram a indústria britânica por deixar passar uma oportunidade supostamente imperdível. Ver Martin Adeney, *The Motor Makers: The Turbulent History of Britain's Car Makers* (Londres: Fontana, 1989), p. 209; James Laux, *The European Automobile Industry* (Nova York: Twayne, 1992), p. 170.

27. Judt, *Postwar*, p. 90-99; Geir Lundestad, *The United States and Western Europe since 1945* (Oxford: Oxford University Press, 2003), p. 55-58; Alan Milward, *The Reconstruction of Western Europe, 1945-1951* (Berkeley: University of California Press, 1984).

28. Steven Tolliday, "Enterprise and State in the West German Wirtschaftswunder: Volkswagen and the Automobile Industry, 1939-1962", *Business History Review* 69 (1995), p. 272-350, cit. p. 296; Henry Walter Nelson, *Small Wonder: The Amazing Story of the Volkswagen Beetle* (Boston: Little, Brown, 1970), p. 104-112.

29. Heidrun Edelmann, *Heinz Nordhoff und Volkswagen: Ein deutscher Unternehmer im amerikanischen Jahrhundert* (Göttingen: Vandenhoeck & Ruprecht, 2003), p. 9-63.

30. Paul Erker, "Industrie-Eliten im 20. Jahrhundert", in *Deutsche Unternehmer zwischen Kriegswirtschaft und Wiederaufbau: Studien zur Erfahrungsbildung von Industrie-Eliten*, ed. Paul Erker e Toni Pierenkämper (Munique: Oldenbourg, 1999), p. 3-18, esp. 5-6, 8-9; Edelmann, *Heinz Nordhoff und Volkswagen*, p. 68.

31. Heidrun Edelmann, "Heinrich Nordhoff: Ein deutscher Manager in der Automobilindustrie", in Erker and Pierenkämper, *Deutsche Unternehmer zwischen Kriegswirtschaft und Wiederaufbau*, p. 19-52, esp. 35-37, 39-44; Christoph Buchheim, "Unternehmen in Deutschland und NS-Regime 1933-1945: Versuch einer Synthese", *Historische Zeitschrift* 282 (2006), p. 351-390. Para dois criminosos muito mais convictos, ver Peter Hayes, *Industry and Ideology: IG Farben in the Nazi Era* (Cambridge: Cambridge University Press, 1987), p. 319-376; Norbert Frei et al., *Flick: Der Konzern. Die Familie. Die Macht* (Munique: Blessing, 2009), p. 327-368.

32. Nina Grunenberg, *Die Wundertäter: Netzwerke in der deutschen Wirtschaft, 1942-1966* (Munich: Pantheon, 2007); Tim Schanetzky, "Unternehmer: Profiteure des Unrechts", in *Karrieren im Zwielicht: Hitlers*

Eliten nach 1945, ed. Norbert Frei (Frankfurt: Campus, 2001), p. 73-130; Erker, "Industrie-Eliten im 20. Jahrhundert", p. 12-13.

33. "Unproduktive Botschaft", *Der Spiegel*, 19 jun. 1948, p. 16-17.

34. Edelmann, *Heinz Nordhoff und Volkswagen*, p. 76, 89, 95-97; UVW, CH 4920/10, *Volkswagen Informationsdienst*, n. 3, 16 dez. 1948, p. 2; *Volkswagen Informationsdienst*, n. 1, 1 ago. 1948, p. 1; n. 2, 5 out. 1948, p. 3-5; Karsten Line, "[...] bisher nur Sonnentage [...] Der Aufbau der Volkswagen-Händlerorganisation 1948 bis 1967", *Zeitschrift für Unternehmensgeschichte* 53 (2008), p. 5-32, esp. 9-12; Turner, *British Occupation Policy and Its Effects on the Town of Wolfsburg*, p. 604; Lupa, *Das Werk der Briten*, p. 64-71.

35. Wendy Carlin, "Economic Reconstruction in Western Germany, 1945-1955: The Displacement of 'Vegetative Control'", in Turner, *Reconstruction in Post-War Germany*, p. 67-92.

36. Nicholls, *Freedom with Responsibility*, p. 178-233.

37. Harold James, "Die D-Mark", in *Deutsche Erinnerungsorte: Eine Auswahl*, ed. Etienne François e Hagen Schulze (Munique: Beck, 2005), p. 367-384; Christoph Buchheim, "Die Währungsreform 1948 in Westdeutschland", *Vierteljahrshefte für Zeitgeschichte* 36 (1988), p. 189-231, esp. 217-220.

38. Nicholls, *Freedom with Responsibility*, p. 217; Buchheim, "Die Währungsreform", p. 220-223.

39. Ver Richter, "Die Währungs- und Wirtschaftsreform 1948", p. 233-235; Mommsen e Grieger, *Das Volkswagenwerk*, p. 1031; UVW, CH 4920/10, *Volkswagen Informationsdienst*, n. 3, 16 dez. 1948, p. 13-15; Richter, "Die Währungs- und Wirtschaftsreform 1948", p. 234; "Unproduktive Botschaft", p. 17; *Die Welt*, 1 maio 1949, p. 14; Institut für Zeitgeschichte, Munique, arquivo Automobilindustrie, *Neue Zeitung*, 27 jan. 1949.

40. UVW, Presse 1948/1949, manuscrito sem título, 5 out. 1948, p. 2; Bernd Wiersch, *Volkswagen Typenkunde* (Bielefeld: Delius Klasing, 2010), p. 20-22.

41. Wiersch, *Volkswagen Typenkunde*, p. 28-29; Heinrich Nordhoff, "Presse-Empfang am 28. Juni 1949", in *Reden und Aufsätze: Zeugnisse einer Ära* (Düsseldorf: Econ, 1992), p. 73-87, cit. p. 76.

42. Edelmann, *Heinz Nordhoff und Volkswagen*, p. 102. UVW, Presse 1948/1949, *Tagesspiegel*, 3 abr. 1949.

43. *Die Welt*, 30 nov. 1948, p. 1; "Immer schwächer als die Männer", *Der Spiegel*, 4 dez. 1948, p. 8; Maier, *Wahlen, Wahlverhalten und Sozialstruktur*, p. 101-105; Turner, *British Occupation Policy and Its Effects on the Town of Wolfsburg*, p. 715; Günther Koch, *Arbeitnehmer steuern mit:*

Belegschaftsvertretung bei VW ab 1945 (Colônia: Bund, 1987), p. 61-62; Uliczka, *Berufsbiographie und Flüchtlingsschicksal*, p. 286.

44. NA, FO 1005/1869, Special Report No. 185, 25 jun. 1948; Public Opinion Research Office, Special Report No. 222, 21 jul. 1948; Reichel, *Vergangenheitsbewältigung in Deutschland*, p. 35-36.

45. O veredito está em NA, WO 235/779, War Crimes Group to Legal Division, memorando, 13 ago. 1948; NA, WO 235/518, Minutas de Julgamento, 13 ago. 1948, Ferdinand Porsche, Erklärung an Eidesstatt, 1 dez. 1947; Georg Tyrolt, Eidesstattliche Erklärung, 5 jan. 1948.

46. NA, WO 311/523, Depoimento de Ernst Lütge, 20 maio 1947; NA, WO 309/202, Judge Advocate General's Office, memorando, 14 jul. 1947.

47. Neteler, "Besetzt und doch frei", p. 95; UVW, arquivo Presse 1948/1949, *Tagesspiegel*, 3 abr. 1949; *Niedersächsische Landeszeitung*, 28 jan. 1948; *Tagesspiegel*, 3 abr. 1949.

48. Klaus J. Bade e Jochen Oltmer, "Einführung: Einwanderungsland Niedersachsen – Zuwanderung und Integration seit dem Zweiten Weltkrieg", in *Zuwanderung und Integration in Niedersachsen seit dem Zweiten Weltkrieg*, ed. Klaus J. Bade e Jochen Oltmer (Osnabrück: Rasch, 2002), p. 11-36, cit. p. 14-15; Buchheim, "Die Währungsreform", p. 229; Paul Erker, *Ernährungskrise und Nachkriegsgesellschaft: Bauern und Arbeiterschaft in Bayern* (Stuttgart: Klett-Cotta, 1990), p. 284; Connor, "The Refugees and the Currency Reform", p. 305-306, 318-323.

49. Nordhoff, "Ansprache an die Belegschaft am 6. Dezember 1948 über den Werkfunk", in *Reden und Aufsätze*, p. 63-66, cit. p. 64; Edelmann, *Heinz Nordhoff und Volkswagen*, p. 79.

50. Robert G. Moeller, *War Stories: The Search for a Usable Past in the Federal Republic of Germany* (Berkeley: University of California Press, 2001); Mary Nolan, "Air Wars, Memory Wars", *Central European History* 38 (2005), p. 7-40, esp. 17-19; Neil Gregor, *Haunted City: Nuremberg and the Nazi Past* (New Haven: Yale University Press, 2008), p. 135-186.

51. "Ansprache an die Belegschaft am 6. Dezember 1948", p. 64; Heinrich Nordhoff, "Werkfunk-Ansprache an die Belegschaft am 25. Juni 1948", in *Reden und Ausätze*, p. 54-55, cit. p. 55; Heinrich Nordhoff, "Werkfunk-Ansprache an die Belegschaft anlässlich der Fertigstellung des 30 000. Volkswagens am 9. September 1948", in ibid., p. 57-58, cit. p. 58; Institut für Zeitgeschichte, Munique, arquivo Ferdinand Porsche, *Der Angriff*, 5 maio 1942. Para estudos sobre a retórica da realização, ver S. Jonathan Wiesen, *Creating the Nazi Marketplace: Commerce and Consumption in the Third Reich* (Cambridge: Cambridge University Press, 2011), p. 28-33; Moritz Foellmer, "Was Nazism Collectivistic? Redefi-

ning the Individual in Berlin, 1930-1945", *Journal of Modern History* 82 (2010), p. 61-100, esp. 88-90.

52. *Neue Zeitung,* 27 jan. 1949; Günter Neliba, *Die Opelwerke im Konzern von General Motors (1929-1948) in Rüsselsheim und Brandenburg* (Frankfurt: Brandes & Apsel, 2000), p. 152-164; Paul Thomes, "Searching for Identity: Ford Motor Company in the German Market, 1903-2003", in *Ford, 1903-2003: The European History,* v. 2, ed. Hubert Bonin, Yannick Lung e Steven Tolliday (Paris: PLAGE, 2003), p. 151-193, esp. 160-161; *Die Daimler-Benz AG 1916-1948: Schlüsseldokumente zur Konzerngeschichte,* ed. Karl-Heinz Roth e Michael Schmid (Nordingen: Greno, 1987), p. 403-405.

4. Um ícone dos primórdios da República Federal da Alemanha

1. "In König Nordhoffs Reich", *Der Spiegel,* 20 ago. 1955, p. 16-26, cit. p. 16-17. Ver também <www.youtube.com/watch?v=tNDeowQAJk> (acessado em 27 maio 2011).

2. "Erlkönige in Detroit", *Der Spiegel,* 18 fev. 1959, p. 47-49, cit. p. 47; Heidrun Edelmann, *Heinz Nordhoff und Volkswagen: Ein deutscher Unternehmer im amerikanischen Jahrhundert* (Göttingen: Vandenhoeck & Ruprecht, 2003), p. 179-180; *Süddeutsche Zeitung,* 11/12 jul. 1953; Günter Riederer, "Das Werk im Kornfeld: Der Industriefilm *Aus eigener Kraft* (1954), Volkswagen und die Stadt Wolfsburg", in *Die Wolfsburg-Saga,* ed. Christoph Stölzl (Stuttgart: Theiss, 2009), p. 148-151.

3. Gert Selle, *Design im Alltag: Vom Thonetstuhl zum Mikrochip* (Frankfurt: Campus, 2007), p. 112; Erhard Schütz, "Der Volkswagen", in *Deutsche Erinnerungsorte: eine Auswahl,* ed. Etienne François e Hagen Schulze (Munique: Beck, 2005), p. 351-368, esp. 353.

4. Konrad Jarausch, *Die Umkehr: Deutsche Wandlungen* (Munique: Deutsche Verlags-Anstalt, 2004), p. 64-66, 76-96; Konrad H. Jarausch e Michael Geyer, *Shattered Past: Reconstructing German Histories* (Princeton, NJ: Princeton University Press, 2003), p. 235-237; Friedrich Kießling e Bernhard Rieger, "Einleitung: Neuorientierung, Tradition und Transformation in der Geschichte der alten Bundesrepublik", in *Mit dem Wandel leben: Neuorientierung und Tradition in der Bundesrepublik der 1950er und 60er Jahre,* ed. Friedrich Kießling e Bernhard Rieger (Colônia: Böhlau, 2011), p. 7-28, esp. 20-23; Axel Schildt e Detlef Siegfried, *Deutsche Kulturgeschichte: Die Bundesrepublik von 1945 bis zur Gegenwart* (Munique: Hanser, 2009), p. 124, 131-132.

5. Axel Schildt, *Ankunft im Westen: Ein Essay zur Erfolgsgeschichte der Bundesrepublik* (Frankfurt: Fischer, 1999), p. 93; Rudolf Oswald, *"Fußball- -Volksgemeinschaft": Ideologie, Politik und Fanatismus im deutschen Fußball, 1919-1964* (Frankfurt: Campus, 2008), p. 300-303.

6. Hans-Ulrich Wehler, *Deutsche Gesellschaftsgeschichte, Fünfter Band: Bundesrepublik Deutschland und DDR, 1949-1990* (Munique: Beck, 2008), p. 54-58; Werner Abelshauser, *Deutsche Wirtschaftsgeschichte seit 1945* (Munique: Beck, 2004), p. 300-301.

7. Abelshauser, *Deutsche Wirtschaftsgeschichte seit 1945;* A. J. Nicholls, *Freedom with Responsibility: The Social Market Economy in Germany, 1918-1963* (Oxford: Oxford University Press, 2000); James C. Van Hook, *Rebuilding Germany: The Creation of the Social Market Economy, 1945- 1957* (Cambridge: Cambridge University Press, 2004); J. Adam Tooze, "Reassessing the Moral Economy of Postwar Reconstruction: The Terms of the West German Settlement in 1952", in *Postwar Reconstruction in Europe: International Perspectives, 1945-1949*, ed. Mark Mazower et al. (Oxford: Oxford University Press, 2011), p. 47-70; Christoph Buchheim, *Die Wiedereingliederung Westdeutschlands in die Weltwirtschaft, 1945-1958* (Munique: Oldenbourg, 1990); Jeffry R. Frieden, *Global Capitalism: Its Fall and Rise in the Twentieth Century* (New York: Norton, 2006), p. 278-300; Charles S. Maier, *Among Empires: American Ascendancy and Its Predecessors* (Cambridge, MA: Harvard University Press, 2006), p. 198-228.

8. Manfred Grieger et al., *Volkswagen Chronik* (Wolfsburg: Volkswagen, 2004), p. 25, 61; Volker Wellhöner, *"Wirtschaftswunder" – Weltmarkt- -westdeutscher Fordismus: Der Fall Volkswagen* (Münster: Westfälisches Dampfboot, 1996), p. 74, 85; Arthur Maier, *Wahlen, Wahlverhalten und Sozialstruktur in Wolfsburg von 1945 bis 1960* (Göttingen: [s.n.], 1979), p. 38; Ortwien Reichold (ed.), *Erleben, wie eine Stadt entsteht; Städtebau, Architektur und Wohnen in Wolfsburg, 1938-1968* (Braunschweig: Meyer, 1998), p. 63.

9. Horst Mönnich, "Eine Stadt von morgen", in *Merian*, jul. 1958, p. iii-x, cit. p. iii; *Hannoversche Allgemeine Zeitung*, 2 jul. 1953; *Süddeutsche Zeitung*, 11/12 jul. 1953.

10. *Hamburger Freie Presse*, out. 1951; *Frankfurter Neue Presse*, 12 jul. 1954; *Süddeutsche Zeitung*, 8 ago. 1958; "In König Nordhoffs Reich", p. 25; Edelmann, *Heinz Nordhoff und Volkswagen*, p. 80-84, 162. Para as cartas contendo críticas, ver *Der Spiegel*, 7 out. 1959, p. 3, 6, 8; *Stuttgarter Zeitung*, 8 dez. 1959; Roland Marchand, *Creating the Corporate Soul: The Rise of Public Relations and Corporate Imagery in American Big Business* (Berkeley: University of California Press, 2001).

11. Heinrich Nordhoff, "Rede zur Betriebsversammlung am 23. März

1956", in *Reden und Aufsätze: Zeugnisse einer Ära* (Düsseldorf: Econ, 1992), p. 184-193, cit. p. 185; Wellhöner, *"Wirtschaftswunder"*, p. 110.

12. David Noble, *Forces of Production: A Social History of Industrial Automation* (Nova York: Knopf, 1984); Amy Sue Bix, *Inventing Ourselves Out of Jobs? America's Debate over Technological Unemployment, 1929-1981* (Baltimore: Johns Hopkins University Press, 2000); Christian Kleinschmidt, *Der produktive Blick: Wahrnehmung amerikanischer und japanischer Management- und Produktionsmethoden durch deutsche Unternehmer 1950-1985* (Berlim: Akademie Verlag, 2002), p. 159-161; Edelmann, *Heinz Nordhoff und Volkswagen*, p. 183-189; Wellhöner, *"Wirtschaftswunder"*, p. 109-135.

13. *Industriekurier*, 23 jun. 1959; Heinrich Nordhoff, "Ansprache bei der Pressekonferenz aus Anlaß der Produktion des 500.000. Volkswagens am 4. Juli 1953", in *Reden und Aufsätze*, p. 146-164, cit. p. 156; Institut für Zeitgeschichte und Stadtpräsentation, Wolfsburg (daqui em diante apenas IZS), EB 16, "Zeitzeugen-Interview zur Geschichte Wolfsburgs mit Eberhard Anlauf", 12 set. 1995, transcrição, p. 1; IZS, EB 18, "Gespräch am 10.6.1996 mit Herren Amtenbrinck, Ziegler, Hondke und Kagelmann", transcrição, p. 10-12; *Süddeutsche Zeitung*, 31 jan. 1956; Monika Uliczka, *Berufsbiographie und Flüchtlingsschicksal: VW-Arbeiter in der Nachkriegszeit* (Hanover: Hahn, 1993), p. 246.

14. Wellhöner, *"Wirtschaftswunder"*, p. 138-140; Stephen Meyer III, *The Five Dollar Day: Labor Management and Social Control in the Ford Motor Company, 1908-1921* (Albany: SUNY Press, 1981), p. 48-50.

15. Heinrich Nordhoff, "Vortrag vor der schwedischen Handelskammer in Stockholm am 13. März 1953", in *Reden und Aufsätze*, p. 129-145, cit. p. 131, 137; Günther Koch, *Arbeitnehmer steuern mit: Belegschaftsvertretung bei VW ab 1945* (Colônia: Bund, 1987), p. 59, 89-91.

16. Nordhoff, "Vortrag vor der schwedischen Handelskammer", p. 139-141.

17. Kevin Boyle, *The UAW and the Heyday of American Liberalism, 1945-1960* (Ithaca: Cornell University Press, 1995), p. 61-106; Tom Sugrue, *The Origins of the Urban Crisis: Race and Inequality in Postwar Detroit: With a New Preface by the Author* (Princeton, NJ: Princeton University Press, 2005), p. 91-152; Volker Berghahn, *Otto A. Friedrich, ein politischer Unternehmer: Sein Leben und seine Zeit, 1902-1975* (Frankfurt: Campus, 1993), p. 230, 328.

18. Nordhoff, "Vortrag vor der schwedischen Handelskammer", p. 139, 142.

19. Koch, *Arbeitnehmer steuern mit*, p. 81-91; Steven Tolliday, "Enterprise and State in the West German Wirtschaftswunder: Volkswagen and the Automobile Industry, 1939-1962", *Business History Review* 69 (1995),

p. 272-350, esp. 318-319; Werner Conze, *Die Suche nach der Sicherheit: Eine Geschichte der Bundesrepublik Deutschland von 1949 bis zur Gegenwart* (Munique: Siedler, 2009), p. 165-168; Anselm Doering-Manteuffel, *Wie westlich sind die Deutschen? Amerikanisierung und Westernisierung im 20. Jahrhundert* (Göttingen: Vandenhoeck & Ruprecht, 1999), p. 90-102; Julia Angster, *Konsenskapitalismus und Sozialdemokratie: Die Westernisierung von SPD und DGB* (Munique: Oldenbourg, 2003).

20. Tolliday, "Enterprise and State", p. 319; Wellhöner, "*Wirtschaftswunder*", p. 146; Koch, *Arbeitnehmer steuern mit*, p. 78-80; Ralf Rytlewski e Manfred Opp de Hipt, *Die Bundesrepublik Deutschland in Zahlen 1945/49-1980: Ein sozialgeschichtliches Arbeitsbuch* (Munique: Beck, 1989), p. 119.

21. *Statistisches Jahrbuch für die Bundesrepublik Deutschland 1959* (Stuttgart: Kohlhammer, 1959), p. 445; *Neue Rhein Zeitung*, 29 jun. 1957; *Neue Rhein Zeitung*, 5 jan. 1956; Tolliday, "Enterprise and State", p. 321-323.

22. Mönnich, "Eine Stadt von morgen", p. iii; *Die Welt*, 11 abr. 1957; Erich Kuby, "Der bürgerliche Arbeiter," in *Das ist des Deutschen Vaterland* (Reinbeck: Rowohlt, 1959 [1957]), p. 408-434, cit. p. 428.

23. Josef Mooser, "Abschied von der 'Proletarität': Sozialstruktur und Lage der Arbeiterschaft in der Bundesrepublik in historischer Perspektive", in *Sozialgeschichte der Bundesrepublik Deutschland: Studien zum Kontinuitätsproblem*, ed. Werner Conze e M. Rainer Lepsius (Stuttgart: Klett-Cotta, 1983), p. 143-186; Andreas Kossert, *Kalte Heimat: Geschichte der deutschen Vertriebenen nach 1945* (Munique: Siedler, 2008), p. 92-138; Helmut Schelsky, "Die Bedeutung des Schichtungsbegriffs für die Analyse der gegenwärtigen Gesellschaft", in *Auf der Suche nach der Wirklichkeit* (Düsseldorf: Diederichs, 1965), p. 331-336, cit. p. 332; Paul Nolte, *Die Ordnung der deutschen Gesellschaft: Selbstentwurf und Selbstbeschreibung im 20. Jahrhundert* (Munique: Beck, 2001), p. 330-335.

24. *Die Welt*, 11 abr. 1957; Reichold, *Erleben, wie eine Stadt entsteht*, p. 41-55; Simone Neteler, "Die Stadtmaschine springt an", in Stölzl, *Die Wolfsburg-Saga*, p. 106-113; Dietrich Kautt, "Wolfsburg im Wandel städtebaulicher Leitbilder", in *Aufbau West, Aufbau Ost: Die Planstädte Wolfsburg und Eisenhüttenstadt in der Nachkriegszeit*, ed. Rosemarie Baier (Berlim: DHM, 1997), p. 99-109.

25. *Stuttgarter Zeitung*, 30 jun. 1956; *Die Welt*, 6 abr. 1957; *Rheinische Post*, 6 fev. 1958; Cartão-postal, acervo pessoal do autor; Klaus-Jörg Siegfried, "Die 'Autostadt': Zur Selbstdarstellung Wolfsburgs in der Nordhoff-Ära", in Baier, *Aufbau West*, p. 239-247; Neil Gregor, *Haunted City: Nuremberg and the Nazi Past* (New Haven: Yale University Press, 2008); Bernhard Rieger, "Was Roland a Nazi? Victims, Perpetrators, and Silences during the Restoration of Civic Identity in Postwar Bremen",

History and Memory 17:2 (2007), p. 75-112; Rudy Koshar, *From Monuments to Traces: Artifacts of German Memory* (Berkeley: University of California Press, 2000), p. 143-173.

26. Joachim Käppner, *Berthold Beitz: Die Biographie* (Berlim: Berlin Verlag, 2010), p. 207-220; Frank Bajohr, *Hanseat und Grenzgänger: Erik Blumenfeld – eine politische Biographie* (Göttingen: Wallstein, 2010), p. 72-84; Constantin Goschler, *Schuld und Schulden: Die Politik der Wiedergutmachung für NS-Verfolgte seit 1945* (Göttingen: Wallstein, 2008), p. 125-254; S. Jonathan Wiesen, *West German Industry and the Challenge of the Nazi Past* (Chapel Hill: University of North Carolina Press, 2001).

27. Horst Mönnich, *Die Autostadt* (Munique: Andermann, 1951), p. 87, 89. Para os elogios de Nordhoff, ver Unternehmensarchiv Volkswagen AG, Wolfsburg (daqui em diante apenas UVW), 319/10226, *VW-Informationen: Mitteilungsblatt für die VW-Organisation*, nov. 1951, p. 56; Peter Reichel, *Vergangenheitsbewältigung in Deutschland: Die Auseinandersetzung mit der NS-Diktatur von 1945 bis heute* (Munique: Beck, 2001), p. 66-72; Norbert Frei, *Vergangenheitspolitik: Die Anfänge der Bundesrepublik und die NS-Vergangenheit* (Munique: dtv, 1999); Hartmut Berghoff, "Zwischen Verdrängung und Aufarbeitung: Die bundesdeutsche Gesellschaft und ihre nationalsozialistische Vergangenheit in den fünfziger Jahren", *Geschichte in Wissenschaft und Unterricht* 49:2 (1998), p. 96-114; Robert G. Moeller, "Remembering the War in a Nation of Victims: West German Pasts in the 1950s", in *The Miracle Years: A Cultural History of West Germany, 1949-1968*, ed. Hanna Schissler (Princeton, NJ: Princeton University Press, 2001), p. 83-109.

28. Heinz Todtmann and Alfred Trischler, *Kleiner Wagen auf großer Fahrt* (Offenbach: Verlag Dr. Franz Burda, 1949), p. 52; UVW, Presse 1948/49, carta, Heinz Todtmann para Heinrich Nordhoff, 22 jan. 1949; carta, Heinrich Nordhoff para Heinz Todtmann, 27 jan. 1949.

29. *Süddeutsche Zeitung*, 11/12 jul. 1953; *Augsburger Zeitung*, 6 abr. 1957; *Industriekurier*, 23 jun. 1959; *Lübecker Nachrichten*, 17 set. 1950; Heinrich Nordhoff, "Ansprache am 1. Juli 1961 anläßlich der ersten Hauptversammlung nach Umwandlung in eine Aktiengesellschaft", in *Reden und Aufsätze*, p. 276-286, cit. p. 277; Wehler, *Deutsche Gesellschaftsgeschichte, Fünfter Band*, p. 48; Schildt e Siegfried, *Deutsche Kulturgeschichte*, p. 98.

30. *Frankfurter Allgemeine Zeitung*, 23 dez. 1955; *Süddeutsche Zeitung*, 11/12 jul. 1953; Heidrun Edelmann, "Privatisierung als Sozialpolitik: 'Volksaktien' und Volkswagenwerk," *Jahrbuch für Wirtschaftsgeschichte* 1 (1999), p. 55-72; Edelmann, *Heinz Nordhoff und Volkswagen*, p. 206-225. A citação de Ehrard é de "Vom Volkswagen zum Volkskapitalismus", *Der Spiegel*, 20 fev. 1957, p. 26-31, cit. p. 27.

31. *Christ und Welt*, 11 jul. 1957; *Frankfurter Allgemeine Zeitung*, 23 dez. 1955.

32. *Tatsachen und Zahlen aus der Kraftverkehrswirtschaft 1963/64* (Frankfurt: VDA, 1964), p. 148-149, 154, 195, 350; *Tatsachen und Zahlen aus der Kraftverkehrswirtschaft 1957/58* (Frankfurt: VDA, 1958), p. 159; Arnold Sywottek, "From Starvation to Excess? Trends in the Consumer Society from the 1940s to the 1970s", in Schissler, *Miracle Years*, p. 341-358; Michael Wildt, *Vom kleinen Wohlstand: Eine Konsumgeschichte der fünfziger Jahre* (Frankfurt: Fischer, 1996).

33. Rytlewski e Opp de Hipt, *Die Bundesrepublik Deutschland in Zahlen*, p. 123; *Frankfurter Neue Presse*, 7 jul. 1953; *Tatsachen und Zahlen 1957/58*, p. 119; Dietmar Klenke, *Bundesdeutsche Verkehrspolitik und Motorisierung: Konfliktträchtige Weichenstellungen in den Jahren des Wiederaufstiegs* (Stuttgart: Steiner, 1993), p. 119, 124-132.

34. Wehler, *Deutsche Gesellschaftsgeschichte, Fünfter Band*, p. 155; *Tatsachen und Zahlen 1957/58*, p. 119; *Tatschen und Zahlen 1963/64*, p. 160; Thomas Südbeck, *Motorisierung, Verkehrsentwicklung und Verkehrspolitik in der Bundesrepublik der 1950er Jahre: Umrisse der allgemeinen Entwicklung und zwei Beispiele – Hamburg und Emsland* (Stuttgart: Steiner, 1994), p. 37-43.

35. Manfred Caroselle, "Die Düsenjäger des kleinen Mannes," in *Mein erstes Auto: Erinnerungen und Geschichten*, ed. Franz-Josef Oller (Frankfurt: Fischer, 1999), p. 67-83; Südbeck, *Motorisierung*, p. 34-36, 53-62.

36. Ulrich Kubisch e Volker Janssen, *Borgward: Ein Blick zurück auf Wirtschaftswunder, Werkalltag und einen Automythos* (Berlim: Elefanten Press, 1984), p. 92; Südbeck, *Motorisierung*, p. 34-35, 46; *Tatsachen und Zahlen 1963/64*, p. 247; Siegfried Rauch, *DKW – Die Geschichte einer Weltmarke* (Stuttgart: Motorbuch-Verlag, 1988).

37. Volkswagenwerk, *Bericht der Geschäftsführung für die Jahre 1951 bis 1953* (Wolfsburg: Volkswagenwerk, 1955), p. 6; Volkswagenwerk, *Bericht der Geschäftsführung für das Jahr 1956* (Wolfsburg: Volkswagenwerk, 1956), p. 12; Volkswagenwerk, *Bericht der Geschäftsführung für das Jahr 1961* (Wolfsburg: Volkswagenwerk, 1962), p. 20; *Tatsachen und Zahlen 1963/64*, p. 253; Tolliday, "Enterprise and State", p. 329; "In König Nordhoffs Reich", p. 18; "Der Kunde als Kreditgeber", *Der Spiegel*, 15 out. 1958, p. 22-23; *Weißenburger Tageblatt*, 24 ago. 1957.

38. Walter Henry Nelson, *Small Wonder: The Amazing Story of the Volkswagen* (Boston: Little, Brown, 1970), p. 345-350; Bernd Wiersch, *Volkswagen Typenkunde, 1945-1974* (Bielefeld: Delius Klasing, 2009), p. 23-28, 32-55.

39. "Volkswagen", *Auto Motor und Sport* (daqui em diante apenas *AMS*), n. 19, 1951, p. 649-651, cit. p. 649. Outras reportagens favoráveis ao carro incluem "Volkswagen 1958", *AMS*, n. 21, 1957, p. 13-16; "Ist der Volkswagen veraltet?" *Stern*, n. 43, 1957, p. 54-61; Arthur Westrup, *Besser fahren mit dem Volkswagen: Ein Handbuch* (Bielefeld: Delius Klasing, 1950), p. 12, 26-27, 61; *Süddeutsche Zeitung*, 11/12 jul. 1953; "Volkswagen 1956", *AMS*, n. 20, 1955, p. 22-25.

40. Ver cartas ao editor, *Gute Fahrt* (daqui em diante apenas *GF*), n. 5, 1955, p. 32; *GF*, n. 10, 1951, p. 12; "Was kostet Dich Dein Auto", *AMS*, n. 15, 1955, p. 18-19; Maiken Umbach, "Made in Germany", in François e Schulze, *Deutsche Erinnerungsorte*, p. 244-257; Helmuth Trischler, "'Made in Germany': Die Bundesrepublik als Wissensgesellschaft und Innovationssystem", in *Modell Deutschland: Erfolgsgeschichte oder Illusion?*, ed. Thomas Hertfelder e Andreas Rödder (Göttingen: Vandenhoeck & Ruprecht, 2007), p. 44-60.

41. "Wie sieht der VW der Zukunft aus?", *GF*, n. 11, 1957, p. 16-17; UVW, 319/10226, *VW-Informationsdienst: Mitteilungsblatt für die VW-Organisation* 13, nov. 1951, p. 8; *Industriekurier*, 23 jun. 1959; UVW, 174/406/5, minutas, Hauptabteilungsleiter- Besprechung, 27 set. 1954, p. 2-3.

42. "Wie sieht der VW der Zukunft aus", p. 16-17; Westrup, *Besser fahren*, 91; "Ist der VW veraltet?", *Der Spiegel*, 30 set. 1959, p. 40-48.

43. Karsten Linne, "'Bisher nur Sonntage': Der Aufbau der Volkswagen--Händlerorganisation 1948 bis 1967", *Zeitschrift für Unternehmensgeschichte* 53 (2008), p. 5-32, esp. 12-22; "Der brave Wolfsburger", *Constanze*, n. 11, 1960, p. 72-73, cit. p. 72.

44. "Volkswagen", *AMS*, n. 19, 1951, p. 651; *Augsburger Allgemeine*, 2 abr. 1961.

45. Para uma reimpressão do texto publicado em 1949, ver Westrup, *Besser fahren*, 61-62, cit. p. 61; Bernhard Rieger, "Schulden der Vergangenheit? Der Mammutprozess der Volkswagensparer 1949-1961", in Kießling e Rieger, *Mit dem Wandel leben*, p. 185-209, esp. 204-205.

46. *Die Welt*, 11 abr. 1957; *Industriekurier*, 23 jun. 1959; *Das Auto*, n. 18, 1950, p. 587; *Bremer Nachrichten*, 31 jan. 1951; *Hannoversche Allgemeine Zeitung*, 2 jul. 1953; *Süddeutschen Zeitung*, 29 out. 1961; Fritz Kölling, *Ein Auto zieht Kreise: Herkunft und Zukunft des Volkswagens* (Reutlingen: Bardtenschlager, 1962), p. 6; "In König Nordhoffs Reich", p. 17.

47. "Porsche von Fallersleben", *Der Spiegel*, 18 maio 1950, p. 21-27, cit. p. 24; "Warum kaufen Sie eine Limousine", *GF*, n. 2, 1951, p. 17; *Industriekurier*, 23 jun. 1959; nota, *GF*, n. 1, 1952, p. 22-23; carta ao editor, *GF*, n. 8, 1955, p. 37; nota, *GF*, n. 3, 1957, p. 3.

48. Mönnich, *Die Autostadt*, 238-240; Thomas Kühne, "Zwischen Vernichtungskrieg und Freizeitgesellschaft: Veteranenkultur in der Bundesrepublik (1945-1995)", in *Nachkrieg in Deutschland*, ed. Klaus Naumann (Hamburgo: Hamburger Editon, 2001), p. 90-113; Karsten Wilke, "Organisierte Veteranen der Waffen-SS zwischen Systemopposition und Integration", *Zeitschrift für Geschichtswissenschaft* 53:2 (2005), 149-166; Detlef Bald, Johannes Klotz e Wolfram Wette, *Mythos Wehrmacht: Nachkriegsdebatten und Traditionspfl ege* (Berlim: Aufbau, 2001).

49. Paul Betts, *The Authority of Everyday Objects: A Cultural History of West German Industrial Design* (Berkeley: University of California Press, 2004).

50. "Von großen und von kleinen Wagen", *GF*, n. 1, 1951, p. 16-17; *Industriekurier*, 23 jun. 1959; "Ein Auto ist kein Damenhut", *GF*, n. 9, 1952, p. 3; UVW, arquivo 319/10226, *VW-Informationen: Mitteilungsblatt für die VW-Organisation*, n. 14, 1953, p. 45.

51. "Die unsichtbaren Verbesserungen am Volkswagen", *AMS*, n. 12, 1960, p. 16-17; "Ist der Volkswagen veraltet", *Stern*, n. 43, 1957, p. 54-61; "Ist der Volkswagen veraltet", *Der Spiegel*, 30 set. 1959, p. 40-58. Para os elogios, ver cartas ao editor, *Der Spiegel*, 7 out. 1959, p. 12; 14 out. 1959, p. 16. Sobre a cultura de segurança, ver Eckart Conze, "Sicherheit als Kultur: Überlegungen zu einer 'modernen Politikgeschichte' der Bundesrepublik Deutschland", *Vierteljahrshefte für Zeitgeschichte* 53 (2005), p. 357-380, cit. p. 366.

52. Gerhard Kießling, entrevista com o autor, Erlangen, 17 jun. 2010; Alon Confino, "Traveling as a Culture of Remembrance: Traces of National Socialism in West Germany, 1845-1960," in *Germany as a Culture of Remembrance: Promises and Limits of Writing History* (Chapel Hill: University of North Carolina Press, 2006), p. 235-254, esp. 249, 251.

53. Hasso Spode, "Der Aufstieg des Massentourismus im 20. Jahrhundert", in *Die Konsumgesellschaft in Deutschland 1890-1990: Ein Handbuch*, ed. Heinz-Gerhard Haupt e Claudius Torp (Frankfurt: Campus, 2009), p. 114-128, esp. 127; Axel Schildt, *Sozialgeschichte der Bundesrepublik Deutschland bis 1989/90* (Munique: Oldenbourg, 2007), p. 46.

54. *Gute Fahrt in Italien: Ein Reiseführer für motorisierte Menschen* (Bielefeld: Delius Klasing, 1954), p. 15; "Reisetips", *ADAC Motorwelt*, n. 6, 1953, p. 25; "Gute Tipps", *Constanze Reisetips 1955*, p. 4-5; "Falls Sie nach Italien fahren", *Constanze*, n. 10, 1956, p. 80.

55. Hanna Schissler, "'Normalization' as Project: Some Thoughts on Gender Relations in West Germany during the 1950s", in Schissler, *Miracle Years*, p. 359-375, esp. 362; Elizabeth Heineman, "The Hour of the Woman: Memories of Germany's 'Crisis Years' and West German

National Identity", in Schissler, *Miracle Years,* p. 21-56; Dagmar Herzog, "Desperately Seeking Normality: Sex and Marriage in the Wake of the War", in *Life after Death: Approaches to the Cultural and Social History of Europe during the 1940s and 1950s,* ed. Richard Bessel e Dirk Schumann (Cambridge: Cambridge University Press, 2003), p. 161-192; Till van Rahden, "Wie Vati die Demokratie lernte: Religion, Familie und die Frage der Autorität in der frühen Bundesrepublik", in *Demokratie im Schatten der Gewalt: Private Geschichten im deutschen Nachkrieg,* ed. Daniel Fulda et al. (Göttingen: Wallstein, 2010), p. 122-151.

56. Michael Wildt, "'Wohlstand für alle': Das Spannungsfeld von Konsum und Politik in der Bundesrepublik", in Haupt e Torp, *Die Konsumgesellschaft in Deutschland,* p. 305-316, esp. 310-311; Conze, *Die Suche nach der Sicherheit,* p. 186; Schildt e Siegfried, *Deutsche Kulturgeschichte,* p. 105-108.

57. Erika Spiegel, *Soziologische Bedingtheiten von Verkehrsunfällen: Ein Beitrag zur Soziologie des PKW-Fahrers und des PKW-Verkehrs* (Frankfurt: Institut für Sozialforschung, 1963), p. 10, 102; Paul Reibestahl, *Das Buch vom Volkswagen: Eine aktuelle Plauderei in Wort und Bild über eine geniale Konstruktion* (Braunschweig: Schmidt, 1951), p. 162-164; Marianne Ludorf, "Ferien mit 80 Mark in der Tasche", in *Deutschland – Wunderland: Neubeginn, 1950-1960: 44 Erinnerungen aus Ost und West,* ed. Jürgen Kleindienst (Berlim: Zeitgut, 2003), p. 317-320.

58. Josef Heinrich Darchinger, *Wirtschaftswunder: Deutschland nach dem Krieg, 1952-1967* (Colônia: Taschen, 2008), p. 97.

59. Ludger Claußen, "Volltanken mit Obenöl, oder: Die Operation Katwijk", in Oller, *Mein erstes Auto,* p. 190-194, cit. p. 190; Alexander Spoerl, *Mit dem Auto auf du* (Munich: Piper, 1957), p. 11.

60. Westrup, *Besser fahren,* p. 187-205; Carl Otto Windecker, *Besinnliches Autobuch: Eine gedruckte Liebeserklärung* (Bielefeld: Delius Klasing, 1953), p. 50.

61. Westrup, *Besser fahren,* p. 198-199, 209-215; Spoerl, *Mit dem Auto auf du,* p. 242.

62. Carta ao editor, *GF,* n. 2, 1955, p. 27-28; Westrup, *Besser fahren,* p. 63; Kurt Möser, *Geschichte des Autos* (Frankfurt: Campus, 2002), p. 332; Hanns-Peter von Thyssen, "Mausi mit Familienanschluss", in Oller, *Mein Erstes Auto,* p. 161-163, 162; Spoerl, *Mit dem Auto auf du,* 239.

63. Spoerl, *Mit dem Auto auf du,* p. 76, 259-271. Ver também Helmut Dillenburger, *Das praktische Autobuch* (Gütersloh: Bertelsmann, 1957), p. 288-304, 370-373; Westrup, *Besser fahren,* p. 153.

64. Windecker, *Besinnliches Autobuch,* p. 6-7.

65. Interview with Gerhard Kießling; "Ein Deutscher am Steuer verwandelt sich", *Der Spiegel*, 28 out. 1964, p. 65-72, cit. p. 70; Thyssen, "Mausi mit Familienanschluss", p. 161; Max Reisch, *Mit "Fridolin" nach Indien* (Munique: Ehrenwirth, 1960); Peter Fischer, "Und zahlt und zahlt und zahlt", in Oller, *Mein erstes Auto*, p. 149-151, cit. p. 150; Jutta Aurahs, "Erst mein Fünfter war ein Kerl", in ibid., p. 157-160.

66. Harold James, "Die D-Mark", in François e Schulze, *Deutsche Erinnerungsorte*, p. 367-384.

67. Dillenburger, *Das praktische Autobuch*, p. 17, 142-287, 377; Westrup, *Besser fahren*, p. 87, 139-140; Möser, *Geschichte des Autos*, p. 307; "Autoreise", *Constanze*, n. 11, 1957, p. 30-31.

68. Carta ao editor, *GF*, n. 2, 1951, p. 31; Ursula Eyermann e Heidemarie Bade, entrevista ao autor, Erlangen, 19 jun. 2010; "Der brave Wolfsburger", p. 73; carta ao editor, *GF*, n. 6, 1963, p. 3.

69. Spiegel, *Soziologische Bedingtheiten von Verkehrsunfällen*, p. 42; *Tatsachen und Zahlen aus der Kraftverkehrswirtschaft 1963/64*, p. 192; "Sie erobern sich einen Männerberuf", *Constanze*, n. 12, 1961, p. 40-42; "Sonntagsschule der Frauen", *GF*, n. 5, 1963, p. 14.

70. Marlies Schröder, "Heimlich zur Fahrschule", in Kleindienst, *Deutschland – Wunderland*, p. 330-334, cit. p. 333. Para os números, ver Schildt, *Sozialgeschichte der Bundesrepublik Deutschland*, p. 18; Christina von Oertzen, *Teilzeitarbeit und die Lust am Zuverdienen: Geschlechterpolitik und gesellschaftlicher Wandel in Westdeutschland, 1948-1969* (Göttingen: Vandenhoeck & Ruprecht, 1999); Detlef Siegfried, *Time Is on My Side: Konsum und Politik in der westdeutschen Jugendkultur der 60er Jahre* (Göttingen: Wallstein, 2006), p. 45-50.

71. Resposta a carta, *GF*, n. 2, 1951, p. 31; carta ao editor, *GF*, n. 5, 1951, p. 8; nota, *Constanze*, n. 8, 1950, p. 6; "Frauen fahren besser", *Constanze*, n. 4, 1951, p. 10-11. Ver também "Tipps für die Frau am Steuer", *Constanze*, n. 12, 1959, p. 60; cartas ao editor, *GF*, n. 5, 1955, p. 37; *GF*, n. 9, 1957, p. 3.

72. Carta ao editor, *GF*, n. 6, 1963, p. 3; "Für Zuwiderhandelnde wird gebetet," *GF*, n. 4, 1963, p. 14.

73. "Die Steuerlast in der Ehe", *GF*, n. 2, 1963, p. 26-29, cit. p. 27.

74. Ludwig Erhard, "Verführt Wohlstand zum Materialismus?", in *Wohlstand für alle* (Düsseldorf: Econ, 1957), p. 232-245, cit. p. 236-237. Heinrich Nordhoff era um crítico contumaz do coletivismo. Ver Heinrich Nordhoff, "Ansprache bei der Pressekonferenz aus Anlaß der Produktion des 500.000 Volkswagens am 4. Juli 1953", in *Reden und Aufsätze*, p. 157-158; Nordhoff, "Rede anlässlich der Verleihung des Elmer A. Sperry-Preises am 13. November 1958", ibid., p. 226-239, esp. 238; Wilhelm Röpke,

"Die Abstimmung von Straße und Schiene", *Der Volkswirt,* 30 abr. 1954, p. 9-19, cit. p. 9. Sobre Röpke, ver Alexander Nützenadel, *Die Stunde der Ökonomen: Wissenschaft, Politik und Expertenkultur in der Bundesrepublik, 1949-1974* (Göttingen: Vandenhoeck & Ruprecht, 2005), p. 37-43, 57-59.

75. Windecker, *Besinnliches Autobuch,* 85; Spoerl, *Mit dem Auto auf du,* 239; Schildt and Siegfried, *Deutsche Kulturgeschichte,* p. 130-131; Schildt, *Ankunft im Westen,* p. 93-95.

76. "Gelegenheit macht Liebe", *GF,* n. 7, 1955, p. 28; Spoerl, *Mit dem Auto auf du,* p. 83; Sybille Steinbacher, *Wie der Sex nach Deutschland kam: Der Kampf um Sittlichkeit und Anstand in der frühen Bundesrepublik* (Munique: Siedler, 2011), esp. p. 124-133; Elizabeth D. Heineman, "The Economic Miracle in the Bedroom: Big Business and Sexual Consumption in Reconstruction West Germany", *Journal of Modern History* 78 (2006), p. 846-877; Dagmar Herzog, *Sex after Fascism: Memory and Morality in Twentieth-Century Germany* (Princeton, NJ: Princeton University Press, 2005), esp. p. 101-104.

77. Carta ao editor, *GF,* n. 2, 1951, p. 31; entrevista com Gerhard Kießling.

78. Heinrich Popitz et al., *Technik und Industriearbeit: Soziologische Untersuchungen in der Hüttenindustrie* (Tübingen: Mohr, 1957), p. 112-119, cit. p. 118; entrevista com Gerhard Kießling; Spoerl, *Mit dem Auto auf du,* p. 81.

79. Georg Heinrich Spornberger, "Im Dschungel des Verkehrs", *Magnum,* n. 12 (1957), p. 39-40, cit. p. 40; Dillenburger, *Das praktische Autobuch,* p. 19-20. Para mais estudos, ver David W. Plath, "My Car-isma: Motorizing the Showa Self", *Daedalus* 119:3 (1990), p. 229-244, esp. 231; Tim Dant, "The Driver-Car", *Theory, Culture & Society* 21:4/5 (2004), p. 61-79; Nigel Thrift, "Driving in the City", *Theory, Culture & Society* 21:4/5 (2004), p. 41-59.

80. Dietmar Klenke, *Freier Stau für freie Bürger: Die Geschichte der bundesdeutschen Verkehrspolitik, 1949-1994* (Darmstadt: Wissenschaftliche Buchgesellschaft, 1995), p. 50-59; Axel Schildt, "Vom Wohlstandsbarometer zum Belastungsfaktor – Autovision und Autoängste in der westdeutschen Presse", in *Geschichte der Zukunft des Verkehrs: Verkehrskonzepte von der Frühen Neuzeit bis zum 21. Jahrhundert,* ed. Hans-Liudger Dienel e Helmuth Trischler (Frankfurt: Campus, 1997), p. 289-309, esp. 297-300.

81. *Verhandlungen des Deutschen Bundestages,* p. 1. Wahlperiode 1949, v. 9 (Bonn: [s.n.]., 1951), p. 7049; *Verhandlungen des Deutschen Bundestages,* p. 1. Wahlperiode 1949, v. 14 (Bonn: [s.n.], 1953), p. 11572; *Der Spiegel,* 17 out. 1956, p. 25.

82. *Statistisches Jahrbuch für die Bundesrepublik Deutschland 1952* (Stuttgart: Kohlhammer, 1952), p. 306; *Statistisches Jahrbuch für die Bundesrepublik Deutschland 1955* (Stuttgart: Kohlhammer, 1955), p. 340; *Statistisches Jahrbuch für die Bundesrepublik Deutschland 1963* (Stuttgart: Kohlhammer, 1963), p. 373.

83. Windecker, *Besinnliches Autobuch*, p. 74, 77; Martin Beheim-Schwarzbach, *Der geölte Blitz: Aus den Aufzeichnungen eines Volkswagens* (Hamburg: Dulk, 1953), p. 37; "Psychologie des Überholens", *AMS*, n. 21, 1957, p. 11; "Nächstes Jahr langsamer", *Der Spiegel*, 17 out. 1956, p. 22-31, esp. 28; "Die Menschen versagen", *Constanze*, n. 1, 1955, p. 15; "So ist das heute", *GF*, n. 6, 1955, p. 14-15; Bundesarchiv, Koblenz (daqui em diante apenas BAK), 108/2638, cardeal Frings, declaração pública, Colônia, 18 jan. 1958; BAK, B108/2202, memorando, Auswärtiges Amt an Bundesministerium für Verkehr, 24 jul. 1961. Sobre os debates a respeito de acidentes, ver Dietmar Klenke, *Bundesdeutsche Verkehrspolitik und Motorisierung*, p. 145-161; Helmut Vogt, "'Das schaurige Schlachtfeld der Straße': Mobilitätskonflikte in der Frühzeit der Bundesrepublik", *Geschichte im Westen* 16 (2001), p. 38-46.

84. Windecker, *Besinnliches Autobuch*, 75; Spornberger, "Im Dschungel des Verkehrs", p. 39; "Psychologie des Überholens", p. 11; "Ein Deutscher am Steuer", p. 65.

85. *Verhandlungen des Deutschen Bundestages*, p. 1. Wahlperiode 1949, v. 9, p. 7049; BAK, B108/2638, minutas, p. 11. Sitzung des Straßenverkehrssicherheitsausschusses, 14 mar. 1957; Das Schwerpunktprogramm für die Zeit vom März 1958 bis März 1959, manuscrito datilografado, Bonn, sem data. Sobre a criação do prêmio "Kavalier der Straße" (Cavalheiro da estrada) em 1959, ver BAK, B108/ 2677, Kuratorium "Wir und die Straße", cópia, 11 nov. 1965. Sobre hábitos e boas maneiras, ver Paul Betts, "Manners, Morality, and Civilization: Reflections on Postwar German Etiquette Books", in *Histories of the Aftermath: The Legacies of the Second World War in Europe*, ed. Frank Bies e Robert G. Moeller (Nova York: Berghahn, 2010), p. 196-214, cit. p. 198-199; Jarausch, *Die Umkehr*, esp. p. 26-30. Sobre o mau comportamento ao volante, ver Tom Vanderbilt, *Traffic: Why We Drive the Way We Do (and What It Says about Us)* (Londres: Penguin, 2008), p. 19-39; Mike Michael, "The Invisible Car: The Cultural Purification of Road Rage", in *Car Cultures*, ed. Daniel Miller (Oxford: Berg, 2001), p. 59-80; Jack Katz, *How Emotions Work* (Chicago: Chicago University Press, 2000), p. 18-86.

86. *Statistisches Jahrbuch für die Bundesrepublik Deutschland 1953*, p. 341; *Statistisches Jahrbuch für die Bundesrepublik Deutschland, 1959* (Stuttgart:

Kohlhammer, 1959), p. 315; *Statistisches Jahrbuch für die Bundesrepublik Deutschland, 1963*, p. 375. Sobre o lobby, ver *Süddeutsche Zeitung*, 31 jan. 1956; "Nächstes Jahr langsamer".

87. Cartas ao editor, *GF*, n. 4, 1952, p. 29; *GF*, n. 3, 1955, p. 3. Ver também "Psychologie des Überholens"; cartas ao editor *GF*, n. 8, 1955, p. 33; *GF*, n. 1, 1957, p. 6; *GF*, n. 5, 1957, p. 3.

5. Um sucesso de exportação

1. "The Beetle Does Float", *Sports Illustrated*, 19 ago. 1963, p. 58-67.

2. "A Volkswagen Runaway", *Business Week*, 9 abr. 1955, p. 140-144; "Volkswagen May Not Be a Big Car", *Popular Mechanics*, out. 1956, 155-159, p. 304-313, esp. 155.

3. C. A. Bayly et al., "AHR Conversation: On Transnational History", *American Historical Review* 111 (2006), p. 1441-1464, cit. p. 1444.

4. Heinrich Nordhoff, "Vortag vor dem neuernannten Beirat am 22. Mai 1951", in *Reden und Aufsätze: Zeugnisse einer Ära* (Düsseldorf: Econ, 1992), p. 110-118, cit. p. 117; Heidrun Edelmann, *Heinz Nordhoff und Volkswagen: Ein deutscher Unternehmer im amerikanischen Jahrhundert* (Göttingen: Vandenhoeck & Ruprecht, 2003), p. 135-138.

5. Volker Wellhöner, *"Wirtschaftswunder"– Weltmarkt-westdeutscher Fordismus: Der Fall Volkswagen* (Münster: Westfälisches Dampfboot, 1996), p. 181. Lothar Gall, "Von der Entlassung Alfried Krupp von Bohlen und Halbachs bis zur Errichtung seiner Stiftung, 1951-1967", in *Krupp im 20. Jahrhundert: Die Geschichte des Unternehmens vom Ersten Weltkrieg bis zur Gründung der Stiftung*, ed. Lothar Gall (Berlim: Siedler, 2002), p. 473-590, cit. p. 526.

6. Hans-Ulrich Wehler, *Deutsche Gesellschaftsgeschichte, Fünfter Band: Bundesrepublik Deutschland und DDR 1949-1990* (Munique: Beck, 2008), p. 52; Nina Grunenberg, *Die Wundertäter: Netzwerke in der deutschen Wirtschaft, 1942-1966* (Berlim: Pantheon, 2007), p. 148-150; Werner Abelshauser, *Deutsche Wirtschaftgeschichte seit 1945* (Munique: Beck, 2004), p. 258-262.

7. Wellhöner, *"Wirtschaftswunder"*, p. 181-182; Markus Lupa, *Das Werk der Briten: Volkswagenwerk und Besatzungsmacht, 1945-1949* (Wolfsburg: Volkswagen, 2005), p. 72-77; Society of Motor Manufacturers and Traders, *Monthly Statistical Review March 1963* (Londres: The Society, 1963), p. 7, 22.

8. James Foreman-Peck, Sue Bowden e Alan McKinley, *The British Motor Industry* (Manchester: Manchester University Press, 1995), p. 94;

Roy Church, *The Rise and Fall of the British Motor Industry* (Cambridge: Cambridge University Press, 1999), p. 47.

9. John Ramsden, *Don't Mention the War: The British and the Germans since 1890* (Londres: Little, Brown, 2006), esp. p. 212-294. Aaron L. Friedberg, *The Weary Titan: Britain and the Experience of Relative Decline* (Princeton, NJ: Princeton University Press, 1988); Maiken Umbach, "Made in Germany", in *Deutsche Erinnerungsorte: Eine Auswahl*, ed. Etienne François e Hagen Schulze (Munique: Beck, 2005), p. 244-257.

10. "How Now, Mr. Ostrich", *Autocar*, 13 mar. 1953, p. 1; "Foreign Sales", *Autocar*, 11 maio 1956, p. 515. Sobre a rede de revendedores, ver "Volkswagen Abroad", *Autocar*, 10 ago. 1951, p. 937; "Volkswagen Production", *Autocar*, 9 abr. 1954, p. 494; "Volkswagen de Luxe Saloon", *Autocar*, 19 mar. 1954, p. 401-403; carta ao editor, *Autocar*, 10 maio 1957, p. 660.

11. *Daily Telegraph*, 1 fev. 1956; *Guardian*, 27 jun. 1960, p. 10.

12. *Daily Telegraph*, 26 mar. 1956; *Daily Telegraph*, 1 fev. 1956; *Observer*, 16 set. 1956, p. 7.

13. Sobre a falta de veículos adequados, ver carta ao editor, *Autocar*, 12 fev. 1954, p. 225; David Kynaston, *Austerity Britain, 1945-1951* (Londres: Bloomsbury, 2008), p. 497; "An Assessment of German Competition", *Motor Business*, set. 1955, p. 1-12, esp. 6; *Daily Telegraph*, 1 fev. 1956.

14. *Daily Mail*, 25 jun. 1953; *Daily Mail*, 8 nov. 1954; *Observer*, 16 set. 1956; carta ao editor, *Autocar*, 24 maio 1957, p. 724.

15. Edelmann, *Heinz Nordhoff und Volkswagen*, p. 137. Para os números, ver Henry Walter Nelson, *Small Wonder: The Amazing Story of the Volkswagen Beetle* (Nova York: Little, Brown, 1970), p. 333; Steven Tolliday, "From 'Beetle Monoculture' to the 'German Model': The Transformation of the Volkswagen, 1967-1991", *Business and Economic History* 24 (1995), p. 111-132, cit. p. 112-113.

16. U.S. Bureau of the Census, *Statistical Abstracts of the United States: 1956* (Washington, DC, 1956), p. 550. Sobre resistência, ver "A Volkswagen Runaway", p. 141, 144; "Volkswagen May Not", p. 157, 304, 313; *New York Times*, 30 jan. 1955, p. X25; "Herr Tin Lizzie", *Nation*, 3 dez. 1955, p. 475-476; "Volkswagen Races 858 Miles", *Popular Science*, set. 1956, p. 145-149, 296-298, 310; "Will Success Spoil Volkswagen?", *Popular Mechanics*, fev. 1958, p. 160-184, 254, 282-283, cit. p. 254; "Big Forever", *Time*, 13 ago. 1965, p. 71; *"Road and Track" on Volkswagen* (Cobham: Brooklands Books 1986), p. 4-7.

17. "A Volkswagen Runaway", p. 144; "Volkswagen May Not", p. 154; "Why People Buy Bugs", *Sales Management*, 19 jul. 1963, p. 33-39. Sobre famílias com dois carros, ver Sally Clarke, *Trust and Power: Consumers, the Modern Corporation, and the Making of the United States Automobile*

Market (Cambridge: Cambridge University Press, 2007), p. 239; Lizabeth Cohen, *A Consumers' Republic: The Politics of Mass Consumption in Postwar America* (Nova York: Vintage, 2004), p. 195; Maggie Walsh, *At Home at the Wheel? The Woman and Her Automobile in the 1950s* (Londres: British Library, 2007), esp. p. 3; Maggie Walsh, "Gendering Mobility: Women, Work and Automobility in the United States", *History* 93 (2008), p. 376-395, esp. 383-387; Tom McCarthy, *Auto Mania: Cars, Consumers, and the Environment* (New Haven: Yale University Press, 2007), p. 101.

18. "Volkswagen May Not", p. 154, 155, 159, 306, 313; *New York Times*, 30 jan. 1955, p. X25; "Herr Tin Lizzie", p. 475. Sobre fofura, ver Gary S. Cross, *The Cute and the Cool: Wondrous Innocence and Modern American Children's Culture* (Oxford: Oxford University Press, 2004); Anne Higonnet, *Pictures of Innocence: The History and Crisis of Ideal Childhood* (Londres: Thames and Hudson, 1998).

19. *The New York Times*, 30 jan. 1955, p. X25.

20. McCarthy, *Auto Mania*, p. 101; Clarke, *Trust and Power*, p. 249; Robert Baldwin, "The Changing Nature of U.S. Trade Policy since World War II", in *The Structure and Evolution of Recent Trade Policy*, ed. Robert E. Baldwin e Anne O. Krueger (Chicago: Chicago University Press, 1984), p. 5-32, esp. 7-13; Raymond Bauer, *American Business and Public Policy: The Politics of Foreign Trade* (Nova York: Atherton Press, 1964), p. 251-264.

21. McCarthy, *Auto Mania*, p. 99-109; David Gartman, *Auto Opium: A Social History of American Automobile Design* (Londres: Routledge, 1994), p. 136-181; Lawrence J. White, *The Automobile Industry since 1945* (Cambridge, MA: Harvard University Press, 1971), p. 92-176.

22. "The Badness of Bigness", *Consumer Reports*, abr. 1959, 206-209; "Volkswagen May Not", p. 159; "Herr Tin Lizzie", p. 476; carta ao editor, *New York Times Magazine*, 16 out. 1955, p. 6; carta ao editor, *Consumer Reports*, maio 1957, p. 210.

23. Karal Ann Marling, *As Seen on TV: The Visual Culture of Everyday Life in the 1950s* (Cambridge, MA: Harvard University Press, 1994); Andrew Hurley, *Diners, Bowling Alleys, and Trailer Parks: Chasing the American Dream in Postwar Consumer Culture* (Nova York: Basic Books, 2001); Shelley Nickels, "More Is Better: Mass Consumption, Gender and Class Identity in Postwar America", *American Quarterly* 54 (2002), p. 581-622; Alison J. Clarke, *Tupperware: The Promise of Plastic in 1950s America* (Washington, DC: Smithsonian Institution Press, 1999); Daniel Horowitz, *The Anxieties of Affluence: Critiques of American Consumer Culture, 1939-1979* (Amherst: University of Massachusetts Press, 2004), p. 101-128; Cohen, *Consumers' Republic*, p. 347-357.

24. *The New York Times*, 20 out. 1956, p. 28; carta ao editor, *The New York Times Magazine*, 2 out. 1955, p. 4. Sobre o fenômeno como um todo, ver Giles Slade, *Made to Break: Technology and Obsolescence in America* (Cambridge, MA: Harvard University Press, 2006), p. 151-186.

25. Martin Mayer, *Madison Avenue, U.S.A.* (Nova York: J. Lane, 1958), p. 26; Lola Clare Bratten, "Nothin' Could Be Finah: The Dinah Shore Chevy Show", in *Small Screens, Big Ideas: Television in the 1950s*, ed. Janet Thumin (Londres: I. B. Tauris, 2002), p. 88-104; Christopher Innes, *Designing Modern America: Broadway to Main Street* (New Haven: Yale University Press, 2005), p. 120-143, 156-169; Thomas E. Bonsall, *Disaster in Dearborn: The Story of the Edsel* (Stanford: Stanford University Press, 2002).

26. *The New York Times*, 20 out. 1956, p. 28; "Volkswagen Runaway", p. 141; "Volkswagen May Not", p. 155.

27. Grace Elizabeth Hale, *A Nation of Outsiders: How the White Middle Class Fell in Love with Rebellion in Postwar America* (Nova York: Oxford University Press, 2011), esp. p. 13-48; Robert Bruegman, *Sprawl: A Compact History* (Chicago: Chicago University Press, 2005), p. 121-136; Elaine Tyler May, *Homeward Bound: American Families in the Cold War Era* (Nova York: Basic Books, 1999 [1988]); "Comeback in the West," *Time*, 15 fev. 1954, p. 84-91, esp. 85; "Herr Tin Lizzie", p. 474; "Not since the Model T", *Forbes*, 15 jul. 1964, p. 20-21.

28. Christina von Hodenberg, "Of German Fräuleins, Nazi Werewolves, and Iraqi Insurgents: The American Fascination with Hitler's Last Foray", *Central European History* 41 (2008), p. 71-92; Petra Goedde, *GIs and Germans: Culture, Gender and Foreign Relations, 1945-1949* (New Haven: Yale University Press, 2003); Geir Lundestad, *The United States and Western Europe since 1945* (Oxford: Oxford University Press, 2005). Os parágrafos seguintes seguem a linha de raciocínio delineada em Bernhard Rieger, "From People's Car to New Beetle: The Transatlantic Journeys of the Volkswagen Beetle", *Journal of American History* 97 (2010), p. 91-115, esp. 96-99.

29. "Germany: Report on a Perplexing People", *The New York Times Magazine*, 3 abr. 1955, p. 9, 68-71; Charles Thayer, *The Unquiet Germans* (Londres: Michael Joseph, 1957), p. 43, 57-59; "Germany and the West", *Nation*, 18 jun. 1960, p. 537-538. Sobre a importância do trabalho, ver "Hans Schmidt Lives to Work", *The New York Times Magazine*, 25 maio 1959, p. 15, 81-83.

30. "Comeback in the West", p. 84; "The Volkswagen: A Success Story", *The New York Times Magazine*, 2 out. 1955, p. 14, 63-64, esp. 14.

31. "Comeback in the West," p. 86, 88; *The New York Times*, 16 nov. 1958, p. F3; "The Volkswagen: A Success Story", p. 63; "Will Success Spoil Volkswagen?", p. 180-184.

32. Jeffrey Louis Decker, *Made in America: Self-Styled Success from Horatio Alger to Oprah Winfrey* (Minneapolis: University of Minnesota Press, 1997); David E. Shi, *The Simple Life: Plain Living and High Thinking in American Culture* (Athens: University of Georgia Press, 1985).

33. Peter Novick, *The Holocaust in American Life* (Boston: Houghton Mifflin, 1999), p. 98; Brian C. Etheridge, "*The Desert Fox*, Memory Diplomacy, and the German Question in Early Cold War America", *Diplomatic History* 32:2 (2008), p. 207-231, esp. 223-232, 235-236; Shlomo Shafir, *Ambiguous Relations: The Jewish American Community and Germany since 1945* (Detroit: Wayne State University Press, 1999); Hans Koningsberger, "Should a Jew Buy a Volkswagen?", *fact* 2:1 (1965), p. 40-43.

34. Nelson, *Small Wonder*, p. 333; Wellhöner, "*Wirtschaftswunder*", p. 217; *Advertising Age*, 18 abr. 1960, p. 178; *Advertising Age*, 5 out. 1959, p. 28.

35. "Import Revival", *Time*, 24 nov. 1961, p. 77-78; Nelson, *Small Wonder*, p. 349-354; Edelmann, *Heinz Nordhoff und Volkswagen*, p. 202-203; Dana Frank, *Buy American: The Untold Story of Economic Nationalism* (Boston: Beacon Press, 1999).

36. Robert Jackall e Janice M. Hirota, *Image Makers: Advertising, Public Relations, and the Ethos of Advocacy* (Chicago: Chicago University Press, 2000), p. 67-89; Thomas Frank, *The Conquest of Cool: Business Culture, Counterculture, and the Rise of Hip Consumerism* (Chicago: Chicago University Press, 1997), p. 52-73; Daniel Pope e William Toll, "We Tried Harder: Jews in American Advertising", *Jewish American History* 72 (1982), p. 26-51, esp. 41-50.

37. Nelson, *Small Wonder*, p. 226-231, esp. 227; *Advertising Age*, 2 mar. 1959, p. 3; S. Jonathan Wiesen, "Miracles for Sale: Consumer Displays and Advertising in Postwar West Germany", *Consuming Germany in the Cold War*, ed. David Crew (Oxford: Berg, 2003), p. 151-178; Unternehmensarchiv Volkswagen AG, Wolfsburg (daqui em diante apenas UVW), 1850 (Generaldirektion 1958), memorando sobre brindes promocionais, 9 dez. 1957; UVW, 263/394, comentário sobre carta a Heinrich Nordhoff, "Werbung und Verkaufsförderung Inland", 22 abr. 1963.

38. A citação de Bernbach está em Nelson, *Small Wonder*, p. 232. Mais comentários seus em Dennis Higgins, *The Art of Advertising: Conversations with William Bernbach, Leo Burnett, George Gibson, David Ogilvy, Rosser Reeves* (Chicago: Advertising Publications, 1965), p. 11-25, esp. 14; *Advertising Age*, 27 mar. 1961, p. 87-96.

39. Dan R. Post, *Volkswagen: Nine Lives Later: the Lengthened Shadow of a Good Idea* (Arcadia: Motor Era Books, 1966), p. 193-197; Nelson, *Small Wonder*, p. 232-237; Rowsome, *Think Small: The Story of Those Volkswagen*

Ads, 71-74; *New York Times*, 19 fev. 1950, p. 10; 25 jan. 1955, p. 19; 31 jan. 1958, p. 9; McCarthy, *Auto Mania*, p. 88-89.

40. *50 Jahre Volkswagen Werbung: Stern Spezial* (Hamburg: Stern, 2002), p. 2.

41. Nelson, *Small Wonder*, p. 234-235; Frank, *Conquest of Cool*, p. 63.

42. Sobre o conceito de "cool", ver Dick Pountain and David Robbins, *Cool Rules: Anatomy of an Attitude* (Londres: Reaktion, 2000).

43. Para os números, ver Nelson, *Small Wonder*, p. 248.

44. David N. Lucsko, *The Business of Speed: The Hot Rod Industry in America, 1915-1990* (Baltimore: Johns Hopkins University Press, 2008); Robert C. Post, *High Performance: The Culture and Technology of Drag Racing, 1950-1990* (Baltimore: Johns Hopkins University Press, 1994); "Road and Track" on Volkswagen, p. 24-25, 84-85; "Shot Out at the Riverside Corral", *Hot Rod Magazine*, jun. 1967, p. 44-47. As descrições do carro foram tiradas de "The Beetle Bomb", *Time*, 20 dez. 1963, p. 64; *The New York Times*, 14 fev. 1968, p. 38; "Bug Is Small, but Oh My!", *Sports Illustrated*, 12 dez. 1966, p. 22-23; *The New York Times*, 8 dez. 1968, p. 6.

45. Nelson, *Small Wonder*, p. 321; Bob Waar, *Baja-Prepping VW Sedans and Dune Buggies* (Los Altos: H. P. Books, 1970); Gary Gladstone, *Dune Buggies* (Filadélfia: Lippincott, 1972).

46. Michael Mase, entrevista concedida por telefone ao autor, 21 jul. 2009. Sobre a Kombi, ver Bernd Wiersch, *Der VW Bully: Die Transporter Legende für Leute und Lasten* (Bielefeld: Delius Klasing, 2009); Kirse Granat May, *Golden State, Golden Youth: The California Image in Popular Culture, 1955-1966* (Chapel Hill: University of North Carolina Press, 2002), esp. p. 74-113; Drew Kampion e Bruce Brown, *A History of Surf Culture* (Colônia: Taschen, 2003), esp. p. 69-108; Lawrence Culver, *The Frontier of Leisure: Southern California and the Shaping of America* (Oxford: Oxford University Press, 2010), p. 170-197; *Small World*, inv. 1963/1964, p. 3-4; ibid., out. 1964, p. 17.

47. Hale, *A Nation of Outsiders*, p. 84-131, 163-237. Sobre o Fusca em Woodstock e em *happenings*, ver "Talk of the Town," *New Yorker*, 30 ago. 1969, p. 17-21; *New York Times*, 13 ago. 1967, p. 71.

48. Peter Abschwanden, "How I Got the Bug in My Eye", in *My Bug: For Everyone Who Owned, Loved, or Shared a VW Beetle*, ed. Michael J. Rosen (Nova York: Artisan, 1999), p. 19-22, cit. p. 19; Jean Rosenbaum, *Is Your Volkswagen a Sex Symbol?* (Nova York: Hawthorn, 1972), p. 19-20; *Small World*, out. 1968, p. 12-13; ibid., inv. 1969, folha de rosto, p. 12-13; ibid., inv. 1970, p. 12-13.

49. John Muir, *How to Keep Your Volkswagen Alive: A Manual of Step-by-Step Procedures for the Compleat Idiot* (Santa Fe: John Muir, 1990 [1969]), p. 3.

50. A relativa simplicidade técnica do Fusca também contribuiu para isso. Ver *The Last Whole Earth Catalogue: Access to Tools* (Nova York: Random House, 1971), p. 248.

51. Susan Sackett, *The Hollywood Reporter Book of Box Office Hits, 1939 to the Present* (Nova York: Billboard Books, 1996), p. 202-204; British Film Institute, Londres, "The Love Bug", acervo de microfilmes, arquivo *The Love Bug,* Walt Disney Studios, material de imprensa de *The Love Bug* (Los Angeles, 1969); "The Love Bug", *Variety,* 11 dez. 1968, p. 10; acervo de microfilmes do BFI, arquivo *The Love Bug,* clipping sem título, *Time,* 4 abr. 1969; *Hollywood Reporter,* 9 dez. 1968, p. 3, 8.

52. "Wunder der Wanze", *Der Spiegel,* 26 maio 1965, p. 119-125, esp. 125; "Käfer-Strategie", *Auto Motor und Sport,* n. 25, 1962, p. 12-13, cit. p. 13; *Hessische Nachrichten,* 24 jul. 1957; *Schwäbische Landeszeitung,* 6 abr. 1957; "Die Dinosaurier", *Der Spiegel,* 28 maio 1958, p. 54-55, cit. p. 54.

53. *Christ und Welt,* 19 jul. 1963; *Hannoversche Allgemeine Zeitung,* 13 jul. 1963. Sobre a qualidade de fabricação alemã, ver Sebastian Conrad, *Globalisierung und Nation im Deutschen Kaiserreich* (Munique: Beck, 2006); Joan Campbell, *Joy in Work, German Work: The National Debate, 1800-1945* (Princeton, NJ: Princeton University Press, 1989).

54. "Mit 30 immer noch ein flotter Käfer", *Quick,* 22 jan. 1967, p. 45; Johannes Paulmann, "Deutschland in der Welt: Auswärtige Repräsentation und reflexive Selbstwahrnehmung nach dem 2. Weltkrieg: eine Skizze", in *Koordinaten deutscher Geschichte in der Epoche des Ost-West Konflikts,* ed. Hans-Günther Hockerts (Munique: Oldenbourg, 2004), p. 63-78; Kay Schiller e Christopher Young, *The 1972 Munich Olympics and the Making of Modern Germany* (Berkeley: University of California Press, 2010), esp. p. 87-126.

55. Edelmann, *Heinz Nordhoff und Volkswagen,* p. 137; *Christ und Welt,* 19 jul. 1963; *Die Zeit,* 11 jun. 1965.

56. Eckberth von Witzleben, "Des Käfers Schritte: Die Volkswagen--Chronologie", in *Käfer: Der Erfolkswagen; Nutzen – Mythos – Alltag,* ed. Wilhelm Hornbostel e Nils Jockel (Munique: Prestel, 1997), p. 11-130, cit. p. 123; Detlef Siegfried, *Time Is on My Side: Konsum und Politik in der westdeutschen Jugendkultur der 60er Jahre* (Göttingen: Wallstein, 2006), p. 264-274. Sobre os Fuscas dos hippies, ver *Das deutsche Auto: Volkswagenwerbung und Volkskultur,* ed. Knuth Hickethier, Wolf Dieter Lützen e Karin Reiss (Wiesmar: Anabas, 1974), p. 222-227.

57. "Harte Männer, weiche Muskeln", *Der Spiegel,* 16 set. 1964, p. 108-109; *Werbung in Deutschland: Jahrbuch der deutschen Werbung '64,* ed. Eckard Neumann e Wolfgang Spraug (Düsseldorf: Econ, 1964).

58. "Luft und Luft", *Der Spiegel*, 2 maio 1966, p. 103-104; *Die Welt*, 8 jul. 1966; *Münchner Merkur*, 12 out. 1966.

6. "O Fusca está morto – vida longa ao Fusca"

1. Unternehmensarchiv Volkswagen, Wolfsburg (daqui em diante apenas UVW), 373/162,3, minutas, reunião do conselho executivo, 12 dez. 1971, p. 7; "Classic VW Beetle TV Ad: Der Weltmeister!", <www.youtube.com/watch?v=Ym0pLJU9R2E> (acessado em 17 ago. 2011).

2. Charles Maier, "'Malaise': The Crisis of Capitalism in the 1970s", in *The Shock of the Global: The 1970s in Perspective*, ed. Niall Ferguson et al. (Cambridge, MA: Harvard University Press, 2010), p. 25-48; Charles Maier, "Two Sorts of Crisis? The 'Long' 1970s in the West and the East", in *Koordinaten deutscher Geschichte in der Epoche des Ost-West-Konflikts*, ed. Hans Günther Hockerts (Munique: Oldenbourg, 2004), p. 49-62; Martin Geyer, "Rahmenbedingungen: Unsicherheit als Normalität", in *Geschichte der Sozialpolitik in Deutschland seit 1945: Band 6, 1974-1982*, ed. Martin Geyer (Baden-Baden: Nomos, 2008), p. 1-110; Anselm Doering-Manteuffel e Lutz Raphael, *Nach dem Boom: Perspektiven auf die Zeitgeschichte seit 1970* (Göttingen: Vandenhoeck & Ruprecht, 2008), esp. p. 34-42; Gerold Ambrosius, "Sektoraler Wandel und internationale Verflechtung: Die bundesdeutsche Wirtschaft im Übergang zu einem neuen Strukturmuster", in *Auf dem Weg in eine andere Moderne? Die Bundesrepublik Deutschland in den siebziger und achtziger Jahren*, ed. Thomas Raitel, Andreas Rödder e Andreas Wirsching (Munique: Oldenbourg, 2009), p. 17-30; Konrad H. Jarausch, "Verkannter Strukturwandel: Die siebziger Jahre als Vorgeschichte der Probleme der Gegenwart", in *Das Ende der Zuversicht? Die siebziger Jahre als Geschichte*, ed. Konrad Jarausch (Göttingen: Vandenhoeck & Ruprecht, 2008), p. 9-26.

3. Morten Reitmayer e Ruth Rosenberger, "Unternehmen am Ende des 'goldenen Zeitalters': Die 1970er Jahre in unternehmens- und wirtschaftshistorischer Perspektive", in *Unternehmen am Ende des "goldenen Zeitalters": Die 1970er Jahre in unternehmens- und wirtschaftshistorischer Perspektive*, ed. Morten Reitmayer e Ruth Rosenberger (Essen: Klartext, 2008), p. 9-26; Kim Christian Priemel, "Industrieunternehmen, Strukturwandel und Rezession: Die Krise des Flick-Konzerns in den siebziger Jahren", *Vierteljahrshefte für Zeitgeschichte* 57 (2009), p. 1-31.

4. "Ist der VW veraltet? Teil I", *Stern*, n. 43, 1957, p. 52-61; "Ist der VW veraltet? Teil II", ibid., n. 44, 1957, p. 60-65; Christina von Hodenberg, *Konsens und Krise: Ein Geschichte der westdeutschen Medienöffentlichkeit, 1945-1973* (Göttingen: Wallstein, 2006), p. 183-186.

5. Cartas ao editor, *Stern*, n. 46, 1957, p. 57; "Ist der VW veraltet?", *Der Spiegel*, 30 set. 1959, p. 40-58; cartas ao editor, ibid., 7 out. 1959, p. 3-14.

6. Walter Henry Nelson, *Small Wonder: The Amazing Story of the Volkswagen Beetle* (Boston: Little, Brown, 1970), p. 349-354; Bernd Wiersch, *Volkswagen Typenkunde, 1945-1974* (Bielefeld: Delius Klasing, 2010), p. 50-79.

7. Manfred Grieger et al., *Volkswagen Chronik* (Wolfsburg: Volkswagen, 2004), p. 63, 73; Volkswagenwerk AG, *Bericht über das Geschäftsjahr 1963* (Wolfsburg: Volkswagenwerk, 1964), p. 10; Volkswagenwerk AG, *Bericht über das Geschäftsjahr 1966* (Wolfsburg: Volkswagenwerk, 1967), p. 8; Anne von Oswald, "Volkswagen, Wolfsburg und die italienischen 'Gastarbeiter,' 1962-1975", *Archiv für Sozialgeschichte* 42 (2002), p. 55-79; Roberto Sala, "Vom Fremdarbeiter zum 'Gastarbeiter': Die Anwerbung italienischer Arbeitskräfte für die deutsche Wirtschaft (1938-1973)", *Vierteljahrshefte für Zeitgeschichte* 55 (2007), p. 93-120; Ulrich Herbert e Karin Hunn, "Guest Workers and Policy on Guest Workers in the Federal Republic: From the Beginning of Recruitment in 1955 until Its Halt in 1973", in *The Miracle Years: A Cultural History of West Germany, 1949-1968*, ed. Hanna Schissler (Princeton, NJ: Princeton University Press, 2001), 187-218.

8. "Die große Jagd beginnt: Opel Kadett", *Auto Motor und Sport* (daqui em diante apenas *AMS*), n. 18, 1962, p. 25-28, cit. p. 28. Ver também "Daten und Fahreigenschaften des Opel Kadett", *AMS*, n. 19, 1962, p. 14-17; "Ford Taunus 12M", *AMS*, n. 22, 1962, pp; 20-25.

9. Steven Tolliday, "From 'Beetle Monoculture' to the 'German Model': The Transformation of Volkswagen, 1967-1991", *Business and Economic History* 24 (1995), p. 111-132, 112; UVW, 69/530/2, Dokument B. 3358, Strukturverschiebungen auf dem Automobilmarkt.

10. Wiersch, *Volkswagen Typenkunde*, p. 56-62, 70-75; "VW 1500: Deutschlands Maßhalte- Auto", *Der Spiegel*, 31 out. 1962, p. 70-79; Kurt Lotz, *Lebenserfahrungen: Worüber man in Wirtschaft und Politik auch sprechen sollte* (Düsseldorf: Econ, 1978), 93.

11. UVW, fi le 69/530/2, Dokument B. 4216, Markenloyalitätsrate.

12. Lotz, *Lebenserfahrungen*, p. 94; *Kölnische Rundschau*, 29 mar. 1966.

13. Nelson, *Small Wonder*, p. 337, 355-356; Tom McCarthy, *Auto Mania: Cars, Consumers, and the Environment* (New Haven: Yale University Press, 2007), p. 165-175; Jameson M. Wetmore, "Redefining Risks and Redistributing Responsibilities: Building Networks to Increase Automobile Safety", *Science, Technology and Human Values* 29 (2004), p. 377-405, esp. 382-389; UVW, arquivo 69/722/2, minutas, reunião do conselho executivo, 7 jun. 1967, p. 11.

14. *The New York Times*, 7 jul. 1967, p. 1; 12 jan. 1968, p. 47; 15 abr. 1966, p. 20; John W. Garrett e Arthur Stern, *A Study of Volkswagen Accidents in the USA* (Buffalo: Cornell Aeronautical Laboratory, 1968); Center for Auto Safety, *Small: on Safety: The Designed-in Dangers of the Volkswagen* (New York: Grossman, 1972).

15. Cit. em Tolliday, "From 'Beetle Monoculture'", p. 113.

16. Werner Conze, *Die Suche nach der Sicherheit: Eine Geschichte der Bundesrepublik Deutschland von 1949 bis zur Gegenwart* (Munique: Siedler, 2009), p. 362-363; Werner Abelshauser, *Deutsche Wirtschaftsgeschichte seit 1945* (Munique: Beck, 2004), p. 288-292; Detlef Siegfried, "Prosperität und Krisenangst: Die zögerliche Versöhnung der Bundesbürger mit dem neuen Wohlstand", in *Mit dem Wandel leben: Neuorientierung und Tradition in der Bundesrepublik der 1950er und 60er Jahre,* ed. Friedrich Kießling e Bernhard Rieger (Colônia: Böhlau, 2011), p. 63-78, esp. 69-72.

17. Grieger et al., *Volkswagen Chronik*, p. 71, 75; UVW, 69/722/2, minutas, reunião do conselho executivo, 6 abr. 1967, p. 8-9; *Süddeutsche Zeitung*, 20 maio 1967; Manfred Grieger, "Der neue Geist im Volkswagenwerk: Produktinnovation, Kapazitätsausbau und Mitbestimmungsmodernisierung, 1968-1976", in Reitmayer e Rosenberger, *Unternehmen am Ende,* p. 31-66, cit. p. 34.

18. UVW, 69/722/2, minutas, reunião do conselho executivo, 10 nov. 1967, p. 8-9.

19. Ver Grieger, "Der neue Geist", p. 36-44; Lotz, *Lebenserfahrungen,* esp. p. 101-109; *Die Zeit,* 16 abr.1971; 25 jun. 1971; *Süddeutsche Zeitung,* 11 set. 1971.

20. Grieger et al., *Volkswagen Chronik*, p. 97.

21. Grieger, "Der neue Geist", p. 44-54; UVW, 69/730/1, minutas, reunião do conselho executivo, 15 jan. 1974, p. 2; ibid., minutas, reunião do conselho executivo, 23 jan. 1974, p. 3; ibid., minutas, reunião do conselho executivo, 11 mar. 1974, p. 5.

22. *Frankfurter Allgemeine Zeitung,* 18 abr. 1975; *Die Welt,* 18 abr. 1975; Deutscher Bundestag, Berlim, Pressedokumentation, arq. 102-5/10, *Heute* (edição das 7h), transcrição, 15 abr. 1975; *Plusminus,* transcrição, 17 abr. 1975; "Massenentlassungen, Millionenverluste, Managementkrise: Was wird aus VW?", *Der Spiegel,* 14 abr. 1975, p. 25-33; *Deutsche Zeitung,* 18 abr. 1975; *Die Zeit,* 18 abr. 1975; *Frankfurter Allgemeine Zeitung,* 8 fev. 1975.

23. "VW: war denn alles falsch?", *Stern,* n. 18, 1975, p. 170.

24. Jürgen Peter Schmied, *Sebastian Haffner: Eine Biographie* (Munique: Beck, 2010), p. 407-429.

25. Grieger, "Der neue Geist", p. 54-64; Tolliday, "From 'Beetle Monoculture'", p. 121-123; *Frankfurter Allgemeine Zeitung*, 8 jul. 1976; *Stuttgarter Zeitung*, 8 jul. 1976.

26. *General-Anzeiger*, 8 nov. 1977; *Die Welt*, 19 dez. 1977.

27. *General-Anzeiger*, 8 nov. 1977; *Frankfurter Rundschau*, 31 dez. 1977.

28. Centro de Informações da DDB, Nova York, arq. corp-Volkswagen, *CBS Evening News with Morton Dean*, transcrição, 26 ago. 1977; *New York Times*, 21 ago. 1977, p. 1-2.

29. *Süddeutsche Zeitung*, 20 mar. 1985; *Neue Ruhr Zeitung*, 1 fev. 1985; *Hannoversche Allgemeine*, 26 mar. 1985.

7. "Tenho um *Vochito* no meu coração"

1. Unternehmensarchiv, Volkswagen AG, Wolfsburg (daqui em diante apenas UVW), 174/641/2, telex, Helmut Barschkis para dr. Prinz, 26 nov. 1971.

2. Alexander Gromow, *Eu amo Fusca* (São Paulo: Ripress, 2003); Joel Wolfe, *Autos and Progress: The Brazilian Search for Modernity* (Nova York: Oxford University Press, 2010).

3. Ryszard Kapurcinski, *The Emperor: Downfall of an Autocrat* (Londres: Penguin, 2006), 12-13, 162; *New York Times,* 13 set. 1974, A1, p. A13.

4. Harm G. Schröter, "Außenwirtschaft im Boom: Direktinvestitionen bundesdeutscher Unternehmen im Ausland, 1950-1975", in *Der Boom 1948-1973: Gesellschaftliche und wirtschaftliche Folgen in der Bundesrepublik Deutschland und in Europa,* ed. Hartmut Kaelble (Opladen: Leske & Budrich, 1992), p. 82-106; Werner Abelshauser, *Deutsche Wirtschaftsgeschichte seit 1945* (Munique: Beck, 2004); Harold James, *Krupp: Deutsche Legende und globales Unternehmen* (Munique: Beck, 2011).

5. UVW, 174/435/3, anotação sobre conversa, 13 jan. 1965; *El Sol de Puebla*, 2 dez. 1967.

6. Ver Claudia Nieke, *Volkswagen am Kap: Internationalisierung und Netzwerke in Südafrika 1950 bis 1966* (Wolfsburg: Volkswagen AG, 2010), p. 5, 187-193; Ludger Pries, "Volkswagen: Accelerating from a Multinational to a Transnational Automobile Company", in *Globalization or Regionalization of the European Car Industry?*, ed. Michel Freyssenet et al. (Londres: Palgrave Macmillan, 2003), p. 51-72, esp. 54-55; Frank Wellhöner, *"Wirtschaftswunder": Weltmarkt-westdeutscher Fordismus: Der Fall Volkswagen* (Münster: Westfälisches Dampfboot, 1996), p. 259-304.

7. Jeffry A. Frieden, *Global Capitalism: Its Fall and Rise in the Twentieth Century* (Nova York: Norton, 2006), p. 303-306; Asociación Nacional de

Distribudores de Automóviles, *Aspectos fundamentales de la fabricación y distribución de automóviles y camiones en México* (Cidade do México: Arana, 1966), p. 32-33; Douglas C. Bennett e Kenneth E. Sharpe, *Transnational Corporations versus the State: The Political Economy of the Mexican Auto Industry* (Princeton, NJ: Princeton University Press, 1985), p. 117-154.

8. Enrique Cárdenas, *La política económica en México, 1950-1994* (Cidade do México: El Colegio de México, 1996), p. 56-85; Elsa M. Gracida, *El desarrolismo: Historia económica de México,* v. 5 (Cidade do México: UNAM, 2004); INEGI, *Estadísticas historicas de México, cuarta edición,* v. 1 (Aguascalientes: SNC, 2000), p. 334; Nora Lustig, *Mexico: The Remaking of an Economy* (Washington, DC: Brookings Institution, 1992), p. 17; Nacional financiera, *La economía Mexicana en cifras 1990: 11a edición* (Cidade do México: INEGI, 1990), p. 47; *Handelsblatt,* 15 set. 1969 (edição especial, *Mexiko: Ein Wegweiser für den deutschen Geschäftsmann*); *Die Welt,* 22 nov. 1966.

9. UVW, 174/435/3, minutas de reunião, Vorstands-Ausschuß für Tochtergesellschaften im Ausland und Montagewerke, 12 fev. 1964; UVW, 69/826/2, Situationsbericht der Volkswagen de Mexico, S.A. de C.V., jan. 1967; UVW, 69/826/2, memorando de Helmut Barschkis, Xalostoc, jan. 5, 1967; Politisches Archiv, Auswärtiges Amt, Berlin (hereafter PA), B65--IIIB4, v. 181, relatório, Embaixada Alemã no México, 2 mar. 1964; UVW, 174/640/2, carta, Gustavo Díaz Ordaz para Kurt Lotz, 18 fev. 1969; UVW, 174/640/2, carta, Helmut Barschkis para Kurt Lotz, 27 jul. 1970.

10. UVW, 174/435/3, minutas de reunião, Vorstands-Ausschuß für Tochtergesellschaften im Ausland und Montagewerke, 28 ago. 1963; UVW, 69/826/2, relatório, Volkswagen de México, 2 fev. 1968, p. 2.

11. Gerhard Schreiber, *Una historia sin fin: Volkswagen de México* (Puebla: Volkswagen de México, 1988), p. 395; UVW, 69/826/2, relatório, Betriebswirtschaftliche Abteilung, Volkswagen de México, 2 fev. 1968, p. 1; UVW, 174/435/3, minutas de reunião, Vorstands- Ausschuß für Tochtergesellschaften im Ausland und Montagewerke, 22 jun. 1967; UVW, 69/723/1, minutas, reunião do conselho executivo, 10 nov. 1967, p. 11; Archivo, Programa de Industria Automotriz, Benemérita Universidad Autónoma de Puebla (daqui em diante apenas APIA), banco de dados *Sedán en la industria automotriz en México*.

12. Asociación Nacional, *Aspectos fundamentales,* p. 38, 48; Alonso Aguilar Monteverde e Fernando Carmona, *México: Riqueza y miseria* (Cidade do México: Editorial Nuestro Tiempo, 1968); "La invasión de menores", *Automundo,* abr. 1971, p. 72-75, 74; UVW, 69/731/1, minutas, reunião do conselho executivo, 28 ago. 1973.

13. Schreiber, *Una historia sin fin*, p. 397; Asociación Mexicana de la Industria Automotriz (daqui em diante apenas AMIA), *La industria automotriz de México en cifras, edición 1988* (Cidade do México: AMIA, 1988), p. 81; AMIA, *Organo informativo*, v. 349, dez. 1994, p. 4; AMIA, *Organo informativo*, v. 373, dez. 1996, p. 5; Nacional financiera, *La economía Mexicana en cifras 1990*, p. 47, 100; Miguel Ángel Vite Pérez, *La nueva desigualdad social Mexicana* (Cidade do México: Miguel Ángel Porrúa, 2007); Isabel Rueda Peiro, *La cresciente desigualdad en México* (Cidade do México: UNAM, 2009).

14. Schreiber, *Una historia sin fin*, p. 80-86; PA, B65-IIIB4, v. 181, relatório, Embaixada Alemã no México, 26 de abril, 1967; Wil Pansters, *Politics and Power in Puebla: The Political History of a Mexican State, 1937-1987* (Amsterdã: CEDLA, 1990), p. 102-123; UVW, 69/826/2, telex, Helmut Barschkis para Verwaltungsrat Volkswagen AG, 24 abr. 1967.

15. UVW, 69/826/2, relatório, Volkswagen de México, 22 fev. 1968, p. 2; UVW, 69/731/1, minutas, reunião do conselho executivo, 6 nov. 1973.

16. PA, B65-IIIB4, v. 181, relatório, Embaixada Alemã no México, 19 fev. 1968; operário A.J., entrevista ao autor, Puebla, 19 set. 2008; operário S.L.A.C., entrevista ao autor, Puebla, 27 set. 2008.

17. Schreiber, *Una historia sin fin*, p. 396; operário F.G.L., entrevista ao autor, Puebla, 23 fev. 2008.

18. Operário E.T.G., entrevista ao autor, Puebla, 20 set. 2008; Yolanda Montiel, *Proceso de trabajo, acción sindical y nuevas tecnologías en Volkswagen de México* (Cidade do México: Colección Miguel Othón, 1991), p. 97; operário C.C.P.O., entrevista ao autor, Puebla, 23 set. 2008; operário F.G., entrevista ao autor, Puebla, 20 set. 2008; A.J., entrevista.

19. *El Sol de Puebla*, 20 dez. 1967, p. 1-2; F.G., entrevista; A.J., entrevista.

20. A.J., entrevista; operário J.D.D., entrevista ao autor, 23 set. 2008; F.G., entrevista; J.D.D., entrevista.

21. Montiel, *Proceso de trabajo*, p. 48, 57, 60-61; J.D.D., entrevista; APIA, *Contracto colectivo de trabajo Volkswagen de México*, 1976, 29.

22. Huberto Juárez Núñez, "Global Production and Worker Response: The Struggle at Volkswagen", *Working USA* 9 (2006), p. 7-28; Steven J. Bachelor, "Toiling for the 'New Invaders': Autoworkers, Transnational Corporations, and Working-Class Culture in Mexico City, 1955-1968", in *Fragments of a Golden Age: The Politics of Culture in Mexico since 1940*, ed. Gilbert Joseph, Anne Rubinstein e Eric Zolov (Durham: Duke University Press, 2001), p. 273-326, esp. 287-291; Montiel, *Proceso de trabajo*, p. 249.

23. Kevin J. Middlebrook, "Democratization in the Mexican Car Industry: A Reappraisal", *Latin American Research Review* 24:2 (1989), p. 69-93; Elena Poniatowska, *La noche de Tlatelolco* (Cidade do México: Biblioteca

Era, 1998); Pansters, *Politics and Power in Puebla,* p. 125-128; Yolanda Montiel, *Breve historia del sindicato independiente de Volkswagen de México* (Cidade do México: Fundación Friedrich Ebert, 2007), p. 19.

24. Montiel, *Proceso de trabajo,* p. 82, 170-178; Schreiber, *Una historia sin fin,* p. 126.

25. José Luis Ávila, *La era neoliberal: Historia económica de México,* v. 6 (Cidade do México: UNAM, 2006), p. 280; *El Sol de Puebla,* 7 ago. 1978, p. 1, 10; *La Jornada,* 1 jul. 1987, p. 11; *La Jornada,* 3 jul. 1987, p. 13; *Die Tageszeitung,* 12 ago 1987; *Die Tageszeitung,* 11 ago. 1987.

26. *La Jornada,* 12 ago. 1987, p. 10, 32; *El Sol de Puebla,* 12 ago. 1987, p. 1, 10; *La Jornada,* 6 ago. 1987, p. 10, 32; 12 ago. 1987; *El Sol de Puebla,* 6 ago. 1987, p. 1, 10; 12 ago. 1987, p. 1, 3.

27. *La Jornada,* 12 ago. 1987, p. 11. Ver também *La Jornada,* 27 ago. 1987, p. 1.

28. Pries, "Volkswagen: Accelerating from a Multinational", p. 56-62; Juárez, "Global Production", p. 11-12; Hans-Ludger Pries, "Globalisierung und Wandel internationaler Unternehmen: Konzeptionelle Überlegungen am Beispiel der deutschen Automobilkonzerne", *Kölner Zeitschrift für Soziologie und Sozialpsychologie* 52 (2000), p. 670-695.

29. *La Jornada,* 13 ago. 1992, p. 23, 56; 12 ago. 1992, p. 1, 14; Huberto Juárez Núñez, "La impunidad empresarial y nuevas relaciones de trabajo en VW, 1992", *Trabajo y democracia hoy: Número 64, edición especial* (2001), p. 130; Rainer Dombois and Hans-Ludger Pries, *Neue Arbeitsregimes im Transformationsprozeß Lateinamerikas: Arbeitsbeziehungen zwischen Markt und Staat* (Münster: Westfälisches Dampfboot, 1999), p. 115-121.

30. Sobre a posição da VW, ver *La Jornada,* 27 jul. 1992, p. 44, 14; Schreiber, *Una historia sin fin,* p. 395; AMIA, *Organo informativo,* v. 443, dez. 2001, p. 7; Juárez, "Global Production", p. 14.

31. *Die Tageszeitung,* 21 ago. 1992; *Frankfurter Rundschau,* 30 jul. 1992; *Frankfurter Allgemeine Zeitung,* 30 jul. 1992; *Süddeutsche Zeitung,* 3 ago. 1992; *Tagesspiegel,* 25 nov. 1992; *Frankfurter Allgemeine Zeitung,* 23 nov. 1992; *Welt am Sonntag,* 22 nov. 1992.

32. Asociación Nacional, *Aspectos fundamentales,* p. 48; UVW, 174/435/3, minutas, conversa entre Octaviano Campos Salas e Otto Höhne, [s.d.].

33. Dennis Gilbert, *Mexico's Middle Class in the Neoliberal Era* (Tucson: University of Arizona Press, 2007), p. 12, 29; "La invasión de menores", p. 74-75; Asociación Nacional, *Aspectos fundamentales,* p. 38.

34. Gilbert, *Mexico's Middle Class,* p. 38-40; Salvador de Lara Rangel, "El impacto económico de la crisis sobre la clase media", in *Las clases medias en la conyuntura actual,* ed. Soledad Loanza e Claudio Stern (Cidade do

México: El Colegio de México, 1987), p. 29-49; Huberto Juárez Núñez, "Ahora sí, auto para los pobres", *Crítica: Revista de la Universidad Autónoma de Puebla* 41/42 (1990), p. 67-69.

35. *Publicidad Mexicana: Su historia, sus institucións, sus hombres,* ed. José A. Villamil Diarte (Cidade do México: Demoscopia, 1971), p. 237; *Automundo,* dez. 1970, p. 47; Jeffrey M. Pilcher, "Mexico's Pepsi Challenge: Traditional Cooking, Mass Consumption, and National Identity", in Joseph, Rubinstein e Zolov, *Fragments of a Golden Age,* p. 71-90, esp. 81.

36. *El Sol de Puebla,* 13 set. 1980, p. 1, 2, 8; "Somos exportadores", *Automundo,* jun. 1971, p. 14.

37. *El Sol de Puebla,* 19 out. 1990, p. 1, 6.

38. *Automundo,* ago. 1977, p. 43; Jeffrey Pilcher, *¡Que vivan los tamales! Food and the Making of Mexican Identity* (Albuquerque: University of New Mexico Press, 1998), p. 130, 139-141.

39. J.D.D., entrevista; C.C.P.O., entrevista.

40. E.T.G., entrevista; F.G., entrevista; conversa do autor com vendedor ambulante, Calle Rio Lerma, Cidade do México, 13 set. 2008.

41. Schreiber, *Una historia sin fin,* p. 345-377. "¿Es mi mama un Volkswagen?", *Automundo,* maio 1971, p. 46; A.J., entrevista; F.G., entrevista; E.T.G., entrevista.

42. Operário C.G.L., entrevista ao autor, Puebla, 23 set. 2008. Piada contada por Huberto Juárez Núñez, Puebla, 22 set. 2008.

43. John Mason Hart, *Empire and Revolution: The Americans in Mexico since the Civil War* (Berkeley: University of California Press, 2002); Julio Moreno, *Yankee Don't Go Home! Mexican Nationalism, American Business Culture, and the Shaping of Modern Mexico, 1920-1950* (Chapel Hill: University of North Carolina Press, 2003); Stephen D. Morris, *Gringolandia: Mexican Identity and the Perception of the United States* (Lanham: Rowman & Littlefield, 2005), p. 215-242.

44. Pierre Nora, *Les lieux de memoire,* 7 v. (Paris: Gallimard, 1984-1992).

45. A desconfiança em relação às oficinas mecânicas do país é mencionada em Gerardo Salgado Fonseca, *Cómo reparar su Volkswagen* (Cidade do México: Editores Mexicanos Unidos, 1988), p. 7; conversa entre F.G. e Huberto Juárez Núñez, Puebla, 20 set. 2008; conversa entre J.D.D. e C.C.P.O., Puebla, 23 set. 2008.

46. Conversa entre Huberto Juárez Núñez e A.J., Puebla, 19 set. 2008; C.C.P.O., entrevista; A.J., entrevista.

47. S.L.A.C., entrevista.

48. Conversa com guia turístico durante passeio pela fábrica, Puebla, 1 out. 2008; E.T.G., entrevista; *Reforma,* 20 set. 2008, sección automotriz, p. 18.

49. Francis Alÿs, *Ensayo I* (1999), em exposição em *Francis Alÿs: A Story of Deception*, Tate Modern, Londres, 15 jun. a 5 set. 2010.

8. Novos e velhos Fuscas

1. *Mad Men*, "Ladies Man", exibido originalmente pelo canal AMC, 26 jul. 2007.

2. Frank Witzel, Klaus Walter e Thomas Meinecke, *Die Bundesrepublik Deutschland* (Hamburg: Nautilus, 2009); Episódio 1, disco 1, *Life on Mars*, direção de Bharat Nalluri (Londres: Kudos Film, 2006).

3. Steven M. Gelber, *Hobbies: Leisure and the Culture of Work in America* (Nova York: Columbia University Press, 1999), p. 139; Wolfgang Hardtwig, *Verlust der Geschichte: oder wie unterhaltsam ist die Vergangenheit?* (Berlim: Vergangenheitsverlag, 2010).

4. M. Santoro, "Das große Krabbeln", *Gute Fahrt*, n. 6, 2010, p. 73-76, cit. p. 76; Brett Hawksbee, *Bug Jam and All That* ([s.l.]: Sane VA Publications, 2007), p. 11; "Bugjam VW Festival", <www.bugjam.co.uk> (acessado em 29 ago. 2011).

5. "Vintage Volkswagen Club of America", <www.vvwca.com/aboutus> (acessado em 29 ago. 2011); Michael Mößlang, "Die Anfänge", *Der Käfer*, n. 3, 1985, p. 23-27.

6. Questionário 2, distribuído na London Volksfest, North Weald Airfield, 1 ago. 2004.

7. Sobre as subculturas motorizadas, ver Dick Hebdige, "Object as Image: The Italian Scooter Style", in *Hiding in the Light* (Londres: Routledge, 1988), p. 77-115.

8. Questionário 1, distribuído na London Volksfest, North Weald Airfield, 1 ago. 2004; questionário 3, distribuído na London Volksfest, North Weald Airfield, 1 ago. 2004; questionário 7, distribuído na London Volksfest, North Weald Airfield, 1 ago 2004.

9. Classificados, *VolksWorld*, mar. 2006, p. 102; Frank Weigl, entrevista ao autor, Nuremberg, 24 jul. 2011; Gisela Feldner, entrevista ao autor, Nuremberg, 24 jul. 2011; A.J., entrevista ao autor, Puebla, 19 set. 2008.

10. Questionário 3, distribuído em Steintribünentreffen, Nuremberg, 24 jul. 2011; questionário 3, Nuremberg; questionário 5, distribuído em Steintribünentreffen, Nuremberg, 24 jul. 2011; Klaus Jahn, entrevista ao autor, Nuremberg, 24 jul. 2011.

11. Questionário 2, Nuremberg; questionário 1, Nuremberg; questionário 3, distribuído na London Volksfest, North Weald Airfield, 1 ago. 2004; questionário 5, distribuído na London Volksfest, North Weald Airfield, 1 ago 2004.

12. Questionário 3, North Weald Airfield; Volker Petz, entrevista ao autor, Nuremberg, 24 jul. 2011; Joe Hughes, comunicado pessoal ao autor, Middletown, CT, 27 mar. 2008.

13. Entrevista com entusiasta não identificado do VW, Nuremberg, 24 jul. 2011.

14. Keith Seume, *The Story of the California Look VW* (Beaworthy: Herridge and Sons, 2008), p. 23; David N. Lucsko, *The Business of Speed: The Hot Rod Industry in America, 1915-1990* (Baltimore: Johns Hopkins University Press, 2008), p. 85-102.

15. Paul Wager, *Beetlemania* (Londres: Grange Books, 1995), p. 44. Ver também Alessandro Pasi, *The Beetle: A History and a Celebration* (Londres: Aurum Press, 2000), p. 97-105; Susan Sontag, "Notes on Camp", in *Against Interpretation and Other Essays* (Londres: Penguin, 2009), p. 275-292, esp. 275, 281; Christopher Breward, "The Uses of 'Notes on Camp'", in *Postmodernism: Style and Subversion, 1970-1990,* ed. Glenn Adamson e Jane Pavitt (Londres: V&A Publishing, 2011), p. 166-169.

16. Rich Kimball, "The Restoration of a Driver", *Dune Buggies and Hot VWs,* mar. 1986, p. 84-87, cit. p. 87; Steve Mierz, "The Real Deal", *VW Autoist,* jan./fev. 1998, p. 6-9, cit. p. 7.

17. Santoro, "Das große Krabbeln", 74; questionário 7, distribuído na London Volksfest, North Weald Airfield, 1 ago. 2004.

18. Steven Biel, *Down with the Old Canoe: A Cultural History of the Titanic Disaster* (Nova York: Norton, 1996), p. 189-190; Gelber, *Hobbies,* esp. p. 23-56.

19. Weigl, entrevista; Bjarne Erik Roscher, entrevista ao autor, Nuremberg, 24 jul. 2011; Anônimo, entrevista ao autor, Nuremberg, 24 jul. 2011; Randy O. Frost e Gail Steketee, *Stuff: Compulsive Hoarding and the Meaning of Things* (Boston: Mariner Books, 2010), esp. p. 44-51; Daniel Miller, *The Comfort of Things* (Londres: Polity, 2008).

20. Questionário 9, North Weald; Weigl, entrevista; questionário 1, distribuído em Steintribünentreffen, Nuremberg, 24 jul. 2011; questionário 3, Nuremberg; questionário 2, Nuremberg.

21. Sventlana Boym, *The Future of Nostalgia* (Nova York: Norton, 2001), p. 49-55.

22. Questionário 4, North Weald; questionário 5, North Weald; questionário 6, North Weald; questionário 3, North Weald; programa, distribuído em Steintribünentreffen, Nuremberg, 24 jul. 2011.

23. Roscher, entrevista; "Blitzkrieg Racing", <http://blitzkriegracing.com> (acessado em 3 set. 2011); "Welcome to the DKP Website", <www.dkpcarclub.com/> (acessado em 3 set. 2011).

24. Questionário 2, Nuremberg; questionário 9, North Weald; Weigl, entrevista.

25. Wolfgang Klebe, "Im Sog der Beatles: Sigrid und ihr schwarzer VW", in *Mein erstes Auto: Erinnerungen und Geschichten*, ed. Franz-Josef Oller (Frankfurt: Fischer, 1999), p. 142-144, cit. p. 144; Christoph Stölzl, "Er läuft nicht mehr", *Die Zeit*, 26 jun. 2003, p. 47-48, cit. p. 47; Weigl, entrevista.

26. Cit. em *Die Welt*, 13 jan. 1992.

27. David Kiley, *Getting the Bugs Out: The Rise, Fall, and Comeback of Volkswagen in America* (Nova York: Wiley, 2002), p. 114-149.

28. Ludger Pries, "Volkswagen: Accelerating from a Multinational to a Transnational Automobile Company", in *Globalization or Regionalization of the European Car Industry?*, ed. Michel Freyssenet et al. (Londres: Palgrave Macmillan, 2003), p. 51-72; Ludger Pries, "Globalisierung und Wandel internationaler Unternehmen", *Kölner Zeitschrift für Soziologie und Sozialpsychologie* 52 (2000), p. 670-695.

29. James Mays, cit. em Matt de Lorenzo, *The New Beetle* (Osceola: MBI Publishing, 1998), p. 23, 35; *Philadelphia Daily News*, 30 mar. 1998, seção local, p. 5; Florian Illies, *Generation Golf: Eine Inspektion* (Berlim: Fischer, 2000).

30. Kiley, *Getting the Bugs Out*, p. 15-17.

31. "What a Concept", *VW-Autoist*, mar./abr. 1994, p. 6-7, cit. p. 7; John Lamm, "Show Time", *Road and Track*, abr. 1994, p. 92; *Chicago Tribune*, 13 fev. 1994, seção de transportes, p. 1.

32. Pries, "Volkswagen", p. 63-64; Pries, "Globalisierung und Wandel internationaler Unternehmen", p. 673; *Wall Street Journal*, 26 out. 1995, p. A4; A.J., entrevista.

33. See Tom Janiszewski, "Dawn of a New Era," *VW-Autoist*, mar./abr. 1998, p. 6-11, cit. p. 8, 10; Bill Vlasic, "Still Groovy after All These Years", *Business Week*, 12 jan. 1998, p. 46; *The New York Times*, 11 jan. 1998, p. C4.

34. Matt DeLorenzo, "The New Beetle", *Road and Track*, abr. 1998, p. 76-78, cit. p. 78; Matt Stone, "The Beetles: Yesterday and Today", *Motor Trend*, jul. 1998, p. 81-88, esp. 85; DeLorenzo, "New Beetle", p. 88-90.

35. DeLorenzo, "New Beetle", p. 77; Stone, "Beetles", p. 85; *The New York Times*, 22 mar. 1998, p. B4; Kiley, *Getting the Bugs Out*, p. 239; *Ward's Automotive Yearbook 1999* (Southfield, MI: Ward's Communications, 1999), p. 276; *Ward's Automotive Yearbook 2001* (Southfield, MI: Ward's Communications, 2001), p. 271.

36. Dan Quelette, *The Volkswagen Bug Book: A Celebration of Beetle Culture* (Santa Monica, CA: Angel City Press, 1999), p. 19; *Philadelphia Daily News*, 30 mar. 1998, seção local, p. 5.

37. Kiley, *Getting the Bugs Out*, p. 195-197. Sobre o retrô-chique, ver Raphael Samuel, *Theatres of Memory* (Londres: Verso, 1994), p. 83; Elizabeth E. Guffey, *Retro: The Culture of Revival* (Londres: Reaktion Press, 2006), esp. p. 17; "The Nostalgia Boom", *Business Week*, 23 mar. 1998, p. 58-64, esp. p. 60-62; "New Legs for a Bug", *Newsweek*, 12 jan. 1998, p. 46-48.

38. *The New York Times*, 11 jan. 1998, p. C2; Quelette, *Volkswagen Bug Book*, p. 15.

39. "New Legs for a Bug"; *The New York Times*, 13 mar. 1998, p. B6; *Advertising Age*, 1 abr. 1998, p. 26.

40. "Nostalgia Boom", p. 59-61; *The New York Times*, 11 jan. 1998, p. C2; Jean-François Lyotard, *The Postmodern Condition: A Report on Knowledge* (Minneapolis: University of Minnesota Press, 1993), p. xxiv. A expressão "sentimento de culpa yuppie" ("yuppie guilt") apareceu no *The New York Times*, 11 jan. 1998, p. C2.

41. *Automotive News*, 19 jan. 1998, p. 12; *Washington Post*, 13 mar. 1998, p. C1.

42. *The New York Times*, 13 jun. 1998, p. A5; *The New York Times*, 1 set. 1998, p. A9; Constantin Goschler, *Schuld und Schulden: Die Politik der Wiedergutmachung für NS-Verfolgte seit 1945* (Göttingen: Wallstein, 2008), p. 413-450.

43. Ver *The New York Times*, 8 jul. 1998, p. A1; Susanne-Sophia Spiliotis, *Verantwortung und Rechtsfrieden: Die Stiftungsinitiative der deutschen Wirtschaft* (Frankfurt: Fischer, 2003).

44. Gerald Posner, "VW Day", *The New York Times Magazine*, 4 out. 1998, p. 128; carta ao editor, *The New York Times Magazine*, 25 out. 1998, p. 6.

45. *Berliner Zeitung*, 4 nov. 1998, seção Auto & Straße; *Die Tageszeitung*, 27 nov. 1998, p. 8.

Epílogo

1. Horst Köhler, "Die Ordnung der Freiheit", discurso feito em 15 mar. 2005, <www.bundespraesident.de/SharedDocs/Reden/DE/Horst-Koehler/Reden/2005/03/20050315Rede.html> (acessado em 2 jan. 2012).

2. Harvey Molotch, *Where Stuff Comes From* (Nova York: Routledge, 2003), esp. p. 161-193; Mark Pendergrast, *For God, Country and Coca-Cola* (Nova York: Basic Books, 2000); James L. Watson (ed.), *Golden Arches East: McDonald's in East Asia* (Palo Alto, CA: Stanford University Press, 1998); Rob Kroes, "American Empire and Cultural Imperialism: A View from the Receiving End", in *Rethinking American History in a Global Age*, ed. Thomas Bender (Berkeley: University of California Press, 2002), p. 295-313.

3. Priscilla Parkhurst Ferguson, *Accounting for Taste: The Triumph of French Cuisine* (Chicago: Chicago University Press, 2004); Vanessa Schwartz, *It's So French: Hollywood, Paris, and the Making of Cosmopolitan Film Culture* (Chicago: Chicago University Press, 2007); Emilio Ambasz (ed.), *Italy: The New Domestic Landscape; Achievements and Problems of Italian Design* (Nova York: New York Graphic Society, 1972); Laura E. Cooper and B. Lee Cooper, "The Pendulum of Cultural Imperialism: Popular Music Interchanges between the United States and Britain, 1943-1967", *Journal of Popular Culture* 27 (1993), p. 61-78.

Agradecimentos

"Entomologia?", perguntou um colega, um tanto incrédulo, quando me ouviu falar do assunto em que estava trabalhando. Não, respondi, eu não estava pesquisando sobre besouros em geral, apenas sobre um, e de um tipo muito especial.

Diversas instituições e pessoas me ajudaram a contar a história da origem e da evolução do Volkswagen. Um historiador não vai a lugar algum sem dinheiro, por isso agradeço imensamente o apoio financeiro oferecido pela British Academy e pelo Arts and Humanities Research Council, que custearam viagens e me dispensaram de alguns de meus compromissos como professor. Henriette Bruns, Helen Matthews e Nicola Miller me deram orientações importantes durante o processo de obtenção dessas bolsas.

Sem a competência dos funcionários das bibliotecas e dos arquivos que visitei, muitas das marcas que o Fusca deixou ao redor do mundo teriam passado despercebidas por mim. Sou profundamente grato aos profissionais do arquivo de jornais do Gabinete Federal de Imprensa, assim como aos funcionários do Bundestag em Berlim, do Politisches Archiv do Gabinete de Relações Exteriores em Berlim, do Stabis em Berlim e Munique, do Institut für Zeitgeschichte und Stadtpräsentation em Wolfsburg, da Biblioteca do Congresso, da Biblioteca Livre da Filadélfia, da Biblioteca Nacional do México, da Hemeroteca Puebla e dos Arquivos Nacionais em Kew. Helmutsh Trischler facilitou diversas vezes meu acesso ao Deutsches Museum em Munique. Um agradecimento especial também a Ulrike Gutzmann e Manfred Grieger, do Unternehmensarchiv Volkswagen, em Wolfsburg. Além dos profissionais da palavra impressa, agradeço muito às pessoas que entrevistei e que preencheram meus questionários, proporcionando uma riqueza de informações que seria impossível obter de outra forma.

Enquanto desenvolvia minhas ideias, tive a sorte de conversar a respeito de minhas descobertas em seminários e conferências em Londres, Cambridge, Newcastle, Brighton, Viena, Munique, Tübingen, Erlangen, East Lansing, Middletown (Connecticut) e Cidade do México. Foram particularmente proveitosas as trocas de ideias com Achim e Heidi Bade, Moritz Basler, Volker Berghahn, Michael Berkowitz, Kerstin Brückweh, Jane Caplan, Martin J. Daunton, Anselm Doering-Manteuffel, Geoff Eley, Seth Fein, Jerry Garcia, Martin Geyer, Christina von Hodenberg, Marisa Kern, Ethan Kleinberg, Frieder Kießling, Daniel Laqua, Peter Mandler, Eckard Michels, Stefan Moitra, Holger Nehring, Johannes Paulmann, Patrice Poutrus, Peter Schröder, Lewis Siegelbaum, Detlef Siegfried, Ben Smith, Martina Steber, Elliott Weiss e Thomas Zeller. Agradeço por todas as sugestões construtivas dos leitores anônimos do meu manuscrito. Na Harvard University Press, Brian Distelberg lidou com meus pedidos com uma eficiência exemplar. Como muitos historiadores antes de mim, só tenho elogios a Joyce Seltzer por seu olho afiado de editora. A hospitalidade com que fui recebido no México foi uma das experiências mais inspiradoras proporcionadas por este projeto. Muito obrigado a Julio Castellanos Elías, Luis Antonio Ramírez e, principalmente, Huberto Juárez Núñez, sem o qual o capítulo sobre o México seria bem menos informativo.

Liz Buettner participou deste projeto desde sua concepção, e certamente ficará feliz em vê-lo concluído. Seus incentivos calorosos, seu apoio intelectual e seu talento para ver o lado divertido das coisas foram meu principal combustível durante todo esse tempo.

Este livro é dedicado à minha mãe e à memória do meu pai, ambos proprietários de Fuscas.

Índice remissivo

A

absenteísmo 114
aço 21-22, 71, 84, 98, 106, 262
Acordo Geral de Tarifas e Comércio 130, 189
ADAC (Associação Automobilística Alemã) 59, 172, 334, 356
Adam Opel Automobile Company 208
 Ver também Opel
Advertising Age 212, 365, 379
África 15, 89, 91, 101, 191, 255
África do Sul 257, 322
agressividade ao volante 180
Aliados 95-96, 98-99, 102-103, 108, 113, 120, 123, 178
alienação no local de trabalho 30, 34
Ali, Muhammad 232
Almers, Robert 68
Alys, Francis 285-286, 376
América Latina 10, 15, 255, 258, 261, 271, 292
americanização 15
anticonvencional 219-220, 229-230, 250, 301, 309-310, 323
antissemitismo 32, 59, 335
Arbeitertum 79, 341
Argentina 258
Arzberg 165
Ásia 15
ataques aéreos 88, 99, 143
Audi 236, 303
Austin Seven 333
Austrália 257, 322
Áustria 65, 74, 94, 192
Autobahn 53-55, 59, 66, 71, 77, 90, 152, 165, 180, 182, 244, 337

automação 133-135, 189
automóvel. *Ver* carro
Automundo 272, 277, 372, 375
autonomia pessoal 43
Auto Union 52, 66, 77, 150
AVUS (circuito de corrida alemão) 44-45

B

Baixa Saxônia 122, 145
Banas, Julian 86, 342
Barényi, Béla 69
barras de torção 71, 77, 107, 116, 153
Barschkis, Helmut 253, 258, 262, 264, 274, 371-373
Barthes, Roland 13, 328
Baviera 66, 82, 198, 225, 241
BBC 288
Bélgica 112, 192
bem-estar social 193
Benz, Carl 19, 329
Berlim 9, 18, 35, 44-45, 49, 52-53, 58, 61, 63, 67, 72-73, 99, 110, 117, 142, 206, 315, 328-330, 332-333, 335-341, 344, 351-354, 356-357, 361, 370, 376, 378, 381
Berliner Tageblatt 45-46, 334
Bernbach, William 211-212, 225, 273, 287, 310, 365
Betriebsgemeinschaft. Ver comunidade fabril
Blitzkrieg Racing 299, 377
BMW 39, 41, 149, 333-334
Bonn 122, 127, 163, 182, 220, 222, 244-245, 343, 359, 360
Borgward 149, 354

Bork, Hugo 139, 342
Brandemburgo 110-111, 143
Brasil 4, 10, 32, 254, 257-258, 322
Brauchitsch, Manfred von 44
Braunschweig 236, 333, 350, 357
Bremen 142, 301, 352
Bretton Woods 232
Brown Boveri 242
Buch vom Volkswagen 162, 357
Business Week 198, 310, 361, 378-379

C

Cadillac 279, 288
Califórnia 216, 219, 295, 299, 303, 304-305, 314, 326
Câmara de Comércio 136
campo de concentração 87
Caraciola, Rudolf 44
carro
  acessórios 26, 164-165, 294
  acidentes 58-60, 90, 150, 172, 174, 178-182, 309, 360
  apelidos 10, 26, 167, 200, 254, 331
  boom 22-24, 129-132, 139, 145-146, 161, 164, 189, 199, 236, 243, 251-252, 260
  chassis 292, 303
  como um local de privacidade 175-176
  corridas 23, 44, 52, 66, 216, 219, 299
  cultura 13, 16, 34-35, 47, 50, 55, 81, 97, 120, 136, 145-146, 158-159, 168, 171, 183, 195, 203-205, 208, 219, 228-229, 234, 251, 255, 276, 279, 284, 289, 297, 299, 309-310, 316, 319, 323-326, 356
  e a questão de gênero 160, 171-172
  fabricação 10-12, 26-31, 34, 36, 40, 47, 52, 61, 64, 73, 85, 88, 90, 106-107, 122, 124, 134-135, 152, 154, 203, 211, 237, 245, 249, 256, 262, 269, 273-274, 282, 284, 292, 302, 319, 325, 327, 367
  fábricas 31, 35-36, 75, 120, 129, 134-135, 202, 208, 232, 236, 242, 257, 303, 322
  indústria 10, 19, 20, 22, 27-28, 34, 36-37, 46, 52, 61-65, 67, 71, 85, 98, 108-111, 123, 129, 137, 146, 148, 181, 185, 189-190, 192, 194-198, 202, 204, 208, 211, 214, 228, 234, 251, 256-257, 260, 262-263, 265, 303, 322-323, 346
  lavagem 166, 201
  lobby 56, 64, 99, 181, 239, 305, 361
  locais de produção na Grã-Bretanha 107
  locais de produção no México 258, 263, 269, 282
  mercado 11, 12, 21, 24, 26, 28, 32, 36, 38, 54, 60-62, 64, 67, 71, 83, 105, 112-115, 122-123, 127-131, 134, 136, 148-153, 171, 186, 189-194, 196-199, 201-204, 210-211, 215, 220-221, 223-224, 226, 228, 230, 232, 235-240, 242-243, 249-251, 255-257, 259-261, 267, 269, 271-273, 275,

280, 282, 284, 289, 292, 298, 301-302, 304-305, 307-308, 310, 314-317, 322-325, 333
microcarro 40, 152
para-lamas 26, 135, 292, 294
produção 9-12, 21, 23, 27-30, 34-36, 39-41, 67-69, 72-73, 79, 82, 84-88, 92-94, 97-101, 106-108, 110, 112, 114-116, 122-123, 128, 131-135, 138, 149, 151-152, 191, 193, 195, 198-199, 208, 210, 219, 221, 224, 233, 236, 239, 242, 249, 256-257, 259-260, 264, 269-271, 275-277, 282-284, 288, 291, 301, 303, 305, 314, 317, 320-322, 327
registros 19, 115, 170
retrô 11, 282, 289, 302, 306-317, 326-327, 379
tecnologia 23, 40, 45, 51, 53, 72, 133, 135, 146, 269, 276-277, 292, 310, 324, 334, 336
CBS Evening News 250, 371
chão de fábrica 265
Chicago 29, 33, 133, 329-332, 360, 363-365, 380
Chicago Tribune 305, 378
Chrysler 257, 278
Cidade do México 253, 258, 275, 277-278, 307, 372-375, 382
cidade-modelo 73, 103
Citroën 39, 340
classe média
 alemã 38
 americana 221

Clube do Carro Compacto da Alemanha 18
código de trânsito do Terceiro Reich 178
coletivismo 58, 174, 358
Colônia 37, 132, 146, 333, 348-349, 351, 357, 360, 366, 370
Com nossas próprias forças 126
competitividade 90, 112, 275, 287
comunidade do povo 47, 50-51, 54-55, 57, 59, 61, 63, 68, 74-75, 79, 90, 92, 138, 320, 336
 Ver também Volksgemeinschaft
comunidade do trânsito. *Ver* Verkehrsgemeinschaft
Comunidade Econômica Europeia 130
comunismo 51, 207
comunistas 117
Concept 1 304-305
confiabilidade 22, 24, 88, 107, 152, 158-159, 183, 198, 201, 221, 226, 229-230, 234, 247, 321
Constanze 168, 171-172, 355-356, 358, 360
consumidor 21, 112, 122, 214, 239-240
consumo
 bens de 105
 cultura de 34, 203, 319, 325-326
 sociedade de 63
consumo de combustível 152, 234, 237, 306
contracultura 9, 186, 217, 219, 224, 309-310, 323
 Ver também subcultura
Copa do Mundo (1954) 128
Corpo Real de Engenheiros Mecânicos 99
Cortina de Ferro 128, 175

crimes de guerra 92
crise do petróleo 129, 232, 260
Cruz de Ferro 299
CTM (central sindical mexicana) 265-266

D

Daily Mail 196, 362
Daily Telegraph 195, 362
Daimler-Benz AG 36, 349
Daimler, Gottlieb 19
Darchinger, Josef Heinrich 163, 164, 357
Darmstadt 53, 359
darwinismo 51
Dauphine 210
DDB (agência de publicidade) 211-212, 214-215, 225-226, 273-274, 371
Dearborn 27, 208, 364
demanda doméstica 21, 37, 235
democracia 50, 144, 207, 374
democratas cristãos 117
depressão 48, 50, 83
desalojados 104
desemprego 50, 54, 60, 63, 111, 129, 141, 232, 244-245, 251, 261, 301, 315, 318
design e projeto
  da Citroën 39
  da Hanomag 40
  da Itália 326
  de Porsche 9, 91
desigualdade 170, 260-261, 326
desnazificação 102-103, 110-111, 117-118, 206
Detroit 11, 20, 34-35, 47-48, 110, 131, 134, 198, 201-205, 210, 228, 304, 306, 322-323, 331, 349, 351, 365

Deutsche Arbeitsfront. *Ver* Frente Alemã do Trabalho
Deutsche Partei 178
Díaz Ordaz, Gustavo 258-259, 262, 372
Dillenburger, Helmut 168, 357-359
Dinamarca 192
Disney, Walt 219, 367
Dixi 39
DKW 150, 152, 354
Düsseldorf 225, 339, 342-343, 347, 350, 352, 358, 361, 367, 369

E

Echeverría, Luis 259, 266
economia global 129, 326
Edsel 204, 364
eficiência 28, 31, 34, 136, 139, 143, 154, 215, 262, 382
El Al Airlines 211
Emden 236
emissões de poluentes 239
emprego 30, 72, 83, 102, 104, 109, 114, 119, 128, 135, 160, 172, 246, 251, 264, 267
engenheiros 12, 19, 28, 69-73, 107, 116, 151, 210, 235, 289, 305
Ensayo I 285-286, 376
Erhard, Ludwig 113-114, 130, 132, 145, 174, 207, 337, 349, 358
Escuela de Capacitación 262
esfera pública 46, 127
espaço vital 51
  Ver também Lebensraum
Espanha 180
esteira 29

estilo de vida
  americano 323, 325
  despretensioso 185, 195, 205, 212, 226
  moderno 51
estradas
  alemãs (*ver Autobahn*)
  americanas 201, 210, 221-222
estranhos à comunidade 51
  Ver também Gemeinschaftsfremde
ética de trabalho 144-145, 206, 208, 276
Etiópia 254
Europa 9, 10, 15, 21-22, 29, 33, 56, 59, 61, 65, 73, 98, 104, 108, 110, 123, 155, 160, 180, 189, 191-192, 196, 199, 206, 210, 223, 248, 255, 258, 269, 273, 275, 288-291, 302, 304, 316, 320-321, 326-327, 371
  Ocidental 9, 21-22, 33, 61, 189, 199, 223, 255, 269, 273, 288-289, 291, 304, 316, 326
  Oriental 136
expatriados 104, 119, 137, 139, 141, 143
Exposição Automotiva de Berlim (1939) 99
Exposição Internacional de Automóveis e Motocicletas 52
extremistas de direita 97, 118

F

fábrica. *Ver* carro
fábrica da Daimler 65
Fallersleben 74, 84, 92-93, 355
férias 15, 26, 38, 49, 74, 80, 92, 160, 161, 176, 180, 201, 225, 242, 263
ferrovia 72
Fiat 500 71

flechas prateadas 52
flexibilidade 16, 43
Flórida 187-188, 201
Ford, Henry 11, 22, 25, 28, 31-32, 34, 46-47, 68, 73, 93, 136, 138, 151, 174, 321, 328, 330-332, 335
fordismo 34-35
Ford Motor Company 22, 30, 331, 333, 349, 351
Fórmula Vê 216, 220
Fortune 205
França 19, 33, 35, 38, 61, 72, 109, 147, 160, 180, 192, 207, 326
Frankfurt 53, 170, 332, 334, 336, 337, 339-341, 345, 347, 349-351, 354, 356-357, 359, 378-379
Frankfurter Allgemeine Zeitung 270, 353-354, 370-371, 374
Frankfurter Rundschau 270, 371, 374
Frank, Thomas 214, 365
Frente Alemã do Trabalho 72, 74, 79, 84
Friedrich, Otto A. 138, 163, 349, 351, 370, 374
funcionalidade 12, 22-23, 99, 200
funcionários administrativos 38
funcionários públicos 38, 119, 148, 272
Fundo Monetário Internacional 318
Fusca
  antigos 10, 290, 301, 306-308, 315-316
  aura do 12
  Cal Look 295-296
  cena movimentada pelo 291
  como ícone global 10, 17, 190, 318

encontros 289-291
formato do 297
iconografia do 146, 215, 253
vendas do 239, 243, 261

G

Galbraith, John Kennedy 203
Gemeinschaftsfremde 51
General Motors 32, 36-37, 45, 61, 110, 134, 138, 202, 204, 208, 241-242, 257, 271, 322, 332, 339, 342, 349
gênero
  estereótipos de gênero 173
  hierarquia de 57
  questões de 160, 171
  tensões de 173
genocídio 89, 92, 120
Gilly, Adolfo 268-269
Glas 149
Gleichschaltung 55
globalização 15-16, 255, 256, 284, 315, 318, 324, 326-327
Goebbels, Joseph 62, 88, 338, 342
Golf 245, 248-249, 251-252, 267, 302, 304, 306, 315, 378
Göring, Hermann 66
Grã-Bretanha 19, 21, 38, 61, 85, 98, 100, 107-108, 147, 192-194, 196-197, 207, 228, 230, 233, 279, 288, 298, 300, 322, 326
Grã-Cruz da Ordem da Águia Alemã 47
greves 139, 245, 274
Guerra da Coreia 129, 189
Guerra do Vietnã 224
Guerra do Yom Kippur 244
Guerra Fria 111, 127, 174-175, 183, 185, 206, 208-209, 320, 323, 326

Gute Fahrt 126, 168, 171, 173, 182, 355-356, 376

H

Haffner, Sebastian 246-247, 370
Hahn, Carl H. 231
Hamburgo 109, 142, 154, 336-337, 356
Hanomag 40-41, 45, 333-334
Hanover 72, 131, 138, 236, 290, 337, 341, 344, 351
hedonismo 203, 217, 309
Highland Park 11, 29-32, 135-136, 139, 235
Himmler, Heinrich 59, 338
hiperinflação 33, 37-38
  Ver também inflação
Hirst, Ivan 99-103, 107, 122, 343-345
Hitler, Adolf 9, 11, 47-48, 50-54, 57-59, 61-69, 72, 75-76, 82, 89, 91-93, 117, 121, 155-156, 174, 196, 247, 298-299, 321-322, 335-336, 338-339, 342, 364
Hobsbawm, Eric 232
Holanda 192
Holocausto 143, 209, 299
  Ver também genocídio
Honda 302
Hungria 104

I

IG Metall 139
  Ver também sindicatos
Ilha da Madeira 74
Illinois 29, 133, 331
imigrantes 21, 29, 313, 323
Índia 193
individualidade 26, 205, 217, 220, 229, 309, 316

individualismo 338
industrialização 51, 54, 257
inflação 113, 129, 244, 258, 267
  Ver também hiperinflação
internacionalização 15, 326
Isetta 149
Israel 209, 211, 244
Itália 160, 180, 192, 236, 326
Ivo 149

J

Japão 256, 258, 269
Jaspers, Karl 118
Jetta 269, 282
Josephi, Martin 275
Ju 85
judeus 32, 48, 51, 59, 120, 143, 209, 211

K

Kadett 237, 239, 369
Kapp, Karl 47
Karmann Ghia 259
Kassel 236
KdF 74-75, 77-89, 92, 94-95, 99, 108, 122, 340, 341
  Carro da 75, 77-79, 81-85, 87-89, 92, 99, 108, 122
  Cidade da 86, 94-95
Kershaw, Ian 50, 335-336
Kießling, Gerhard 160, 349, 355-356, 358-359, 370, 382
kleiner Panzers, Der 299
Klemperer, Victor 59, 338
Köhler, Horst 318-319, 321, 379
Komenda, Erwin 69
Kristallnacht 59
Krupp 191, 361, 371
Kübelwagen 87-89, 91, 156-157, 184
Kuby, Erich 141, 352

L

Laagberg 87
lazer 43, 62, 74, 79-80, 82, 92, 159, 161-162, 164, 184-185
  item de 26
Lebensraum 51
Leiding, Rudolf 243-245, 260
Lei Fundamental 172
leis antitruste 21
leis de trânsito 44, 182
Ley, Robert 72-75, 79, 341
liberalismo 50
liberdade individual 58, 90, 174-176, 181, 182
Líbia 89
Life on Mars 288, 376
limitações ao consumo de álcool 44
Lincoln Continental 254
linha de montagem 27, 29-30, 84, 88, 135-136, 231, 262, 268-269, 274, 282, 286
Lloyd 149, 150
Londres 290, 328-331, 335-338, 340, 342-346, 360-364, 366-367, 371, 376-379, 382
Lotz, Kurt 242-243, 259, 369-370, 372
Luftwaffe 85, 117
Lüneburger Heide 72, 208
luta de classes 269
Lütge, Ernst 118, 348
Lyotard, Jean-François 312, 379

M

Madison Avenue 204-205, 212, 225-227, 364
Mad Men 287, 376
Manchester 99, 288, 338, 343, 361
Manhattan 35

manivela 23
manufatura e fabricação
  custos de 36, 61
  de carros 47, 52
  de motores 262
  métodos de 28, 30, 34, 46, 134
  padrões de 269
  problemas de 302
  rotinas de 29, 245, 303
  setor de 233, 257
marca 61, 69-70, 96, 106, 126-127, 150, 154, 179, 238, 244, 261, 274-275, 316
Marrocos 225
marxismo 50
Marx, Karl 13-14, 17, 328
Mateos, Adolfo López 257
matérias-primas 21, 36, 99, 101, 106, 120
Maybach, Willhelm 19
Mays, James 303-304, 378
McCarthy, Tom 22, 328, 330-332, 363, 366, 369
mecanização 27-28, 30, 34, 36, 136
Mediterrâneo 74
Mein Kleinauto 18, 329, 334
Melbourne 257
mercado
  alemão 36, 61-62, 127, 149, 152
  automobilístico 11, 60, 151, 198-199, 201-202, 223, 226, 249, 259-260, 272, 302
  de exportação 197
  de massa 64
  europeu 71, 322
  externo 115, 191, 289
  fatia de 24, 237, 316, 323
  global 191, 193, 255
  internacional 62, 71, 123, 129, 194, 220-221, 230, 267, 284, 305
  pesquisa de 38
mercado de exportação 197
mercado negro 105, 113, 114
mercadoria 13, 16-17, 28, 49, 62, 113, 116, 190, 202, 209, 229, 274, 276, 292, 317, 319, 322
  cultura da 13
  de massa 319
  global 11
Mercedes 52, 65-66, 123, 132, 254
Mercedes-Benz 52, 123, 132, 254
México 10, 16, 249, 252-254, 256-269, 271-286, 307, 314, 319, 322, 324-326, 372-375, 381-382
Michigan 11, 25, 30, 68, 202, 208
microcarro 40, 152
milagre econômico
  na Alemanha 124-126, 164, 183-184, 190, 207, 221, 232, 241, 246-247, 249, 251, 301, 304, 315, 320-321
  no México 258, 260
Mini Cooper 292
ministério dos transportes 63
Mittellandkanal 72
mobilidade individual 25, 176, 183, 185, 320
Modelo T 10-11, 22-30, 32, 38-39, 151-152, 205, 231, 235, 279
modernidade 33, 46, 50-51, 63, 90, 95, 146, 152, 183, 273, 286, 312, 334
Mônaco 53
Mönnich, Horst 144, 157, 350, 352-353, 356

Morris Minor 279
motocicleta 40, 83, 148
motor de dois cilindros 72
motor de oito cilindros 52
motor de quatro cilindros 22, 45, 70, 152
motor de um cilindro 45
motoristas
 carteira de 15, 170-171
 da zona rural 25
 de classe média 42, 56, 228
motorização em massa 9, 14, 19-20, 48-49, 58, 61, 70, 83, 90, 92, 95, 127, 146, 148, 155, 159, 161, 170, 173, 175, 177, 241, 252, 260, 320, 327
motor traseiro refrigerado a ar 69, 116, 153, 201, 210, 238, 243, 297, 316
Motor und Sport 63, 82, 337, 355, 367, 369
Muir, John 217-219, 366
Munique 48, 73, 77-78, 82, 91, 128, 142, 332-333, 336-338, 340-342, 344, 346-350, 352-353, 356, 358-359, 361-362, 367-368, 370-371, 381-382
Mussolini, Benito 84

N

nacional-socialismo 51, 53, 57, 60, 63, 88-90, 92-93, 95, 97, 109-110, 117, 120, 138, 158, 181, 184, 313, 320, 335
 apoiadores do 110
 e a questão de gênero 172
 política do 90
Nader, Ralph 203, 240
NAFTA 269
Nation 198

nazista
 Alemanha 11, 49, 54-55, 57, 69, 81, 85, 90
 ideologia 50, 57
 líderes 48
 membros do partido 117
 origem 323
 Partido 48, 49, 110-111, 117-118, 299, 340
 propaganda 90, 92, 159, 320
 regime 47, 50, 73, 96, 109-110, 120, 130, 155-156, 200, 206, 321
New Beetle 10, 282, 286, 289-290, 302, 304-317, 319, 323, 326-327, 364, 378
New York Times 75, 198, 203, 206-208, 309, 311, 313, 335, 341, 362-364, 366, 370-371, 378-379
Niassalândia 196
Nissan 257, 282
nível de indústria 98
Nordhoff, Heinrich 109-113, 115-116, 119-122, 124-126, 132-140, 144-145, 150, 153-156, 158, 183, 190-191, 198, 207-208, 211, 222, 234-236, 242, 256, 262, 322-323, 339, 346-353, 358, 361-362, 365, 367
normalidade do pós-guerra 159, 163-164, 205, 226
Noruega 74
nostalgia 10, 117, 282, 286, 298, 301, 308, 316, 321
NSU (fabricante de motocicletas) 65
Nuremberg 142, 291, 294, 299-300, 348, 352, 376-378

O

Oaxaca 263
Obersalzberg 66-67
Observer 195, 362
ocupação
  período de 96, 100, 105, 122-123, 131, 190
  zona soviética 95, 97
  zonas de 95, 108
Ohrbach 211
Opel 36-37, 39, 45, 61, 110, 112, 123, 131-132, 138, 143, 146, 208, 237-239, 245, 332, 339, 369
OPEP 244
operários e trabalhadores
  semiqualificados 136, 285
  sem qualificação 36, 263
  Ver também trabalho
Osnabrück 151, 348

P

Packard, Vance 203
padrão de vida 38, 61, 120, 140
Paquistão 193
partida automática 45
partida elétrica 23
Partido da Justiça Alemão 117, 119
Passat 245
peças de reposição 23, 195-196, 290, 292
Perereca 39
pesquisas de opinião 117, 175
PIB alemão 129, 191, 241
Piëch, Anton 85, 94
Piëch, Ferdinand 303-304, 306
Pink Floyd 299
Pio XII 236
Plano Marshall 109
Plano Morgenthau 96
pleno emprego 83, 128, 251
pluralismo 50
Polaroid 211
Polo 245
Polônia 33, 85, 104, 180
Popular Mechanics 199-200, 361-362
Porsche, Ferdinand 9-12, 65, 69, 73, 75-76, 84-85, 93-94, 96, 109, 118, 122, 155, 184, 233, 235, 304, 317, 319, 321, 327, 339, 348
Porsche, Ferry 85
Portillo, López 274
pós-materialismo 217, 219, 309
PRI 257-258, 265
prisioneiros de guerra 85, 103
produção
  custos de 30, 40, 82, 191, 239
  em massa 10-11, 27-28, 35-36, 88, 107, 134, 138, 236
  métodos de 28, 36, 322
produtividade
  ethos de 31
  individual 112-114, 133
  níveis de 85, 134
produto de qualidade 156-157, 199, 209, 214, 284
programa de construção de estradas 53, 90
prosperidade 31, 89, 113, 130, 141, 146, 159, 183, 185, 190, 217, 247, 252, 255, 318, 320
publicidade 204, 211-212, 215, 231, 305
Puebla 256-259, 261-264, 266-271, 273-276, 280, 282-286, 292, 301, 305, 314, 324-326, 371-376, 381
Puerto Ángel 281

Q

quartel-general britânico 99
quebra da Bolsa da Nova York 46
questão da culpa 118, 120

R

racionalização 36, 136
rádio 62, 75, 162, 165, 204, 279
rádio do povo 62-63
   Ver também Volksempfänger
RDA (lobby das montadoras alemãs) 64-65, 67, 335-337, 340
rearmamento 83, 90
recessão 21, 23, 63, 98, 210, 233, 241, 244, 246, 302
recuperação da Alemanha 128, 157, 235
REFA (empresa mexicana) 292
reforma monetária 33, 113-114, 120-121
reformistas 34, 114
refugiados 95, 103-104, 106, 119, 121
região do Ruhr 72, 129
relações trabalhistas 15, 74, 136-139, 146, 233, 245, 266, 270-271, 321-322
remuneração 15, 30, 37, 115, 139, 263
Renault 210-211
reparações de guerra 107, 122
representantes dos operários 117, 137
República de Weimar 11, 14, 19-21, 33-35, 37-38, 42-46, 50, 52-53, 64, 82-83, 99, 118, 137-138, 148, 159, 162, 170, 174, 320

Reuther, Walter P. 138
revendedoras 64, 259
revolução nacional 50
River Rouge 11, 31, 68, 73
Road and Track 304, 362, 366, 378
Rolls Royce 254
Röpke, Wilhelm 174, 358-359
Rosenthal 165
Rühen 86-87, 102, 118
Rüsselsheim 36, 132, 146, 349

S

Salão do Automóvel
   Berlim 9, 45, 49, 58, 61, 63
   Detroit 304, 306
Salinas de Gortari, Carlos 275
"sangue e solo" 51, 54
Santa Pod 290
Schelsky, Helmut 141, 149, 352
Schissler, Hanna 161, 353-354, 356-357, 369
Schmidt, Helmut 245
Schmücker, Toni 245-246, 248, 274
sedã 39, 75, 116, 150-151, 210, 282
Seebohm, Hans-Christoph 178-179, 181
Segunda Guerra Mundial 9, 11-12, 14, 60, 66, 73, 77, 83, 98, 117, 130, 143, 156, 178, 181, 188, 192-193, 199, 228, 313, 325-327
Selassié, Hailé 254
Se meu Fusca falasse 219-220
Serviço de Segurança da SS 84
Serviço Nacional de Saúde 193
siderúrgica Rheinstahl 245
símbolos da paz 224

sindicatos 31-32, 72, 137, 139, 245, 248, 266
sistema de racionamento 112, 114
Sloan, Alfred 138, 332
Small World 215, 366
Smith, Adam 27, 331
social-democratas 45, 81, 140, 245
Sontag, Susan 296, 377
Spiegel, Der 124, 126, 156, 178, 234-235, 246, 270, 340, 347, 349-350, 353-356, 358-360, 367-370
Sports Illustrated 187-188, 190, 361-366
SS 59, 75, 84, 86, 119, 299, 342, 356
Stern 233-234, 246, 355-356, 366, 368-370, 374
Strauß, Franz Josef 240-241
Struck, Teresa 273
Stuttgart 65, 69-72, 109, 132, 146, 332, 334-335, 338-339, 343-344, 348-349, 352, 354, 360
suástica 76, 117, 299
subcultura 215
 Ver também contracultura
subúrbios 9, 199-200, 203, 205, 212, 217, 219, 323
Süddeutsche Zeitung 242, 251, 270, 349-351, 353, 355, 361, 370-371, 374
Suécia 112, 192
Suíça 112, 128, 160, 180, 192

T

Tageszeitung, Die 270
Tanganica 194
tarifas de importação 36, 228, 322

Tatra T97 69
Taunus 12M 150, 237, 369
Tchecoslováquia 69, 104
Thomas, Freeman 303-304
Tijuana 285
Time 207
Tin Lizzie 26, 31-32, 205, 362-364
Tlatelolco 266, 268, 373
Todt, Fritz 53, 66
Todtmann, Heinz 144, 353
Toyota 278, 302
trabalho
 condições de 29, 32, 85, 135, 266-267
 divisão de 27, 134
 força de 21, 27, 31, 86, 103, 114, 131, 135-137, 140, 246, 248, 263, 266, 276, 284, 322
 forçado 92
 imigrante 31
 manual 43, 107, 141
 mercado de 54, 83, 136, 171, 232, 236, 301
 rotinas de 28, 30, 266
transporte individual 199
transporte público 25, 37, 96, 174
Tratado de Versalhes 33, 99
tratores 25, 63
Trípoli 156
Tsuru 282

U

U2 299
uniformidade 26

V

V-1 85
velocidade máxima 39, 72, 234-235, 237-238

vendas
  domésticas 115, 241
  em queda 282, 302
  internacionais 185, 229, 230
  no exterior 186, 221, 229
Verkehrsgemeinschaft 57
Vintage Volkswagen Club of America 290, 376
violações de direitos humanos 87, 184
Virgem de Guadalupe 264
vitimização alemã 144
Volk 50, 60, 332, 336-338
Völkischer Beobachter 57, 337-338, 341
Volksempfänger 62, 339
Volksgemeinschaft 50, 54-55, 63, 116, 174, 335-339, 341, 350
Vorwärts 334

W

Wall Street Journal 302, 378
Wehrmacht 87-89, 91, 157, 160, 299, 356
Weißenburg 150
Weizsäcker, Richard von 270
Welt, Die 140, 347, 352, 355, 368, 370-372, 378
Westermann, Franz 35, 332-333
Westmoreland (Pensilvânia) 302

Z

Zeit, Die 246, 367, 370, 378
Zell am See 94
Zócalo 253
Zündapp 65

IMPRESSÃO:

Pallotti
GRÁFICA EDITORA
IMAGEM DE QUALIDADE

Santa Maria - RS - Fone/Fax: (55) 3220.4500
www.pallotti.com.br